中国社会科学院社会学研究所博士后文集编委会

主　任：李培林
副主任：陈光金　孙壮志
委　员：刁鹏飞　景天魁　李春玲　罗红光
　　　　王春光　王晓毅　吴小英　夏传玲
　　　　杨宜音　张旅平　张　翼　赵克斌
秘　书：黄丽娜

中国社会科学院
社会学研究所
博士后文集

第六卷

社会治理与城乡一体化

Social Governance and Urban-rural Integration

主　编／张　翼
副主编／梅　哲　张文博　黄丽娜

社会科学文献出版社
SOCIAL SCIENCES ACADEMIC PRESS (CHINA)

总　序

我国博士后制度是改革开放以后设立的。1984年5月21日，著名物理学家李政道向邓小平同志建议，借鉴国外的博士后制度，在中国设立博士后科研流动站，小平同志当即表示赞成。1985年，国务院下发文件，设立博士后流动站，实施博士后制度。

我国第一个文科博士后流动站，就是1988年在北京大学设立的社会学博士后流动站，是由中国社会科学院社会学研究所的首任所长费孝通先生主持的。中国社会科学院社会学博士后流动站，则成立于1999年。1999年至2013年，14年过去了，至今已经招收了近百名博士后，他们多数都已经出站，成为各行各业的领军人物。实践证明，中国博士后制度对于选拔、培养优秀人才，促进人才流动，创出高水平的科研成果发挥着独特的作用。

2006年，中国社会科学院社会学研究所博士后流动站举办了"第一届中国社会学博士后论坛"。此后，举办这个论坛成为一项制度，坚持每年举办一次，至今已先后在北京、武汉、厦门、沈阳、重庆等地成功举办了七届，2013年在贵阳举办"第八届中国社会学博士后论坛"。与我国其他文科博士后流动站的论坛相比，中国社会学博士后论坛有这样几个特色。

第一，参加人员的广泛性。参加论坛的，既不限于在站的博士后，已经出站的博士后参加论坛的热情也很高；也不限于本站的博士后，其他高校的社会学博士后也有不少人参加；还不限于社会学的博士后，其他学科的博士后往往也来参加；而且不限于博士后，博士后的合作导师也满怀兴趣地参加。这样就使这个论坛成为一个高水平的学术交流平台。

第二，论坛会上会下交流方式多样。这个论坛以中国社会科学院社会学博士后联谊会为依托，联谊会还设立了地区分会，他们积极参与论坛的组织工作，除了邀请著名学者发表主题演讲、组织专题分论坛，还组织会下的讨论会和会后的社会调查。很多博士后反映，通过这个论坛活动，所有的博士后都能够不分站内站外，不分学科专业背景，充分深入地交流，并能发现很多平时自己本学科容易忽略的问题，扩大了自己的学科知识面，同一个社会问题可以得到不同学科视角的诠释和理解。

第三，学术成果丰硕。论坛参加者以文入选，要提交合乎学术规范的高质量学术论文，而且论文的题目要贴近论坛的主题。而论坛的主题，往往是不同发展阶段我国社会发展的重大现实问题。这样，每年论坛之后，都有一批高质量的涉及社会发展重大现实问题的博士后学术论文，我们选择其中的优秀论文结集出版，就形成现在这个社会学博士后论文集的系列。我们希望再经过十几年的努力，这个论文集系列，能够记载我国的巨大社会变迁，也记载社会学博士后的学术足迹。

改革开放35年来，在建立社会主义市场经济的过程中，我们要处理的一个核心议题，就是政府与市场的关系。随着市场经济的深入、经济体制改革的深化和社会结构的巨大变迁，社会问题开始凸显。在这种情况下，政府、市场和社会三者之间的关系，成为我们要处理的一个新的核心议题。在这个核心议题的探索中，社会学承担着责无旁贷的学术使命和研究重任。但愿中国社会学博士后论坛的这个论文集系列，也能为担当这一学术使命贡献一份力量。

是为序。

2013年6月25日

目 录

社会治理创新

从中西方历史渊源论知识分子与政府之关系 …………………… 高予远 / 3

社会治理系统之协调机制创新研究 …………………… 王 斌 黄 蕾 / 16

和谐社区构建下基层社会治理体制创新 …………………… 李 敏 / 28

我国县域社会包容式治理研究
　　——以重庆市巫溪县社会治理实践为例 ………… 郑向东 侯祖戎 / 38

政府间惯性协作机制理论与"长三角"实践问题 …………… 赵定东 / 57

城乡结合部社区治理模式探索
　　——以北京市大兴区村庄社区化模式为例 …………… 赵春燕 / 69

企业制度性文化在推动企业履行社会责任方面的作用研究
　　——以 X 市国家技术开发区企业为调查个案 …………… 唐名辉 / 80

企业创新模式实证研究
　　——沈阳机床 SNRC 系统集成创新模式 …………… 孟翔飞 / 92

虚拟社会的秩序与治理
　　——从微博谣言说起 …………………………………… 胡献忠 / 123

社会保障

城市居民最低生活保障对象动态变化探析
　　——以 Q 市 S 区为例 ………………………… 崔 凤 杜 瑶 / 135

农村低保制度：运行逻辑与减贫效应
　　——基于统筹城乡发展视角对惠农和社会保障政策的分析 …… 李海金 / 149

中国三支柱养老保险改革模式的反思与重构 ………………… 张祖平 / 164
农村留守儿童意外伤害保险问题研究 …………………………… 游　春 / 174
"住有所居"何以可能
　　——吉林省中低收入群体住房保障体系构建 …… 黄艺红　周玉梅 / 186

社会福利服务

论中国社会福利制度的责任结构 ………………………………… 高和荣 / 199
基本公共卫生服务支付模式研究
　　——以重庆市 A 区实证研究为例 …………………………… 李　孜 / 211
农村基层医疗卫生机构运行状况及新发现
　　——基于河南省鲁山县的调查 ……………………………… 张奎力 / 230
促进中国人才创业的对策研究 ………………………… 汤伶俐　肖鼎光 / 253

城乡一体化理论与实践

统筹城乡背景下农村实用人才队伍建设研究
　　——以重庆市潼南县为例 …………………………………… 马文斌 / 269
基础教育的城乡倾斜与整合 ……………………………………… 吕庆春 / 283
统筹城乡发展背景下的重庆农村土地制度创新 ………… 梅　哲　陈　霄 / 303
黑龙江省巴彦县土地规模经营调查 ……………………………… 李道刚 / 322
农民利益表达的国际借鉴 ………………………………………… 袁金辉 / 329

劳动力与城乡社会

农村劳动力转移与二元经济结构转变的关系研究
　　——以河北省为例 …………………………………………… 蔡笑腾 / 339
先赋性社会资本对大学生职业获得的影响分析 ………………… 汤兆云 / 349
多元生计模式下的移民生产安置 ………………………………… 王毅杰 / 363

Table of Contents & Abstracts …………………………………………… / 375

社会治理创新

从中西方历史渊源论知识分子与政府之关系

高予远

摘　要：中西方各自有着自己的历史渊源，这就形成了各自不同的知识分子与政府关系的模式。由于西方的精神特质及基督教与王权分庭抗礼的性质，从传统上西方就形成了两类知识分子与政府关系的模式：一是从绝对理念出发，以理性的法则推演出理想的社会体制，对政府进行批判；二是以此理想的社会体制为依据，结合现实建立切实可行的政治体制与政治运行方式。这两类知识分子构成了西方社会政治进步的推动力量。在中国社会，释老与政治关联度较少，儒家在起源上与王权有密不可分的合作性及中国文化的精神特质，儒家知识群体与王权之关系是合作前提下的批判关系。现代中国产生了类似西方那样第一类的知识群体，这一类知识群体对自身的发展应有一个高度的警惕，警惕自身对政府之批判、对社会之批判超越中国的历史与中国的现实，从而导致中华民族再付出不应有的代价。

关键词：基督教　儒家　王权　精神特质

中西方各自有着自己的历史渊源，这就形成了不同的知识分子与政府关系的模式。中西方知识分子与政府关系的模式，与中西方民族的精神特质及传统上中西方民族主流文化与政府之关系密切相关。本文中，中国传统主流文化主要指儒家文化，西方传统主流文化主要指基督教文化。之所以如此界定，是因为儒家文化不仅是传统中国社会王权的理论基础，同时也是普通百姓道德行为的规范与依据，而基督教文化融合了希伯来文明与希腊文明，从公元初至今对西方社会的组织方式、民众道德仍产生着重大影响。

一 西方知识分子与政府之关系

（一）西方文化精神的特质

西方文化精神，可以说是信仰与思辨理性的精神，是信仰与思辨理性二者交融通向终极实体的精神。信仰与思辨理性二者交融，共同形成终极实体的精神力量，这是西方文明的伟大传统。信仰上帝与思辨理性就使西方知识分子，不断从上帝这一爱与正义化身的角度思考社会的种种不合理现象，且予以批判。在终极实体这一概念的影响下，思辨理性有一种要对整个世界进行理性构建的要求。

由于西方文化精神的这一特质，西方知识分子总有一种对绝对终极的追求，无论这一终极追求是上帝也好，是绝对正义也好，是绝对公平也好，其必从绝对的观念出发，用思辨理性去规定这一世界。如约翰·罗尔斯在《正义论》中对正义之论，经典地体现了西方知识分子的这一精神特质："正义是社会的首要价值，正像真理是思想体系的首要价值一样。一种理论，无论它多么精致和简洁，只要它不真实，就必须加以拒绝或修正；同样，某些法律和制度，不管它们如何有效率和有条理，只要它们不正义，就必须加以改造和废除。每个人都拥有一种基于正义的不可侵犯性，这种不可侵犯性即使以社会整体利益之名也不能逾越。"[①]

西方文化精神与西方知识分子之所以有如下特质，是与西方传统文化以基督教为主流密切相关的。基督教是希腊文明解体之后，犹太教与希腊文明融合产生的宗教。希腊文明的一个显著特点，就是思辨理性。这在柏拉图与亚里士多德的哲学中得到了淋漓尽致的体现，如柏拉图的《巴门尼德》与亚里士多德的《形而上学》皆是古希腊思辨理性的最高体现。尤其是《巴门尼德》对"存在"问题的思辨把握，可以说是古希腊人用思辨理性去把握终极实体的伟大努力，《巴门尼德》经典地体现了古希腊人用思辨理性把握终极实体的思辨智慧。

[①] 〔美〕约翰·罗尔斯：《正义论》，何怀宏等译，中国社会科学出版社，1988，第3页。

与希腊文明不同，犹太民族是一个有信仰的民族，他们信仰的核心是"无形的、独一的神耶和华"和"犹太人是神的选民"。犹太人的这一信仰使这一民族成为一个有着严格戒律的民族，因为他们是神的选民，所以他们必须以神的戒律严格约束自己。因此，我们可以说犹太教的特点在于坚定的信仰与严格的戒律，正是通过这种坚定的信仰与严格的戒律，才使犹太民族有一种伟大的精神，即虽散居于万邦之中，但又强烈地保持着本民族的固有精神特性——信仰与戒律，因为在犹太人的文化心灵深处中，他们是神的选民。

这两个文明皆与终极实体发生关联。只不过希腊人通过思辨理性认识终极实体，而犹太人是通过信仰去把握终极实体的。在希腊化时期，这两个民族进行了伟大的文化融合，即信仰与思辨理性交融在一起，这就使与终极实体发生关联的信仰与思辨理性有了一种崭新的特点。信仰与理性的融合，导致信仰使理性充满了激情；同时，理性又使信仰立足于严密的思辨理性基础之上。信仰与理性在基督教中进行的这一伟大融合，一方面赋予西方信仰与思辨理性以崭新的特点，另一方面也成就了西方信仰与思辨理性融合在一起的伟大智慧。

由于基督教融合了犹太教与希腊精神，因而成为西方文化传统的主流。西方文化的这一历史传统，铸就了上述我们所说的西方文化与西方知识分子的精神特质。

（二）基督教与王权之关系

基督教文化源于无产者，源于被压迫者，源于对终极实体的追求，源于从绝对的理念——上帝那里，以理性法则推演出整个社会应有的规范体系。这就从文化本源上决定了基督教与王权的关系，即基督教与王权的关系乃是一种分庭抗礼的关系。

整个基督教的历史都体现了这样一种关系，体现了上帝的精神力量高于世俗王权的力量，或者说西方在相当长的一段历史时期内，在基督教丧失其政治权力之前，西方社会的权力模式都是二元制的，即源于基督教的权力与源于世俗王权的权力。这两种权力彼此斗争着，构成了西方历史的重要组成部分。

在基督教形成自己大一统的教会权力之前，基督教与王权的对立主要是基督徒以个人的圣洁的品行，以上帝的名义对王权的非人道、非道德进行干预。如在公元475~476年：

这位圣人（苦修僧圣丹尼尔）在隐居处已经生活了24年，而且至死将一直这样生活。但是，有关民众苦难的报告竟使他重返人世，这本身就是对皇帝处理公共事务不当的一个毁灭性的指控。圣丹尼尔率领君士坦丁堡的教士和居民前往郊区皇帝藏身的宫殿，一路上用精神方式对民众进行心理和肉体治疗。当卫兵阻止人群进入时，这位圣人指示民众跟着他做《圣经》上的象征性动作，掸去身上沾染的宫殿区的灰尘。他们的动作声音如雷鸣般轰响，大多数卫兵受到感动，背弃了自己的主人而加入这位苦修僧的队伍。皇帝派人追着离去的圣人请求他再返回来。但是这一切都徒然了。最后，皇帝不得不到大教堂拜见圣人，匍匐在他脚下。为了让圣丹尼尔重新回到岩顶上的住所，从而保住自己的皇位，他最终被迫付出代价，向东正教做公开忏悔。①

　　这一时期基督教与王权的对立，主要是通过基督教教徒个人的道德力量影响民众，从而对王权非正义、非道德的行为进行批判。这一时期，基督教虽然没有大一统的教廷这一组织形式，但基督教教徒以个人的品行与威望对世俗王权的影响力是巨大的。王权不得不慑服于基督教教徒的精神力量。

　　到了公元11世纪，基督教开始走向自己的鼎盛时期，基督教将自己的信仰制度化，形成了自己的大一统教会。基督教利用这一大一统的教会对世俗王权进行道德、精神上的干预。11世纪，托斯卡人希尔德布兰和他的继承者在东罗马帝国遗弃了的一个边远市镇里，成功地创立起西方基督教的统治体制。这一独立的、自成体系的组织体系，使罗马教皇在人类心灵中拥有的帝国，要比罗马帝国全盛时期的帝国伟大得多，仅就实地而言，它就囊括了西欧的大片土地。②

　　基督教通过这种方式，使其处于一个高度的、自成体系的制度化组织之中。这种制度相对尘世王权而言有相当强的独立性，甚至其鼎盛时期还可以对"承认教皇权力的地方社会的政治独立提供保障"③。在基督教教徒看来，精神的力量高于世俗的力量。

---

① 〔英〕阿若德·汤因比著《历史研究》，刘北成、郭小凌译，上海人民出版社，2000，第296页。
② 〔英〕阿若德·汤因比著《历史研究》，刘北成、郭小凌译，上海人民出版社，2000，第179页。
③ 〔英〕阿若德·汤因比著《历史研究》，刘北成、郭小凌译，上海人民出版社，2000，第179页。

其后，由于基督教教会自身的腐败，基督教的影响渐趋于式微。但经过宗教改革，尤其20世纪后，基督教彻底与政治权力无关。失去权力的基督教，并没有失去其固有的对社会非道德的批判力量，没有失去以精神力量干预世俗政权的历史传统。或许正因为基督教失去了政治权力、失去了中世纪那种以具体权力干预世俗权利的力量，基督教也遏制了因权力而产生的腐败，此时的基督教才真正以一种精神的力量、一种道德的力量，成为西方文化重要的精神源泉之一。

从上述基督教的历史，我们可以看出在基督教的历史中，基督教一直是独立于世俗王权的。正如汤因比在其《历史研究》中所言："它（基督教）是对这个政权的一种社会反动、一种心灵的抗议。"① 基督教的整个历史都立足于精神力量高于世俗力量这一基本原则之上，立足于心灵对世俗世界非人道、非正义的抗议与批判之上。

（三）西方知识分子与政府之关系

基督教与王权的分庭抗礼，使西方知识分子从绝对理念以思辨理性推演出社会应遵守的法则，这是西方知识分子对待现实社会的一个历史传统。

基督教与王权的这一历史关系以及西方精神特质，这一切决定了现代西方知识分子与政府之关系。西方知识分子从公平、正义等这一类绝对的理念出发，建立一个规范世界的体系。政府必须在这一体系中，服从正义、公平等理念推导出的规范，或者即使不能完全实现理想的政治，也应不断改革政府的体制与修正政府的行为，最大限度地满足从绝对理念出发所建立的理想政治的要求。

关于理想的政治与现实政府的关系，英国著名学者厄奈斯特·巴克对柏拉图《理想国》的一段论述甚能体现理想的政治与现实政府之间关系的意义。

> 《理想国》的理想并非与现实相分离的意义上的理想：它是这种意义上的理想，即呈现出现实的国家应然的样子，如果它们遵从人类制度的根本法则的话——这些法则是现实的国家（甚至在它们目前状况下）的基础，但又或多或少地与它们不相符。正因为是与现实相联系的，柏拉图的理想就有其现实和实践上的价值。它不仅辅助着实践的才智，提

---

① 〔英〕阿诺德·汤因比著《历史研究》，刘北成、郭小凌译，上海人民出版社，2000，第296页。

供目标和目的以便让现实去符合；它也辅助着纯粹的理性以便可以据此批判现实生活。

探究绝对正义的性质是为了获得一种理想，以便人们可以根据它所展现的标准以及现实状况与它相类似的程度来评判那种状况。[①]

从上述这段论述中，如"它不仅辅助着实践的才智，提供目标和目的以便让现实去符合；它也辅助着纯粹的理性以便可以据此批判现实生活"，我们可以将西方知识分子与政府之关系分为两类：一是从绝对理念出发，通过理性演绎建立一个理想的社会法则，并对现实生活、政府行为进行批判；二是从理性的法则，根据现实，构建政治理论并不断推进政治体制改革，从而推动社会、政治文明的进步。

当然也有一类知识分子是完全站在既得利益的立场上，维护现政府的种种所为，不用人类理想的法则"辅助着实践的才智""辅助着纯粹的理性以便可以据此批判现实生活"。这一类知识分子虽在现实上阻碍了西方社会政治文明的进程，但由于西方的历史传统与西方的精神特质，这一类知识分子阻挡不了前两类知识分子对西方社会政治文明前进的推动力量。

柏拉图、马克思可以说是第一类知识分子的代表，即从绝对理念出发，通过理性演绎建立一个理想的社会法则，并对现实生活、政府行为进行批判。洛克、休谟、孟德斯鸠、杰斐逊等可以说是第二类知识分子的代表。这一类知识分子以理性法则为依据，结合现实，构建切实可行的政体学说，并不断将理性与现实相结合，推进政治体制的完善。

二 中国知识分子与政府之关系

（一）中国文化的精神特质

中国人的信仰、理性与西方人的信仰、理性有着本质的不同。中国人的信仰没有一个如西方那样的外在的终极实体，中国人的信仰有着极其强烈的内在特性，信仰其内在的至善心体。内在至善心体非外于吾人之心，而是吾人之心

---

① 〔英〕厄奈斯特·巴克著《希腊政治理论——柏拉图及其前人》，卢华萍译，吉林人民出版社，2003，第338页。

内在人精微、至广大后的心体。由此至善心体推演出仁义礼智信与礼乐教化。仁义礼智信与礼乐教化，既是社会规范，为士人及大众所遵循，是大众与士人的行为规范与道德依据，同时其也是源于吾人对内在至善心体的信仰。

关于中国人信仰的这种内在特性，钱穆之论甚能体现中国人的这种信仰特征。

> 惟西方宗教信在外，信者与所信，分别为二。中国则为人与人相交之信，而所重又在内。重自信，信其己，信其心。信与所信合二为一。孔子曰："天生德于予。"《中庸》言："天命之谓性。"《易·系辞》言："一阴一阳之谓道，继之者善，成之者性也。"孟子言："尽心知性，尽性知天。"中国人观念中之天，即在其一己性命内。……离于己，离于心，则亦无天可言。[①]

天在吾人之外，但在中国哲学中，天"即在一己性命内"，中国儒学通过"尽心知性，尽性知天"这一修养功夫，彻底将外在的天转变为对内在至善心体的信仰。且不惟儒家思想如此，即便是释老哲学的信仰也是在其内心，而非如基督教那样有一个外在的终极实体。

在理性上，西方的理性是一种对终极实体的思辨理性，故其信仰与理性二者密不可分，在对终极实体的把握过程中，二者相互融合形成西方特有的形而上学体系。中国人的理性非如此，其是一种立足于内在信仰基础上的实践理性，而沿有西方特质的形而上学体系，这可从中国的五经文献中明确地得以确定。当然，在《易经》中，也有围绕"易""道"等核心概念进行的理性思辨。如"夫《易》者何为者也？夫《易》者开物成务，冒天下之道，如斯而已者也"[②]。这种理性与其说是思辨理性不如说是一种理性的阐释，中国哲学的这种理性与希腊哲学的理性有着本质的不同，最终这种理性不可能成为如古希腊哲学那样的思辨理性，而是转变为一种实践的理性，即在具体的事情中进行慎思明辨，在具体的事情中体现"易"与"道"、体现内在至善心体，而非对终极实体的形而上学的慎思明辨。

所谓实践理性，即从至善心体出发处理事务，这种实践理性的出发点是至善心体，或曰仁。实践理性的完成是义，义者，宜也，即君子处理事务要

[①] 钱穆：《现代中国学术论衡》，三联书店，2001，第1页。

[②] 《易·系辞上》。

从至善心体出发，结合实际，应事而发，达到物、我、人三种和合。礼便是物、我、人三种和合的集中体现。故有"礼以时为大"之说，此说之基础是立足在至善心体的应事而发、发必中节，所谓中节即物、我、人各秉天之所命、各尽其性。

中国人的理性更多地体现为一种实践的理性，而礼正是这种实践理性的集中体现。这种实践理性不以认识终极实体为目的，而是以修正自己、加强德行修养将至善心体体现在礼乐教化中为目的。礼乐教化无不是内在至善心体通过实践理性的外化。

（二）儒家与王权之关系

与基督教起源不同，儒家源于术士。

> 《说文》："儒，术士之称。"《礼记》"乡饮酒义"注："术，犹艺也。"《列子》"周穆王篇"："鲁之君子多术艺。"术士犹谓艺士。由其娴习六艺。……（六艺）殆为当时贵族子弟几种必修之学科也。其擅习此种艺能以友教贵胄间者，则称"艺士"，或"术士"，或"儒"，即后来儒家之来源也。艺士不仅可以任友教，知书、数可为冢宰，知礼、乐可为小相，习射、御可为将士，亦士人进身之途辙。[①]

"儒"起源于艺士，艺士不是受压迫者，也不是统治者，而是通过"艺能以友教贵胄间者"。艺士这一"友"之地位，就决定了他与王权的合作性，只有通过合作，他才能以其艺能为进身之途辙。

儒的这一起源就决定了儒家从其源头上而言就与王权有着一定的合作性。如孔子曰："郁郁乎文哉，吾从周。"此言体现了儒家在其精神实质上是要与王权结合建立一种以仁为精神的王国，这种合作和柏拉图的哲学思想有着一定的相似性，皆是从非压迫者的地位出发建立一种政治理想国，后汉代的政治体制无疑就是儒家思想在现实社会中的具体体现。

从儒家的精神与历史来看，儒家与王权之关系非如基督教与王权之关系。儒家与王权之关系，多是一种彼此相互依存的关系，儒家的仁义礼智信要通过与王权的结合来实现，或者说王权的理论基础与王权的组织形式及当时的社会组织结构皆以儒家思想为根基。

---

① 钱穆：《国史大纲》，商务印书馆，1994，第96页。

儒家对王权的批判也是合作前提下的批判关系，批判是为了更好地帮助王权弥补自身的不足，完善王权的统治，从而实现儒家行仁义于天下的王道思想。儒家对王权之批判与其说是一种批判，不如说是一种修正，因为从本质而言儒家与王权的关系是一而二、二而一之关系。

与儒家不同，基督教对王权之批判纯粹是一种精神力量高于王权力量式的批判。尽管儒家对中国的政治影响非常大，对王权也有过许多批判，但在性质上儒家是与王权合作的。儒家与王权的这种合作的性质致使王权力量往往将儒家作为一种统治之术，这也是中国历史上常有之事实。

> 汉武帝即位后儒家被统治者看中的，不是它的"学"，而是它的"术"，继法术、黄老之术后的第三种"安宁之术"。①

基督教与儒家起源不同决定了各自的组织方式也是不同的。基督教源于被压迫者，故其在精神上就对世俗政权有一种先天的道德批判。为了维护这种先天的道德批判，基督教有必要建立起能与世俗政权相抗衡的、独立的教会组织形式。由于基督教有一个独立于世俗王权的组织形式，这一组织形式就保障了基督教能以独立的精神、独立的道德的力量干预世俗王权。

儒家在起源上是与贵族阶层密不可分的，儒士多是通过"艺能以友教贵胄间者"。历史上儒士发生实际的政治作用是以王权组织形式为前提的，即便是君子儒，也是"用之则行"，"舍之"也只有退而藏之了。如孔子大道不行，退而授徒。儒家的这一性质就决定了儒家在组织方式上不可能如基督教那样，完全建立一个独立于王权的大一统教会，以实现其对社会现实的干预作用，实现其对王权的精神干预。

儒家的组织方式是与王权的组织方式密不可分的，没有对王权的结合与控制，在中国历史上儒家则仅能是一种文化，而不可能有自己独立于王权的组织形式。如东汉后，两宋前，释老大昌，释老皆有自己独立于王权的组织形式，只有儒家没有自己的组织形式，仅以一种文化或依存于政府，或散落于民间。此段历史期间，儒家对社会的道德批判，多是一种个人的行为，绝没有西方基督教那种，以一种强大的大一统教会形式，形成对王权的干预与道德的批判。

从历史上来看，儒家没有基督教那种独立于王权的宗教组织形式，其与王权的关系是一种合作性前提下的批判关系。

---

① 朱维铮：《壶里春秋》，上海文艺出版社，2002，第90页。

（三）中国传统知识分子与政府之关系

中国人信仰的是内在的至善心体及由其而发的仁义礼智信，中国人的理性是实践的理性。这就决定了儒生在现实政治生活中，重在实现由内在至善心体而发的仁义礼智信，或曰：在政治生活中实现中国的礼治，实现"明明德、亲民、止于至善"。

儒家的这一精神特质及儒家与王权的这一合作关系决定了儒生与政府的关系，即在中国历史上，中国没有形成一个独立的知识群体，一个与王权分庭抗礼的知识群体，一个从绝对理念出发去批判现政府的知识群体。中国的知识分子多是从与王权的合作关系中，实现儒家"明明德、亲民、止于至善"这一政治理想。儒家从仁义出发，构造了一个礼仪的政治体系，这一政治体系成为王权的理论基础。儒生个人则以其至善心体为依据，在这个礼仪的政治体系中通过具体事件实践着其政治理想。

儒家知识群体对王权之批判，非如基督教知识群体对王权之批判。后者是从绝对理念出发，通过理性演绎建立一个理想的社会法则，并对现实生活、政府行为进行批判；而儒家知识群体从仁义礼智信出发，根据现实，构建一个礼仪的政治体系。儒家知识群体对这一政治体系之批判也是从完善这一政治体系的角度出发的。

传统中国知识分子与政府之关系与西方社会相比可以说少了一个阶层，少了一个独立于政府、从绝对理念出发去批判政府的知识阶层。传统中国知识分子与政府之关系是合作基础上的批判关系，这一批判是在合作的前提下进行的，是为了完善其政治体系的批判，是一种自我修正。因为政府的组成人员及理论皆源于其自身，其对政府或王权之批判，可以说是一种对自身的批判，这一批判的最终目的是维护政府或使王权治理国家更加合理，更能体现儒家的王道理想。

至于中国的释老两个知识群体，都较少与政治发生关系。释老之学，多是儒生失意时，一种修身养性之学。正所谓进则儒，退则释老也。释老这两个知识群体较多关心的是其内心世界与个人的明哲。

三　对中西方知识分子与政府关系的思考

从上述西方历史与精神特质来看，有两个知识群体对西方国家的政治文明建设起到推动作用。一是如柏拉图、马克思这一类的知识分子，即从绝对的至善、绝对理念或理想的社会模式出发，通过理性演绎建立一个理想的社会法则，并据此对现实生活和政府行为进行批判；二是如洛克、休谟、孟德斯鸠、杰斐逊等这一类知识分子，即以理性法则为依据，结合现实，构建切实可行的政治理论学说，并不断将理性与现实相结合，推进政治体制的完善。第二类知识分子与政府之关系是批判与合作的关系，批判的维度源于公平、正义与现实的可行性。第二类知识分子是在具体的政治生活中切实推动政治体制完善的主要力量。

中国传统社会，由于中国儒家思想是与王权结合在一起的一种政治思想，加上中国儒家的精神特质，即不是从绝对理念出发，通过思辨理性建立一个理性的政治法则，而是从内在的至善心体出发，通过实践理性，结合实际，建立一个礼乐教化的政治体制。在这一政治体制中，理性并不如西方那样是一种思辨的理性，而是一种实践的理性。这一实践理性的宗旨是实现礼乐教化，在具体的亲民过程中，止于至善。中国这一历史文化传统决定了中国知识群体不可能从纯粹的理性法则出发去批判政府，而是在实践中运用实践理性完善政府的运作。

中国传统社会，由于儒家源于术士、源于与王权的合作及中国儒家文化精神特质，这就决定了中国社会没有一个完全独立于政府、批判政府的知识群体。释老与政府是分离的，与政府的关联度不大，即使是黄老之术也只是作为统治的手段，而非政治的理论基础、政治理想与政治目的，释老知识群体对政治之影响远不能和儒家知识群体相比。儒家知识群体是对中国政治影响最大的政治知识群体，这一知识群体与政府之关系已如前述，是合作前提下的批判关系。这一关系之弊端在于这一知识群体不能从现行政治体制之外，全面客观地评价现行政体的弊端。由于儒家与王权的关系是合作的关系，儒家知识群体往往会成为王权的工具，沦为王权统治天下的手段，而实际的政治运作已远非儒家的政治理想了。

西方社会王权消失后，代之而起的是近代意义上的资产阶级政府。由于基督教与王权的分庭抗礼的历史传统和西方的精神特质，这就导致近代意义上的资产阶级政府有两类知识群体在决定着它的政治理论基础与实际的政治运作。这两个知识群体已如上述。这两类知识群体虽不能说是一种理想的知识分子与政府之关系的模式，但这两类知识群体的存在无疑有助于西方政府在政治理论与政治运作过程中，尽可能地达到合理化。就此点而言，西方两类知识群体与政府的关系同传统中国儒家知识群体与政府之关系相比，有其长处，即这一模式能不断从纯粹理性的法则去批判其不足之处，而后，第二类知识分子又能结合实际，汲取第一类知识分子的思想，对现有的政治体制进行改革。而儒家知识群体则只能从其固有的礼仪教化体系中，在政治实践中实践其理想，对于政治体制之不足，则没有一个参照系，或没有一个非政府知识群体的批判，这就导致传统儒家思想往往被作为一种统治之术，而失去其作为政治目的、政治理想的地位，儒生在这一政治体制中也失去了实现其安民平天下的政治目的。

当然，我们今天论述中西方知识分子与政府之关系并非认为西方的这一模式就完美无缺，而是因为今日中西方一体化趋势越来越明显。在一体化过程中，我国也出现了类似于西方社会那样的第一类知识群体。对于这一群体，需要我们以一种历史的、理性的态度，从世界一体化的角度，立足现实审慎对待。

改革开放后，我国政府抱着对中华民族高度负责的态度，以科学求实的精神，推进了中国社会主义的民主化进程。在这一进程中，我国出现了非政府组织的独立思考的知识群体。这一类知识群体，肩负着"为天地立心，为生民立命，为往圣继绝学，为万世开太平"的历史使命，抱着对中华民族、中国共产党、中国政府高度负责的态度，以一种独立、客观、公正的求实精神，对中国政治文明建设提出了许多建设性的意见，促进了中国社会全面稳定的发展。

需要我们警惕的是，中国是一个有着几千年历史传统的文明古国，是一个有着13亿民众的大国，中国的社会主义建设面临着任何一个国家都没有的现实困难。故我们的知识群体在处理与政府的关系时，一定要有这种历史感与现实感，否则我们的知识群体就要犯政治幼稚病。当年严复、康有为、章太炎，皆从早期激进的改革派，渐转为改良派，他们是简单的思想倒退吗？回顾历史，我们是否能简单地给他们扣上保守主义的帽子？这是历史的真实面目吗？还是有着更深层的历史原因与现实原因？这些皆值得今天的知识群体进行反思。一个民族不能在同一问题上老犯同样的错误。我们的知识群体要警惕政治幼稚病，因为历史有着自己的连续性，任何一个民族都不可能忽视本民族历史的连续性。跨过本民族必须要走的历史阶段，这将是中华民族的灾难。

中国历史上没有西方那样独立的知识群体，但在世界一体化过程中，出现这一类群体是历史的必然。这一知识群体对中国与世界的发展都有着举足轻重的积极作用。我们要防止这一类知识群体，或这一类知识群体要对自身的发展有高度的警惕，警惕自身对政府之批判、对社会之批判超越了历史的现实，从而导致中华民族付出代价。任何一种政治上的过激或幼稚都是对中华民族极其不负责任的。中国近代史上，锐意激进改革第一人康有为，晚年说自己是民族的罪人。康有为晚年对自己的这一评价，值得任何一个对中华民族有责任感的知识分子予以高度警惕、引以为戒。

参考文献

〔英〕厄奈斯特·巴克，2003，《希腊政治理论——柏拉图及其前人》，卢华萍译，长春：吉林人民出版社。
钱穆，1994，《国史大纲》，北京：商务印书馆。
——，2001，《现代中国学术论衡》，北京：三联书店。
〔英〕阿诺德·汤因比，2000，《历史研究》，刘北成、郭小凌译，上海：上海人民出版社。
〔美〕约翰·罗尔斯，1988，《正义论》，何怀宏等译，北京：中国社会科学出版社。
朱维铮，2002，《壶里春秋》，上海：上海文艺出版社。

【注：该文收入高予远《仁者宇宙心》，北京：中国社会科学出版社，2013。】

作者简介

高予远　男
所属博士后流动站：中国社会科学院哲学研究所
合作导师：李存山
在站时间：2004年12月至2008年8月
现工作单位：深圳职业技术学院人文学院
联系方式：1090174901@qq.com

社会治理系统之协调机制创新研究

王斌 黄蕾

摘 要：社会治理系统中的协调机制建设是对创新社会治理体制的要求，是构建和谐社会的重要内容。面对目前社会治理体制中存在的力量分散的现象，本研究提出构建社会治理系统之协调机制的设想，即构建社会治理系统的四大机制、一个模式、一个平台。该机制的运行，需要通过实施社会治理系统的归口管理制度、完善社会治理系统理论和业务培训体系、加快建设社会治理人才队伍、构建监督评价体系等措施来实现。

关键词：社会治理系统 协调机制 创新

党的十八届三中全会《中共中央关于全面深化改革若干重大问题的决定》（以下简称《决定》）指出，要"创新社会治理，必须着眼于维护最广大人民根本利益，最大限度增加和谐因素，增强社会发展活力，提高社会治理水平，全面推进平安中国建设，维护国家安全，确保人民安居乐业、社会安定有序"。这就明确指出了社会治理体制深化改革的具体任务，面对这一具有挑战性的改革任务，中国政府必须以创新社会治理方式、激发社会组织活力为切入点，构建良好的社会治理体制，真正实现系统治理、党委领导、政府发挥主导作用、社会组织积极参与并各负其责的社会治理系统。但是面对当前我国社会治理涉及部门众多、结构复杂的现实，如何加强党的领导，实现统一指挥，促进部门之间的协调配合，增强合力，避免因职能交叉、政出多门导致的资源浪费和效能低下等问题，仍需要找到党委统一领导、政府主导与社会组织各负其责的连接点。为此，加强这方面的研究，对于建立健全社会治理系统之协调机制，更好地贯彻执行党的社会治理方针政策，做好社会治理具有重要的意义。

一　社会治理系统之协调机制的概念界定

社会治理系统是指对社会系统内的事务进行管理的各类社会成员所组成的专门机构的系统，它包括各级党委、各级政府、职能部门和各类社会组织。

社会治理系统中的协调活动贯穿社会治理的系统内外，本研究认为，社会治理系统之协调机制是为了实现社会系统目标而设计的行为规则或处理过程，表现为关于社会治理参与各方相关行为的守则，或关于工作过程细节的一系列协议和规范，并从决策层、运作层和信息层三个层次讨论社会治理系统。

社会治理系统之协调包括两大问题：一是社会治理系统中的协调冲突模型，着眼于发现与解决社会治理系统在运行过程中需要协调的问题或冲突。二是社会治理系统中的协调机制，属于主动型的制度设计与安排，具体包括三个层次的协调：组织结构层次、任务分配/目标分解层次、运行/活动层次。根据运行活动所涉及的具体内容，社会治理系统之协调又可以分为社会治理系统内各成员组织之间的协调。

综上所述，本研究认为，社会治理系统之协调机制是指，为最大限度地整合社会资源，形成社会治理合力，营造"系统共振、部门配合、社会联动"局面而设计的且必须共同遵循的相关流程、规则与制度。这一内涵主要包括以下两个方面。

第一，社会治理系统之协调机制是通过对社会治理系统内各个方面进行合理组织与调配，将内在力量凝聚成一个整体，以适应社会治理的需要。

第二，社会治理系统之协调机制是贯彻落实、督促检查社会治理的方针政策，协调统筹社会系统重大活动，制定分解社会治理的总体目标和任务，沟通交流社会治理的重大情况和信息，实现社会治理系统整体工作的最优化。分工与协作是社会治理系统实践活动的基本特征，社会治理系统的组织和有关部门，要围绕社会治理目标，对人、财、物等资源进行统筹安排，实行优化配置，发挥最佳效应。

二 社会治理系统之协调机制的构建

(一) 社会治理系统之协调机制的总体框架构建

社会治理系统之协调机制包括"四大机制、一个模式、一个平台",简称为"411协调机制"。具体说明如下:"四大机制"包括决策层协调机制、运行层协调机制、信息沟通协调机制和组织协调机制;"一个模式"是指社会治理系统之协调决策模式;"一个平台"是指社会治理系统之协调信息平台。

在"411协调机制"整体框架中,社会治理系统之协调信息平台是硬件基础,它为"四大机制"与"一个模式"提供服务和运作支持;"四大机制"是协调机制的核心,通过社会治理系统的高层宏观定位和决策,在社会治理系统组织协调中,以社会治理系统的系统管理、协管机制为抓手,协调和确定不同成员组织的职能、业务和管理,通过采取一定的沟通策略,最终保证社会治理系统之协调机制的正常运行。

总体来说,社会治理系统之组织协调机制是前提,决策层协调机制是保证,运行层协调机制是重点,灵活多样的信息沟通协调机制是关键,协调信息平台是物质基础,协调决策模式是形式。只有通过以上内容的有机组合,才能保证社会治理系统之协调机制的顺利运行。

(二) 社会治理系统之协调机制的四大机制构建

1. 社会治理系统之决策层协调机制

社会治理系统之决策层协调机制是以各级党委牵头抓总,以社会治理系统内的重大问题决策、协调为功能定位,实现高度统筹的工作机制。

具体来说,决策层着重于制定社会治理系统之协调机制的战略目标和原则,维护社会治理系统之协调机制的稳定性,处理社会治理系统内各组织之间的重大方向性问题,整体协调社会治理系统,消解重大冲突等。社会治理系统之决策层的协调机制,主要讨论的是如何通过适当的策略协调社会治理系统内成员组织的决策,其主要作用在于建立并完善各种基本协调机制,提供一种高层的决策与协商机制,为社会治理系统运作的决策及利益协调服务。

2. 社会治理系统之运行层协调机制

社会治理系统之运行层协调机制是以社会治理系统内构成组织之间实现

工作、业务的协调运行为功能定位，对社会治理系统内的管理决策进行规划、计划、实施和监督，并通过协调手段进行协调的工作机制。

社会治理系统之运行层协调机制的运行准则是社会治理过程中社会治理系统成员组织之间相互作用，执行规划、进行计划、实施和监督过程中的准则，准则一旦形成后就支配和制约着社会治理系统成员组织的工作行为，使社会治理达到协同的联动状态。因此，所谓社会治理系统之运行层协调机制的运行准则是社会治理过程中各成员组织所必须遵循的群体规范、资源分配、风险共担、约定俗成等联动的规则。包括以下三个层次。

（1）宏观准则

社会治理系统之运行层协调机制运行的宏观准则：确立社会治理系统成员组织的运作基本程序，确定各种会议召集规范、召集制度、召集内容等，建立社会治理系统成员组织的管理沟通和冲突协调办法，以及解决社会治理系统中出现的各种矛盾和问题等。

（2）业务准则

社会治理系统之运行层协调机制运行的业务准则：规定和明确社会治理系统各成员组织的管理应符合的标准规范和通行惯例等。

（3）工作准则

社会治理系统之运行层协调机制运行的工作准则：帮助社会治理系统成员组织将重心放在加强成员组织间的协调沟通并使矛盾或冲突显现化，使公开和履行承诺成为成员组织共同的价值标准，整个社会治理系统形成一致的目标和价值取向。主要包括决策原则与程序、沟通规范和交互程序、信息沟通与共享机制、信用承诺与提供服务等。

社会治理系统之运行层协调机制的运作准则一方面能够使社会治理系统各成员组织达到一定的期望水平而达成协调状态，另一方面确保形成协调机制使社会治理系统按既定的规则、约束条件有效地运作。

3. 社会治理系统之信息沟通协调机制

社会治理系统之信息沟通协调机制具有多渠道、多层次的特点，其构成要素包括社会治理信息的沟通理念、沟通政策、沟通内容、沟通渠道和沟通反馈等，其运作效率取决于社会治理信息沟通氛围、沟通制度、沟通策略与沟通技能的应用，以及社会治理系统之协调信息平台的功能与建设。

面对新时期国内社会治理新形势的发展，要充分利用社会载体、经济载体以及网络载体等多种形式拓宽社会治理的信息沟通渠道。但无论是哪种形式的沟通渠道，关键在于增进相互理解和信任，使社会治理系统各成员组织能够自觉规范自己的行为，进行分权自治的管理，确保社会治理系统的有效协调与运作。社会治理系统之信息沟通协调的构成要素主要包括以下几个方面。

(1) 沟通理念

沟通理念首先代表了社会治理系统之协调机制决策层对沟通的认知。在这种沟通理念的指导下，开展社会治理的各项沟通活动。社会治理系统之沟通理念同样要通过各种沟通渠道传递给社会治理系统各成员组织，并且被广泛接受和理解，成为整个系统的共识，这样，沟通机制才可能有效地运转。

(2) 沟通政策

社会治理系统的沟通政策是在沟通理念的指导下，为实现社会治理系统之协调机制的沟通目标以及有效的管理而制定的一系列沟通行动准则。社会治理系统的沟通政策是不同的社会治理系统成员部门享有不同的信息共享级别。同时，在制定沟通政策的细则时，需制定相应的沟通内容、方式和渠道，以及反馈、倡导双向沟通等方面的具体规定。

(3) 沟通内容

沟通内容是在沟通政策的指导下，在具体的沟通活动中，选择什么沟通内容，通过什么方式和渠道沟通。首先，社会治理系统的决策层与社会治理系统的执行层涉及的沟通对象是不同的，针对这些不同的沟通对象，选择与他们相关的信息内容，保证他们应有的知情权。其次，在社会治理系统中应该鼓励和倡导双向沟通，促进双方的信息交流，不断寻求反馈，了解对方的理解和需求。最后，有关社会治理系统之协调机制的运行状况等方面的信息始终是沟通的主题。

(4) 沟通渠道

沟通渠道是社会治理系统之协调机制运作的关键。任何一种沟通方式和途径都有它的特点、优势与不足。在选择沟通方式和途径时要依据社会治理系统之协调机制的沟通目标、任务、对象等因素选择有效的沟通渠道。

(5) 沟通反馈

沟通反馈的设计关键在于保证信息传递的流畅性、完整性、真实性，它应包括社会治理系统内外环境变化的反馈。要在社会治理系统中，同各级管理部门以合作协议的形式，明确规定外部环境信息的收集、处理与传递的职责和责任机构，并保证决策机构能及时了解有关信息，及时调整目标，以对环境变化迅速做出反应。内部沟通反馈的关键在于及时了解社会治理系统内的有关信息，对成员部门的行为进行控制与约束。要提供相关工作信息，并保证其完整性与真实性，在必要时，可以引入第三方对成员部门的阶段成果进行评价。

4. 社会治理系统之组织协调机制

社会治理系统之组织协调机制是指社会治理系统在开始组建之初，就必须在不同成员组织的管理角色问题上进行协调，关键是要实现或推进社会治理系统的组织体系。要实现以上的功能，就需要以社会治理系统的职能模块化、业务流程模块化和成员部门模块化为前提条件。因此，我们提出一种网络化的社会治理系统的组织协调机制。该机制在党委领导的基础上，强调党委的牵头抓总地位，而社会治理系统中的成员部门可构建自己的较低层次和较小规模的社会治理协调机制。社会治理的模块化层次组织结构要求在核心层——党委的领导下解决社会治理系统中的模块分解问题以及以后的模块协调问题，然后由社会治理系统内不同的成员部门分别处理不同功能模块或不同结构模块的问题。核心层党委以干部管理与协管机制为主要工作抓手进行组织管理，社会治理系统内成员组织以三大专用模块的运行为任务进行工作，并对党委负责，在这一机制中通过规则的协调使系统多而不散、多而不乱。

社会治理系统之组织协调机制各模块的规则是在社会治理系统的组织结构构建和运行过程中，一定的组织衔接使整个系统中的部门、职能、业务能够在战略层、控制战术层和执行层良好运行的一种制度。它分别由党委、社会治理系统内成员组织以及工作团队实施。这三个层次从高到低，越往下交错就越多，就像撒下一张大的渔网将整个社会治理系统层层罩住，稳固整个系统的组织结构。

第一，党委。党委是社会治理系统中最高的管理机构，其职能包括社会治理系统内的组织、实施、控制和协调等。在社会治理模块化组织设计过程中主要负责确定系统的设计规则、社会治理的整体组织结构，从宏观上对社会治理系统内各单位的职能、业务和部门进行确定。

第二，社会治理系统内成员组织。社会治理系统内成员组织主要包括各级政府、社会组织，主要负责社会治理的管理和运行标准的制定。尽管社会治理的对象不同，各成员组织的管理和运行是独立的，但它们是作为整体一起发挥作用的。为了实现社会治理系统的整体化，首先各成员组织必须确定自己在社会治理系统整体结构中的职能和管理定位，其次要规定什么是本单位与社会治理系统内其他单位之间相互作用的共同领域，最后，成员组织之间要建立职能和管理的互评体系。

第三，工作团队。团队合作可以加强组织接口衔接的流畅，这里的团队是指社会治理团队，它是由来自社会治理系统中不同的成员组织、不同功能的人员以项目或业务的某一子模块为基础凝结而成的，如由发现机遇和具有响应机遇能力的主要核心成员组织构成，根据模块的任务形成紧密的、执行实际功能的工作团队，它是社会治理系统内重要的合作单元。

社会治理系统之组织协调机制的模块与模块之间的接口，有利于汇总工作任务，综合信息，最大限度地发挥优势，解决管理绩效、管理不确定、管理资源的问题等。以上的设计都是为了保证社会治理系统之组织结构能方便社会治理系统开展协调活动。而这一机制顺利运行的基础，就是要实现统一调度的干部管理机制。

（三）社会治理系统之协调决策模式构建

社会治理系统之协调决策属于集中与分布相结合的协调决策模式。社治理系统中的决策权是分布式的，但又是在合作中行使的。

由于社会治理系统中的成员组织是相对独立的主体，所以在行动上都不会自动地趋向一致。当涉及需要协调的问题或冲突时，社会治理系统需要联合决策。因此，社会治理系统之协调决策模式是分散基础上的群体决策和分布式决策的协调模式。群体决策方式不是通常的少数服从多数的决断，而是在顾及所有社会治理系统成员组织利益的前提下，利用协商及谈判机制来达成共识，消除冲突。群体决策是共同决定的，因而在执行中更容易让所有的参与者接受，使其更积极地参与各种事务，提供更多的帮助，有利于合作。分布式决策由掌握相关信息的各个节点的成员组织做出，他们将通过信息的交流实现分权自治、自主协调、达成协同，充分发挥部门独立、自治、自利的能力。

社会治理系统之协调决策模式的过程主要包括以下五个阶段。

第一，辨识问题、提出议题。通过协调信息平台，搜集与问题有关的信息，对不够清晰的矛盾或冲突进行辨识，提出明确的议题。

第二，角色反思与定位。通过互动沟通与学习，社会治理系统内有关部门反思自己的不足，改变自身的认知，进行角色的重新定位。

第三，形成备选方案。利用"知识库"共享信息、知识等资源，有效地互动沟通与学习，选择合适的协调方式，形成解决议题的备选方案。

第四，达成共识。在共同目标设定的情况下，各部门根据各自的认可区间，选择或接受相应的目标、任务或资源转移。

第五，议题程序化或规则化。在此阶段，对协调的议题求解效果及协调过程的效率进行综合评价，并将议题的求解过程和评价记录下来，形成此类议题的程序化的协调过程，以备将来出现同类议题时作为参考方案。以此不断补充和完善社会治理的运作准则，完善社会治理系统之协调机制。

该协调决策模式的工作过程是一个循环反馈的过程，根据议题解决的结果可以将协调过程回溯到前面三个过程的任意一个，以调整和改变当前运行中存在的问题，并能使产生的结果适应环境的动态变化。

（四）社会治理系统之协调信息平台构建

社会治理系统之协调信息平台是建立在管理信息系统和相关信息技术支持基础上的多层次信息支持平台，它是社会治理系统的协调机制良好运行的技术基础。因此，社会治理系统之协调信息平台是由信息决策层、信息运作层、信息交流层三个层次外加一个无处不在的技术支持层所组成，以实现不同信息的协调。

该平台首先是一个社会治理系统内的信息平台，因此它的建设要注意信息安全问题，要采取信息获取、上传和管理的分级制度。社会治理系统之协调信息平台要实现事务处理功能、办公应用功能及信息资源管理功能。而在社会治理系统之协调信息平台建设过程中，社会治理系统内的各组成部门需要建设自己的部门内部网络，保证接口标准的兼容，保证社会治理系统内的成员部门的内部网络能相互对接，信息能够自由互传。同时，将社会治理系统内部需要传递给其他成员部门的信息公开发布，将需要保密的关键技术信息加密储存，从而实现社会治理系统的协调机制的内部沟通方式的规范化。

三　社会治理系统之协调机制建设的对策措施

（一）开展社会治理的理念宣传

要紧紧围绕社会治理的工作重点，有效利用各种新闻媒体和宣传、出版工具，积极主动地开展社会治理的新闻宣传和理念宣传，为做好新时期社会治理提供有力的精神动力、思想保证和舆论支持。

在社会治理系统内要做好两个方面的宣传工作：一是要大力宣传社会治理者所做出的成绩和他们的奉献精神，二是要加强社会治理者所做出的优异成绩，并说明其社会治理者的身份。

在社会治理系统外，要通过努力创造社会治理所需要的良好社会环境，形成重视社会治理、了解社会治理政策、尊重社会治理对象、积极配合社会治理需要的社会氛围。及时总结和推广社会治理中出现的先进经验，进一步完善社会治理协调机制，巩固已有成果。各级党委和政府部门要对社会治理系统内有效联动的单位，对积极协动的社会团体和个人给予表彰或奖励。

（二）建立和完善归口管理制度

根据社会治理的特点和实际，我们认为归口管理制度应包含如下三方面内容。

一是非政府的、具有社会性质的社团组织划归民政部门统一管理。当前，非政府的社会性质社团组织，如人民团体、民间公益组织、民间非营利组织等近年来成长迅速，在社会治理中具有无可替代的优势，并已经成为开展社会治理的一支生力军。按照党的十八届三中全会的《决定》要求，行业协会商会类、科技类、公益慈善类和城乡社区服务类社会组织将实现直接依法申请登记的注册制度改革。也就是说，我国大部分社会组织将摆脱以往的业务主管部门批准、民政部门登记注册的双重管理体制。这一制度改革将是社会组织管理的划时代的重大改革。

在这一改革的基础上，民政部门的任务将更加艰巨，民政部门作为归口管理部门应该对社会组织在政治上引导、政策上支持、工作中服务，帮助它们解决发展中的困难，使它们紧密团结在党的周围，扩大工作范围，充分发挥在服务大局、维护稳定、促进发展中的作用，成为党延伸到新领域的社会治理手臂，从而巩固和加强新形势下党对社会治理系统的领导地位。

二是社会治理系统内的干部归口管理。由于我国社会治理的复杂性，从事社会治理的干部归口管理是必要的，这样既能实现党委对社会治理系统各部门和组织有效的领导，又不需要改变组织隶属关系。事实上，如果各级党委明确各级党委常委分管社会治理系统部门的事务并成立社会治理领导小组，那么社会治理系统干部归口管理也应是顺理成章、水到渠成的必然措施。社会治理干部归口管理确保了专门从事社会治理的部门及干部在社会治理系统内各部门、团体的协调工作中所必需的刚性力量，为其充分发挥协调作用提供了坚强的后盾，其重要意义不言而喻。

三是社会治理重大活动归口协调。社会治理重大活动归口协调是实施各级党委常委负责制，明确负责社会治理的各级党委常委分管社会治理事务和成立社会治理领导小组之后的必然，这样有利于实现社会治理活动的统一部署，协调配合，整合社会资源，形成合力，避免各自为政带来的工作重叠和推诿扯皮等问题。

（三）完善社会治理系统的理论和业务培训体系

要把社会治理理论政策作为各级党校、行政学院、干部学院的重要教学内容，作为培训党政干部的必修课程，在社会治理系统内构建以培养创新能力为鲜明特征的社会治理的培养体系，在社会治理系统内构建以普及社会治理理论为主要内容的培训体系，多渠道、宽领域、深层次地拓展和提升社会治理系统内人员的理论素养和实践能力，提高和普及社会治理系统内人员对社会理论和政策的认知度。在载体建设方面，加强和加快各级行政学院建设，在坚持有针对性地选择培养对象的基础上，把涉及社会治理系统的各级工作人员也作为重要的培养对象，实现深层次培养。大力发展各级行政学院的培养和教育作用，一方面把强调社会治理理论政策作为各级行政学院的重要教学内容，作为培训社会治理系统党政干部和管理人员的重要载体。有效利用高等院校教育资源，通过与设有和社会治理相关的研究生学位点的高等院校联合，提升社会治理系统内工作人员的理论水平和学历层次。

（四）加快建设社会要求的社会治理人才队伍

建设符合社会系统需要的管理人才队伍是构建和谐社会治理的基础，更是社会治理协调机制有效运行的核心保障。

1. 加强社会治理领导人才队伍建设

加强社会治理领导人才的能力建设，实现各级党委、政府部门领导人才从"管理者"向"服务者"角色的转变。各级党委、政府部门领导必须具有强烈的人才意识，努力发现、培养和使用各类优秀人才，开创人才辈出、人尽其才的良好局面。在社会治理系统内建设一支能够担当重任、经得起风浪考验的高素质学习型领导干部队伍，着力培养一大批能够牢牢把握先进文化前进方向的，眼界开阔、创新务实、善谋能干、总揽全局的优秀领导人才。科学规范参与社会治理的各级部门职能，通过对社会治理领导人才的科学搭配，优化领导人才群体的年龄结构、知识结构和专业结构，努力形成老中青干部结合、各门类知识衔接、各专业优势互补的坚强的社会治理领导人才集体。

2. 加强从事社会治理具体工作的专业管理人才队伍建设

以社会治理的专业管理人才的培养为重点，提升管理人才素质。要加大力度，造就一支懂理论、善沟通、精管理、有历史责任感的复合型社会治理的专业管理人才队伍。加快培养一大批具有职业化、现代化特点的优秀社会治理专业管理人才。加快形成多渠道、多形式、灵活高效的社会治理专业管理培训机制，既要突出社会治理专业技术培训，也要注重多种技能的复合型培训，还要加强政治理论、经济观念、法律知识的培训，重点提高投身社会治理主战场的适应能力和理论联系实际的实践能力，从而促进大量优秀人才涌现，使社会治理专业管理人才结构得到切实改善和优化。

3. 加强社会理论研究人才队伍建设

社会治理的理论内涵丰富，涉及领域和专业知识众多，而各个领域的工作规律各不相同，因此要建立有利于调动社会理论研究工作者积极性、推动理论创新、多出研究精品、多出理论人才的运行机制。将社会理论教育融入各类培训和专项教育之中，为社会理论研究人才的成长打好基础。建设一支具有复合型的知识结构、思辨型的能力素质，具有较强的适应性、支柱性和开拓性的高层次社会理论研究人才队伍。

（五）构建社会治理系统之协调机制的监督评价体系

要构建运行良好的社会治理协调机制，就必须从社会治理系统内的管理关系，以及管理责任者的角度来强化监督评价体系。

1. 理顺管理关系，完善监督评价体系

建立机制，赋予党委监督考评的权力，使其能够对社会系统内各部门、团体在落实党的社会治理中的方针政策方面的情况进行监督和考评，对表现优秀的部门、社会组织以及个人予以表彰宣传，对存在疏漏和不负责任的提出批评意见；可使党委突破隶属关系、行政层级、以及与社会组织的关系等带来的各种障碍，实现对社会治理系统内各成员部门、团体的协调，在指导、监督方面获得合法权利，也为党委领导社会治理、政府部门履行社会治理职能、党的社会治理方针政策得到贯彻落实提供了有力保障。

2. 加强问责制，探索监督评价体系

充分利用社会治理决策层协调机制，与党委、政府部门共同协商将社会治理的具体内容列入各级党委、政府部门年度综合考核体系，特别是针对单位主要负责领导的考核要加大力度。完善社会治理目标责任制，把社会治理纳入各级党委、政府的年度综合考核体系。明确岗位职责，建立主要责任人

"问责制度"，增强领导干部的使命感、责任心。加大检查力度，将社会治理实绩与晋升、提拔挂钩。

不论社会治理系统内外，都要强化社会治理的战略地位。要按照"一把手"抓社会治理的要求，切实加强领导，将社会治理与各地、各行业经济社会的发展事业一起考虑、一起部署。各级党委部门和政府部门的第一把手要亲自把社会治理摆到重要议事日程，抓规划、抓政策，把社会治理落到实处。

参考文献

李君如主编，2005，《社会主义和谐社会论》，北京：人民出版社。

魏礼群，2011，《深入开展"加强和创新社会管理"研究》，《国家行政学院学报》第1期。

温家宝，2004，《深化行政管理体制改革加快实现政府管理创新》，《国家行政学院学报》第1期。

吴新叶，2010，《基层社会管理中的政党在场：执政的逻辑与实现》，《理论与改革》第4期。

作者简介

王斌　男

所属博士后流动站：西南大学心理学部

合作导师：张进辅

在站时间：2009年3月至2012年6月

现工作单位：西南大学统筹城乡公共文化服务协同创新中心、西南大学政治与公共管理学院

联系方式：wangbin1031@163.com

黄蕾　女

西南大学政治与公共管理学院行政管理专业硕士研究生

联系方式：swu_pm@163.com

和谐社区构建下基层社会治理体制创新[*]

李 敏

摘 要： 基层是国家力量直接面对社会力量并与之交叉融合的一个场域，是国家宏观管理与微观治理的重要结合点。因此，基层社会治理是整个社会治理的基础和突破口。城市基层社会治理体制将成为未来中国改革发展的重要主题，其不仅直接关系到和谐社区建设的成败，在很大程度上也关系到社会主义和谐社会及中国社会现代化的整体发展。城市基层社会治理体制创新的核心影响因素是组织、制度、技术和理念，这些因素是有针对性地提出治理体制创新思路的关键。

关键词： 和谐社区　基层社会治理体制　创新

一　问题的提出

加强社会建设，推进社会治理体制创新是当前构建和谐社会的重要任务和基本要求。党的十八届三中全会做出的《中共中央关于全面深化改革若干重大问题的决定》（以下简称《决定》）中指出："推进国家治理体系和治理能力现代化"，即提出了创新社会治理体制的重要思想。随着中国社会经济的

---

[*] 基金项目：中华女子学院 2012 年度校级立项课题阶段成果，项目编号：KG2012 - 03002。

快速发展，经济体制领域和政治体制领域中的改革已逐步深入，但在社会体制改革方面至今还面临着许多重大挑战。《决定》进一步指出，在处理社会矛盾、社会问题时，要创新有效预防和化解社会矛盾的体制。为此，社会治理体制的创新势在必行。

基层是国家力量直接面对社会力量并与之交叉融合的一个场域，是国家宏观管理与微观社会治理的重要结合点。从党的十六大将社会管理作为社会建设的重要内容，到十八届三中全会首次使用"社会治理"概念，社会治理是党的社会建设理论与实践的创新。与社会管理相比，社会治理更强调双向互动、多元参与、合作协商、民主法制的理念，公开透明的治理方式以及体制机制的创新。[①] 社会管理向社会治理的转变，意味着国家与基层社会的权力分享、责任共担、良性互动以及深度合作。在整个社会治理体制中，基层社会治理处于特殊重要的地位，是整个社会治理的基础和突破口。在我国，基层既包括城市和农村社区以及各类社会组织，也包括基层政府，即城市的街道办事处和农村的乡镇政权。[②] 城市基层社会治理是指城市社区中以政府干预与协调为中心、非政府组织为中介、基层自治为基础以及公民广泛参与的互动过程。城市基层社会治理直接关系到千家万户的日常生活和安居乐业。如何创新基层社会治理体制对于实现社区和谐、维护社会稳定与良性运行具有极为重要的理论意义和现实意义。城市基层社会治理体制将成为未来中国改革发展的一个重要主题，其不仅直接关系到和谐社区建设的成败，在很大程度上也关系到社会主义和谐社会及中国社会现代化的整体发展。

新中国成立60多年来，我国城市基层社会治理体制的变化过程可以概括为逐步形成单位体制，继而向"条"的系统发展，最终又向以区域性社会为主的社区治理回归。在这个变迁过程中，"街/居体制"的职能和结构不断调整。在计划经济条件下，主要属于"条"的各个机关和事业单位除了承担行政职能和经济职能外，还对单位职工承担了全部的社会责任。随着城市经济体制改革的开启和深化，这种全能型的单位逐渐解体，原来由单位承担的大量社会责任回归了社区，主要由街道和社区居委会承担。属于"块"的区域性社会组织成为基层社会治理的主要承担者。加强社会治理，推进基层社会治理体制创新是构建和谐社区的一个重要任务。

随着城市和谐社区建设的推进，我国基层社会治理面临着重大转折。这

---

① 李强：《创新社会治理体制》，《前线》2014年第1期。
② 何增科：《中国社会管理体制改革路线图》，国家行政学院出版社，2009，第243页。

一转折，一方面是提升治理和服务水平的过程，另一方面将是一个转变体制、构建新型治理格局的过程。因此，研究和谐社区构建下基层社会治理体制的创新问题是应对现实困境的有效途径。

二 城市基层社会治理体制相关研究

国外的基层社会治理模式基本上分为欧美型和亚太型两大类。它们的主要区别在于政府与基层社会结合的紧密程度不同。欧美国家政治经济的自由化，导致社会生活、价值观念、行为模式的自由化，在基层社会治理上政府和社会一般是分离、松散的。亚洲国家和地区因其文化传统、经济和社会模式与欧美国家不同，在基层社会治理上政府和社会的结合较为紧密。在国外基层社会治理中，社区公共事务的治理由政府、社区、社会其他组织共同负责。政府、社区与社会资本的互动为社区治理提供经费。市场化和民营化被引入国外的基层社会治理之中。在多元化的治理主体经营下，形成了科学的治理机制。政府对社区治理的间接化手段激发了居民参与社区某些领域治理的主动性和积极性。居民的活动受到政府的支持和援助，居民自治组织发展迅速。国家和地方法律法规保障社区居民的民主权利。居民可以提出自己的意愿和要求，社区自治组织组织居民讨论，对居民提出的问题和意见予以解决和解释。此外，居民还拥有对公共部门提供的公共服务和公共物品进行选择与监督的权利。

国外基层社会治理普遍实行的是社区制。经过多年的实践探索，许多国家的社区发展已经达到相当高的水平，成为基层社会治理的主体，在城市建设和管理中发挥了重要作用。由于市场化和民营化的引入，国外形成了多元化治理主体下的科学治理机制。国外基层社会治理体制一般具有完整的组织体系、发达的非政府组织、积极的公民参与以及健全的法制等方面的特点。这些特点为创新中国城市基层社会治理体制提供了可资借鉴的经验，但也应看到，西方的历史、文化、制度与中国的大相径庭，西方的理论和实践不能完全适合处于急剧转型期的中国社会。此外，国外基层社会治理引入了市场机制，政府行政干预较少，因此，对中国城市基层社会治理体制还需探寻具有中国特色的创新路径。

在我国，随着和谐社区建设的不断推进，城市基层社会治理吸引了社会学、管理学、政治学等多门学科的目光。不同学科分别从不同视角对城市基层社会治理的实践探索和理论创新进行了一定的研究，且诸学科的研究视角和研究领域逐渐趋于融合，相互参考吸收，产生了一定数量的研究成果。

经过梳理和检视发现，就公开发表的学术著作和学术论文而言，学者对城市基层社会治理体制的历史变迁过程、传统基层治理体制形态、治理体制变迁目标以及治理体制创新的概念、逻辑原则与路径等进行了研究。从中国目前的实际情况来看，仅仅依靠行政性力量已难以完全整合迅速发展的城市社会，难以满足人们日益增长的生活需要，而单纯依靠动员居民参与社区管理与服务，也远远无法解决许多实际问题。因此必须重构一种政府与社区双向互动的基层社会治理体制，建构政府管理优先与基层自治培育双赢的基层社会治理体制模式。

影响城市基层社会治理体制创新的主要因素是有针对性地提出体制创新对策和建议的关键。在对体制创新的主要影响因素的研究中，学者都或多或少地关注到了组织、制度、技术、理念等因素对基层治理体制创新的影响。在组织层面，有学者提出了基于多元主义的基层社会组织创新、结构重组和功能调适基础上的社会组织创新以及基于善治视角的社会组织治理体制改革等思路。在制度层面，有学者认为制度建设是基层社会治理体制创新的保证，提出了建立健全基层社会治理法律法规体系的对策。[1] 在技术层面，有学者认为面对信息社会转型，应关注信息技术对中国社会及日常社区生活组织产生的影响。[2] 在理念层面，有学者认为正确的理念是治理体制建立和运行的内在基础。[3]

尽管国内学者对城市基层社会治理体制的探索与创新表现出一定的兴趣，进行了较深入的研究，提出了建设性建议，但针对和谐社区构建下基层社会治理体制创新问题还缺乏系统、综合的研究。城市基层社会治理体制问题是一个非常复杂的问题，其影响因素广泛。目前的研究对基层社会治理体制中的组织因素和制度因素关注较多，对技术因素和理念因素关注略显不足。而且，在可见文献中还未见到运用综合的多因素理论框架对治理体制创新进行的研究。因此，迫切需要运用新的理论模型综合、深入地探讨研究这一问题。

---

[1] 何增科：《中国社会管理体制改革路线图》，国家行政学院出版社，2009，第259页。
[2] 郑中玉：《沟通媒介技术与时空框架变迁下的互动实践》，《兰州学刊》2008年第2期，第95~97页。
[3] 邓伟志：《创新社会管理体制》，上海社会科学院出版社，2008，第151页。

三 城市基层社会治理体制创新的核心影响因素

影响城市基层社会治理体制创新的核心因素是有针对性地提出体制创新对策和建议的关键。在梳理我国城市基层社会治理体制历史演变进程、借鉴国内外城市基层社会治理经验的基础上,笔者确定了城市基层社会治理的主要影响因素,构建了城市基层社会治理理论模型的基本框架:组织(Organization)-制度(Institution)-技术(Technology)-理念(Consciousness),即 OITC。

组织因素主要指社区党组织、居民委员会、业主委员会、物业公司、非政府组织、社会团体、企业等参与基层社会治理的各种组织。要化解基层社会治理面临的难题,就要对原有的基层社会组织模式进行功能性调整,并优化其结构。这就涉及新型社区治理主体组织体系的构建及与其他社区组织之间的互动协作过程等。

制度因素主要指能够确定组织及其成员互动和以正确方式解决问题的一系列法律、规范、制度和秩序等。基层社会治理体制创新是一项系统工程,关系居民的切身利益。因此,政府应积极给予制度供给和政策引导,为体制创新创造良好的法律制度和政策环境。制度因素主要包括国家规定的正式制度、社会认可的非正式制度以及实施机制等。我国基层社会治理法规主要包括《居民委员会组织法》、人民调解制度以及城市社区建设法规体系和相关的地方性的规范性文件。

技术因素主要指在整个社会面临向信息社会转型的背景下,信息技术对基层社会生活产生的影响。由于互联网等信息技术将进一步改变基层社会生活的结构和过程,因此,在对城市基层社会的治理中,政府及其治理主体应更多地关注信息空间与日常社区空间的互构,以及信息技术在构建新型社会治理体制中的作用。

理念因素主要指在基层社会治理体制创新中,各种主体的理念,包括居委会的治理理念、公民的参与意识、人居环境理念等。理念更新是体制创新的前提。在城市基层社会治理体系中,不仅包括对物质环境的治理,还包括社会文化环境、产业发展环境的缔造等。应尝试将人居环境理论与基层社会治理体制的创新有机结合起来,并试图将其应用到城市社区的治理实践中。

四 城市基层社会治理体制的创新思路

（一）构建新型基层社会组织体系

社区组织不仅是社区建设的重要载体，也是创新基层社会治理体制的结构性要素。城市社区组织重构是我国基层社会治理体制改革的需要，也是建构与社会主义市场经济体制相适应的城市社会组织方式的需要。这是一个由政府推动的社会体制的改革，又是政府从权力、责任中心脱离出来，通过培育社区社会组织，形成政府与社区组织共同服务和治理社区（社会）的过程，即由单位体制主导转向社区体制主导的过程。进一步提高城市社区组织治理水平，使社区功能得到切实有效的发挥，已成为当前社区建设的迫切任务。探索城市社区组织的结构、运行机制、制度及社区治理的方式与方法，将有利于推进我国现代化建设与和谐社会构建的步伐。

随着市场经济和现代城市的发展，传统的以行政化的"单位制"为主、"街道－居委会制"为辅的社会治理体制的弊端日益突出。为解决一系列的城市社会发展问题，国家大力推动社区建设，并试图通过社区建设实验探索新型的城市社会治理体制。目前，广州、深圳等地在社区建设中的基层治理体制创新便是一个适应社会需要、政府自觉推动的实验过程。这些实验对于充分认识城市社区组织治理体制创新的状况及走向具有一定的价值，从中也可就社区建设中体制创新的一些规律做出理论总结和概括。

要实现计划经济时代产生的"单位社区"向市场经济体制下"社会社区"的转变，就要强化"社会社区"的建设指导地位，实现社区自治功能的回归。要明确社区组织的功能定位，依靠社区组织发挥自身功能，通过功能调适，实现不同组织间的功能耦合和互动协作，并不断推进社区组织结构创新，形成社区建设的整体合力与动力格局，达到社区系统协调运转的最佳状态。通过推进社区组织管理创新，推动社会建设，建构一种以社区党组织为领导核心，社区居委会充分行使自我管理、自我教育、自我服务的职能，社区民间组织整合社区资源、协调居民利益的社区组织运作机制，形成一个政府、市场、社会组织三方协调互补，各类社会资源既相互促进又相互制衡，社区内各组织释放功能、良性互动、协作共治的格局，促进国家与社会力量的互动生长和相互型塑。

（二）基层治理体制的法制化和规范化

健全的法律制度是实行有效社会治理的必要保障。没有社会规范，社会就会陷入混乱。必须依靠法治而不是人治来推进和落实社会治理。法制有两种含义：最广义的泛指国家的法律与制度，法律包括成文法与不成文法，制度包括依法建立起来的政治、经济、文化等方面的各种制度，其中也包括法律制度。最狭义的仅指法律制度，即法律制度的简称。①

城市基层社会治理涉及广泛，治理体制运行的基础是法制化和规范化。要做好基层社会治理，必须明确相关方面的权责利，保证基层社会的规范性和权威性。社会治理主体应依法对社会自治系统和生活服务系统实行宏观的指导和监督。与此同时，基层社区组织和居民也可依照法律向上级政府提出意见和建议。只有在法制化的前提下，社会各系统才能真正做到有法可依，居民的合法权利才能得到切实的保障，居民应尽的义务才能得到有效的履行。可见，法制化应成为新型基层社会治理体制中政府行政组织对社区治理活动进行指导监督的重要手段，是基层社会治理有序化的根本保证。

从国外社区立法的现状看，社区治理已经从以慈善、救济、福利为目的转向了促进社区的经济、教育、生活全面发展的目标。西方国家对社区发展模式的选择主要依据本国市场经济的发展状况以及政治体制的影响。如美国主要采取自治模式，通过非营利组织立法，充分发挥非营利组织的作用，实现社区的自治。政府对社区建设实行间接管理。新加坡实行的是政府主导型的社区发展模式，政府对社区发展的法律、政策、组织规范体系提供计划及方案，并给予资金的大力支持。在社区发展的内容上，西方发达国家主要提供包括社区服务、培育社区文化以及维护社区治安等。如美国联邦政府制定了《住宅和社区发展法》《社区再投资法》《国家和社区服务合作条例》等法律法规，为社会发展提供立法支持。除此之外，各个州、市政府和立法机构也制定了相应的法律法规，推动社区的发展。新加坡制订了公积金家庭保障计划、保健储蓄计划、健保双全计划等支持社区发展。西方发达国家社区发展的立法模式，特别是混合式的发展模式以及国家支持社区发展立法等成功经验，对我国的社区发展具有很好的借鉴意义。

伴随我国社会和经济结构的转型，传统的家庭及单位职能逐渐向社区延伸。我国在1980年前后开展了社区规划、社区照顾、社区参与等活动，但

---

① 夏征农：《辞海（缩印本）》，上海辞书出版社，1989，第1018页。

这些活动缺乏法律的支持，出现了资金困难、发起方式混乱以及短期行为等诸多问题。因此，只有尽快制定行之有效的促进社区发展的法律，才能更有效地推动和谐社区的建设，切实做好基层的社会治理工作。

（三）信息技术在基层社会治理中的作用

随着信息社会的来临，信息技术对中国社会以及基层社区生活产生了广泛的影响。目前学术界对信息技术的社会影响观点不一，有学者认为它正在形成一种新的共同体形式。有学者则认为互联网只是形成了一种虚假的社区感，甚至有人担忧互联网的沟通使人们减少了面对面关系与社区参与，导致社会资本的下降。[①] 早期对虚拟社区的研究只是关注虚拟社区具有的区别于日常生活的运作规则，认为在线生活是对日常生活的解构和超越。实际上，当电脑网络把人与人连接起来时，电脑网络实际上就是一种社会网络。[②] 在电子社群中，人们可以获得社会支持。虚拟是指尽管表面上不是，但实际上是。虚拟不是不现实，而是一种不同层面的现实。[③]

20世纪90年代以来，城市基层社会治理模式和体制创新的实践在各地不断展开，与此形成鲜明对比的是社区参与的明显不足。随着住房体制的改革和城镇化进程的不断推进，城市社区重建和住宅商品化导致社区成员因缺乏共同生活史和集体记忆而降低对其所生活社区的认同感，主动参与减少，进而产生了社会整合问题。而随着信息技术的引入，互联网使得跨地域以及全球范围内社会关系的建立与维持成为可能。互联网的时空重组效应从技术逻辑和社会实践层面上都可以在地方的重新建构和组织中发挥重大作用，无论是政治、经济方面的还是文化和社会等方面的。借助互联网媒体可以实现日常难以实现的人与人之间的沟通交流及草根社会活动的组织。这种突破时空结构限制的沟通技术已成为新兴社区居民之间重要的社会联系与交际方式，并已产生了广泛的社会影响，包括各种社会关系的形成。

目前，对于信息化过程中新型社区的分析常常忽视了信息空间与日常社区空间的互构以及信息技术在"本地"社会关系和社会组织过程中的作用，

---

① 〔美〕罗伯特·D.普特南：《独自打保龄球：美国下降的社会资本》，载李惠斌、杨雪冬主编《社会资本与社会发展》，社会科学文献出版社，2000，第171页。
② Wellman, Barry. 2001. "Computer Networks as Social Networks." *Science*, 293, September, pp. 2031–34.
③ 〔美〕曼纽尔·卡斯特：《网络社会的崛起》，夏铸九等译，社会科学文献出版社，2001，第455页。

缺乏对这些社会组织、社会关系在其社会结构和制度背景下的"嵌入性"分析。

（四）社会治理理念的创新

城市基层社会治理体制的创新，首先必须创新社会治理的理念。治理理念是社会治理体制建立和运行的内在基础。和谐社会是一种动态平衡，社会治理理念的创新也是一个不断进取和发展的过程。

首先，树立人本主义理念。社会治理的终极价值不仅在于维系社会的生存和发展，更为重要的是促进人的全面自由发展。20世纪80年代以来，风靡全球的人本主义理念是一种关注人的全面自由发展的新型社会治理理念，它把"人"作为社会治理活动的核心和社会的最重要资源，强调如何充分利用和开发社会的人力资源，从而实现社会目标和公民个人目标。这一理念将治理的着眼点从对"物"的治理转向了对"人"的治理，将"利用人"的工具理性与"为了人"的价值理性进行了有机结合。以人为本的理念注重满足人的合理需要。社会只是满足人的需要的一种工具，它以满足人的需要为终极目标，保证人的幸福和全面自由的发展。基层治理者应树立人本主义理念，坚持社会是由人构成的，人是社会的最核心要素，是社会最有价值的财富，要充分相信并着力挖掘和发挥人的潜能。

其次，积极培育公民的参与意识。城市基层社会治理体制创新的核心问题是最大限度地激发社会活力。社会活力源于公民的积极参与，而公民参与的实现，要求培育和提高公民自身的参与意识。公民人多面广，结构松散，知识水平和素质高低各异，要有效地将公民组织起来，努力培育其参与意识，将众多的个人观点抽象为合理的公民意愿，以有效的形式表达出来，从而在立法与公共政策决策和实施中充分发挥其作用。公民参与意识的形成主要与利益相关度、政策和参与效能的认识程度、参与意愿和能力、参与的资源密切相关。为此，政府应进一步拓宽公民参与渠道，完善公民参与制度，这不仅有助于培育和提高公民的参与意识，为每一阶层公民的参与提供机会，而且有助于增强公民参与基层社会治理、建设和谐社区、创造美好生活的责任感。

最后，将人居环境理念与基层社会治理体制创新紧密结合。在城市基层社会治理体系中，不仅包括对物质环境的治理，还包括社会文化环境、产业发展环境的缔造等。社区建设的出发点是基层居民的切身利益。在社会转型的今天，和谐社区建设正是从微观角度出发，进行社会重组。通过对人的基本关怀，维护社会公平与团结，最终实现和谐社会的目标。对人的基本关怀包括美好人居环境的建设。应尝试将人居环境理念与基层社会治理体制的创新有机结合起来，政府和社会要共同参与到人居环境的建设中来，提高地方群众参与的主动性和基层组织的凝聚力，从日常生活的物质环境进一步推广到社会文化环境等各个方面，将人居环境理念应用到城市社区的治理实践中。

参考文献

邓伟志主编，2008，《创新社会管理体制》，上海：上海社会科学院出版社。
何增科主编，2009，《中国社会管理体制改革路线图》，北京：国家行政学院出版社。
李强，2014，《创新社会治理体制》，《前线》第 1 期。
〔美〕罗伯特·D. 普特南，2000，《独自打保龄球：美国下降的社会资本》，载李惠斌、杨雪冬主编《社会资本与社会发展》，社会科学文献出版社。
〔美〕曼纽尔·卡斯特，2001，《网络社会的崛起》，夏铸九等译，北京：社会科学文献出版社。
夏征农，1989，《辞海（缩印本）》，上海：上海辞书出版社。
郑中玉，2008，《沟通媒介技术与时空框架变迁下的互动实践》，《兰州学刊》第 2 期。
Wellman, Barry. 2001. "Computer Networks as Social Networks." *Science*, 293, September.

作者简介

李敏　女
所属博士后流动站：清华大学社会学系
合作导师：李强
在站时间：2010 年 3 月至 2012 年 3 月
现工作单位：中华女子学院性别与社会发展学院社会工作系
联系方式：limin760@126.com

我国县域社会包容式治理研究
——以重庆市巫溪县社会治理实践为例

郑向东　侯祖戎

摘　要：本文认为，当前我国社会主要矛盾已由"群众日益增长的物质文化需求与落后的生产力之间的矛盾"逐步向"社会生产力滞后于物质文化需求的发展性矛盾与社会建设滞后于经济建设的结构性矛盾并存"转变，具体表现为伴随着中国社会转型，我国城市和农村社会关系发生的重大变革，以及诸多的社会问题和社会矛盾的日益凸显。基于这样的逻辑起点，我们提出包容性治理的全新概念，从"和谐共生、整体超越、适度批判、融合发展、共同情感"等方面对其进行解读，并从县域的研究视角，以巫溪县社会管理创新的社会治理实践为例，对包容式治理的制度设计、工作体系、工作方法、公共空间及话语系统等方面进行了全面的诠释。

关键词：社会管理创新　社会治理　县域社会　包容式治理　公共空间　话语系统

一　问题的提出

（一）转型社会发展中出现的问题和困惑

当前，我国社会在某些方面事实上还存在许多不和谐现象，如城乡差距、地区差距、贫富差距仍在扩大，矛盾凸显；社会发展相对滞后，公共资源分布不均衡，等等。为了防止对中国改革与发展走向和关键环节的误读、曲解，准确地理解中国社会发展的现状和问题至关重要。

由各种数据和案例支持的并通过社会公众突出感受体现出来的中国社会矛盾和问题，概括起来主要有两点。一是社会贫富差距持续拉大，社会公众的"不公正感"强烈。经验证明，这种情绪蔓延和发展的结果必然会导致剧烈的社会动荡，并最终使经济建设的努力化为乌有。二是权力腐败现象没有得到有效遏制，公共权力的公信力下降，结果是直接导致社会诚信度降低、社会安全感下降、社会团结和凝聚力流失、社会不稳定性加剧，最终也使市场经济变成"腐败经济"，使经济发展受到阻碍甚至崩溃。同时，随着城市化进程加快，我国农村人口由第一产业向第二、第三产业转换，居住地由乡村区域向城镇区域迁移，在城镇化浪潮面前，中国正经历着深刻的前所未有的社会变革，也面临着一些难以回避的社会问题和困惑。

1. 农村社会关系变革引发的困惑

农民不再单纯依附土地生存。农村改革深入和农村经济发展到一定程度，传统的以家庭为单元的"小农"生产经营方式已经难以适应当前市场农业发展，广大农民迫切需要专业化、社会化服务，要求通过合作解决生产困难，参与市场竞争。大中城市吸引了大量青壮年农民进城务工，他们不再以土地作为主要的生产资料，常年离土离乡，形成"候鸟式"的生活方式。

农民不再直接依靠基层组织。"小政府、大服务"的职能转变后，农民可直接享受国家强农惠农的阳光雨露，向行使更多行政职能、更高级别的行政机关表达诉求，与村、乡镇的联系程度明显弱化。农民有了生产、生活自主权，打破了以往与村、队的依附关系，尤其是农村党员的组织观念和集体观念趋于淡薄，不少农村基层组织逐渐丧失了实质性功能。

农民不再容易满足于生活现状。许多农民长期在城市中打工谋生，逐渐在情感上对农村失去了归属感，服务家乡建设的主人翁意识和责任意识逐步淡化。城市生活与农村形成强烈反差，农民相应地出现了心态失衡，对基层党组织的信任度逐渐降低。

此外，农民在思想上受到乡村文明以外的观念冲击，农民的权利意识明显增强，不再轻易满足于现有的物质文化生活水平，也不再以过去安居乐业的心理倚重基层政权组织。

面对农村社会关系发生转变，我们面对着这样的困惑：人民群众是城乡社会的主人，但为什么大多数人对自己家的事情不积极、不主动？政府出台的惠民政策不少，投入大幅增长，是政府给予得越多，老百姓就越满意吗？收入增长了、生活富裕了，老百姓就一定快乐吗？许多人都说"小政府、大社会"是大趋势，但政府管得越少，社会就越和谐吗？城市建得越漂亮，人民生活就越幸福吗？

2. 城市社会转型面临诸多问题

"陌生人社会"治理结构有待重建。城市建设的高速发展、生活节奏的加快、文化的缺失及城市空间的规划，导致城市社会联结纽带缺失、文化认同弱化及功利关系强化，广大城市正由"半熟人社会"向"陌生人社会"转型，人际关系陷入了困境，这些都极大地冲击了城市社会道德的良性运转。

"经济人社会"功利思想泛滥蔓延。市场经济的功利性如同一把双刃剑，它在唤醒人的主体性的同时，也导致整个社会的功利主义风气和个人利己主义扩张，把人物化为追逐利润的"经济人"，造成社会生活的单极化，人际间的功利化在社会生活中逐渐被放大，从而滋生了道德上的利己主义。

"忙碌人世界"的信念理想普遍迷失。转型社会引发的社会问题也会产生一系列连锁反应，新旧社会矛盾此起彼伏、交替影响。在巨大的生活压力面前，许多人被动地选择终日忙碌，忘记思考努力工作的旨归，渐渐迷失了理想和方向，由忙碌变成了茫然，继而变成盲目。

3. 城市与农村的社会融合困难重重

城乡空间依旧存在阻隔。农村幅员辽阔，道路、水电、通信等基础设施和教育、卫生、文体等社会事业发展不足，加之非均衡发展的政策影响，改革发展成果不能全部惠及广大农村，城乡之间存在"空间距离远""设施落差大"的问题，给农民生产生活带来很大困难。

城乡资源缺乏双向流动。市场经济追求效率至上，城市凝集了大量的市场要素，农村市场要素不全，加之重城轻农的思想桎梏、人为设置的制度藩篱，都阻碍了我国城乡资源的相互流动，城乡"二元"结构依旧突出。

城乡人口不能相互融合。在城市的3亿多农民工或失地农民由于受户籍制度等方面限制，不能享有与城市居民同样的待遇，其生活技能、生活方式无法真正融入城镇，最终成为在城乡处境艰难的"夹心层"。广大农民工对于未来的预期极为茫然，普遍缺乏集体认同感和归属感，继而同城市居民、管理者产生对立情绪。

（二）党中央提出社会管理创新的要求

2004年6月，党的十六届四中全会提出要"加强社会建设和管理，推进社会管理体制创新"。2007年党的十七大报告提出要"建立健全党委领导、政府负责、社会协同、公众参与的社会管理格局"。社会管理被纳入趋于完备的体系性框架,社会管理创新日渐成为2009年底全国政法工作电视电话会议所强调的"社会矛盾化解、社会管理创新、公正廉洁执法"三项重点工作的组成部分之一,成为指导我们党精神文明建设的重要纲领。

2011年2月19日,中共中央总书记、国家主席、中央军委主席胡锦涛在省部级主要领导干部社会管理及其创新专题研讨班开班式上发表重要讲话。他强调,加强和创新社会管理,要高举中国特色社会主义伟大旗帜,全面贯彻党的十七大和十七届三中、四中、五中全会精神,以邓小平理论和"三个代表"重要思想为指导,深入贯彻落实科学发展观,紧紧围绕全面建设小康社会的总目标,牢牢把握最大限度地激发社会活力、最大限度地增加和谐因素、最大限度地减少不和谐因素的总要求,以解决影响社会和谐稳定的突出问题为突破口,提高社会管理科学化水平,完善党委领导、政府负责、社会协同、公众参与的社会管理格局,加强社会管理法律、体制、能力建设,维护人民群众权益,促进社会公平正义,保持社会良好秩序,建设中国特色社会主义社会管理体系,确保社会既充满活力又和谐稳定。

国家行政学院竹立家教授提出"以社会管理为中心",既是解决当前社会的主要矛盾,实现社会公平正义和包容性增长,引领未来中国改革与发展的关键词,也是未来30年中华民族实现伟大复兴的基本线索和必然要求。[①]本文认为,社会管理及其创新是社会治理的一个重要方面,探索社会管理创新进而探索社会治理既是适应我国社会转型的需要,也是化解当前逐渐演变中的社会主要矛盾的需要,更是全面践行党中央提出的科学发展观,构建和谐社会的需要。

二 相关研究及综述

《世界银行报告》1989年首次提出了"治理危机"(crisis in governance)一词后,现代意义的"治理"便被广泛使用。[②]围绕中国的乡村治理,费孝通的"差序格局",于建嵘的国家-社会二分法,吴毅的影响村庄权威与秩

[①] 竹立家:《中国未来30年将以社会管理为中心》,东方财富网,http://finance.eastmoney.com/news/1350,20110226121630820.html。

[②] 张康之等:《公共行政学》,经济科学出版社,2002年。

序的基本变量的研究,都是在治理框架方面进行的深入的研究①;针对个案解释力局限性的问题,费孝通主张定量方法与定性方法相结合,李培林提出了理想类型比较方法②;更多的学者则关注对于基层治理的历史考察和对实行村民自治后的现状及出现问题的思考,如费孝通的"双轨政治"、黄宗智的"三角结构"、杜赞奇的"经纪体制"等都是从基层治理的历史考察开展的系统研究。③肖唐镖认为宗族势力的影响不容小觑④,朱秋霞则提醒,一些经济强人在村治中也发挥了重要作用。也有学者从国际比较的角度,对中国乡村治理进行了系统的研究,如刘承礼、赖海榕等。⑤西方汉学家也对中国乡村社会充满了研究兴趣,其中代表性的学者包括欧博文(Kevin O'Brien)、李连江(Lianjiang Li)、白思鼎(Thomas P. Bernstein)、戴慕珍(Jean Oi)、柯丹青(Daniel Kelliher)、史天健(Tianjian Shi)等⑥,以上研究分别从西方经济学、社会学、人类学、历史学和政治学等不同学科,运用各自的理论对中国乡村问题展开了多学科、多角度的研究。这些成果在研究方法及研究内容上都具有相当大的借鉴意义。

本文认为,中国社会正在逐渐或已经形成了一个多元文化良性互动的大格局,除了与传统联系较深的不同的宗教文化、多样化的民间文化等以外,还有各种形态的文化思潮,如国家社会主义、现代主义、后现代主义、实用主义、市场自由主义、启蒙主义、消费主义、人文主义等。作为一个典型的多元社会,转型期的中国在社会结构上同时具有前现代、现代与后现代的特质,但却与西方社会的平面多元化不同。尽管如此,我们还是可以站在后现代的立场上对当代中国的治理模式进行深刻的反思和重构。

---

① 费孝通:《乡土中国 生育制度》,北京大学出版社,1998;于建嵘:《岳村政治:转型期中国乡村政治结构的变迁》,商务印书馆,2004;吴毅:《村治变迁中的权威与秩序》,中国社会科学出版社,2002;郁建兴、吴宇:《中国民间组织的兴起与国家 - 社会关系理论的转型》,《人文杂志》2003 年第 4 期。
② 费孝通:《论小城镇及其他》,天津人民出版社,1985;李培林:《村落的终结》,商务印书馆,2004。
③ 黄淑瑶:《近年来中国村庄治理的研究综述》,《新东方》2008 年第 5 期,第 24~29 页。
④ 肖唐镖:《当前中国农村宗族及其与乡村治理的关系》,《文史哲》2006 年第 4 期,第 156~163 页。
⑤ 刘承礼:《匈牙利乡村治理的模式解读与经验借鉴》,《经济社会体制比较》2006 年第 1 期,第 107~113 页;赖海榕:《乡村治理的国际比较——德国、匈牙利和印度经验对中国的启示》,《经济社会体制比较》2006 年第 1 期,第 93~99 页。
⑥ 郑卫东:《"国家与社会"框架下的中国乡村研究综述》,《中国农村观察》2005 年第 2 期,第 72~81 页。

三 包容式治理的解读

近年来，全国各地都致力于社会管理创新和社会治理的探索实践，而且取得了丰硕的成果和宝贵经验。这些成功经验的取得很大程度上是基于对中国传统文化的精髓进行深度挖掘，并将其用于实践指导。比如，重庆市巫溪县运用制度创新，着力打造一条适合于欠发达地区城市化的社会治理之路，以社会建设带动经济建设，探索一种政府主导下的"自治、共治、法治"多元共生的"包容式治理"模式。所谓包容性，是指不同事物处在同一开发体系中双向互动、相互贯通、吸收和借鉴、由此及彼、逐步扬弃转化的过程，呈现出一种你中有我、我中有你，看似非此非彼、亦此亦彼的状态。[①]在此基础上，本文提出"包容式治理"的概念，希望用它来对重庆市巫溪县的社会管理创新和社会治理实践做一个理论的诠释和注解，我们认为，"包容式治理"包含如下的中心价值原则。

（一）和谐共生原则

包容式治理认为，单方面突出一种价值取向，而不兼顾对其他文化形态意义思考的整体主义哲学，已经很难适应当前中国社会生活的变动，同时也很难对当代社会生活做出有效的概括与合理的指导，因此主张为弱小仗义执言，而且致力于人类的平等和共同的福祉，关爱自然与一切生命，"尊重他者，倾听他人"，推崇"有机整合，多元共存"。和是调和不同达到和谐统一。同与异是不相容的，和与异却是相容的。因为只有几种"异"调和在一起才形成"和"。但几种"异"不是简单地相加，而是要按照适当的比例，即遵守"中"的规则，才能产生"和"的效果。所以"中"的作用是协调矛盾达到"和"。小到个人，大到社会、自然，要达到和的境界，必然是内部没有激烈冲突、组织得井然有序的和谐的整体。

（二）整体超越原则

包容式治理坚持的整体性超越，意味着超越现代社会存在的机械世界观、人类中心主义、欧洲中心主义、个人主义、消费主义、狭隘民族主义和

[①] 谢光绎：《文明的多样性、包容性与和谐社会建设探讨》，《现代商贸工业》2008年第7期，第236~237页。

非此即彼的二元对立思维方式。包容式治理追求"在人与自然的关系上，摒弃现代机械世界观，倡导有机整体观，不仅要实现由'征服自然'向'保护自然'的转变，而且要实现由'我保护自然'向'自然保护我'的转变，从而培养人对自然母亲的敬畏与爱戴之情。在人与人的关系上，摒弃激进的个人主义，主张通过倡导'主体间性'（intersubjectivity）和'关系中的自我'（self-in-relation）来消除人我之间的对立"[①]。

（三）适度批判原则

当今世界中，后现代已成为一种改变世界的力量，不能以任何一种单一的概念来描述这种影响的"积极性"抑或"消极性"，而是应当充分地考虑到它的多重"混杂性"，以免落入简单化的判断之中。我们认为，包容式治理既有后现代的特征，又不简单等同于西方的后现代。我们认为，包容式治理的内涵之一在有学者提出的中国式的建设性后现代主义（Chinese Constructive Postmodernism）的概念中得以体现，即指一种建立在有机联系概念基础之上的推崇多元和谐的整合性思维方式，它是传统、现代、后现代和中国现实的有机结合，是对现代世界观和现代思维方式的适度批判，是建设性后现代主义的中国化。[②]

（四）融合发展原则

包容式治理主张的"和而不同"，源自中国传统文化的核心。首先要承认"不同"，只有在"不同"的基础上形成"和"（和谐、和合），才能使事物得到发展。如果一味地追求"同"，忽视或不尊重"不同"，不仅不能使事物得到发展，反而会导致事物衰败。包容式治理认为，"和"（和睦相处、共同发展）是目的，但"和"的前提是"不同"，是多样性的存在；没有"不同"，没有多样性，就无所谓"和"。它表现在各种文明的关系上，主张"善解能容、兼容并蓄"，各种文明都是人类文明的组成部分，都对人类文明做出了贡献，不应当相互排斥，而应彼此尊重、保持特色、共同进步。

---

① 王治河：《中国式建设性后现代主义与生态文明的建构》，《马克思主义与现实》2009 年第 1 期，第 26~30 页。

② 王治河：《中国式建设性后现代主义与生态文明的建构》，《马克思主义与现实》2009 年第 1 期，第 26~30 页。

(五) 共同情感原则

包容式治理注重共同情感，认为共同情感在既定的情境或情境类型下会对一个或群体行动者的选择余地有所限制，而社会系统的结构性特征也同样取决于具体情境中情感融合的大小。[①] 涂尔干就曾经将社会界定为完全由观念和情感组成的复合体，如他所说，"共同情感本身就是社会秩序的建构性力量"。从这个意义上来说，社会建设在制度设计上应当充分考虑到情感维度，以培育积极的共同情感，这样不仅可以让人在这种共同情感中获得意义、价值和尊严，而且可以进一步激发出共创美好社会的热情。

四 包容式治理的制度设计

(一) 包容式治理的基层设计——共治

本文认为，包容性治理中的社会共治，就是在"党委领导、政府负责、社会协同、公众参与"的要求下社会管理创新和社会治理的一种落地模式。在党委的领导下，政府充分发挥主导作用，积极支持、广泛动员市场力量和社会组织共同参与社会治理，从而有效调动公众参与的热情。在实践探索中，巫溪县打破传统自上而下的行政式管理体制，以党的组织为重要纽带，各级政府通过将分散在基层社会的资源、信息、人才、权力整合起来，将个体公民和条块分割的组织、机构联系起来，通过对话、协商、参与等方式，共同参与社会建设，形成了党委组织网络、政府工作网络和社会组织网络（其中包括积极引进经济组织，拓展社会服务的供给渠道，构建市场网络），有效提升了党的执政能力和水平。

在参与共治的过程中，党委网络、行政网络、社会网络各自发挥着重要的作用：党委网络有着无可比拟的政治和组织优势，可以将其他两个网络联合组织起来，因此，党委网络起核心领导作用；行政网络具体分管社会（含市场网络）的社区服务和社区管理，在党委的领导下，保证政府的主导地位；社会网络是党和政府对社区的管理工作中的重要组成部分，是政府社

[①] 潘泽泉：《理论范式和现代性议题：一个情感社会学的分析框架》，《湖南师范大学社会科学学报》2005年第4期，第52~57页。

区管理力量的增强与延伸。三个网络之间既各有侧重，又相互联结，有利于促进社区各类组织和个人共同参与社区治理。

（二）包容式治理的工作体系——"五三三"模式

巫溪县的大群众工作体系，包括两个方面的内容：一方面是成立县委群众工作部，由县委副书记担任部长，以群众工作部统揽群众工作，构建"五三三"工作体系（见图1）；另一方面是用群众工作统揽信访工作，信访办原机构设置、人员编制、工作职责、经费渠道仍然不变，按照群众工作"统揽不包揽"的信访工作要求，信访办作为社会矛盾化解处置体系的重要组成部分，与群众工作部民众服务中心合署办公，整合老百姓利益诉求相对集中的人民调解、民政救济等部门进驻民众服务中心，接受群众工作部的统一管理和考核。实行"一站式"集中接访，实现信访事项的快速处置和反馈。

所谓"五三三"，即指五项职能、三级网络、三个中心。一是明确五项职能。确定了县委群众工作部"整合群众资源统筹协调、联系管理社会组织、解决热点难点问题、督察落实群众工作、调查研究方法政策"五项职能。二是构建三级网络，纵向组建县级民众服务中心、乡镇群众工作站、社区（村）群众工作室三级网络，与乡镇（街道）"六位一体"、村（居委会）"七位一体"综治工作平台有机融合，统筹推进群众工作。三是建立三个中心，横向整合"民政救济、法律援助、人民调解、国土房管、人力社保、纪检监察"等部门职能，建立民众联络中心，负责联络、组织、发动群众；建立民意调查中心，负责征求民意，汇集民智；建立民众服务中心，负责信访接待、矛盾化解，服务群众。

同时，工青妇等群团组织、舞蹈协会、老年协会、太极拳协会等组织也归口群众工作部联系指导，充分发挥群团组织、协会直接与群众打交道的作用，构建起第三方桥梁，及时了解基层动态，大力宣传政策法规，深入组织和发动群众参与建设。在重大问题、普遍性问题和需要统一协调的问题上，不断加强和完善制度建设，分别建立群众工作联席会议制度，由县委书记牵头，每月召集有关县领导、党政部门、社会组织召开"群众工作联席会议"，对群众工作进行专题研究；建立信息互通会议制度，每半月召集相关党政部门举行信息互通会议；建立民调和督察制度，由群众工作部负责，定期或不定期地开展大范围民意调查和督察群众工作落实情况。

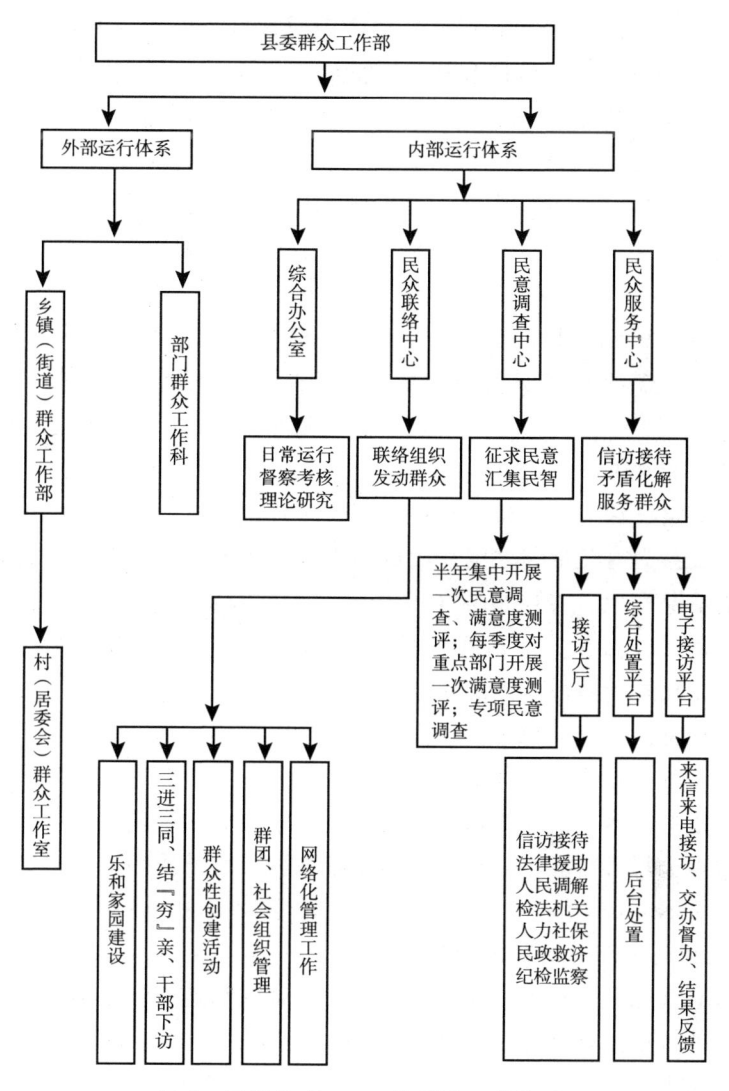

图 1　巫溪县"五三三"群众工作体系

（三）包容式治理的方法论——"乐和工作法"

巫溪县以民生为导向，遵循"尊重、沟通、融合"的理念，顺应新形势下的社会治理需求，针对社会发展过程中遇到的问题，结合社会治理过程中的经验，总结提炼并着力推行了"乐和工作法"。

1. 用共同梦想凝聚人心

共同梦想是优化社会治理的重要前提，没有共同梦想的社会是缺乏向心力和生命力的。对于政府来说，在群众纷繁复杂的诉求和期盼中，准确地寻找到政府与群众的共同梦想，以此在全社会范围内集中意志、统一思想、凝聚人心，从而使政府与群众的奋斗目标和价值追求一致，有助于在增强社会凝聚力的基础上推动社会发展。巫溪县通过组织发动各种社会组织和个人参与到社会治理中来，并对他们的部分活动进行有力的扶持，来唤醒群众的主人翁意识，增强集体认同感，从而提高社会凝聚力。如开展"四城同创"，建设三乡两镇南部片区，实施三村六社区"乐和家园"试点，实现基础设施明显改变、人居环境不断美化、社会风气大为改善，让群众确信共同梦想正在实现，从而形成紧密团结的利益共同体，奠定坚实的群众基础。

2. 用矛盾转换的方法推动工作

态度决定一切，在矛盾出现时，干部面对它的态度直接影响到它产生的后果。巫溪县为避免部门之间在面对矛盾时相互推诿、办事效率低下甚至回避矛盾的情况发生，专门成立了群众工作部，并定下"只进一道门，只找一个人"的工作目标，从制度层面端正了干部面对矛盾的态度。历史经验告诉我们，化解矛盾最有效的场所，是老百姓熟悉的生活场景。巫溪县抓住群众的心理特征，逆向思考工作方法，把解决信访问题、为民服务的场所换到群众熟悉的场景之中：如老年大学的课堂上或群众散步休闲的路旁，通过把非常严肃的问题化解于笑谈之中，使群众感觉非常亲切，诉求很方便，思维也很清晰、很理智。事实证明，巫溪县这种转换矛盾的工作方法取得了良好的效果。

3. 用互动参与方式实现融合

巫溪县鼓励干部与群众进行平等的、真诚的沟通交流，把高深的专业术语和复杂的政策法规转化为通俗易懂的群众语言，让群众听得懂、记得住、学得会、做得到。同时将进门做宣传与听民声、察民情、办民事、解民忧、化民怨结合起来，用实际行动和实际效果获取群众的支持和信任。巫溪县深入开展干部下访群众、"三进三同"（进基层、进村子、进农户，同吃、同住、同劳动）、结"穷"亲"三项活动"，建立党员领导干部在机关、在支部、在驻地开展"三重组织生活制度"，充分融入基层社会，服务基层，以扎实的工作作风赢得理解支持，让干部生活在群众中。

通过建立复合社区，巫溪县将50万平方米的廉租房、商品房、公租房、经济适用房配置到同一小区。在小区内搭建公共活动平台，统筹配备图书馆、休闲广场、公共绿地等基础设施；统筹搭建托老托幼、物业管理等综合服务平台；统筹提供就业服务、业务技能、文明礼仪、健康养生、法制宣传教育等培训服务；统筹建立太极拳、木兰拳、老年大学、摄影协会和书法协会等社会组织，让不同阶层群众融合在社区中，以空间融合促进社会融合。同时加快建设县级体育馆、游泳池、主题公园，建成10个主题公园，完善26个乡镇、100个农村农体工程，举办太极拳、坝坝舞、腰鼓队、龙狮队、健步走等群体活动，通过举办"黄桷树下的故事会""古城墙边的老电影""大宁河畔的红歌会"等群众喜闻乐见、寓教于乐的主题活动，搭建沟通平台、增进感情交流、丰富业余生活、占领精神阵地，实现政府与人民群众的深度融合和良性互动，通过让群众生活在集体中，真正形成了全民参与、共建共创共享的良好格局。

4. 用群众的办法治理社会

巫溪县充分发挥群众的主体作用，正确引导乡村道德模范、经济能人、乡村名流、技术能手甚至健身协会会长、红白喜事协会会长等民间力量，使之成为治理社会的有力助手，培育和管理乐和互助会这种集互助性、服务性和公益性于一体的群众组织，调动群众参与基层自治的热情，把党的思想政治主张、社会主义核心价值观念、公民道德标准，以灵活多样、贴近生活的形式表现出来，在群众中广泛地开展各种评比活动，塑造看得见、摸得着、学得会的优秀模范，用榜样的力量营造民风，教育群众，着力提升群众的法制意识、责任意识和主人翁意识。逐步形成责、权、利相统一的基层党组织运行制度，确保各种基层民间组织牢牢掌握在党的组织之中。

巫溪县坚信"妙方在民间，关键在发现"，群众长期身处经济社会发展第一线，对生产生活的细微变化体会最真切、认识最深刻、要求最直接。群众为适应经济社会变迁和发展，所做出的各种适应性对策和客观实践，最终证明多数是行之有效的。为此，巫溪县尊重群众首创精神，善于发现群众创举，充分利用民间智慧，并将其借鉴沿用到组织群众的工作中去。巫溪县始终坚持把群众路线贯穿到有效组织群众的过程中，积极探索群众共同参与、共同认可的公开透明的工作机制并予以推广。文峰镇三宝村坚持"两委"民主公开，加强基层组织建设，以完善村委会和自然村民主事务管理为重点，建立健全在村党支部领导下的民主自治机制。在实现农村民主自治的基础上，全面推行民主选举、民主决策、民主管理和民主监督，在村委会、村小组换届时，让群众"海选"，将从新农村建设过程中发现的有威望的能人，选进村委会和村小组两级班子之中。全面推行村、组两级财务公开，设置了公开栏，定期向村民公布经济发展和社会发展情况，坚持每季度公布一次，做到了公开的范围全、项目多、过程不减。通过推行公开透明的工作机制来发挥人民群众对社会治理的监督作用。

5. 用网格化管理覆盖城乡

巫溪县深化推进在"四城同创"中探索总结出的网格化管理经验，将农村和城市社区细划为432个网格单元，将所有县级部门和各级党政干部分派到各网格之中，成立网格党小组，建立联合党支部，参与社区和乡村事务管理，实现"机关与村社区、干部与群众、党员与组织"的三重互动。以基层党组织为主心骨加强社会建设，把基层组织的威信树立起来。自2009年以来，巫溪县利用村级换届机会，整顿了34个软弱涣散支部，选派了60名大学生村官，领办创办龙头企业28家、专业合作经济组织32个，带动15000户农民，整顿村农民人均纯收入比上年增加300元左右，集体经济收入平均达到5000元以上，充分印证了：只有强大的基层党组织，才能有效地领导农民和服务农民。

巫溪县坚持召开三级联动的"三重党组织生活"，让"县级领导联系的县级单位党组织生活""村社党支部活动"以及"驻地党小组组织生活"三重党组织生活，在以农业生产或社区活动为载体的基层驻地定期或不定期地开展，使党组织生活成为沟通联系县、乡（镇）、村三级党组织的大动脉，重新构建起"上下联动、上传下达、联系顺畅"的基层党组织体系，并以此作为领导基层组织建设的核心力量，真正发挥基层党组织的主力军作用。巫溪县把农村党建工作与经济社会发展、与引导利用非政府组织优势资源、与城市党建和企业党建结合起来，引导城市、企业基层党组织带动、帮扶、支持农村党组织，组建12个联合党支部，盘活各类党建资源、行政资源、社会资源，形成"城乡基层党建资源共享、功能互补、以城带乡、共同提高"的网格组织新格局。

（四）包容式治理的公共空间——社会融合

公共空间是身在其中的每个居民安身立命的场所，具有一定共同体特征，具有很强的生活互动性和资源共同性，是居民完成社会化，规划自己生活、赋予生命价值和意义的主要场所。本文认为，要实现包容式治理必须打造公共空间，而对公共空间概念的把握与拓展，要从公共场所、公共规范、公共活动、公共资源四个方面来进行，它们影响着居民的日常生活与精神状态，塑造着社会的价值体系，共同指向一个方向，即社会融合与和谐发展。

1. 打造实体空间是人际交往的载体

正如有学者指出,在现代主义的建设理念下,宽大马路、高楼阻隔了人与人的交往,住宅小区、邻里单元结构没为人们提供有效的社交、娱乐街区公共空间,是造成人与人之间冷漠、隔阂、猜疑、敌视的根源。① 现代主义逐渐表现出来的诸多问题,导致了以新城市主义理论为代表的后现代主义城市主义运动。② 后现代主义思潮主张放弃现代主义的标准化、均一化、普遍化和快速化的思想,强调多元化、差异性、个性化和人性化,强调城市街区复合功能、多元形态、适度规模和历史文脉。

在此启发下,巫溪县进行相关规划和设计时都秉承以下原则:①创造紧凑、适于步行的街区;②创造融为一体的街区办公楼、商店、学校、教堂、图书馆、公园和运动场等场所空间;③以公共交通和步行交通为主的城市开发模式;④鼓励市民参与城市规划与街区公共空间设计;⑤强调开发计划与规划应最大限度地利用已开发土地和基础设施;⑥鼓励现有建成区内"垂直加厚";⑦打破功能分区思想和社会隔离局面,提倡土地混合使用、住房类型和价格的多样化。③

2. 加强公共活动是促进融合的手段

英国的一项研究发现,受访者中只有 30% 的居民能叫出他们邻居的名字,大大低于设计单元的居民数。④ 由于同一个小区内居住人口过多,居民间从相遇、相识、相知,到建立交往圈,并重组社会邻里结构和社会关系网络的可能性随着异质性人群人数的增加而减少。⑤ 我国农村,在土地未分包到户之前,群众围绕一系列集体的生产与生活形成了极度频繁的公共活动,比如一起上工,评工分,各种行政集会、文艺活动等,但这一切都随着分田到户而减少、消失。在城市,市民们虽同住在一个屋檐下,却过着"老死不相往来"的生活;在农村,随着农民卷入市场经济的大潮,许多人的生活已经在村庄之外,很少有机会参与到农村生活之中。

本文认为,公共活动减少的一个后果便是集体记忆的衰弱。一个社群集

---

① 洪亮平:《城市设计历程》,中国建筑工业出版社,2002。
② 伍学进:《西方后现代主义城市街区的公共空间思想及启示》,《咸宁学院学报》2008 年第 5 期,第 41~43 页。
③ 张京详:《西方城市规划思想史纲》,东南大学出版社,2005。
④ 王彦辉:《走向新社区——城市居住社区整体营造理论与方法》,东南大学出版社,2003。
⑤ 朱海波:《走向融合:城市住区公共空间网络的建构》,硕士学位论文,华中科技大学,2006。

体记忆的强度，直接影响着社群的认同，集体记忆的消失，必然导致文化主体性的消亡。集体记忆的维持需要一定的时间和空间的要件，它以集体活动（尤其是一些仪式）、公共场所为媒体与载体；通过人们一系列亲身参与的活动与事件得以维持。为了实现来自不同地域的人群能够和谐地生产与生活，不同的文化顺利融洽地交流与碰撞，不同的价值观日益进行交汇与融合，巫溪县极力打造各种特色化、专门化的健身、游戏、娱乐设施，组织形式多样的各类集体文体活动，丰富群众的精神生活，通过开展公平、公正、公开、真诚、友好、互惠互利的交往，尊重文化、种族、伦理、性别、宗教和精神上的多元性，唤醒集体记忆，强化集体认同，最终实现和谐沟通。

（五）包容式治理的话语系统——"乐和家园"

构建包容式治理的共同话语系统，目的是实现人与人、人与组织、人与社会的沟通和融合。我们认为，在多元文化的前提下，相互尊重是沟通的基础，在此基础上，建立健全包容式治理的共同话语机制，并用易理解、好接受、简明的群众语言表达出来，实现各治理主体在思想、行动、利益上的深度融合。2010年7月，巫溪县与北京地球村环境教育中心主任廖晓义女士共同提出了以"乐和治理、乐和人居、乐和生计、乐和养生、乐和礼义"为核心的"乐和家园"理念，创新社会治理的思路和方法，形成了"干部讲得清、群众听得懂、大家愿意干"的乐和话语系统，逐步实现了从行政强制管理向服务型管理转变，从党委、政府单向管理向社会多元共治转变，从政府"包办式"管理向"自治、共治、法治"的"包容式"治理转变。

1. 相互尊重是构建共同话语系统的前提基础

以相互尊重的态度包容差异，就是要全体社会成员积极承认、接受差异，调动一切积极因素，打破孤立与封闭，形成全社会极大的凝聚力，这也是包容性治理需要的精神。狭义的包容就是实现公民与社会、公民之间、人与自然的和谐包容，必须用尊重的心态缓解社会矛盾，降低社会分裂风险，整合各方面社会力量，从而达到对社会资源的有效利用，增强社会的凝聚力和向心力，可以说，相互尊重是社会成员相互沟通的润滑剂，是人们相互理解与信任的桥梁。广义的包容是从物质文明、精神文明、政治文明与生态文明这几方面着力，不仅人类社会需要尊重的精神，还需要把这种精神扩展到整个自然界，体现众生平等相处的人文情怀，这也是实现有效沟通最根本的基础。这一点在巫溪县上磺镇羊桥村村民齐心共建"乐和门"的例子中得到充分体现：在一次乐和互助会代表议事会上，有人提出了要建一座代表羊桥村形象的"乐和门",获得大家一致同意。在规划设计、资金筹措等方面,村支两委并没有采取"一言堂",而是在发扬民主的基础上,广泛征集听取群众意见,在干部、党员的带头下,全村热情高涨,原计划七天建成乐和门,结果只用五天就建成了。

2. "简单、明确、重复"是共同话语系统的沟通原则

法国社会心理学家古斯塔夫·勒庞认为,社会群体低弱的普遍思维决定了其观念的简单化,而浅显易懂的疏导方式是形成群体观念的唯一途径。[①]为此,巫溪在构建包容性社会治理的共同话语系统时,坚持"简单、明确、重复"的沟通原则。

一是做到干部讲得清。首先要念好"实"字经,要说真话、说实话,让群众信得过、听得进、记得住,同时用鲜活的实践和平实的话语,解答重大理论问题,用平等交流、双向互动、相互启发、共同提高的方式方法,考虑群众需求,体现人文关怀,真正使政策宣传生动活泼,入脑入心,增强感染力。二是做到群众听得懂。要把宏伟的奋斗目标,化繁为简变成老百姓听得懂的话,必须"从群众中来,到群众中去",只有这样,才能获得老百姓的认同。乐和家园,正是运用浅显易懂的语言,将先进的理念传达给群众,如今"乐和"已经成为巫溪县老百姓的生活词语和自觉的日常行为,成为干部群众的共同话语。巫溪县通过打造"人人心中皆有、人人口中想说"的话语系统,唤醒了人民群众的集体自豪感和参与热情。三是做到大家愿意干。巫溪县借助宣传推广"乐和"理念,畅通全县干部群众的沟通渠道,增进理解互信,扩大交流共识,塑造集体信仰,凝聚发展合力,切实把政策号召转化为干事创业的集体行动。

3. 群众语言是实现有效沟通的现实途径

把党的意志用群众的语言表达出来,将"我们想说的"和"群众想听的"统一起来,用群众语言密切联系群众,是实现有效沟通的现实途径。早在延安时期,党就善于利用群众语言组织发动群众,毛泽东同志曾鲜明地提出"反对党八股",提倡要讲群众听得懂的话;邓小平同志善于运用群众语言,"发展是硬道理""摸着石头过河"等表述生动形象,过耳难忘;在党的十一届三中全会召开30周年的大会上,胡锦涛的一句"不折腾",显示出中央领导锲而不舍地推进政坛"白话新风"。2010年全国"两会"期

---

① 〔法〕古斯塔夫·勒庞:《乌合之众——大众心理研究》,冯克利译,广西师范大学出版社,2007。

间,《政府工作报告》中也频频出现"群众语言":"要把学校建成最安全、家长最放心的地方""要让人民群众买得放心、吃得安心、用得舒心""让人民群众知道政府在想什么、做什么"等,反映出文风、会风的悄然变化。我们宣传学习科学发展观,可让群众理解为"不端群众碗、不欠自然账、不吃子孙饭"。正确处理经济和环境的关系,就要做到"既要金山银山,更要绿水青山"。宣传外派劳务促进就业,就要体现"打洋工,赚洋钱;活路轻,收入丰"的群众诉求。

总之,政策措施只有用群众语言反映出来,才能感动群众;干部宣传只有用群众语言表达出来,才能亲近群众;群众智慧只有用群众语言挖掘出来,才能找到工作的出发点和着力点。

五 结语

通过较长时间对疑惑的探究思索以及对答案的寻觅梳理,我们逐渐清晰地意识到,货币资本和市场资源在城市化中固然至关重要,但如果没有责权利相统一、公平合理的投入机制,给得再多群众也不会满足。如果没有全民的集体认同、公众的社会责任,政府管得越少群众越迷茫,越无所适从。如果没有建立以基层党组织为核心、覆盖城乡的组织体系,未能塑造积极向上、健康文明的道德规范,富裕之后的社会并非必然稳定和谐。

几年来,巫溪县通过对社会治理工作的探索,尤其是在基层共治、群众工作等方面取得了显著的成绩。基于对近几年巫溪县治理实践的思考,本文发现,巫溪力图避免以往"先发展后治理"的老路,探索出一套"发展与治理并重,社会建设与经济发展互促共进"的社会治理的新思路、新方法。巫溪县作为中西部地区的国家级贫困县,其社会发展状况与经济水平在我国中西部地区有一定的代表性。

本文认为,加强社会治理既是解决当前社会矛盾的需要,也是实现社会公平正义和包容性增长的必然要求。随着社会主义市场经济体制的建立,要实现"社会公平正义"和"包容性增长",包容式治理必不可少,后者的核心是建立"良性的社会运行体制",消除经济持续发展和社会稳定的体制机制障碍,建立一个具有中国特色的、体现社会主义核心价值的、符合人类文明发展和社会发展规律的"现代性"社会。重庆市巫溪县在社会管理创新和社会治理实践探索过程中,逐步形成了"一种以自治为基础、以共治为平台、以法治为保障的治理模式,一个整合社会资源的党政大群众工作体系，一组日趋完善的工作方法，一系列承载百姓生活的公共空间，一套适应新形势的话语系统"的包容式治理的工作模式。我们希望巫溪县的实践探索，能为我国县域社会建设与治理提供一个可以借鉴、便于操作的模式。

参考文献

费孝通，1985，《论小城镇及其他》，天津：天津人民出版社。
——，1998，《乡土中国　生育制度》，北京：北京大学出版社。
〔法〕古斯塔夫·勒庞，2007，《乌合之众——大众心理研究》，冯克利译，桂林：广西师范大学出版社。
洪亮平，2002，《城市设计历程》，北京：中国建筑工业出版社。
黄淑瑶，2008，《近年来中国村庄治理的研究综述》，《新东方》第 5 期。
赖海榕，2006，《乡村治理的国际比较——德国、匈牙利和印度经验对中国的启示》，《经济社会体制比较》第 1 期。
李培林，2004，《村落的终结》，北京：商务印书馆。
刘承礼，2006，《匈牙利乡村治理的模式解读与经验借鉴》，《经济社会体制比较》第 1 期。
潘泽泉，2005，《理论范式和现代性议题：一个情感社会学的分析框架》，《湖南师范大学社会科学学报》第 4 期。
王彦辉，2003，《走向新社区——城市居住社区整体营造理论与方法》，南京：东南大学出版社。
王治河，2009，《中国式建设性后现代主义与生态文明的建构》，《马克思主义与现实》第 1 期。
吴毅，2002，《村治变迁中的权威与秩序》，北京：中国社会科学出版社。
伍学进，2008，《西方后现代主义城市街区的公共空间思想及启示》，《咸宁学院学报》第 5 期。
肖唐镖，2006，《当前中国农村宗族及其与乡村治理的关系》，《文史哲》第 4 期。
谢光绎，2008，《文明的多样性、包容性与和谐社会建设探讨》，《现代商贸工业》第 7 期。
于建嵘，2004，《岳村政治：转型期中国乡村政治结构的变迁》，北京：商务印书馆。
郁建兴、吴宇，2003，《中国民间组织的兴起与国家 - 社会关系理论的转型》，《人文杂志》第 4 期。
张京祥，2005，《西方城市规划思想史纲》，南京：东南大学出版社。
张康之等，2002，《公共行政学》，北京：经济科学出版社。
郑卫东，2005，《"国家与社会"框架下的中国乡村研究综述》，《中国农村观察》第 2 期。

朱海波，2006，《走向融合：城市住区公共空间网络的建构》，硕士学位论文，华中科技大学。

作者简介
郑向东　男
所属博士后流动站：北京大学政府管理学院
合作导师：王浦劬
在站时间：2009年4月至2013年4月
现工作单位：重庆市南岸区政府

侯祖戎　男
所属博士后流动站：中国社会科学院农村发展研究所
合作导师：潘晨光
在站时间：2007年10月至2011年10月
现工作单位：重庆市巫溪县政府办公室
联系方式：hzr0251@126.com

政府间惯性协作机制理论与"长三角"实践问题

赵定东

摘　要：政府间区域惯性协作是指区域内地方政府根据各地社会资源不均等分配的结果而采取自发协作，即根据区域间明显的比较优势，在客观上自然形成区域分工，它包含三个方面的研究内容，即政府间区域协作所必需的资源配置制度、中央政府与地方政府的关系及地方官员的参与动机。通过长三角区域合作制度研究发现，目前存在各级政府间惯性协作的制度化运作程度还不完善、在应对社会突发事件时还缺乏权威性的中心协调机构、区域内各行政区的地方保护主义没有得到制度性遏制、民间行业协会还没有成为各级政府之间惯性协作的公共中间服务平台等问题，其中既有阶段性区域发展过程问题，也有文化、历史及体制性问题。

关键词：政府间区域惯性协作　长三角区域区域　合作制度

与笔者所提出的政府间区域强制协作、政府间区域利益协作和政府间区域共识价值协作[1]三个机制所依赖的理论不同，政府间惯性协作是以区间结构理论为依据的。惯性理论假定社会是一个超稳定系统，它是由多种机制和运行过程来维持的。根据这个理解，政府间区域惯性协作就是指区域内地方

---

[1] 赵定东、王新：《政府间区域协作的机制与"中国实践"困境》，《湖南师范大学社会科学学报》2011年第2期。文中对上述三个机制都做了充分的分析。

政府根据各地社会资源不均等分配的结果而采取自发协作，即根据区域间明显的比较优势，在客观上自然形成区域分工。

一 政府间区域惯性协作机制的基本理论概述

笔者主要是借鉴了社会学家对社会结构的分析框架。社会学家在对社会结构的理论研究中，大致形成了四种类型：唯名－唯物型、唯实－唯物型、唯名－唯理型、唯实－唯理型。[1] 唯名是指真正有意义和真实存在的是个人及个人的社会行动，社会只是一个空泛的名称而已；唯实是指社会是一个实体，是一种真实的存在，它存在于个体的行动之外并制约着个体的行动；唯物是指强调事物发展的必然性和客观性；唯理并不简单地等同于唯心，它指的是一种理念，它是行动的一种表现，既可以是社会的行动，也可以是个人的行动。社会学家在对社会结构的理论研究中发现，各种类型的理论学派无论是宏观视角还是微观视角，其在研究中都包含了资源配置（包括政治、经济、文化和社会四个系统）、规则、社会地位和社会行动等关键性概念，分析的共性问题是行动者的动机，分析路径大都是资源、规则与行动的关系。

从这个基点出发，如果将社会结构研究中关注的个体行动上升为地方政府行动，将个体行动者的动机上升为地方政府的行动动机，那么政府间区域惯性协作机制研究的其实就是区域资源不均等分配导致的地方政府在社会权力、社会资源的占有和分配中所形成的地方政府之间的自发行动协作关系。它实际包含三个方面的内容，即政府间区域协作所必需的资源配置制度、中央政府与地方政府关系及地方官员的参与动机。

政府间区域协作所必需的资源配置制度是地方政府参与区域协作的规则制约条件。从理论上说，区域协作达成的条件有三个。一是预期合作收益的存在。理性的合作参与区域总希望从合作中获得不合作无法得到的好处，因此有签约合作的愿望。二是存在一个监督合作的制度安排，包括合作规则、监督规则、处罚规则等，这些制度安排会有效降低合作的交易成本。三是合作参与区域对于外在各种合作制度的遵守程度，包括合作参与区域对于自己在组织中责任的认知、对于签约其他区域的信任程度等，这是一种非正式的制度安排，良好的非正式制度可以提高合作参与区域的合作信心，减少合作的交易成本。只有同时满足这三个条件，合作才会因为收益大于成本而变得

---

[1] 赵定东：《俄罗斯社会转型模式研究》，人民出版社，2007，第85~99页。

越来越好、越来越多。但在实践中由于各地方政府存在不同的利益诉求，不可避免地存在一定的利益冲突，而且随着合作的不断开展与深入，区域内存在的资源配置问题也会日益凸显。在面对资源配置时，各地方政府都希望本地方行政区域内的消耗成本最小化，同时本地方区域内的利益最大化，因而产生"短视"行为，置合作协调机制于不顾，致使这个为了实现互利共赢而制定的利益协调机制在地方政府的各个层次、各个地方不能有效地发挥作用。政府主体不能同时有效协调资源配置，这样的结果必然限制和阻碍了区域政府间的合作与发展，阻碍了区域协作进程。

中央政府与地方政府的关系是地方政府参与区域协作的地位制约条件。中央政府与地方政府的关系，是指中央政府与地方政府之间彼此职责权限的划分，是政府内部的纵向权力结构。能否正确处理这两者关系和合理配置行政的纵向权力结构，直接关系到一个国家社会政治的稳定有序和经济的协调发展。由于中国传统社会是一个"大一统"的专制集权国家，长期没有地方分权的传统。"分久必合，合久必分"成为解决中央与地方矛盾的主要实践模式。纵观新中国成立以来的发展，中央与地方的权力关系一直处于集权－分权－再集权－再分权的循环之中，不论采取什么措施都只会有利于发挥一方的积极性而压抑了另一方的积极性，其结果往往是邓小平所说的"集中也不够，分散也不够"。[①] 在这种背景下，地方政府事实上无权进行自发性的区域协作。

地方官员的参与动机是直接关系到其选拔和晋升的行动制约条件。众所周知，1949年后，新中国仿照苏联建立的是高度中央集权的传统社会主义体制，全部社会资源垄断在国家乃至中央政府手中，在社会主义公有制之外几乎不存在自由流动资源和自由活动空间。国家通过一系列制度性手段，如地方政府施政绩效优劣评判等将所控制的社会资源分配至官员，从而形成官员对社会资源的占有，并在此基础上形成了官员的社会地位。由于这种国家对社会资源的分配是按照特定的制度规则有差异地进行的，因而造成了地方官员等级相异的社会地位。特别是当前我国对地方政府施政绩效的评估还主要采用目标责任制考核、组织考察和工作检查等评估方式。这些评估方式有一定的优势，在过去发挥了很大的作用，但这些评估方式绝大多数是上级对下级的评议、同行之间的评议或者是单位内部自身的评议，其主要特征是政府评议政府，政府既是运动员，又是裁判员，缺乏政府服务对象的参与、监

[①] 《邓小平文选》（第2卷），人民出版社，1994，第199页。

督和批评。虽然目前也可喜地看到一些地方开展了公民评议政府、企业评议政府等活动，但这并不足以说明我国地方政府绩效评估主体已经多元化了，这只是呈现出了一种趋势。特别是改革开放以来，地方官员的选拔和晋升标准与经济发展绩效指标（如 GDP 增长绩效）挂钩，地方官员不仅在经济上为 GDP 和利税进行竞争，而且在官场上为晋升而竞争，这使得同时处于政治和经济双重竞争中的地方官员之间的合作空间非常狭小，而竞争空间非常巨大。这是我国长期存在地方保护主义、"大而全"的地区发展战略和地区间形形色色的产业"大战"和招商引资等方面的恶性竞争的一个重要根源，在一定程度上影响着地方政府自发开展区域协作的主动性和积极性。

二 政府间区域惯性协作机制中的美国州际协定制度经验

正如前文所指出的，政府间惯性协作机制只是一种理想状态，在实践中它取决于政府间区域协作所必需的资源配置制度、中央政府与地方政府的关系及地方官员的参与动机三个要素关系的协调程度，在这方面美国州际协定制度[①]构建的成功做法很值得借鉴，当然美国联邦主义有与中国不同的特殊性。

美国区域政府间关系包括国内政府间关系，不同政府间纵向和横向的制度关系、权力关系以及文化关系等诸多方面，基于联邦主义的演进，美国各州政府间的关系经历了隔离－合作－紧密－再分离的过程，直接促进了政府间协作关系的稳定和治理效率。[②]

美国的州际协定制度最早发端于北美殖民时代。当时北美各州为了解决相互间的边界争端，签订了一些协定。这些协定在得到英国女王的批准后发生法律效力，确定了新的各殖民地的边界。这就是著名的"协定程序"，也是州际协定的起源，其创造了一个解决边界争端的传统。在 1787 年美国宪法中也承认了州际协定的有效性，美国《邦联条例》第六条规定了各州之间争端的必要性。该条例的第六条规定"除非经过美国国会的同意，并且具体指出该协定的目的以及持续的期间，任何两个或者更多的州不能签订州

[①] 关于美国州际协定制度的基本内容主要参考了石欣贤、王旭、罗思东研究中的相关介绍。石欣贤：《行政协议：区域合作的契约治理模式之探讨》，硕士学位论文，华中科技大学，2008；王旭、罗思东：《美国新城市化时期的地方政府：区域统筹与地方自治的博弈》，厦门大学出版社，2010。

[②] 张嵩：《美国府际关系及其演进：一种联邦主义解说》，《社会主义研究》2007 年第 3 期。

际协定，结成邦联或同盟"；该条例的第九条规定："对于现存的或者今后可能遇到的州际争端，包括边界、司法权等问题的冲突，美国国会有最终的裁决权。"《邦联条例》对宪法中"协定条款"的诞生产生了巨大的影响。

在州际协定的发展初期，涉及的领域很少，仅仅用于解决相邻州之间的边界争端问题及水流的分配、航海权、桥和隧道的共用问题。从1783年到1920年，美国签署了36个州际协定，绝大部分是处理相邻州之间的边界争端问题。到20世纪20年代，州际协定开始适用于其他领域，比如自然资源的保护、刑事管辖权、公用事业的管制、税收和州际审计以及都市群的规划、建设、使用和管理等领域。在过去的75年里，制定的州际协定超过150个，从1941年到1969年，美国颁布了100多个州际协定。州际协定解决了一系列的问题，特别是河流的管理、水资源的合理分配，并且通过协议的方式，很多州际机构应运而生。1970年以后，新颁布的协定数量以及协定适用于新领域的增长率已有大幅下降。[①] 在这一时期，州际环境协定的出现，加大了各州保护环境的力度，也克服了州际协定签订程序耗时、烦琐的弊端。20世纪80年代以后，在协定机构的设立、已签协定的修订及已生效协定的成员州数量增长方面，美国取得了长足的进步。自1980年以来，美国新颁布的州际协定22个，提议了14个，呈现出上升趋势。环境污染的整治及自然资源保护方面的协定成为州际协定的焦点。最近，州际协定在服务福利领域越来越多地被适用。一些州除了维持完全独立的行政机构之外，开始在双赢的合作基础上为其他州提供特定的设施和机构，这些设施往往由一个成员州提供，为两个或两个以上的成员州服务。比如，涉及美国南部、西部和新英格兰地区的高等教育协定，这类协定提供了学院或大学的合作计划。在福利领域方面，如一些有关精神健康的州际协定规定，任何一个州都应当给予该州领域的所有公民健康方面的服务，不管该公民是否本州居民。总之，在美国，几乎所有的州都参与了州际协定的签订，而州际协定涉及的领域也越来越广泛。[②]

美国与中国不同。美国是联邦制国家，除了联邦有宪法和法律外，各州还有自己的宪法和法律。因此，各州之间的法律冲突比单一制更为突出、严

[①] 从1970年到1980年，新颁布的州际协定数量是第二次世界大战以来最少的10年。总的来说，在20世纪70年代，州际协定的发展重点在于对已签订的协定进行修改而不是出台新的协定。

[②] 布莱恩·R. 奥帕斯金：《联邦制下的政府间关系机制》，黄觉译，《国际社会科学杂志》2002年第1期。

重。但是,由于州际之间经济商务联系的不可分性,在此期间,包括州际协定、州际模范法、"法律重述"、共同诉讼行为等解决州际法律冲突的机制也逐渐发展起来,其中州际协定具有灵活性,可以在不改变各州法律的情况下协调行动,并具有法律约束力。美国的州际协定得以广泛发展的原因是"州权平等",它是州际协定坚实的宪政基础。《美国独立宣言》确立了"人人生而平等"的法律原则[①],人人生而平等的观念,又衍生出民族或种族平等,国家不分大小、强弱一律平等。美国的各州在独立并加入联邦之前,是宗主国的殖民地或附庸国,但其相互间却是平等的。美国联邦的成立,也是以各州在联邦中具有平等地位为前提的。在美国,联邦与州是一种平等的伙伴关系,它有三项重大政治原则:非中央集权;地区性民主(选举区);伙伴关系,即公私之间是合作性的、分享权力的关系。[②] 上述三个原则都是契约性质的。与平等个人间的交往一样,平等的州之间存在的法律纠纷也可以通过对话与协商解决。有些个案可以由联邦法院来裁决,但是某些纠纷具有普遍性;有些事务又具区域性而无法由联邦来统一立法,只能在联邦所提供的制度平台上,通过缔结协议而做出制度化的安排。

美国公私法不分,州际协定实质上被认为是一种合同,因而州际协定也应当具备合同法所要求的主要条款。典型的州际协定的条款由以下各部分组成:缔结协议目的、协议主旨以及协议要实现的目标、各方权利义务的表述、实质性规制、对行政组织或者独立规制机构的规定、财政负担的要求、履行标准或者解释规则,以及生效、修改、法律关系主体退出、撤回或者终止规定的实施期限。协定发生效力后要修改个别条款时,需要各个主体的认可后才发生法律效力。

从上述的美国州际协定制度的建设过程和绩效功能来看,美国基本上满足了政府间惯性协作的基本原则,也就是从政治、经济、文化、社会诸方面协调了政府间区域协作所必需的资源配置制度、中央政府与地方政府的关系及地方官员的参与动机三个要素的关系,当然美国的联邦制度与中国不同,中国不可能完全按照美国的做法来进行政府间区域协作,但美国所重视的通过资源配置制度来协调中央政府与地方政府的关系、激发地方政府的参与动力、保证政府间区域协作协议的权威性等很值得中国借鉴。

---

① 〔美〕路易斯·亨金等:《宪政与权利》,郑戈等译,三联书店,1996,第10~20页。
② 〔美〕奥廷格:《掌握航向:美国是怎样制定政策的》,中国对外翻译出版公司译,美国驻华大使馆文化处编辑出版,1978,第73页。

三 "长三角"政府间区域惯性协作机制实践问题

长三角区域协作制度的发展始于1997年长江三角洲城市经济协调会的召开,会议期间,长三角成员城市共同签署了《长江三角洲地区城市合作协议》,确定设立科技、规划、信息、产权、旅游协作等专题合作。在2002年5月8日结束的第二次沪苏浙经济合作与发展座谈会上通过了区域经济合作的原则和计划,标志着长三角区域政府合作共识的真正确立。

此后,浙江、江苏和上海两省一市共签订各种合作协议。如《关于进一步推进沪浙经济合作与发展的协议书》和《浙江省和江苏省经济技术合作与交流协议》,苏浙沪两省一市的工商局局长在杭州签订了《加强"长三角"区域市场管理合作的协议》,以共谋宽松发展环境、共建良好市场秩序,浙沪苏三地签署了《长三角食用农产品标准化互认(合作)协议》,江浙沪三省市环保部门合作实施《太湖流域水污染防治"十五"计划》,等等。这些区域合作协议开了用行政协议处理跨区合作事务的先河,为我国区域合作行政协议制度特别是政府间惯性协作提供了宝贵的可借鉴的经验,但不可否认的是,在协议的实践方面仍存在不少缺憾,诸如区域内政府自发参与治理区域性社会突发事件的主动性不够、地方政府官员的参与动机不纯、对区域性社会突发事件危害认知不自觉等,产生这些实践问题的原因很复杂,其中之一就是我国政府间惯性协作的机制还不十分健全。

由于中小企业的发展是长三角区域经济增长的主要载体,本部分研究就以长三角区域中小企业在2008年国际金融危机以来的区域性生存困境[①]治理为例。

从实际意义上说,改革开放以来,中小企业对我国的经济社会发展做出了重要贡献。在长三角区域中小企业更是发挥了促进经济增长、增加就业机会、加速工业化进程、调整产业结构等重要作用,成为当地经济发展的主力军,已经形成了独特的竞争力优势。

长三角地区中小企业多数起源于家庭式小型手工作坊和乡镇企业,且绝大多数是民营企业,其诞生和发展来源于长三角地区居民一直就有的多元文化思想传统和精明的商业头脑等特殊的历史文化背景。改革开放以来,长三

---

① 有关长三角区域中小企业的发展状况基本资料主要参阅了查玲的论文。见查玲《长三角地区中小企业生存困境成因及对策研究》,硕士学位论文,上海师范大学,2010。

角地区开始实施资本原始积累之后的创业，对成本和技术要求不高的小商品生产中小企业纷纷涌现，逐渐形成专业化产业集群，之后，浙江的温州模式、江苏的苏南模式、上海的浦东模式和张江模式等极具特色的乡镇企业模式，外向型企业模式和台资企业模式陆续诞生，长三角地区的中小企业迅速崛起并蓬勃发展。到2002年，长三角地区拥有中小企业135.11万家，占全国的6.34%，其外贸出口占全国的近39%，固定资产投资占全国的近30%，而实际利用外资达74亿美元，占全国的比例更是高达40%以上。2006年底长三角地区中小企业总数接近300多万家，对该区GDP贡献达2/3以上。如今，经过改革开放30多年的发展，长三角地区已经聚集了中国32%的中小企业，成为中国民营经济和中小企业最发达、最活跃、数量最为众多的地区，在《福布斯》杂志2008年推出的最具潜力中小企业榜上，长三角地区的企业占35%。

可以看出，中小企业在长三角地区的劳动就业、财政收入、出口创汇、经济发展、社会稳定等各方面做出了重要贡献。但自2008年国际金融危机以来，中小企业在长三角地区普遍生存困难，以致可以称为区域性的社会突发事件。

根据交通银行与复旦大学2009年6月联合发布的长三角地区中小企业成长指数研究项目报告，2008年长三角地区中小企业发展总体处于下滑的趋势，并且呈现出不同的态势。报告显示，以2007年为基准年，2008年度最具综合性的长三角地区中小企业成长指数为95.0，进而细分之下，2008年度长三角地区中小企业绩效指数为94.0，风险指数为103.3，信心指数为96.3，具体各行业的成长指数、总体成长指数以及绩效指数、信心指数都低于100，这说明在内外部经济环境遇到前所未有的大挑战的背景下，2008年长三角地区中小企业总体成长状况不如2007年，企业绩效水平下降，广大中小企业主对企业未来发展仍然心存忧虑，而风险指数超过100，说明宏观经济发展的态势和自身存在的内部问题使得中小企业面临赢利下降、亏损甚至倒闭的风险相较上一年加大。从2008年开始，长三角两省一市的中小企业频频陷入半停产、停产、倒闭的窘境。浙江省中小企业局在2008年年中三度投书国家发改委陈述浙江中小企业的融资难状况、生存发展困境以及解决之策，其中题为"当前中小企业生存环境亟待改善"的报告中指出，浙江全省"200多万家民企处境微妙，大量中小企业生存面临危机，关停并转增多，许多宏观层面上的问题仅靠地方政府、企业本身难以解决。……中小企业经营和生存状况堪忧"。同处长三角的江苏省和上海市两地的中小企业状况同浙江类似。

从上述基本资料的罗列中可以看出,长三角区域中小企业在 2008 年国际金融危机以来的区域性生存困境已经成为区域性的社会突发事件,那么长三角区域各级政府之间签署的各项协作协议发挥的效应如何呢？长三角区域政府间惯性协作机制的运行结果如何呢？对此根据已经发生的事实可以做出分析。

第一,长三角区域各级政府之间针对中小企业生存困境事件惯性协作的制度化运作程度还没有完全达到区域政府间惯性协作的机制要求。

对于 2008 年国际金融危机,长三角区域各级政府都十分重视,应急反应也比较迅速,在诸如工商、人事、生态治理、科技创新等领域已经形成了相应的共同帮助中小企业生存困境的制度性协议,但是,政府间许多行政协议的达成是靠领导人做出的承诺来实现的,缺乏法律效力,使得已缔结行政协议的实现缺乏稳定性。而各政府间合作一般采取集体磋商的形式,而没有形成制度性的谈判机制,这种形式容易在涉及实质性利益的问题上导致分歧太大而无法达成共识。特别是长三角区域行政协议的缔结主体,大多是长三角区域的行政机关,即省、市人民政府,有直辖市、较大市、地级市或其职能部门,也有各种学会和协会,甚至有关的党组织和行政机关也一起参与了一些协议的缔结。可见协议缔结主体过于泛化或者在同一个协议中存在不同级别的缔结主体。由于缔结主体的法律地位不同,自然也会造成行政协议的法律和效力的差异,给行政协议的定性以及理论研究造成困难。同样,缔结行政协议的主体立法权限不统一,造成缔结主体资格权限参差不齐,长三角 17 市并非都具有地方立法权和规章制定权,只有上海、无锡、宁波、苏州、杭州和南京 6 市才具有这项权力,这导致缔结协议的效力难以规范化地定性。

第二,长三角区域在治理中小企业生存困境事件时缺乏权威性的中心机构协调,导致中小企业融资困难,生存成本高。

如前所述,区域各级政府之间的行政协议是地方政府的自主权增大的产物,但是在我国单一制国家内,中央与地方间的关系虽是领导与被领导关系,但在实际运作中又缺乏权威性的中央机构协调。如中小企业生存困境事件后银行放贷情况。

银行对中小企业的援助向来存在"惜贷"现象,一份针对长三角地区两省一市商业银行对中小企业放贷情况的调研显示,74.2% 的银行表示不会对未在本地注册的外地企业直接放贷,86% 的银行认为在放贷过程中曾经受过地方政府的影响，近半数银行认为政府主要通过给本地企业做出担保来影响银行的放贷决策，77%的银行表示政府主要由于不易监管资金使用情况而限制银行向外地企业放贷，89%的银行认为目前长三角银行体系阻碍了区域内企业的融资，但是同时，74%的银行表示在对企业放贷时第一考虑的因素是行业的发展前景和企业的综合实力。[1] 尽管银行基于自身赢利的需要而愿意对实力强的企业异地放贷，但是最终这种愿望难以实现，究其原因，一方面是长三角地区企业信息公开制度建设尚有很大欠缺，银行与企业之间的定期沟通交流机制不完善，造成本地银行与外地企业信息不对称；另一方面是该区域中小企业信用担保机构和基金缺位。两者综合作用之下使得银行对异地中小企业放贷风险无法转移，阻碍了中小企业的顺利融资。地方政府对中小企业能否从银行获得资金影响重大，但是长三角竞争政策不够完善，无法限制地方政府阻碍银行异地放贷的行为。从长三角区域内各地区的合作情况看，整个银行体系内部各银行以及不同支行在中小企业融资方面缺乏有创意的互利合作方式。多重因素致使长三角地区中小企业多年来持续存在融资不畅的问题。在长三角权威性的中心机构缺位的情况下，在资金成本和融资方式等方面，货币政策和融资环境不利于中小企业，特别是在国际经济形势动荡不安和国内货币政策复杂多变的背景下，长三角地区中小企业融资困境愈演愈烈。

第三，区域内各行政区的地方保护主义没有得到制度性遏制，区域内产业结构相似性扭曲了区域性中小企业生存困境治理的区际协作。

我国目前的相关法律很不完善，除《中华人民共和国反不正当竞争法》（1993）第七条、第三十条有限制不正当竞争的相关条款外，很少有其他法律涉及地方政府间竞争和地方保护的规定。区域法制建设属于地方法制建设范畴，是与区域经济社会发展相融合的，在推进区域经济一体化的进程中，法制环境将直接对整个区域经济发展产生直接影响。

长三角两省一市的中小企业基本各自为营，科技资源布局分散，极易产生创新重复问题，这显然不利于科技资源的整合和技术创新能力的协同提升，制约了产业技术分工中技术创新链的形成。长三角地区众多的中小企业形成了一定程度的企业集群，但是这种集群总体上还只是处于数量集群这一初级阶段，在产业上仍处于分散状态，产业层次不高，功能区分不明确，没

---

[1] 武强：《借鉴欧盟经验推进长三角中小企业融资的研究》，硕士学位论文，上海外国语大学，2009。

有形成有机的分工协作的产业链。这种情况极易导致地方保护主义。

第四,长三角区域中小企业民间行业协会未能成为各级政府之间惯性协作的公共中间服务平台,影响了企业自发参与困境治理的行业分工的形成。

长三角区域中小企业由于政策、体制、经济和自身等方面的因素,素来具有"先天不足"、短寿和抗打击能力弱等弊端,2008年金融危机影响下的中小企业生存境况已经说明了这一切。加强中小企业民间行业协会建设,使之成为各级政府之间惯性协作的公共中间服务平台应该是深化政府之间惯性协作机制的重要手段。因为在长三角地区除却科技型小企业和成长型小企业外,在长三角地区的小企业中数量最多、分布最广的是一般型企业,它们多数没有完成原始积累或者已初步完成原始积累,企业素质较低、企业家创新意识较弱、参与创新难度较大,这类企业长久以来形成了通过贴牌生产赚取微薄加工利润的运营模式,市场细分不够,很容易在产业集群内部产生过度竞争的现象。为了避免这种过度的恶性竞争造成企业亏损甚至出现生存危机,长三角各地方政府除了加强区域性制度建设外,还应该大力发展民间行业协会,完善企业自发参与困境治理的行业分工机制。行业协会能够在一定程度上缓解和遏制恶性竞争,还能为小企业提供管理咨询和教育培训活动,搜集最新的市场、技术和产品方面的信息,对企业开展创新活动以及建立科学的管理体制和组织制度起到指导和引领作用。通过民间行业协会这样的中介组织,长三角区域各级政府之间可以建立健全中小企业公共服务平台,为中小企业提供必要的社会化服务,实现信息和资源共享,切实满足中小企业应对危机和转型升级中的服务需求。新型的民间行业协会的服务形式应该由以往的"行政推动"变为市场创造和需求拉动,由此建立政府购买服务制度,规范政府购买中小企业中介服务行为,优化中介服务组织发展环境,扩大购买中小企业中介服务的社会效应。

从上述来看,长三角应对社会突发事件的政府之间惯性协作机制建设已经取得了一定的成就,在诸如完善资源配置制度、协调中央政府与地方政府关系及激励地方官员的参与动机等方面都做出了有益的探索,但问题也是明显的,正如上文在分析2008年金融危机影响下的长三角中小企业生存困境事件时所指出的,各级政府间惯性协作的制度化运作程度还不完善、在应对社会突发事件时还缺乏权威性的中心协调机构、区域内各行政区的地方保护主义没有得到制度性遏制、民间行业协会还没有成为各级政府之间惯性协作的公共中间服务平台等。其中有些问题是阶段性区域发展过程问题,而有些问题是文化、历史及体制性问题。

参考文献

赵定东、王新，2011，《政府间区域协作的机制与"中国实践"困境》，《湖南师范大学社会科学学报》第2期。
赵定东，2007，《俄罗斯社会转型模式研究》，北京：人民出版社。
邓小平，1994，《邓小平文选》（第2卷），北京：人民出版社。
石欣贤，2008，《行政协议：区域合作的契约治理模式之探讨》，硕士学位论文，华中科技大学。
王旭、罗思东，2010，《美国新城市化时期的地方政府：区域统筹与地方自治的博弈》，厦门：厦门大学出版社。
张嵩，2007，《美国府际关系及其演进：一种联邦主义解说》，《社会主义研究》第3期。
布莱恩·R. 奥帕斯金，2002，《联邦制下的政府间关系机制》，《国外社会科学》第1期。
〔美〕路易斯·亨金等，1996，《宪政与权利》，郑戈等译，北京：三联书店。
〔美〕奥廷格，1978，《掌握航向：美国是怎样制定政策的》，中国对外翻译出版公司译，北京：美国驻华大使馆文化处编辑出版。
查玲，2010，《长三角地区中小企业生存困境成因及对策研究》，硕士学位论文，上海师范大学。
武强，2009，《借鉴欧盟经验推进长三角中小企业融资的研究》，硕士学位论文，上海外国语大学。

作者简介
赵定东　男
所属博士后流动站：中国社会科学院社会学研究所
合作导师：李培林
在站时间：2007年10月至2009年10月
现工作单位：杭州师范大学政治与社会学院社会学系
联系方式：zhaodingdong1971@126.com

城乡结合部社区治理模式探索

——以北京市大兴区村庄社区化模式为例*

赵春燕

摘　要：随着城市化的迅速推进，特大城市周边的城乡结合部的治理成为关键性问题。北京市大兴区自 2009 年以来实行村庄社区化治理模式，在诸多方面做出了有益的探索。该模式通过"人防""物防""技防"的有效结合以及各级机构的统一管理，有效解决了前期社区治理上的诸多难题。但是，这一模式的广泛推行还需要对其适用的资金投入、人力投入、地方资源、政策环境等方面进行综合考虑。而从长远来看，也需要结合北京市乃至全国社区建设的制度和实践对这一模式进行长期的规划。

关键词：社区治理　村庄社区化　城乡结合部　大兴区

一　城乡结合部社区及其面临的问题

城乡结合部社区一般是指位于城乡结合地带之间的一种特殊的社区类型（以下简称"结合部社区"）。它一般具有三个典型的特征：①行政管理上的农村化，结合部社区目前一般均适用农村乡镇的管理体制；②产业上的非农

---

* 本文得益于 2010 年 8 月 23 日由北京市大兴区委社会工委、2011 年 1 月 18 日由北京市大兴区西红门镇政府和 2011 年 2 月 25 日由北京市公安局协调安排进行的调研，在此对北京市公安局、大兴区公安分局、大兴区委社会工委、西红门镇政府以及西红门镇大生庄村委表示感谢。

化，结合部社区的农业比重基本上已经大大衰减甚至消亡；③人口密度上的趋城市化，结合部社区的人口密度一般介于城市和农村之间。① 自 2000 年以来，随着社区建设的整体推进，典型的城市社区和农村社区不论是在理论研究和建设实践上都已经取得了一定的成就。与此同时，结合部社区的问题也开始受到了广泛的关注，尤其在北京、武汉、广州等特大城市周边，社会问题的高发性使其成为社区治理和社区建设上关注的焦点。

北京市大兴区位于北京南部环城带，连接北京南中轴，素有"京南门户"之称，是距离北京市区最近的远郊区。其北部与北京市区的丰台、朝阳接壤，南部与河北省廊坊、保定毗邻。全区面积 1036 平方公里。2010 年全区实有人口 136.5 万人，其中常住人口 58.5 万人，流动人口 68 万人，人户分离约 10 万人。全区共有 14 个镇，5 个街道办事处，536 个行政村。近年来，随着北京城南计划的实行、大兴区与北京经济技术开发区的行政资源整合以及首都第二机场在本区的规划建设，大兴区的城市化进程明显进入了一个加速期。② 2009 年，大兴区共拆迁 33 个村，涉及转非劳动力 7000 余人。2010 年拆迁 64 个村，涉及转非劳动力 2.3 万人。③ 城市化进程的加快迅速地改变了原有的产业结构以及人员构成，极大影响了原有的生活方式。由于本区原属农业区，生活成本较低，但距离城区又相对较近，极大地吸纳了一批以城区中心为服务目标的流动人口。

以上这些因素使得大兴区成为北京市一个非常具有代表性的城乡结合地带，同时也是社区治理问题的高发地带。这尤其表现在该区的北五镇地区，即北部的西红门、黄村、旧宫、瀛海和亦庄五镇。2010 年进行的拆迁改造中，北五镇就有 45 个村被拆迁，占拆迁村的 70%。该地区聚居了全区 80%、近 50 万人的流动大军，形成了 92 个流动人口"倒挂村"。在这些"倒挂村"中，流动人口与常住人口的比例平均为 10∶1，有的村甚至高达 15∶1。

产业转换、农村拆迁、流动人口集聚等，这些因素为当地的社区治理带来了很大的压力。其具体表现在以下几个方面。

---

① 周大鸣、高崇：《城乡结合部社区的研究——广州南景村 50 年的变迁》，《社会学研究》2001 年第 4 期，第 99～100 页。
② 北京市公安局大兴分局：《大兴区村庄社区化管理工作汇编》，内部资料，2010。以下数据若不注明则均出于此。
③ 大兴区政府：《大兴区在推进城市化进程中推进"四有"工作模式 保障失地农民利益》，《大兴区政府工作通讯》，内部资料，2010。

（一）刑事案件高发

该地区流动人口聚居村的出租房屋，往往成为刑事案件的高发区。2009年，全区刑事拘留人员中的80%为流动人口。全区70%的入户抢劫，64%的强奸犯罪和60%的入室盗窃犯罪就发生在该地区。2005年以来全区打掉的110余个恶势力犯罪团伙中，有60%就盘踞在该地域。

（二）治安秩序混乱

大量的出租房屋往往成为卖淫嫖娼、赌博、制假贩假、窝赃等违法犯罪的藏匿之所。自2005年以来，公安部门每年在出租房屋内查获的流动人口违法犯罪人员占总数的30%以上。各类小旅馆、小旅店、小洗浴中心、小发廊、小网吧等违法违规经营现象也十分突出。由于难以管理，该地区长期以来聚集了各种社会流散人员，有刑释解教人员，有长期上访人员，一时间成为社会不稳定因素的发源地。

（三）安全隐患

在各种小厂房、小门店中，流动人口安全意识薄弱，各种违规用火、用电现象频繁，火灾、煤气中毒等各类安全隐患较多。2007年时曾有3人在出租房屋内死于煤气中毒。[①]

（四）生活环境问题

家住西红门镇大生庄村的梁女士讲道：当时由于外来人较多，村里的卫生状况很差。整个村基本上是"苍蝇多、蚊子多、蛆多"。污水横流，垃圾乱堆。

二 "村庄社区化管理"模式的推行

针对上述问题，2010年大兴区委、区政府决定双管齐下，区分对待：一方面，大力推进，积极计划在年内完成39个流动人口"倒挂村"的拆迁改造，在区公安分局的主动配合下努力实现平稳拆迁，并将之列入2010年全区重点工作；另一方面，借鉴城市管理模式，对于短期内未列入拆迁计划的53个流动人口"倒挂村"，实行社区化管理。村庄社区化管理的想法首

[①] 2010年8月23日，笔者在西红门镇政府调研情况。

先来自2003年"非典"时期的封闭化管理经验,之后这一做法在2008年的迎奥运和2009年的庆国庆活动中又得到了一定的发展。用大兴区综治办主任王福政的话来讲,就是"以提高村庄社区化管理、社会服务水平为目标,借鉴城市社区建设的模式,对村庄进行规范化改造,发挥组织建设、公共管理优势,维护稳定、促进和谐、服务群众,将城市文明带入乡村,推进城乡一体化进程的治理模式"[1]。2010年,这一做法首先在大兴区西红门镇金星地区的16个村试行。

金星地区总面积为17.96平方公里,是典型的城乡结合部地区,上述各种社会问题在本地表现得非常突出:本区16个村全部流动人口倒挂,高峰时期有近9万流动人口,是常住人口的10倍;违法犯罪案件猖獗,2009年全年立案418起,其中盗窃、抢劫、诈骗等可防性案件占该地区刑事立案总数的七成以上;流动人口作案占绝大多数,2007~2009年,流动人口犯罪占所抓获人员总数的95%以上。

根据同年颁发的《西红门镇金星地区村庄社区化管理工作实施方案》[2],该模式主要采取的管理形式有以下几种。

(一) 建立"一个中心警务站、十二个综治维稳中心"作为管理平台

在距派出所较远(约7.5公里),发案数较多(占金星地区刑事案件总数的1/4,治安案件的1/5),出警较为费时(最快15分钟)的新建地区建立一个大型的警务工作站。警务站配备8名民警和20名保安,占地约3.2亩,使用面积2000平方米,作为该地区的综合治安管理平台。

在另外的12个村每村建立一个综治维稳中心,每个综治中心至少达到五间房面积。综治中心将社区警务站、流动人口管理服务站、巡防工作站合于一体,实行"三站合一"模式。同时,综治中心全部配有监控室、社区警务站、流动人口服务站、专职巡防站和民事调解室,各站室分房办公,实现了外观、标识、制度、设施的"四统一"。"三站合一"后,各村党支部书记兼任村综治中心主任,社区民警、村长、流动人口代表任副主任,带领中心工作人员开展治安巡防监控、流动人口服务、出租房屋管理、民事调解等工作。

---

[1] 源自北京市公安局2011年2月25日组织的"村庄社区化管理模式、派出所社区民警驻区制"研讨资料,内部资料。

[2] 北京市公安局大兴分局:《西红门镇金星地区村庄社区化管理工作实施方案》,《大兴区村庄社区化管理工作汇编》,内部资料,2010。

（二）村庄社区化物防改造

社区化改造简单地说就是通过"砌围墙、安街门、设岗亭"等方法，对该区域进行封闭式管理。区域外围保留若干个主出入口，全时段开放，每口设置街门、岗亭、抬杠，安排人力24小时值守。其他临街的出入口安装街门或用墙封堵，分时段开放。村内人员、车辆持证出入，外部人员、车辆登记后方能出入。具体来讲，针对当地16个村社存在的"村域相连和村域独立"的两种状况，分别实行"区域式封闭"和"村域式封闭"两种不同的管理手段，前者几村进行统一封闭，后者每村封闭。

（三）配备专职力量进行人防

按照人口比例配备专职力量，其中专职巡防队伍按照实有人口的2.5‰配备，流管员按照流动人口的5‰配备。两者共需配备500人，其中专职巡防队员241人，流管员259人。

（四）安装监控探头加强技防

在村内各主要街道、街巷胡同安装监控探头，全地区共需安装探头400余个。所有探头与派出所视频终端相连，可以实现360度监控，并实现数据存储。通过人防、物防和技防的落实，村庄社区化管理模式最终实现了"主要出入口控制，胡同、院落守望，主要街巷防控和电视监控值守"的运行。

村庄社区化模式的推行效果是非常明显的。其中最为突出地表现在对违法犯罪案件的防控上。2010年5月，在16个村社区化管理实行3个多月之后，其中的12个村实现零发案（8月笔者在西红门镇调研时，这一记录仍然保持着），警情同比下降37%，可防性案件下降33.3%，此期间先后有9000余名流动人口主动到村综治中心登记办理暂住证。[①]

这种社区化管理的效果当然还远不止这些。西红门镇的马士刚书记将这种效果总结为"五个提高"，即群众安全感的提高，地区综合承载力的提高，农村经济发展水平的提高，地区整体形象的提高以及群众生活质量的提高。通过社区化管理，当地的道路、街面确实变得干净整洁了，承租户也更

---

① 高健：《"倒挂村"封闭式社区化管理"管"出了啥？》，《北京日报》2010年7月12日。

多了，房租也上涨了，村民收入进一步得到了保障。① 应当说，这些城乡结合部之前的各种社区治理中的问题基本得到了解决。

在上述效果的带动下，村庄社区化管理的经验迅速得到了重视。大兴区的其他"倒挂村"和"非倒挂村"都开始申请实施社区化管理。在16个"倒挂村"村庄社区化经验的基础上，2010年9月份，大兴区又在北五镇另外56个村庄实行村庄社区化管理模式，以南部79个村为试点试行该模式。下一步，全区另外的227个村庄也将在2011年推行该模式。2010年8月11日，北京市在大兴区西红门镇召开了全市开展村庄社区化管理工作大会。随后，北京市公安局初步确定在全市13个分县局93个派出所所辖的447个村庄推广上述做法。截至2月10日，上述村庄中，已经完成的有347个，正在抓紧实施的100个。全市累计投入资金9.6亿元；建立"三站一室"村综治中心374个，建设围墙31.9万米，安装街门1951个，建岗亭1195个，安装监控探头6219个，增加协警力量4448人。防控效果也非常明显。自2010年9月以来，新登记流动人口11.2万人，有328个村的刑事发案出现下降，其中51个村实现了零发案，19个村发案持平，没有村出现发案上升的情况。②

三 "村庄社区化管理"的基础与保障

在北京的推动下，北京之外的山东③、内蒙古、广西等地④也开始实行这种村庄社区化管理模式。但是，通过全面考察这种模式的实行，我们可以看到，它需要具备一系列的条件，需要得到各方面的保障。当然，这不仅仅指的是一种态度上的重视。在北京地区，公安部门、区镇两级政府迫于社会治安的压力以及对地方形象的考虑实行这一模式，这当然是一个主要的出发点即动力来源，但除此之外，它还需要具备以下诸多的实质性条件。

---

① 源自北京市公安局2011年2月25日组织的"村庄社区化管理模式、派出所社区民警驻区制"研讨资料，内部资料。
② 北京市公安局编《深化"三项重点工作"，破解城乡结合部地区治安管理难题——北京市公安局在城乡结合部地区推行村庄社区化管理》，载《村庄社区化管理模式、派出所社区民警驻区制——知名专家学者调研考察活动相关资料》，内部资料，2011。
③ 《北京山东多地村庄社区化 警惕农民"被城市化"》，新华网，2010年8月31日，http://news.xinhuanet.com/local/2010-08/31/c_12499463.htm。
④ 高健：《"倒挂村"封闭式社区化管理"管"出了啥？》，《北京日报》2010年7月12日。

（一）资金投入

应当说，这种模式首先对资金投入有一个基本的要求。仅就大兴区首批推行村庄社区化管理试点的大生庄而言，其资金投入为 104.2 万元，其中包括综治中心建设 15 万元，内部办公设施 3.2 万元，街门安装 2 万元，监控探头 19 万元，路口的门、墙投入 15 万元，巡防力量费用 50 万元。[1] 这笔费用对于一个村庄而言是无法承担的。一开始，这笔资金是由镇政府负担的。镇政府为此在每个村平均初期投资 60 万元，设备维护费每年 60 万元。这笔费用对于西红门镇而言，应当说基本是有承受能力的。该镇位于大兴区最北端，与城区相毗邻，占地面积 31 平方公里，辖地内共有企业 60 多家，年财政收入 7.6 亿元，可支配资金 1.4 亿元（收入占全区第二位）。2010 年底，为了在全区形成长效机制，区政府最终又将这笔近 3000 万元的单子整个接了过去。而当年大兴区政府仅在土地出让上就已经获得了非财政收入 200 多亿元。[2]

（二）人力投入

在人力投入上，这更是一个很大的数字。用西红门镇杨敏书记的话来讲，为了贯彻这项工作，镇政府从上至下建立了"三三制"的 9 支队伍：第一类的 3 支队伍基本上是由各村人员组成的"强服务、打基础"的流管、巡防和卫生 3 支队伍，共 464 人，镇里每人每月在各村绩效工资的基础上追加补助 700 元；第二类的 3 支队伍是镇里统一组建的"强管理、促提升"的控乱、控人（劳动监察）、控违（违章建筑）3 支队伍，目前共有 6 个队员、3 辆车、2 个协管、30 个保安队员；第三类的 3 支队伍是由镇政府各级干部组成的"强监督、作保障"的包村队伍、督察队伍和督导队伍。[3]

（三）地方资源

在村庄社区化的推行中，村庄是该机制的主要执行单位。村庄不仅负责安排指导第一线的 3 支队伍，还负担他们每人每月千元左右的工资。除此之

---

[1] 北京市公安局大兴分局编《大生庄村庄社区化费用清单》《大兴区村庄社区化管理工作汇编》，内部资料，2010。
[2] 北京市公安局编《村庄社区化管理模式、派出所社区民警驻区制——知名专家学者调研考察活动相关资料》，内部资料，2011。
[3] 2010 年 8 月 23 日，笔者在西红门镇政府调研情况。

外，村庄中的一些辅助设施的建设、相关事项的处理也主要是由村里负责的。如果村庄没有积极性，这一模式实际上是很难得以执行的。而从实际的执行情况来看，除社会效果之外，村庄也直接获得经济效益上的增值。村里的经济收入主要来源于土地的出租。

对于西红门镇而言，16个村庄每一个村均拥有一个工业大院可以进行出租。大生庄的工业大院面积有100亩。由于整体环境的改善，当然更大的原因是城乡结合部周围大环境的发展，当地不断地"腾笼换鸟"，更换高端企业，村庄的经济收入在根本上得到了提高。2010年，大生庄集体分红为每位村民1万余元。[1] 在村庄收入提高的同时，居民在"瓦片经济"上的收入也得到了同步提高。其房屋租金已经从初期的200元每间上涨到了300多元每间，街面房出租金从每间700多元上涨到了1000多元。[2] 经济上的收益成为该模式推行的主要动力，政府的支持在某种程度上只是一个初始推手，而最为根本的原因还在于当地特有的地理位置所拥有的潜力。

（四）政策环境

村庄社区化管理的出发点在于实现对流动人口的有序管理，这种管理机制依托的最为基本的力量当然是当地居民。不容忽视的一点是，村庄社区化管理的决定选择权在村民手中。例如，对于大生庄而言，就是全村32名村民代表（包含外来人口每20户出1名代表）统一讨论表决的结果。[3] 所以，这种机制成功的另外一个因素还取决于当地政府与农村居民之间的关系基础。而从各地实践及最近几年城市化的发展历程来看，这方面的情况并不乐观。而该模式在北京的可行性应当说在很大程度上还得益于前期政策的到位——当然主要是拆迁安置政策，使农村居民在城市发展中得到了实惠。

以大兴区为例。自2009年以来，大兴区在对失地农民的利益保护中逐步摸索出了一套"四有"的办法。在2010年初的规范性文件中指出："经过三至五年的时间，逐步形成以北五地区为重点，辐射全区的撤村转制工作新模式，建立一套成熟的失地农民长效保障工作机制，确保在城市化进程中，农民转居民过程中，管理有组织，就业有岗位，致富有资产，生活有保

---

[1] 2011年1月18日，笔者在西红门镇大生庄调研情况。
[2] 北京市公安局编《村庄社区化管理模式、派出所社区民警驻区制——知名专家学者调研考察活动相关资料》，内部资料，2011。
[3] 高健：《"倒挂村"封闭式社区化管理"管"出了啥?》，《北京日报》2011年7月12日。

障,确保经济发展、社会和谐稳定。"① 应当说,这套机制在实践中行之有效②,也受到了北京市全市的重视。2010 年 11 月 18 日北京市副市长陈刚在北京市第十三届人民代表大会常务委员会第二十一次会议上所做的《关于"推动城乡结合部建设,促进城乡统筹发展"议案办理情况的报告》就包含了相当多的对失地农民利益保护的若干内容。③

从上述内容来看,村庄社区化管理模式的推行需要一系列的基础性条件和若干保障性手段。其他地区在对该模式进行学习和推广的过程中对于这一点需要有所认识。

四 "村庄社区化管理"模式的发展与完善

在这一机制得到广泛宣传与推广的同时,作为这一机制发起者的大兴区相关部门也在考虑其下一步的继续发展与完善的问题。马士刚讲道:"这一模式下一步的继续运行方向将是向三个方向进行延伸:一是村内向村外的延伸,二是由硬件向软件上的延伸,三是管理向服务上的延伸。"④ 许多措施实际上目前已经开始或者正在计划予以实施。村内向村外的延伸是指镇政府将几个村的部分闲置土地进行集中租赁,之后进行绿化美化,建设 4 个大公园,供附近村民进行娱乐休闲;硬件向软件上的延伸是指镇政府下一步计划引进一批社区服务商,在社区建设连锁店,使居民生活更为方便;管理向服务上的延伸是指镇政府将在文化、卫生等各个方面提供各种服务,如当前已经在部分社区实行的"社区手拉手"活动,将村庄社区与城市社区联合起来,促进文化活动的开展。应当说,这种模式发展势头良好,基层干部信心十足。

但是,意义更为重大的可能还在于这一模式对社区治理实践进行的探索上。中国当今的社区治理局面几乎完全可以在大兴区得到反映。大兴区当下的社区治理模式可以明显地分为三种情况:第一种是中部新城地区,其有 5 个街道办事处,123 个城市化社区,目前规模还在一步步扩大;第二种就是

---

① 大兴区社会工委:《大兴区关于在推进城乡一体化建设进程中落实"四有"工作要求的工作意见》,内部资料,2010。
② 李松:《"拆迁富翁"的未来隐忧》,《瞭望东方周刊》2010 年 6 月 7 日,http://news.163.com/10/0607/14/68J4T20S00011SM9.html。
③ 陈刚:《关于"推动城乡结合部建设,促进城乡统筹发展"议案办理情况的报告》,北京市人大常委会内部文件。
④ 北京市公安局编《村庄社区化管理模式、派出所社区民警驻区制——知名专家学者调研考察活动相关资料》,内部资料,2011。

处于城乡结合部的北五镇地区，城市化进程非常迅速，农村社区不断地向城市化社区转变；第三种是南部的农村区域，共有9个镇，基本上实行传统的农村乡镇式管理。在这三种不同的治理模式上，应当说较为成熟的一种是以街道办事处为主体推行的城市化社区治理模式。尤其是自2007年北京市社会工委（北京市社会建设办公室）成立之后，城市化社区治理开始实行一种较为成型的规范化社区建设模式。[1] 该模式在社区规模、软硬件设置要求、社区运行体制、社区建设典型等各方面都已经非常成熟。但农村社区建设模式有待探索，至少在一段时期之内，在城乡统筹没有大规模推行之际，农村的治理模式基本上还可以适用以往的村委会治理的方式。所以，在当前形势下具有更为紧迫意义的是对正处于城市化改造进程中的城乡结合部社区治理模式进行探索，而本文所指出的这种模式的意义也正在于此。随着南部航空城的建设以及与北京经济技术开发区的资源整合，大兴区南9镇也很快将会逐步转变成城乡结合地带，这一问题也就会更为突出。

当然，根本意义上的问题可能在于这种二元管理体制本身，即城乡结合部地区虽然在自然属性上已经开始逐步"脱农"——没有了农村产业，逐步没有了农村户口，居民开始上楼居住，但在社会属性上，也就是管理体制上仍然在沿用乡镇的管理模式。所以，曾有一种看法认为："城乡结合部行政管理体制改革应从乡镇政府向街道办事处体制转轨入手，较为可行的办法是……纳入城市化发展计划，即不再保留农业生产和农业人口的农村行政区域，实行街道办事处替代乡镇政府的过渡性制度变革。过渡期内，由乡镇政府转制为街道办事处的，按照城市管理要求，实行街乡统一管理，保留乡镇政府的经济管理职能和财税体制，但需制定明确的'政企分离'时间进程表，一旦条件成熟，即与城区街道办事处体制接轨，承担起城区政府赋予的城市管理和社区服务职能。"[2] 但是，这里不可避免地会存在一个时间差的问题。其一，就如本文所提到的16个村，其特殊的形势主要是由地理位置所决定的，而且相当部分村落在3年以内并没有被列入拆迁计划。这种情况下，一方面，我们不可能使其"返农"；另一方面，也不可能急切地将其纳入城市化管理。其二，即便是对于已经拆迁上楼的农民，因为集体财产的处置、社会保障的转变都需要一段时间，城市化社区模式的适用也不可能是一

---

[1] 北京市社会建设工作领导小组办公室关于转发《关于进一步推进社区规范化建设试点工作的实施方案》的通知和《大兴区社会建设工作领导小组办公室关于推进社区规范化建设试点工作的实施方案（试行）》。

[2] 冯晓英：《北京城乡结合部社区建设浅议》，《前线》2003年第11期，第52~53页。

蹴而就的。

所以，当前更为重要的在于处理好城乡结合部社区与城市化社区规范化实施方案之间的衔接问题，从而进行更为长远和更为全面性的制度设计，这在全国范围内可能也是如此。从这一模式开始的出发点及其所解决的问题来看，其本身即带有一种过渡性，需要做进一步的制度上的补充。至少需要进行的较大方面的制度完善有：其一，集体财产的处置问题，对集体积累应当如何处置、分割、保留或者进行某种保值性运作都需要进行详细的论证和实验；其二，村委会与居委会的交接关系，即当居民上楼之后，村委会是否还需要保留，是否可以进行换牌，如何协调两者共存时的关系等，对于这些问题都需要认真研究；其三，居民的身份转变问题，即居民在失去土地、集体财产甚至有集体身份之后什么时候以什么形式转变为城市市民。只有在这些问题解决的基础上，乡镇的管理体制才可能实现向街道办事处管理方式的平稳过渡。不过，值得注意的是，大兴区现有的"四有"政策在某种程度上已经为这些机制的完善做出了一定的探索。

参考文献

《北京山东多地村庄社区化　警惕农民"被城市化"》，新华网，2010年8月31日，http：//news.xinhuanet.com/local/2010-08/31/c_12499463.htm。
冯晓英，2003，《北京城乡结合部社区建设浅议》，《前线》第11期。
高健，2010，《"倒挂村"封闭式社区化管理"管"出了啥?》，《北京日报》7月12日。
李松，2010，《"拆迁富翁"的未来隐忧》，《瞭望东方周刊》6月7日，http：//news.163.com/10/0607/14/68J4T20S00011SM9.html。
周大鸣、高崇，2001，《城乡结合部社区的研究——广州南景村50年的变迁》，《社会学研究》第4期。

作者简介

赵春燕　男
所属博士后流动站：中国社会科学院社会学研究所
合作导师：景天魁
在站时间：2009年7月至2011年7月
现工作单位：北京石油化工学院人文社会科学学院
联系方式：zcy72@tom.com / zhaochunyan@bipt.edu.cn

企业制度性文化在推动企业履行社会责任方面的作用研究*

——以 X 市国家技术开发区企业为调查个案

唐名辉

摘 要：本调查通过个案企业的实证研究，了解企业文化对于推动企业履行社会责任的实际作用。我们选择从制度性文化的立场来考察企业文化对企业社会责任行为的影响。制度性文化表现为企业关于社会责任的法制规定、经济责任目标、社会福利与保障、社区发展责任与环境保护责任等具体内容。实证结果显示：企业制度文化对于企业履行社会责任有积极的推动作用。

关键词：企业制度文化 企业社会责任 推动作用 个案研究

马克斯·韦伯的经济伦理命题发现，企业的文化与企业的生存发展有着密不可分的联系。所谓"企之将立，文化先行"。IBM 公司总裁小沃森在《事业与信念》一书中很好地诠释了这个意思："我坚定地相信，为了生存下去和取得成功，任何一个组织都必须具备一整套健全的信念，并且把这些信念作为采取一切政策和措施的前提。其次，我还认为，公司取得成功的唯一最重要因素，便是踏踏实实地严守这些信念。"受此启发，本研究试图从企业文化中的制度文化层面来考察企业文化对于企业履行社会责任的影响问题。

---

* 基金项目：国家社会科学基金重点项目"和谐社会视野中的企业社会责任研究"（07ASH003）。

所谓企业制度文化，是围绕企业核心价值观，要求全体职工共同遵守的、按一定程序办事的行为方式及与之相适应的组织机构、规章制度的综合。[①] 加强企业制度文化建设，关系到企业能否形成良好的运作机制，关系到企业文化能否有生命力，能否持续长久，这也是一个企业是否成熟的重要标志。

在本次研究假设中，我们假设企业的制度文化对于企业关注社会责任有较强的推动性，制度文化的各个层面（法律责任规范、社区建设目标、环境保护制度）与企业社会责任呈显著性相关。为此，我们的具体指标选择可以用下面的表格形式来说明。

自变量：制度性文化。具体操作见表1。

表1 自变量

自变量	指标	权重
制度性文化	法律责任规范	30
	环境责任目标	25
	社区建设目标	25

因变量：企业社会责任。具体操作中，我们选取了企业社会责任的6项指标作为此次研究的因变量，这6项指标分别是：维护员工权益指标、守法经营指标、环境保护指标、企业可持续发展指标、企业社区建设指标、社会责任管理指标。这里需要说明一点，慈善捐赠是企业履行社会责任的重要内容，我们却未对其进行相关分析。这是由于我们采用的慈善捐赠的指标是"是否有过慈善捐赠"，受调查的100家企业均进行过慈善捐赠，所以并不能分析出不同企业之间的差异。

一 受调查企业的基本情况

为了明确企业文化与企业社会责任之间的这种抽象关系，课题组选择了X市的一个国家级高新技术开发区内的100家企业进行问卷调查和重点访谈。这100家企业的基本情况我们用表2的形式来给予直观的呈现。

[①] 百度百科，"企业文化"词条。

表2　100家企业基本情况调查表（N=100）

所有制结构	民营企业	外商投资	混合所有制	公有制	个体工商户
	59	24	5	11	1
行业	电子电器	汽车及零配件	建筑	通用机械	其他
	18	12	16	13	41
总资产	1000万元以下	1000万~5000万元	5000万~1亿元	1亿~10亿元	10亿元以上
	27	32	10	23	8
通过认证	ISO9000	ISO14000	OHSAS18001	CE	ISO2000
	8	8	8	8	8

二　企业的制度性文化与企业社会责任之关系的实证分析

（一）法律规范与企业社会责任

法律作为社会的一种强制性规范，它的基本要求是"规范人"，规定什么是可以做的，什么是不可以做的。对一个企业而言，它规定了企业活动应该达到的最低行为标准，起到的是一种约束、惩罚的作用。说制度是企业内部的一种约束机制并不为过。

我国现在对于企业的活动已经有公司法、企业法和劳动法对之做出明确的规范。例如劳动法中明确规定了劳动者的基本权利和义务，劳动合同的订立、变更与解除程序的规定；集体合同的签订与执行办法；工作时间与休息时间制度；劳动报酬制度；劳动卫生和安全技术规程等。这些规定都要求企业履行维护员工权益的责任。

照此来说，所有的企业应该无条件地执行这些法律制度的规定，反过来说，法律规范与企业社会责任的履行毫无疑问应该具有极强的相关性。为了考证这种结论的正确性，我们选取以下指标考察企业法律规范的基本情况（见表3）。

表3　企业法律规范的具体考察指标

法律规范	权重	法律规范	权重
是否禁止使用童工	3	是否禁止体罚员工	3
是否禁止随意加班加点	3	是否执行国家法定休假制度	3
是否实施最低工资制度	3	购买社会保险	3
是否发放加班工资	3	按期纳税率	3
能否按时发放工资	3	产品质量	3

1. 企业法律规范的基本情况（见表4）

表4 企业法律规范的基本情况

	频数	最小值	最大值	均值	标准差
是否禁止使用童工	100	0	3	2.49	0.378
是否禁止随意加班加点	100	0	3	1.2	0.492
是否实施最低工资制度	100	0	3	2.94	0.141
是否发放加班工资	100	0	3	2.46	0.386
能否按时发放工资	100	0	3	2.04	0.469
是否禁止体罚员工	100	0	3	1.5	0.503
是否执行国家法定休假制度	100	0	3	2.49	0.37753
购买社会保险	100	0.3	3	2.496	0.22736
按期纳税率	100	3	3	3	0
产品质量	100	1.8	3	1.878	0.07865
企业法律规范总指数	100	9.6	28.8	22.494	4.49747

表4的结果显示，100家企业在法律规范方面的平均得分为22.494，最高分为28.8分。总体而言，企业法律规范的制定比较理想。

2. 不同属性企业的法律规范指标的差异性分析

进一步的分析显示（见表5）：从单纯的描述性分析看，不同所有制结构的企业中，外资企业在法律规范指标方面的平均得分最高，民营企业次之，公有制控股企业最低。其中，最高分出现在民营企业和外资企业中，最低分出现在民营企业中。不同规模的企业中，小型企业在法律规范指标方面的平均得分最高，中型企业次之，大型企业最低。其中，最高分出现在小型企业和中型企业，最低分出现在小型企业。不同生命周期的企业中，2000年以后成立的企业在法律规范方面的平均得分最高，1960年以前成立的企业次之，第三为1990~1999年成立的企业，1960~1989年成立的企业在法律规范方面的平均得分最低。其中，最高分在四类生命周期的企业中均有，最低分出现在1960~1989年和1990~1999年成立的企业中。

但是，进一步检验表明，所有制结构与法律规范指标的相伴概率P值显著度为0.089＞0.05，这说明不同所有制结构的企业在法律规范方面并没有差异；企业规模与法律规范指标的相伴概率P值显著度为0.068＞0.05，这说明不同规模的企业在法律规范方面没有差异；企业生命周期与法律规范指标的相伴概率 P 值显著度为 0.459 > 0.05，这说明不同生命周期的企业在法律规范方面也没有差异。

表 5 不同属性企业的法律规范指标的差异性

企业属性		频数	最小值	最大值	均值	标准差	
所有制结构	公有制控股企业	11	11.70	23.10	19.9909	3.56299	F = 2.477 P = 0.089
	民营企业	60	9.60	28.80	22.4750	4.97426	
	外资企业	29	17.10	28.80	23.4828	3.37216	
企业规模	小型企业	66	9.60	28.80	23.1636	4.54531	F = 2.764 P = 0.068
	中型企业	28	11.70	28.80	21.5571	4.38004	
	大型企业	6	16.20	22.80	19.5000	2.59461	
企业生命周期	1960 年以前	9	16.80	28.80	22.8333	3.30832	F = 0.871 P = 0.459
	1960~1989 年	8	11.70	28.80	21.4500	5.06331	
	1990~1999 年	37	11.70	28.80	22.0622	4.57034	
	2000 年以后	40	14.10	28.80	23.4675	4.37360	

3. 企业法律规范与企业社会责任

关于企业制度性文化中的法律规范与企业社会责任履行是否存在相关性，通过相关分析，结果显示（见表6）：法律规范指数与企业维护员工权益指数、社区建设指数、社会责任管理指数和企业社会责任指数存在显著相关，相关系数分别为 0.651、0.306、0.308、0.630。其相伴概率均小于显著性水平 0.05。总体而言，企业法律规范与企业社会责任指数存在明显的正相关关系。企业法律规范指数越高，企业承担社会责任的情况越好。

表 6 法律规范与企业社会责任的关系

	维护员工权益	守法经营	环境保护	可持续发展	社区建设	社会责任管理	企业社会责任指数
相关系数	.651**	.171	.104	.201	.306**	.308**	.630**
相伴概率	.000	.122	.349	.068	.005	.005	.000

（二）社区建设目标与企业社会责任

社区关系是企业特别是民营企业目前最容易忽略的一种社会关系。千里之行始于足下，对于企业而言，其做大做强的"千里之行"就是从成功运作自己脚下的社区开始的。

社区是指企业所处的一定的区域。企业社区关系则是指企业与所在地政府、社团组织以及全体居民之间的睦邻关系，它是企业存在的自然根基，也是企业发展的社会根基。长期以来，民营企业由于有更"硬"的社会关系，或者将注意力全部投向了左右企业发展的市场，往往忽略了对社区关系的运作，从而使企业陷入莫名其妙的困境：邻居投诉噪声扰民，企业员工办不了暂住证、结婚证等使员工无法安心工作，一些地方甚至出现了当地居民堵住企业大门不准车辆进出的极端案例。这些预料不到的问题都能给企业带来原本可以避免的损失。

企业为了生存发展在市场上的攻城拔寨，实际上就是对一个个有形社区的占领。在美国市场日趋饱和的情况下，可口可乐公司的第二任董事长伍德鲁夫提出了一个惊人的设想，就是"要让全世界的人都喝上可口可乐"。为了打开国外市场，赢得各国民众的认可，伍德鲁夫制定了"当地主义"战略。他在当地投资建厂，招收当地的工人，在缓解当地就业压力和推动当地经济发展的同时，也轻松地赢得了当地人的认可。当地人也给予了可口可乐公司极大的支持和协助，为其创造了良好的发展环境。可口可乐就这样在攻下了一个个社区堡垒之后，完成了全球可乐王国的组建。[①]

由此看来，一个成功的企业，其与关联社区的关系必须是融洽和谐的。企业必须主动了解社区需要，有的放矢地积极参与社区的建设和活动。通常，企业需要向社区提供的可以分为这几类：为社区上缴稳定的税金、利润和各项费用、基金，扶持社区创办各项公益事业，为社区创造一个良好的生态环境和人文环境，为社区待业人员提供充足的就业机会和良好的教育，提高社区的知名度。

1. 社区建设目标的基本情况

为考察企业社区建设目标的情况，我们选取以下指标（见表7）。

表7 社区建设目标的具体考察指标

社区建设目标	权重	社区建设目标	权重
保护社区环境	4	捐资助学	3
投资社区公共设施	4	丰富社区居民文化娱乐生活	3
帮助社区解决就业问题	4	帮助员工建设好自己的家园	3
帮助社区弱势群体	4		

---

① 〔美〕菲利普·科特勒：《营销管理》，梅汝和等译，上海人民出版社，1999，第38页。

通过描述性分析，我们发现 100 家企业在社区建设目标方面的平均值为 5.41，最高值为 15（见表 8），这说明企业在社区建设目标的设定方面做得不够理想。在分指标中，只有保护社区环境这一项得分较高，平均值为 3.04。

表 8　企业社区建设目标的基本情况

	频数	最小值	最大值	均值	标准差
保护社区环境	100	0	4	3.04	0.429
投资社区公共设施	100	0	4	0.2	0.219
帮助社区解决就业问题	100	0	4	0.32	0.273
帮助社区弱势群体	100	0	4	0.68	0.378
捐资助学	100	0	3	0.84	0.451
丰富社区居民文化娱乐生活	100	0	3	0.09	0.171
帮助员工建设好自己的家园	100	0	3	0.24	0.273
社区建设目标	100	0	15.00	5.4100	3.44097

2. 不同属性企业的社区建设目标的差异性分析

进一步的分析显示（见表 9）：从单纯的描述性分析看，不同所有制结构的企业中，公有制控股企业在社区建设目标方面的平均得分最高，民营企业次之，外资企业最低。其中，最高分出现在外资企业中，最低分在三种所有制结构的企业中均有。不同规模的企业中，大型企业在社区建设目标方面的平均得分最高，小型企业次之，中型企业最低。其中，最高分出现在小型企业，最低分出现在小型企业和中型企业中。不同生命周期的企业中，1960~1989 年后成立的企业在社区建设目标方面的平均得分最高，1960 年以前成立的企业次之，第三为 2000 年以后成立的企业，1990~1999 年成立的企业最低。其中，最高分出现在 2000 年以后成立的企业中，最低分出现在 1990~1999 年和 2000 年以后成立的企业中。

但是，进一步的检验表明，所有制结构与社区建设目标的相伴概率 P 值显著度为 0.241 > 0.05，这说明不同所有制结构的企业在社区建设目标方面并没有差异；企业规模与社区建设目标的相伴概率 P 值显著度为 0.245 > 0.05，这说明不同规模的企业在社区建设目标方面没有差异；企业生命周期与社区建设目标的相伴概率 P 值显著度为 0.224 > 0.05，这说明不同生命周期的企业在社区建设目标方面也没有差异。

表 9　不同属性企业的社区建设目标的差异性

企业属性		频数	最小值	最大值	均值	标准差	
所有制结构	公有制控股企业	11	0	14	7	4.75395	F = 1.444 P = 0.241
	民营企业	60	0	14	5.3333	3.41317	
	外资企业	29	0	15	4.9655	2.83452	
企业规模	小型企业	66	0	15	5.3333	3.62187	F = 1.427 P = 0.245
	中型企业	28	0	12	5.1071	2.68520	
	大型企业	6	4	14	7.6667	4.27395	
企业生命周期	1960 年以前	9	4	14	6.5556	4.33333	F = 1.487 P = 0.224
	1960 ~ 1989 年	8	4	10	6.875	2.58775	
	1990 ~ 1999 年	37	0	14	4.6757	3.14514	
	2000 年以后	40	0	15	5.575	3.41856	

3. 社区建设目标与企业社会责任

关于企业制度性文化中的社区建设目标与企业社会责任履行是否存在相关性，通过相关分析，结果显示（见表10）：社区建设目标指数与企业维护员工权益指数、社区建设指数和企业社会责任指数存在显著相关，相关系数分别为 0.423、0.427、0.487，其相伴概率均小于显著性水平 0.05。总体而言，企业社区建设目标与企业社会责任指数存在显著的正相关关系，也就是说，社区建设目标设置好的企业在履行社会责任方面更积极主动。

表 10　社区建设目标与企业社会责任的关系

	维护员工权益	守法经营	环境保护	可持续发展	社区建设	社会责任管理	企业社会责任指数
相关系数	.423**	.049	.179	.124	.427**	.158	.487**
相伴概率	.000	.627	.075	.219	.000	.116	.000

（三）环境保护制度与企业社会责任

采取环境对策、消除环境影响是企业履行社会责任的重要组成部分。对一个承担着完整的环境责任的企业来说，它对自身的要求并不仅仅局限于不污染周边的环境。就大的方面而言，它在保障生产过程不危害环境的同时应当注重研发无害于环境和人体健康的产品，还应当注重资源（水、能源、原材料）的减量利用和循环利用，尽量降低废弃物的产生量；另外，它应当努力促使企业环境与周边自然环境相互融合，让人与自然的关系保持平衡和协调。在小的方面，它应鼓励员工使用公共交通工具、使用可再生办公用品、注意节水节电，这些看似琐碎的做法都是企业勇于承担环境责任的表现。更重要的是，一个具有环境责任感的企业家会时时叩问和展现自己的生态良心，尤其在其感到自己的产品有可能对环境造成损害的时候，会积极采取预防和补救措施。例如，法国的一家汽车生产企业为减少汽车尾气排放对大气的影响，专门出资1000万美元到巴西亚马孙森林遭到破坏的地区在5年之内种植了220万棵树木，因为重新生长的大面积森林可以吸收大气中过量的二氧化碳，从而减缓地球的温室效应。该企业把环保的目光不仅投向自己旗下的工厂的所在地，而且投向了全世界。这种战略性的决策既有利于社会的发展，又有利于企业自身的发展。[①]

1. 企业环保制度的基本情况

为考察企业环保制度的基本情况，我们选取以下指标（见表11）。

表11 企业环保制度的具体考察指标

企业环保制度	权重	企业环保制度	权重
制定较为健全的管理制度	3	有毒（害）气体排放点的登记手续	3
项目可行性报告中设有环境评估	3	制定废弃物回收再利用的办法	3
妥善处理生产过程中的有害废弃物	3	生产过程环保、健康、安全	2
有废水处理系统	3	采用环保材料	2
生活污水处理系统和环境部门污水排放许可证	3		

通过描述性分析，发现100家企业在环保制度方面的平均值为7.26，最高值为25（见表12），这说明企业在环保制度的规定方面做得不够理想。在分指标中，只有制定较为健全的管理制度和妥善处理生产过程中的有害废弃物这两项得分较高，平均值分别为1.98和1.53。

---

① 徐立青、严大中等编著《中小企业社会责任理论与实践》，科学出版社，2007。

表12 企业环保制度的基本情况

	频数	最小值	最大值	均值	标准差
制定较为健全的管理制度	100	0	3	1.98	0.476
项目可行性报告中设有环境评估	100	0	3	0.93	0.465
妥善处理生产过程中的有害废弃物	100	0	3	1.53	0.502
有废水处理系统	100	0	3	0.72	0.429
生活污水处理系统和环境部门污水排放许可证	100	0	3	0.42	0.349
有毒（害）气体排放点的登记手续	100	0	3	0.09	0.171
制定废弃物回收再利用的办法	100	0	3	0.51	0.378
生产过程环保、健康、安全	100	0	2	0.74	0.485
采用环保材料	100	0	2	0.34	0.378
企业环保制度	100	.00	25.00	7.2600	5.54981

2. 不同属性企业的环境保护制度的差异性分析

进一步的分析显示（见表13）：从单纯的描述性分析看，不同所有制结构的企业中，外资企业在环保制度方面的平均得分最高，其次为公有制控股企业，最后为民营企业；不同规模的企业中，大型企业在环保制度方面的平均得分最高，其次为中型企业，最后为小型企业；不同生命周期的企业中，1960年前成立的企业在环保制度方面的平均得分最高，其次为2000年以后成立的企业，第三为1960~1989年成立的企业，最后为1990~1999年成立的企业。进一步的检验表明，所有制结构与环保制度的相伴概率P值显著度为0.016<0.05，这说明不同所有制结构的企业在环保制度方面存在差异，公有制控股企业要好于外资企业和民营企业；企业规模与环保制度的相伴概率P值显著度为0.208>0.05，这说明不同规模的企业在环保制度方面没有差异；企业生命周期与环保制度的相伴概率P值显著度为0.66>0.05，这说明不同生命周期的企业在环保制度方面也没有差异。

表13 不同属性企业的环保制度的差异性

企业属性		频数	最小值	最大值	均值	标准差	
所有制结构	公有制控股企业	11	3	22	9.1818	6.83839	F=4.349 P=0.016
	民营企业	60	0	25	5.9667	4.28227	
	外资企业	29	0	23	9.2069	6.67821	
企业规模	小型企业	66	0	25	6.5606	5.19209	F=1.596 P=0.208
	中型企业	28	0	23	8.5	5.81505	
	大型企业	6	0	20	9.1667	7.57408	

续表

企业属性		频数	最小值	最大值	均值	标准差	
企业生命周期	1960年以前	9	3	22	9.5556	5.79032	F = 0.534 P = 0.66
	1960~1989年	8	3	16	7.125	5.33017	
	1990~1999年	37	0	25	6.9459	6.0688	
	2000年以后	40	0	23	7.375	5.11252	

3. 企业环境制度与企业社会责任

关于企业制度性文化中的环保制度与企业社会责任履行是否存在相关性，通过相关分析，结果显示（见表14）：环保制度指数与企业维护员工权益指数、环境保护指数、可持续发展指数、社区建设指数和企业社会责任指数存在显著相关性关系，相关系数分别为0.345、0.738、-0.309、0.228、0.462，其相伴概率均小于显著性水平0.05。总体而言，企业制度性文化中的环保制度指标与企业社会责任指数存在显著的正相关关系，也就是说，环保制度设置好的企业在履行社会责任方面更积极主动。结合前文的差异性分析，可以认为公有制控股企业在履行社会责任方面更积极主动。

表14 环保制度与企业社会责任的关系

	维护员工权益	守法经营	环境保护	可持续发展	社区建设	社会责任管理	企业社会责任指数
相关系数	.345**	.125	.738**	-.309**	.228*	.087	.462**
相伴概率	.000	.216	.000	.002	.023	.392	.000

三 结论

这一次我们试图重新回到马克斯·韦伯的那个经典命题，通过对调查的相关数据的检验，我们发现企业文化与企业的社会责任行为之间存在相关性关系。

我们选择从制度性文化立场来考察企业文化对企业社会责任行为的影响。制度性文化作为企业文化的显性部分，表现为企业关于社会责任的法制规定、社会福利与保障、社区发展责任与环境保护责任等具体内容。

制度性文化中关于企业的法制文化部分，由于企业之间的差异，各个企业的规定并不完全相同，例如在企业是否禁止使用童工的规定上，仍然有

17%的否定性选项，这在现实情况中就代表了部分企业仍然置国家法律于不顾而使用童工，这是违反社会责任的行为，在执行最低工资制度等方面也是如此。经过数据的检验，我们能够证明遵循相关法律规定和不遵循相关法律规定的企业的社会责任承担状况存在差异，遵循相关法律规定的企业经过检验在履行企业社会责任的问题上明显要积极主动一些。企业关于社会福利与保障的规定，例如义务助学、维护员工权益，这是企业内外社会责任的较好体现。企业保护社会福利，避免社会的消极影响，同时又为社会创造积极的利益，这正是企业社会价值的最好体现。企业参与社区建设的规定，是企业服务社会、造福一方原则的直接贯彻。环境构成企业生存与发展的基础，良好的周边环境，对企业发展无疑是一种先决的条件，而良好社区环境的创造，依赖于企业积极主动地了解社区需要，有的放矢地积极参与社区的建设和活动。

检验显示，社区建设正是企业社会责任的基本内容。环境保护，目前已经成为一个全球性的重大课题，是每一个公民义不容辞的责任。企业作为社会重要的载体，有义务为环保做出贡献，但是，我们仍然看到，在废水处理、废物回收利用等指标的检查中，仍然有部分企业未对此做出明确的规定，与企业执行法制规定一样，各企业在制定环保责任条例时也有差异，社会责任感的有无和强烈程度是不一样的。

参考文献

〔美〕菲利普·科特勒，1999，《营销管理》，梅汝和等译，上海：上海人民出版社。
徐立青、严大中等编著，2007，《中小企业社会责任理论与实践》，北京：科学出版社。

作者简介

唐名辉　男
联系方式：TMH675374@163.com

企业创新模式实证研究[*]

——沈阳机床 SNRC 系统集成创新模式

孟翔飞

摘　要：经济全球化时代的来临，将世界各个国家和地区的经济纳入了世界经济一体化。根据国家比较优势，在不同国家间进行产业转移是世界经济的一般规律。从发展中国家产业转移的经验看，发展中国家的产业承接并不是自发产生的，需要国家的核心企业来承担产业转移。沈阳机床（集团）有限责任公司作为大型国有企业，是装备制造行业的领头军，走过了从技术模仿和引进到自主创新的道路，必将担负起这一"传奇"的历史使命。

关键词：比较优势　沈阳机床　集成创新模式

一　引言——企业创新模式的提出

经济全球化时代的来临，将世界各个国家和地区的经济纳入了世界经济一体化。经济全球化浪潮下的国际产业转移成为发达国家调整产业结构、实现产业升级的重要手段，也是发展中国家利用后发优势缩小与发达国家差距的重要方式。各国政府只有紧紧把握产业全球化发展和演进的脉搏，并大力推进本国产业全球化及全球化发展中的结构优化，才能在走向经济全球化的

---

[*] 辽宁省软科学计划（JH4/01）项目。

过程中占据优势。

根据国家比较优势，在不同国家间进行产业转移是世界经济的一般规律，新兴工业化国家发挥后发优势，往往是产业转移的受益者。以集装箱制造、造船行业、港口机械为例，在经历欧美时代、日韩时代以后，中国也将成为制造业转移的目标国（见图1）。①

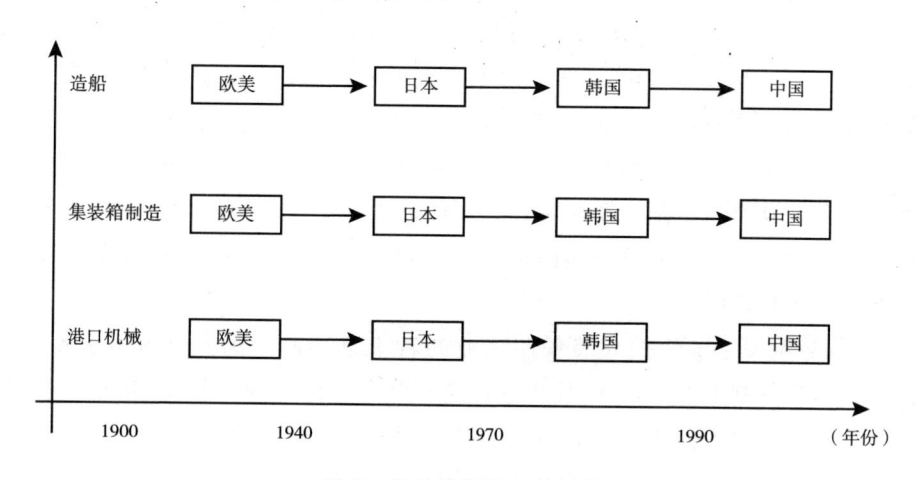

```
造船       欧美 → 日本 → 韩国 → 中国
集装箱制造  欧美 → 日本 → 韩国 → 中国
港口机械    欧美 → 日本 → 韩国 → 中国
         1900   1940   1970   1990   （年份）
```

图 1　产业转移的一般规律

资料来源：申银万国证券研究所。

迈克尔·波特认为，在全球化企业竞争愈演愈烈的今天，为什么有些企业具备国际竞争优势？其决定条件在于企业所处的国家能否在特定领域中创造或保持比较优势，这也是一个国家的竞争优势。产业竞争优势的创造与持续应该说是一个本土化的过程。竞争的成功更源自各个国家的经济结构、价值、文化、政治体制以及历史的差异。事实上，国家在全球化产业竞争中的角色不减反增。国家是企业最基本的竞争优势，原因是它创造并延续企业的竞争条件。国家不但影响企业所做的战略，也是持续生产与技术发展的核心。这就是在某些特定的产业中，有些国家的企业能比竞争对手有更好的战略的原因。②

从发展中国家产业转移的经验看，发展中国家的产业承接并不是自发产生的，需要国家的核心企业来承担。沈阳机床（集团）有限责任公司（以

---

① 申银万国证券研究所：《寻找下一个世界冠军——2020年的中国装备制造业》，http://wenku.baidu.com/view/e474ae0d4a7302768e993986.htm。
② 〔美〕迈克尔·波特：《国家竞争优势》，李明轩、邱如美译，华夏出版社，2002。

下简称沈阳机床）作为大型国有企业，是装备制造行业的领头军，走过了从技术模仿和引进到自主创新的道路，必将担负起书写这一"传奇"的历史使命。

装备制造业的发展是一个地区科技实力、创新能力以及工业实力的综合反映，是实现工业化、现代化的重要标志。振兴装备制造业是提高经济整体素质、增强经济发展后劲的迫切需要。中国装备制造业具备持续崛起的动力主要有三点原因：一是中国的产业转移正在经历着从低端产品（如重型设备）向高端产品（如航空航天设备）演变的过程；二是中国经济发展带来的内在旺盛需求，庞大的基础设施、日益重要的国家安全问题和对外贸易的急剧扩大将成为装备制造业超常规发展的动力；三是政策的大力扶持，韩国制造业的发展、空中客车公司的崛起都是政府扶持的结果，中国目前正在重演类似的产业发展历程。

《国务院关于加快振兴装备制造业的若干意见》（国发〔2006〕8号）针对我国装备制造业存在的不足与问题，提出的目标为：到2010年，发展一批有较强竞争力的大型装备制造企业集团，增强具有自主知识产权的重大技术装备的制造能力，基本满足国家经济建设重点领域及国防建设的需要。依靠区域优势，发挥产业集聚效应，形成若干具有特色和知名品牌的装备制造集中地。建设和完善一批具有国际先进水平的国家级重大技术装备工程中心，初步建立以企业为主体的技术创新体系。[1]

2006年，我国提出"建设创新型国家"战略，引起了学术界和企业界的密切关注，尤其是针对企业创新展开了一系列研究。现代意义上的创新（innovation），是由美籍奥地利经济学家约瑟夫·熊彼特（J. A. Schumpeter）最早提出的。他在1912年出版的《经济发展理论》的专著中提出，"创新就是生产函数的变动"[2]。在他提出的理论中，既包括技术创新，又包括市场创新，他还提出了组织创新。

1987年弗里曼提出国家创新系统理论，从而使创新理论上升到国家这一宏观层次。经济合作与发展组织（OECD）发表的《国家创新系统报告》指出，"创新是不同主体和机构间复杂的互相作用的结果。技术变革并不以一个完美的线性方式出现而是系统内部各要素之间的互相作用和

---

[1] 中华人民共和国中央人民政府：《国务院关于加快振兴装备制造业的若干意见》，http://www.gov.cn/jrzg/2006 - 06/28/content_ 322171. htm，2006。

[2] 〔美〕约瑟夫·熊彼特：《经济发展理论》，何畏等译，商务印书馆，1990，第7~14页。

反馈的结果。这一系统的核心是企业，是企业组织生产和创新、获取外部知识的方式。外部知识的主要来源则是别的企业、公共或私有的研究机构、大学和中介组织"[1]。因此，企业、科研机构和高校、中介机构是创新系统中的主体。国家创新系统的核心内容是科学技术知识在一国内部的循环流转。

目前，对创新系统的研究出现了若干学派，各自持有不同的观点。这些理论将创新提升到决定国家经济发展的高度，开创了研究多个创新主体相互作用的新局面。[2] 对于沈阳机床创新模式的研究，中国社会科学院工业经济研究所王欣等基于技术范式理论，分析了机床行业面临的创新环境，认为我国机床行业在金融危机下面临着新的历史选择：一方面，机床行业大型化、高精化、高速化、智能化的进程刻不容缓；另一方面，核心技术突破已经成为不容回避的问题。他们采用"环境－战略－能力"分析框架，以沈阳机床为研究案例，揭示了沈阳机床"核心突破、协同创新和能力提升"这一具有中国特色的企业自主创新战略模式。[3]

沈阳理工大学蔡锐[4]提出了沈阳机床的成功源自基于"动态能力"的核心竞争力的构建，它存在于沈阳机床的组织和管理中。动态能力强调两方面的内容：一是不断变化的环境，二是新知识的积累。动态能力是企业获得竞争优势的重要来源。只有那些具有较强动态能力的企业才能够使其资源和能力随时间的变化而变化，不断抓住市场机会创造新的竞争优势。沈阳机床在经过20世纪80年代的学习模仿、90年代的技术引进、21世纪之初的集成创新之后，依靠开放式自主创新，加大研发投入，实现了沈阳机床整体的新跨越。

本课题组通过对沈阳机床的一系列实地研究及在对前人相关研究归纳总结的基础上，提出了"SNRC集成创新"的沈阳机床模式。沈阳机床的创新理念发生了转换，由技术创新到市场创新，对于企业的生存及发展来说需求远远高于技术，创新要以市场需求为导向。

---

[1] 赵黎明、冷晓明等：《城市创新系统》，天津大学出版社，1989，第2~22页。
[2] 郑贵斌：《创新的理论渊源、发展轨迹及其启示》，《创新》2007年第1期，第34~35页。
[3] 王欣：《"国际金融危机与中国企业发展"学术研讨会暨中国企业管理研究会2009年年会观点综述》，《经济管理》2009年第11期。
[4] 沈阳理工大学蔡锐副教授是本次课题的参与者，其前期对于沈阳机床模式的研究为本课题提供了研究基础。基金项目：辽宁省中青年哲学社会科学人才培养工程委托重点课题——"辽宁老工业基地全面振兴中若干成功模式研究"。

二 沈阳机床创新模式——SNRC系统集成创新模式

(一) 集成创新理论的研究

限于文献检索的制约,我们不能确定集成创新理论第一人。但从集成创新的机理来看,将系统论、协同论运用于创新管理领域的理论就已经具有了集成创新的基本含义。

1. 中国学者对集成创新的研究

1997年,李宝山对"集成管理创新"进行了研究。[①] 1998年又在《集成管理——高科技时代的管理创新》一书中对集成创新做了进一步的阐述,强调集成创新是创新要素的一种创造性的融合过程,并从哲学角度揭示了集成创新的对象、过程与动力等机理。[②] 1998年,有关专家在研究国家创新体系时,认为"创新系统各要素间相互作用的集成体系"构成国家创新体系。[③] 1999年,又有专家对"创新行为的融合与协同"进行了研究。[④] 2000年,江辉和陈劲提出集成创新是技术集成加知识集成加组织集成的概念,分析了企业利用何种集成手段才能达到快速形成创新机制的目的,同时设计了企业集成创新的评价指标体系。[⑤] 同年,许庆瑞提出基于核心能力的组合创新概念,其核心是产品与工艺创新,外围是体制、文化与组织创新。[⑥]

集成创新的提法已出现,很快进入我国的创新实践。徐冠华提出要"加强相关技术的配套集成与创新"。[⑦] 路甬祥提出:"当今时代更需要的是面向战略需求的技术集成创新"。[⑧] 科技部提出集成创新的核心是加速人才培养,推动体制创新,促进创新资源的高效、合理分配,强化协同创新,形成创新的强大合力。至此,集成创新理论和思路开始走向应用,并日益成为

[①] 李宝山:《集成管理创新》,《世界经济文汇》特刊,1997。
[②] 李宝山、刘志伟:《集成管理——高科技时代的管理创新》,中国人民大学出版社,1998,第11~84页。
[③] 石定寰、柳卸林:《建设我国国家创新体系的构想》,《中国科技论坛》1998年第5期。
[④] 李正风、曾国屏:《中国创新系统研究》,山东教育出版社,1999,第122~245页。
[⑤] 江辉、陈劲:《集成创新:一类新的创新模式》,《科研管理》2000年第5期。
[⑥] 许庆瑞等:《中国企业技术创新——基于核心能力的组合创新》,《管理工程学报》2000年第S1期。
[⑦] 徐冠华:《当代科技发展趋势和我国的对策》,《中国软科学》2002年第5期。
[⑧] 江世亮:《百年创新话规律——路甬祥院士谈世界科技创新活动的规律》,《世界科学》2001年第9期。

企业、地区、政府部门或重大建设工程的指导思想和智力支持。

2. 外国学者对集成创新的研究

1985年，德鲁克在《创新与企业家精神》一书中指出，创新既然是生产要素的重新组合，就不仅指科技，也指管理、营销等。美国的新经济本质上是创新型经济。这种创新型经济既包含技术创新，也包含观念创新，还包含制度、行为、组织等运行模式的创新。这些论述已经具有了创新是综合性、集成性的思想。1986年，罗森伯格（Rosenberg）和克莱茵（S. Kline）提出了创新链环模型，显示出创新是多种因素交互作用的过程，表明了创新过程的动态化、集成化和综合化。[①] 1987年，弗里曼（Freeman）在首次研究国家创新系统时认为，技术创新及与其对应的组织创新、制度创新在国家框架内的集成是国家创新概念的重要组成部分。[②] 1997年，玖·笛德（Joe Tidd）、约翰·本珊特（John Bessant）和凯思·帕维特（Keith Pavitt）在《创新管理——技术、市场与组织变革的集成》一书中将市场、技术及组织变革管理进行整合，建立了完整统一的理论框架，分析了创新管理的集成方法。1998年，亚斯笛（Iansiti）在《技术集成：动态世界的关键决策》一书中将集成概念应用于创新管理领域，认为技术集成管理将更加有能力应付不连续的技术创新。在技术高速发展、市场日趋复杂的高科技领域，对技术和市场变化的快速反应、积极适应、主动影响已成为企业生存发展的必需能力。技术集成的实践正是构建这一能力的基石。[③] 1999年，在英特尔工作的米勒（Miller）等人揭示了发达国家一些公司的"融合创新"特征，即将不同学科的知识进行集成而实现创新。这种全新的机制确保了不连续和跨越创新的实现。[④]

学者们认识到了集成创新是应对实践挑战的新的创新模式。很多学者注重各种案例的分析与总结，将集成创新的研究进一步引向深入。伯斯特（Best）在《新的竞争优势——美国工业的复兴》一书中通过对美国工业的分析，认为美国工业新的竞争优势所在是建立起将基础研究与市场需求紧密

---

① 李正风、曾国屏：《走向跨国创新系统》，山东教育出版社，2001，第7～16页。
② Freeman, C. 1987. *Technology Policy and Economic Performance: Lessons from Japan*. London: Printer.
③ Iansiti, M. 1998. *Techonlogy Integration: Making Critical Choices in a Dynamic World*. Boston: HBS Press.
④ Miller, Willian & Langdon Morris. 1999. *Fourth Generation R&D: Managing Knowledge, Technology and Innovation*. New York: John Wiley & Sons.

联系在一起的网络集成创新制造系统，这样既能促进自身能力的快速发展，也能推动区域整体创新能力的提升。①

基于以上国内外学者的研究，本文所界定的集成创新是指创新的融合，这种融合利用并行的方法把企业创新生命周期不同阶段、流程以及不同创新主体的创新能力、创新实践、创新流程和竞争力集成在一起，从而形成能够产生新的核心竞争力的创新方式。集成创新涉及技术、知识、战略、组织层面，区别于单一的技术集成、知识集成、战略集成和组织集成，即超越了传统的企业边界，要求考虑产品、生产流程、创新流程、技术和商业战略、产业网络结构和市场创新的集成。集成创新是组织建立新财富的高效途径。总之，集成创新已被普遍认为是知识经济时代，企业或区域创新发展的动力和路径选择。

（二）SNRC 系统集成创新模式

复旦大学的杨锐通过对产业集群创新的反思，认为集群创新是企业创新"微观过程"植入集群网络"中观结构"的组织间动态学习过程。按照这一逻辑，提出了分析集群创新的 NRC 框架（如图2），即网络－资源－能力。

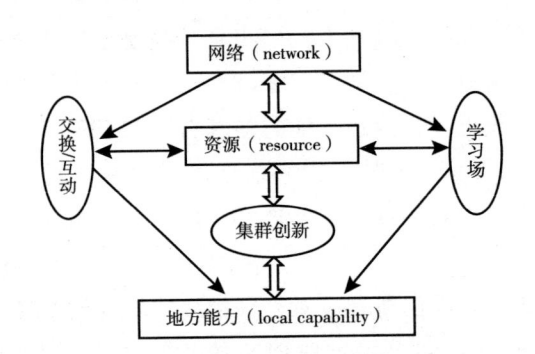

图 2　集群创新的 NRC 框架

（1）网络（network）。产业集群作为一种网络组织，其生产力的增进与竞争的持续，都是在这些企业网络互动中进行的。网络的互动联结有两个功能行为：一是主体间的"交换"（exchange）行为，这是一种目的性互动；二是主体间的"协调"（coordinate）行为，这是一种表达性互动，以期达到

---

① Best, Michael H. 2001. *The New Competitive Advantage: The Renewal of American Industry*. New York: Oxford University Press.

具有相似的行动特征或互惠的行动期望，实现可转移资源的高效配置。

（2）资源（resource）。资源是物质或符号物品，在全球化和分工日益深化的经济体系中，它兼具全球性流动和特定区位指向的双重特征。

（3）能力（capability）。这里强调的是地方能力。它是一个能力组合，是基于产业所在地区的特质和产品生产知识的复杂性所建立起来的能力，是一个地理尺度上的概念。地方能力是产业集群创新发展的核心力量，其质量、动态演进特征都直接影响着地方产业集群升级的方向和速度。[①]

集群创新的 NRC 模型基本上能够反映产业集群发展的实际情况，但是，对于单个创新型企业来说，这种模型的解释则不具有广泛的运用价值，缺乏一定的解释力。在 NRC 模型的基础上，我们提出了 SNRC 系统集成创新模式（如图3）。

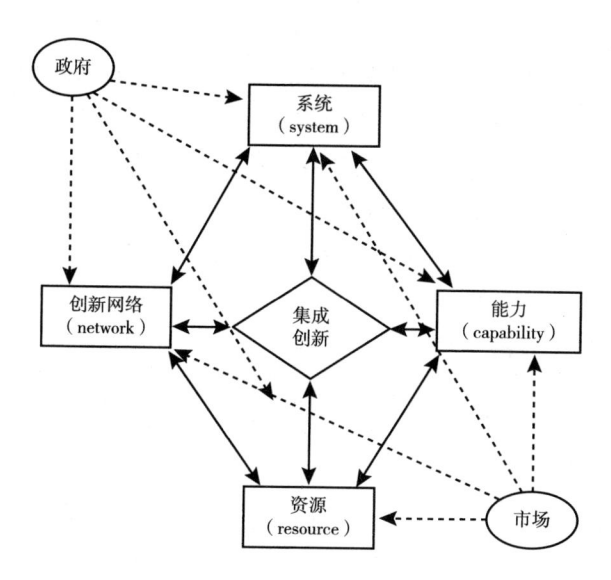

图3　SNRC 系统集成创新模式

企业创新活动应该是一个集成创新，而不是单项创新。只有形成统一的整体，这个企业在市场当中的竞争力才能凸显出来。只注重技术创新或管理创新、经营模式的创新，而未将这些因素整合成一个系统推行创新，事实证明很多企业都失败了。集成创新不仅是企业保持核心竞争力的关键所在，更

[①] 杨锐：《产业集群创新的 NRC 分析框架——三个案例的比较分析》，《科学学研究》2010年第4期，第 606~607 页。

是企业获取长期利润的源泉。

这一模式突出强调了系统（system）的概念，尤其是经济社会环境系统，没有这个开放的系统，任何创新都是昙花一现。也就是说不能只盯着企业自身的创新，没有外部环境的支持，这样企业创新就很难推进。沈阳机床的创新发展就是因为有国家战略的装备制造业发展规划、东北老工业基地的振兴等国家政策（外部环境）支持。最主要的是市场环境。中国市场对机床行业的需求，如汽车、航空等行业的发展对装备制造业的需求，推动了机床行业的发展，企业创新最终的驱动力源于市场。

这一模式突破了网络（network）的概念，将产业集群的网络组织应用到企业的个体集成创新活动，强调企业内部的技术研发、产品研发以及供应链的网络化发展模式，形成开放式、协同式和战略合作式的互动网络。

这一模式沿用了资源（resource）的概念，为了实现创新，一是要不断夯实自身的知识基础、更新知识结构；二是要不断与相关资源拥有主体建立不同形式的网络联结，实现自身知识的动态更新，控制战略资源。在本文的分析框架中，不仅强调网络中的资源能不断被创造，而且强调所创造的资源能够有效地被转移。

这一模式拓展了能力（capability）的概念，强调能力是企业家创新决策能力、技术研发能力、市场服务能力、组织运作能力、质量管理能力、国际联结能力等各项能力的整合（如图4）。

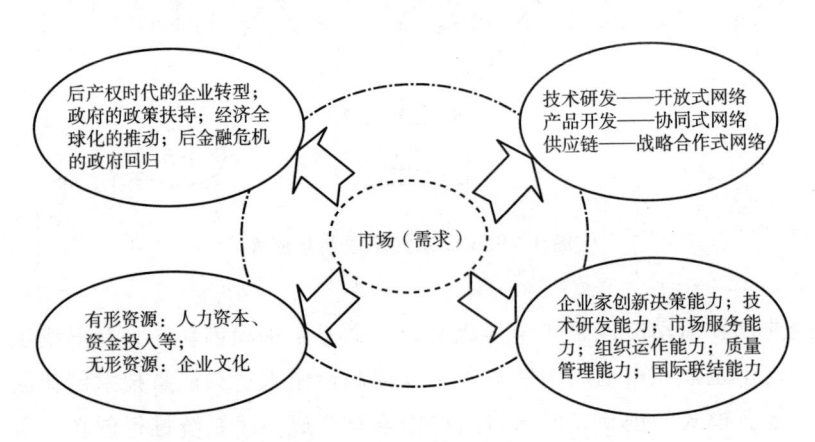

图4　以市场需求为导向的 SNRC 集成创新模式

对于国有企业创新来说，要真正搞好国有企业的改革，除了要认真搞好国企产权制度的创新以外，必须同时搞好企业经营者制度的创新及与其相适应的激励问题和约束问题。因为企业经营者是构建"基于动态能力的核心竞争力"的有力推进者。国有企业的现代产权制度建立后，投资者与企业的关系是股东与企业的关系，而投资者与管理者则是委托与代理的关系，为了规范管理者的行为、维护委托方的利益，要从根本上考虑，建立有效的激励机制、约束机制和监控机制，完善企业法人治理结构，促使管理者的利益目标与企业的目标相统一，自觉地为股东利益最大化服务。

从我国当前现实出发，要真正搞好国有企业经营者制度的创新，较快建立起一套对经营者既有激励又有约束的机制，应尽快建立一个比较完善的经营者市场。经营者特别是优秀的经营者，即一般所说的企业家，在我国是一种很稀缺的资源。在市场经济条件下，资源配置包括经营者资源的配置，都必须坚持以市场为基础。因此，要搞好国有企业经营者制度的创新，首先必须培育和建立起一个有利于经营者优化配置的市场。否则，不仅没有一个职业企业家队伍成长和企业所有者采取开放式办法选择经营者的环境，而且对经营者激励机制与约束机制的建立也缺乏一种有效的衡量标准。此外，还要正确处理国有企业经营者聘任制与党管干部原则的关系。要合理确定经营者享受较高激励待遇的人员范围和报酬水平。要建立起科学的公司法人治理结构，从制度上强化所有者对经营者的有效约束问题。这不仅是公司制企业能否正常运转的核心，也是企业经营者制度创新能否取得应有成效的关键所在。

三 后"工厂制"时代的企业转型——企业创新的制度基础

1985年，日本东京大学著名理论经济学家小宫隆太郎在对中日两国的企业做了细致的对比研究以后，得出了一个惊人的结论："我的印象是，中国不存在企业，或者几乎不存在企业。"[①] 这一结论在中国的经济学界引起了热烈的讨论。

在计划经济时期，"企业"的特征是由传统社会主义经济体制的内在逻辑所决定的，中国采用了苏联模式。在传统体制下，整个社会变成一个大工厂，这个大工厂按层级制原则组织起来，作为基层单位的"企业"，只是一个工厂或商店，是上级行政管理机关的附属物，按上级的指令进行生产，由

---

① 〔日〕小宫隆太郎：《竞争的市场机制和企业的作用》，吴家俊、汪海波编《经济理论与经济政策》，经济管理出版社，1986，第328~379页。

国家统负盈亏，无任何经营自主权。这一时期不存在真正意义上的企业，没有市场、经营、效益的概念。工厂只是强于制造，可是面对市场竞争的时候，企业最重要的是研发、销售，而工厂不具备这种竞争力。

计划经济模式把整个国民经济有机整体划分为若干个条条块块，资源的流动被限定在条块内部。条块间的资源流动必须在中央政府的介入下方可实施，因而交易成本巨大，官僚主义严重，否定群众的个性和人性，抹杀了其创造性。

计划经济的这些弊端可以归结为两个方面的原因：一是计划经济缺乏有效的运作机制。计划经济看起来突出计划，实际上最缺乏有效的经济计划，经济活动的主观色彩十分浓重，造成了资源和财富的极大浪费。二是缺乏明晰的产权制度和完善的公司治理结构，人为地造成了激励不相容和责任不对称等问题，压抑了人们从事经济活动的创造性和创新意识。

随着现代企业制度的不断完善，尤其是具有充分信息特征的公平竞争环境的不断形成，国有企业逐渐走出了"工厂制"的怪圈，摆脱了"预算软约束"的魔咒，最终成为"自主经营、自负盈亏、自我发展"的市场经济主体，为管理创新奠定了坚实的制度基础。

沈阳机床现任董事长关锡友亲身经历了国有企业改革的所有过程，用他的话说"我个人的经历和我们企业的命运是密切关联的"。他有感而发，提出这样一种观点：在转型时期，国有企业的通病是"工厂制"造成的，而不是所有制造成的。走出"工厂制"，建立、完善充足信息前提下的现代企业制度是企业创新的基础。

我是1988年毕业，当了5年的车间技术员、5年车间主任、5年中捷厂的厂长、5年集团总经理，两年前（2008年）接任董事长一职。

我在1998年接的中捷厂，是辽宁省最年轻的一个万人企业的厂长。当时半年没开工资，破产了。可是我入厂的时候很辉煌，我记得很清楚，今天分鸡蛋，明天分鱼，后天分苹果的，可后来工资就开不出来了。我拿着账本一看，22个账户加起来不到5000元钱。我身在其中都不知道为什么发生了这个问题。从表面看是什么原因造成的呢？市场需要的产品，我们做不（出）来或者没有，我们所生产的产品市场不需要，这是产品本身的表象。深层次挖掘是什么原因？就是企业没有创新活动，产品要求开发，经营要求转型。根本原因就是我国在计划经济体制下，根本不存在企业，只是工厂，我现在还给很多企业定义成为工厂，而不是公司。工厂是强于制造，可是面对市场竞争的时候，企业最重要的是研发、销售，而工厂没有。

那时候，我们设计队伍中一个本科学历都没有，财务人员体系中一个科班出身的也没有。因为不需要这些，国家拨的物资，你制造，然后国家再调拨。为什么创新活动不够？时至今日，我们还有三个大的产品，Z3040、TPS619、CA6140，这三个产品我们连续生产了50年，这都是祖辈创造的。显然，从产品结构讲，因为没有东西填补它们，产品表象的背后就是研发等等的不足。产品研发最终的驱动力是来源于市场，即客户需要的市场。可是那个时候，在1988年，中捷厂没有销售员，也没有市场经理，所以那时候是纯工厂制企业。在转型期的时候，大家就把这种弊病归结为国有企业的通病，我说这绝对是错误的。这个通病是什么？是原来工厂制造成的，不是所有制造成的。（访沈阳机床董事长关锡友）

四 市场化和全球化压力下的企业转型

（一）企业管理转型——国有企业如何成为赢家

在南京第六届中国数控机床展上，沈阳机床拿到近8亿元的订单，成为此次展会上的最大赢家。沈阳机床高调推出了自主研发达十年之久的"新五类"产品，即新镗床、新CAK、新立加、新卧加、新数控立车。"'新五类'产品的推出，是沈阳机床在进行新一轮结构调整中的一次产品革命。"沈阳机床董事长关锡友说，以此为标志，沈阳机床开始全面向国际中高档机床领域进军。

据了解，在"新五类"产品中，26%用于汽车制造，32%用于大型通用专有机械，12%支撑能源产业，13%配套交通产业。目前，沈阳机床70%的产品全面支撑中国重大装备制造业。[①]

企业要在国际竞技场中获胜，它的竞争优势不外是以较低的生产成本或与众不同的产品特性来取得最佳价格。企业要想持续这种竞争优势，就必须日复一日地提供高质量的产品或服务，或提高生产效率，这些努力都将直接

[①] 傅淞岩：《南京机床展沈阳机床收获近8亿元订单》，2010年4月19日，http://www.ca800.com/news/html/2010-4-19/n114896_0.html。

转换成生产力的成长。

企业的经营理念要由技术型、制造能力型向创意型、技术服务型转变；由关注成本控制的产品经营，向关注赢利模式的产品经营、资本经营、品牌经营一体化转变；由突出制造优势、产品优势，以自我为主的组织与管理，向突出资本优势、模式优势，以客户为中心的组织与管理转变；集成公司的"硬实力"与"软实力"，形成具有极大市场获得能力的商业模式。

在沈阳机床今后的五年规划中，产品结构调整成为重中之重。逐步淘汰附加值极低的普通机床；通过对产品重新设计，包括外观设计和结构的优化，大力提高中端产品的竞争能力，推出新五类产品入市；"软""硬"并重，将个性化设计和控制技术结合，在高端市场寻求突破。

沈阳机床成为机床行业的"金属切削专家"，从只卖产品，到卖解决方案，最终卖客户体验，这一切的实现，关键在于重新构造产业价值链。

关锡友说："我们正在推动企业的整体转型，由以工厂制造为核心转变为以品牌、市场、销售和研发为核心。这需要进行企业内部组织变革，使客户真正成为我们的上帝，使营销人员和服务人员成为企业的主角。微笑曲线的两端（见图5）：研发与营销都是高附加值的，都应该以市场为导向，否则何谈赢利。研发的真正含义是利用现有的一切要素重新组合成一个产品，从而带来一个市场，创造新的价值。"

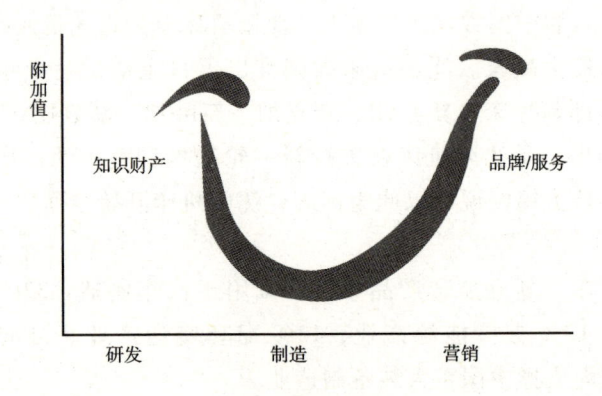

图5 微笑曲线

说明：重要科技业者宏碁集团创办人施振荣先生，在1992年为"再造宏碁"提出了有名的"微笑曲线"（smiling curve）理论，以作为宏碁的策略方向。经历了十多年以迄今日，施振荣先生将"微笑曲线"加以修正，推出了所谓施氏"产业微笑曲线"，作为台湾地区各种产业的中长期发展策略之方向。

只有通过合作与分享才能用最短的时间实现最快的积累，别无他途。产业之间必须紧密地合作，着重打造一个工业体系。

为振兴东北老工业基地做出贡献是沈阳机床的历史使命。关锡友认为，振兴机床制造业必须挖掘企业内在动力，以机制创新为突破口，充分调动人的积极性，最大限度地释放国企快速发展的潜能。2002年，沈阳机床对企业组织机构、分配用工制度进行了大刀阔斧的改革。所属企业减少管理部门89个，平均压缩46%；中层以上干部减少58%，在干部制度、用工制度和分配制度三项制度改革方面，建立了员工全员考核退出体系，推行末位淘汰制，干部淘汰率10%以上，员工淘汰率6%以上。在沈阳机床，拥有200多人的工厂技术部，共淘汰了26名技术人员。与此同时，为吸引人才，沈阳机床规定本科毕业生月薪底线为4000元，研究生月薪底线为5000元。目前，清华大学、东北大学、吉林大学、大连理工大学等一批名牌院校的本科生、研究生纷纷被吸引至沈阳机床。国家科技部专家组到沈阳机床考察，在该厂装配车间视板上，专家发现一名装配工的月收入达7000元，他不信，直到与那名员工见面交谈后才消除了怀疑。如今，"不患寡而患不均"的"楚河汉界"早已被打破，"上岗靠竞争，提升靠业绩，收入靠贡献"已经成为一种理念被员工普遍认同。

沈阳机床以机制创新为突破口，把调动人员的积极性作为办好企业的切入点，大刀阔斧地进行了干部制度、用工制度和分配制度三项制度改革。在干部队伍建设上，集团管理部门从原来的20多个精简到9个，设立"八部一室"，车间以上部门只设一名中层干部，实行单一首长负责制，彻底改变了从前工作中多头管理、互相推诿扯皮的现象，使沈阳机床形成了一支团结、高效、充满活力的经营者团队。2005年，企业人均销售收入超过45万元，与2000年相比提高了20倍。

（二）企业文化转型——培养员工忠诚度

为什么某一个国家的企业能在特定产业中胜过其国外竞争对手？国际竞争通常包括出口与经营海外子公司，我们在此特别看重在以高科技与高水平人力资源为主的精密产业中的成功例子，高科技以及高水平的人力资源，正是提供国家生产力持续成长或激发高生产力潜能的两大因素。

沈阳机床董事长关锡友提出：我们务必创造出一种文化和制度，使用户的命令成为员工自觉行动的一种行为。"承诺千遍给客户，不如员工一个行动感动客户"，这就存在一个企业文化转型的问题。

关锡友曾说过："某一个单一产品的开发是否成功,一点都不重要,重要的是过程。过程当中会锻炼队伍和出现一些基础共性技术。这个技术在人的掌握下,繁衍到了其他产品身上,从而使整个产品体系出现整体的提高。"企业要给予创新型科技人才足够的信任,不能单纯以某个项目或者某个产品的成败与否来评价他们。要在研发中给创新型科技人才以信任感、归属感、使命感和成就感,培养他们对企业、对事业的忠诚度。

1. 系统立体式的人才培养机制

沈阳机床本着"任人唯贤,人尽其才,才尽其用"的用人原则,从人员招聘,到人员培养和评价,直至人员的去留,建立长效机制管理,一是打破资金怪圈,深刻把握人才能创造更多的价值这一关键点,形成以经营人才为中心的经营理念;二是跳出鸡和蛋的争论,全力打造适宜的人才培养和人才发展平台,为人才脱颖而出创造条件;三是解决叶公好龙的问题,要真正树立求贤若渴、真正爱惜人才的理念。沈阳机床主要从以下四个方面开展计划。

(1)培养造就领域专家:依托国家技术中心建设和重大科研项目的开展,聚集和培养人才,培养造就一批具有世界前沿水平的技术领域专家。着重实施人才培养计划,建立专项基金,资助业务尖子和技术骨干从事专业技术研究,使之成为技术领域专家。

(2)建立培养青年科技人员的成长环境:破除项目课题管理和专业技术职务聘任中的论资排辈现象,为培养青年科技人员提供良好的机会和条件,定期组织青年学术研讨会,构建青年科技人员培养体系,努力形成优秀青年科技人员和老技术专家协力研发的局面,继续发挥老专家的传、帮、带作用。

(3)建立完善的人才管理制度:结合企业内部人事管理制度,建立专业技术人才评价机制,制定专业技术职务聘任制度,完善奖惩机制,鼓励优秀人才的同时,也要督促表现较差的人员。从政策上保证人才发展道路的多样性,而且要保证齐头并进。

(4)建设社会化的技术队伍:与国内外高校院所深入开展交流合作,将高校院所取得的科研成果在企业实验室中进行工程转化,通过设立实验室开放基金课题的形式,资助国内外高校院所担任客座研究人员来企业实验室工作。为建立长期合作关系、共同完成实验室承担的课题和争取其他重大课题创造条件。

2. 全方位开放式人才激励机制

（1）薪酬的特殊保护：在薪酬制度上，实行以岗定薪、多劳多得，区分各类人员进行薪酬定位，等级细分，对各类人员单独定薪。同时，对于科技人才的薪酬实行特殊保护。一是规定各类专业人才的收入要高于集团核心企业人均年工资。二是对有特殊贡献的人才实行专项奖励。三是对于特殊人才实行协议工资制。在企业内部实行车间、部室、项目组工资二次分配。

沈阳机床技术队伍的薪酬体系独立于其他队伍的薪酬体系，具体分为三部分。第一部分，月基本薪酬，由基本工资和保险构成。第二部分，技术津贴，是企业内部专家体系成员的薪酬组成部分。在对技术员工的工作年限和贡献进行评价后，设置专家级别。技术津贴加上月基本薪酬，构成技术委员会成员和技术专家成员的薪酬。第三部分，科技项目奖励。通过企业内部的技术管理部门，每年立项进行项目管理。根据规定，在项目完成后会对项目组成员分配奖金。相反，如果项目完不成，则要进行相应的惩罚。

（2）项目的智力价值：实行项目评审机制。对于重点研究开发及实验项目按照"公正、公平、公开"的原则实行公开招标，对于通过论证并获准立项的研究项目，实行项目组长负责制。对于高质量完成的课题给予奖励，对于未按计划完成的课题予以处罚。

充分尊重研究开发人员的智力价值，对取得突出贡献的科研人员予以重奖，使个人利益与实验室的发展紧密联系起来，最大限度地发挥每一位实验研究人员的主观能动性和创造能力。

（3）荣誉的力量：沈阳机床坚持把营造一种以人为本，尊重劳动、尊重知识、尊重人才、尊重创造的宽松开放的人文环境，作为吸引人才、留住人才、用好人才的法宝，努力使各类人才创业有机会、干事有舞台、发展有空间。一是为干部搭建干事的舞台。坚持德才兼备、打铁还需自身硬，以及细、严、实的工作作风和责、权、利相统一的干部队伍建设三原则，制定了加强干部作风建设的"十条规定"和"公正廉明，言必信、行必果，真做而不是假做，身体力行、率先垂范"的四项基本要求，在干部队伍中形成了浓厚的、积极向上的发展正气。二是为广大员工提供做贡献的平台。坚持任人唯贤原则，近几年来广泛从社会招聘有真才实学的人才到企业任职。三是为广大共产党员和劳动模范等特殊人才创造发展的空间。沈阳机床把他们作为企业的宝贵财富，通过开展"共产党员工程"活动，充分发挥其先锋模范作用。

（4）前瞻性的员工培训策略：2008年沈阳机床有针对性地加大了对在

职员工的培训力度，与大连理工大学合作开办的工程硕士班，吸收沈阳机床40名技术骨干，并聘请了大连理工大学优秀专业课教师授课，所需费用由总公司和各个子公司共同负担，对于毕业考试合格者授予国家承认的工程硕士学位。

（三）谁来领导这场"战争"——企业家精神

沈阳机床董事长关锡友指出，如果企业的产品卖不出去，主要责任在管理者，而不是职工。"你们有各自的本职工作，企业整体经营不好，主要责任在我，而不在你们。"他说：

> 一个企业的成功，或者说世界知名企业，肯定有其成功的根本原因。首先就是企业家的追求，这必须得有。即便是各种所有制企业，如果没有这种追求是不可能成功的。在制度变革、流程变革以及我们供应商集成再造的这个过程，我个人面临多大的风险，在中捷最激烈的时候，我面临的情况就是当着我的面，一刀把手指头剁掉了。
>
> 如果主要领导者没有这个追求，你就没有办法做。我承认，我非常承认，有权力的社会，有权力者就有既得利益。可是，你的度如何把握？你的原则如何把握？尽管有很多制度规定，但要没有远大理想和追求，就找不到了。咱们可以总结世界这些企业。在省里开会，他们就说我们（沈阳机床）要成为 GE、西门子等等，我就说不可能。因为世界知名的学习榜样——GE、西门子、微软，二百年来世界上就出来了三个人：爱迪生、西门子、比尔·盖茨，都是世界伟大的发明家。人家的理想信念和我们不一样，我们的理想信念是多挣钱，人家不是。所以在经理层年会上，说如果做到世界第一，我就做了一个报告叫"登峰"。第一段就写了西门子年轻时的雄心和壮志，就是"我建立这个企业，这是我一生的追求"。可是咱们都想拿钱就拉倒。管理者应该知道企业背后的社会责任才是对的。

"企业家"是对一种功能的描述，无论是企业的决策层，还是战略管理者，当他们在识别和完成新的资产整合时，他们的行为就反映了一种企业家能力。因此，企业家能力是一种识别、发展、完善企业现有资产或者新的资产构成的整合的能力。企业家能力所表现出来的直接结果就是产生出从未存在的稀缺性资源。

稀缺性资源的产生过程就是创新过程。因此，企业家最本质的特征就是创新。它体现在利用某种从未有过的新技术生产出某种新产品或是用某种新的工艺生产更高质量的老产品；能打开新的资源供应渠道或者产品的新销路；能适时实现产业要素的重组等。熊彼特把新组合或创新的实现机制称为企业，把以实现新组合为基本职能的人称为"企业家"。企业是创新的主体，而创新主要来自有创造性的企业家。"企业家"是企业的异质性资源，企业拥有的资产、技能和能力本身并不能给企业带来经济利润，是高层管理者将现有资产、技能和能力进行整合，形成核心竞争力，且根据市场的变化不断调节经营理念，从而为企业带来效益。

沈阳机床的成功，离不开企业家能力的发挥。董事长关锡友作为沈阳机床的决策者和战略管理者，是沈阳机床潜在赢利机会的掌握者和最能动的创新主体因素，是沈阳机床的塑造主体。他通过开展一系列的创新活动，如三项制度的改革、精益生产的实施、创新网络的构建以及经营模式的革新等，打破旧传统，引用新技术，开拓新市场，创立新组织，实现了沈阳机床"生产要素的重新组合"，最终形成了沈阳机床的稀缺性资源——核心竞争力。企业家创新是企业发展的"原动力"。

沈阳机床董事长关锡友对领导者应具备的要素有着独到的见解。

未来，公司经营管理就是我们的管理层靠一种理念的推进来影响员工奔向公司的未来，所以在奔向公司未来的过程当中，几个核心词极其重要。第一，团队。一定要强调团队的作用，不是某个人的作用，任何一个组织，如果依赖某一个人的时候，就是这个组织最悲哀的时候。第二，理想。要想带领员工奔向公司战略目标或者完成战略目标的使命，必须要有一批具备远大理想和抱负的人，这种理想和抱负就是要把自己的利益放在次要的地位，没有这样的追求，我们就没有资格或不能带领我们的员工奔向公司战略目标。这种理想与抱负实现的时候是对人生价值的最高体现，它比金钱要重要。第三，信念。一旦认定了这个方向，就要坚定不移、百折不挠地向前发展。第四，胸怀。要完成重要的历史使命，必须要有广阔的胸怀。作为领导者，必须要有广阔的胸怀，即包容多样、容纳多样的胸怀，这种胸怀就是要容纳和原谅属下犯错误。管理层要善于思考、善于学习。第五，德、才、勤、能，是一个合格领导者的四大要素。德是第一位，没有德，再有才，赋予的权力越大，对组织的破坏力就越大。

(1) 勤。大家更多地将"勤"看作"勤能补拙"或者"勤劳勇敢"等等，我说的"勤"不是指这个，主要是指面向公司这种战略目标的未来和在日常的工作活动中，我们的管理层要勤于思考、勤于学习。公司面向未来"国际化、世界级"的战略目标，我们管理层要经常问一问自己，我们是否有能力承担和肩负起这样的任务和责任。

(2) 德。所谓"德"是指在不伤害他人人格的情况下，把集体利益和员工利益放在最高位置的品德。其次，就是把大局意识放在首位。最后一点是，我们领导者必须具备使别人成为人才的这样一种品德和能力。

(3) 能。这个"能"是指协同、组织和带领员工致富的能力。我经常说这句话，我们领导要是不能带领团队致富，就是一个无能的领导。

(4) 才。指的是才学和学识。

五 后金融危机时代的反思——走以市场需求为导向的发展战略

这次金融危机不只影响了西方的金融产业及相关产业，也对制造业产生了前所未有的冲击，过去我们的偶像纷纷倒下。沈阳机床董事长关锡友告诉我们：仅仅走技术创新的路线是不够的。企业真正的能力是市场获得的能力，而不是制造、研发的能力。

为什么光有技术创新是不够的？这次金融危机之后我才认识到，给我的教育是非常深刻的。金融危机之后，出现了一个问题，我们曾经学习的榜样——DMG、马扎克、通快等等，突然就不行了，集体转头下降，下降了60%。这时候，我连续三次去日本，连续三次去德国，我看它们到底发生了什么，我和它们的总经理座谈，他们都蒙了。我回来之后想，它们是我们学习的榜样，假如我们到那个技术水平的时候也这样，我们就白弄了，（这）不是我们追求的目标。

后来我分析它们到底出了什么问题。我认为，它们的企业都是以技术战略为首要战略，对不对？对，那个时期是对的，可是面向全球化的时候这个战略是不对的——它只注重于机床技术的研究，而忽略了客户。其实我们这个行业非常奇怪，机床企业给客户提供解决方案的非常少，由谁提供？由一个工程公司提供的，给客户做一些集成、方案等等。我看不行，技术必须有效地服务于市场。

这就带来了一个问题，技术创新到底怎么办？怎么能够使这种活动持续和长期？原来是厂长定了今天开发这个，大家都弄这个，明天厂长又定了那个，又开始弄那个，后来我们总结历史说就是：开发一个失败一个。这就是到现在还有45%的份额是我们前几代人生产的产品还在继续生产的根本原因，就是企业的创新活动是不持续的，不断地在变，因为换人而变化。（访沈阳机床董事长关锡友）

后金融危机时代迫使我们反思原来追寻的目标，那些西方的企业不能再继续引领我们前进的方向，它们采用技术创新的方法现在出现了问题。在金融危机面前，没有市场，技术创新的价值就荡然无存。因此，不应该再走单一的技术创新之路，而应该把技术创新和市场导向结合起来。

（一）市场定位

金字塔式的机床产品结构示意图（如图6），大致分为三层，从技术上区分是塔尖上为五轴、高速、复合的高档产品，每台售价100万~150万元，中间是两轴、三轴普及型中档产品，每台售价30万~50万元，最下一层是简易型的中低端产品，售价10万~20万元。德、日主导厂商的产品线，覆盖着顶端和中端，占据中端的还有美国、韩国、中国台湾的机床企业等，沈阳机床的产品结构多数在中低端，中端占据一点份额。

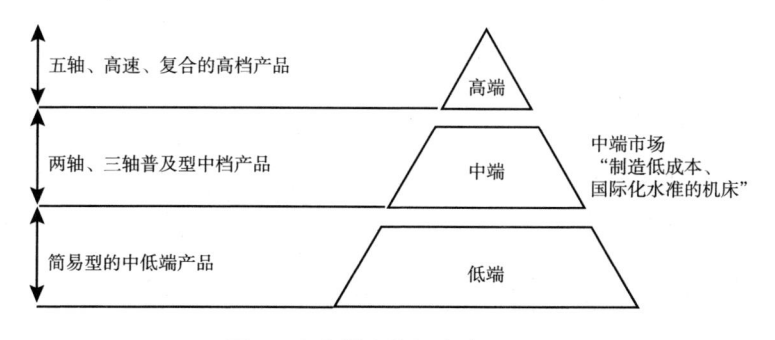

图6　金字塔式的机床产品结构

（二）营销理念

2009年，沈阳机床致力于实现从以我为中心向以客户为中心的转型，从以领导为主角向以员工为主角的转型，建立以客户为中心的组织，从自我关注到关注客户，让营销人员和服务人员成为企业的主角。

沈阳机床重新确立营销理念，与客户并肩工作、帮助客户解决问题、为客户创造价值。2005年8月，沈阳机床做出惊人之举，在北京召开新闻发布会，宣布对2000年以前的首批重点行业客户实施代号为"A计划"的召回行动。此举不仅属国内行业首创，在世界机床界也无先例。2005年底，沈阳机床已按时全部完成"A计划"行动任务。该计划涉及客户企业29户，数控机床78台，投入资金2010万元。沈阳机床勇于承担责任、重塑国产数控机床新形象的创新之举，在业界引起强烈反响。"A计划"是数控机床产业用户服务理念的根本转变，是我国机床制造企业走向成熟的重要标志。

继"A计划"之后，2006年3月沈阳机床又推出了更具挑战意义的"B计划"。"B计划"的行动目标是通过全过程、全方位的优质服务，到2006年底实现重点客户"零投诉"。该计划包括在目标领域实行"一站式"全方位服务；建立"绿色专用通道"，对批量客户实行专项经理负责制；对首台、首套产品实行贴身服务，三年"三包"保驾护航；建立客户对沈阳机床的综合评价体系，对客户提出的合理化改进建议给予奖励；与客户建立长期战略合作伙伴关系，联合开发满足客户需求的高端产品。"这实际上是自断后路，自己给自己施加外力。不这样，我们的企业就有可能停滞不前！"关锡友说，这一行动将客户服务过程由传统的只对机床产品的单一环节服务，扩展到研发、制造、培训、使用、改进、提高的整个过程；通过全过程、全方位的优质服务，建立起沈阳机床与重点行业客户之间更加紧密的合作关系，形成互利双赢的长期战略联盟。

（三）营销模式

目前沈阳机床的独创性营销模式是4S店模式，基本包括：①整机销售；②备品备件；③售后服务；④信息反馈。4S店只销售沈阳机床的产品，车、钻、镗、洗，对整个机床行业最基础的加工，都能提供齐全的产品，具有丰富的产品线，可以给经销商一个更大的支撑。2005年8月21日，沈阳机床宁波地区特许销售中心、特许服务中心揭牌庆典仪式隆重举行，标志着中国机床行业第一家机床"4S"店诞生了,自此,沈阳机床揭开了建设机床"4S"店的新模式、打造企业服务新体系的序幕。开设"4S"店标志着机床企业的服务向深度推进。沈阳机床希望通过建设机床"4S"店的形式进一步提升沈阳机床的市场形象和品牌影响力,加强沈阳机床对终端渠道的服务能力,使沈阳机床的产品更贴近终端用户,提高公司市场反应速度,成为客户的贴身管家。沈阳机床的产品在市场上的优势:一是广谱的产品系列;二是不断缩短的交货期;三是售后服务。沈阳机床的服务与众不同,在硬件上搭载了一个"400"全国统一服务专线。在2007年开始推进,2009年全部上线,但仅仅是局限在全国范围内,沈阳机床下一步的计划是在全球范围内设立服务专线,仅针对售后服务。服务专线设有座席代表,然后将客户的需求传递到事业部。原来由于产品丰富,代理商需要跟不同的事业部沟通,但现在有问题可以直接打"400"专线,然后直接通过手机派单,当地的售后服务人员就会在两小时之内将信息回复给客户。最重要的是信息归结了,原来的信息都是散落的,同时,效率提高了,服务的模式也统一了。通过建设并完善客服中心,2009年,客户服务回访率实现100%,两小时之内响应及时率已达到97%,客户满意度上升到86%。

六 沈阳机床创新模式的四个维度

(一) 管理理念——柔性化动态式创新

随着技术和市场的变化,由产业吸引力或赢利能力带来的产业间竞争优势转变为产业内竞争优势,即企业的核心竞争力(能力)。产业内竞争优势来源于企业内生成长,即以知识和能力为基础的惯例依赖过程。但核心能力的惯性特征往往使它对环境的变化缺乏灵敏的反应能力,造成了核心知识和能力的惰性特征,如忽视已经存在的环境变化、过分强调现有成功模式等,构成了企业成长过程中的重要障碍。

针对企业核心能力的惰性特征可能对企业成长造成的障碍,蒂斯·皮萨诺和舒恩指出,仅仅认识和实施积累有价值的技术资产的"资源基础战略"对于试图获得长期竞争优势的企业来说是不充分的。因为全球市场上的成功者都是那些及时反应,进行快速而敏捷的产品创新和能够有效地协调和重新配置企业内外部资源的企业,因此,"动态能力"是企业获得竞争优势的重要来源。只有那些具有较强的动态能力的企业才能够使其资源和能力随时间的变化而变化，不断抓住市场机会创造新的竞争优势。动态能力强调两方面的内容：一是不断变化的环境，二是新知识的积累。因而，动态能力的本质是企业如何面对不断变化的市场环境持续积累新知识的能力，即企业建立、整合以及重新配置组织内外部资源，从而适应快速变化的环境。

沈阳机床经过20世纪80年代的学习模仿、90年代的技术引进，并在21世纪之初实现集成创新的基础上，依靠开放式自主创新，加大研发投入，实现了沈阳机床整体的跨越式提升。在国家统计局发布的2008年中国大企业集团竞争力500强名单中，沈阳机床居沈阳市入选的7家企业第1位，以综合指数79.08，排名500强的第41位，较上届前移50位，跻身竞争力前50强。目前，沈阳机床不仅开发了一大批具有自主知识产权的高端数控机床产品，也开发出核心部件——高档数控系统，实现了我国高档数控机床核心技术的重大突破。

沈阳机床的成功源自基于"动态能力"的核心竞争力的构建，它存在于沈阳机床的组织和管理惯例中。"动态能力"分为三个维度（如图7）：协调与整合；学习能力；重构与转型。其中，协调与整合是一个静态的概念；学习是一个动态的概念；重构和转型是一个转化的概念。

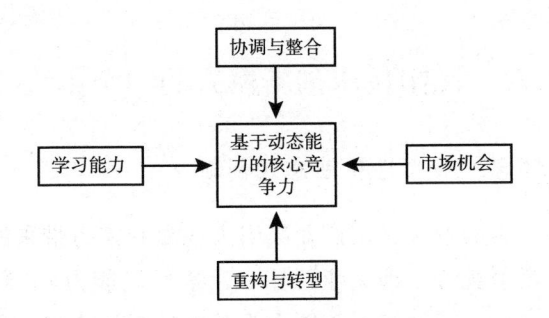

图7 动态核心竞争力结构

现实的组织变化观认为，稳定性和适应性对企业的生存和发展必不可少。保持组织的稳定运行必须具有足够的稳定性，但是又不能使自己停滞不前、过分保守或忽略适应变化环境的需要。组织适应性要求企业各个柔性维度之间必须具备建设性张力，如果组织不能适应性地重构和转变原有的静态惯例，那么这些根深蒂固的惯例以及不可逆转的固定资产会把企业原有的竞争力变成亟待解决的新问题，所以，企业必须不断重构与转型，维持企业的运营柔性、结构柔性和战略柔性。

运营柔性由基于现有的组织结构或目标的惯例能力所组成，运营柔性既是外部柔性，也是内部柔性。几年来，沈阳机床以"改革、创新、突破"为主旋律，在导入国外先进管理理念和方法的过程中，不断学习、融合、发展、转变，从而实现了生产组织方式的创新，建立了具有较强柔性的管理模式。自 2007 年开始，沈阳机床将日本丰田汽车公司的精益管理理念引入企业的经营活动中。精益管理方式的导入，是指粗放管理模式转变为精益管理模式。制造过程的扁平式管理、日计划管理，使生产过程愈来愈趋向均衡模式，提高了整体生产效率。目前，在沈阳机床电装事业部，通过 5S、TPM、SMED 等精益技术改善，直接或间接地减少生产作业面积 1.134 万平方米，劳动生产率提高 112.8%，生产能力提高 20%，制造周期缩短 61%。2008 年，沈阳机床又推出 45 个精益改善项目，但企业并不满足于现状，仍谋求新的创新。关锡友认为："我们现在的精益制造主要是基于硬件的一种精益，而真正的管理理念根本没有体现在我们的流程上。以零库存为例，如果我们不能和供应商形成战略合作伙伴的关系，我们的零库存就无法做到。"

结构柔性由适应组织结构决策过程和沟通过程的管理能力组成，它以一种严谨的方式和不断变革的条件相互匹配，注重跨层级和跨职能的管理角色的结合。2002 年，沈阳机床以机制创新为突破口，打破部门化的机制，用现代化矩阵式管理架构取而代之，形成 6 大体系 25 个事业部。集团管理部门从原来的 20 多个精简到 9 个，设立"8 部 1 室"，车间以上部门只设一名中层干部，实行单一首长负责制，彻底改变从前工作中多头管理、互相推诿扯皮的现象，机构和人的优化，使企业减少了管理层次，转变管理程序，减少决策与行动的延迟情况，加快对市场竞争状态的反应。

战略柔性由与组织目标或环境相关的管理能力所组成，实现战略柔性要求集中的意识管理和跨价值能力的发展。这种能力的发展需要企业明确共同的愿望和发展信念，培养共同价值观和经营哲学，从而使员工承认、坚持、扩展、追求组织的使命，促进非层级、自组织的团队活动的开展。沈阳机床已形成自己的价值观，公司明确提出以"回报股东、造福员工、贡献社会"为企业宗旨；以"关爱员工、贴近用户、保证质量、履行承诺"为经营理念，为构建企业的核心竞争力打下了坚实基础。

（二）技术研发——开放网络嵌入式创新

沈阳机床董事长关锡友对德国和中国的技术创新体系做了一个比较分析：德国数控机床技术为什么最先进？因为它们有一套既分工明确又合作紧密的体系。研究院所和企业分头去做自己最擅长的部分，整合起来就是各项细节都趋于完美的高端产品，而我们的企业与科研单位却往往谁干什么互不通气，不少科研成果成了"塑料苹果"，被束之高阁。技术创新的体制壁垒导致技术壁垒，"肥水不流外人田"的思维模式造成大量的重复劳动，阻碍了技术进步和产业化进程。面对这种情况，企业该怎么办？沈阳机床董事长关锡友提出：我们对复制不感兴趣，我们愿意在全球范围内寻求战略合作。沈阳机床主动迈出了市场化技术合作的一步，并牢记"合作"背后的两个关键字——"共赢"，构筑内外开放的网络嵌入式创新体系。

1. 金字塔式的内部创新体系

2002年沈阳机床开始规划企业内部研发体系，逐步建立了"面向未来、面向客户、面向内部"的三层金字塔式创新体系（如图8）。

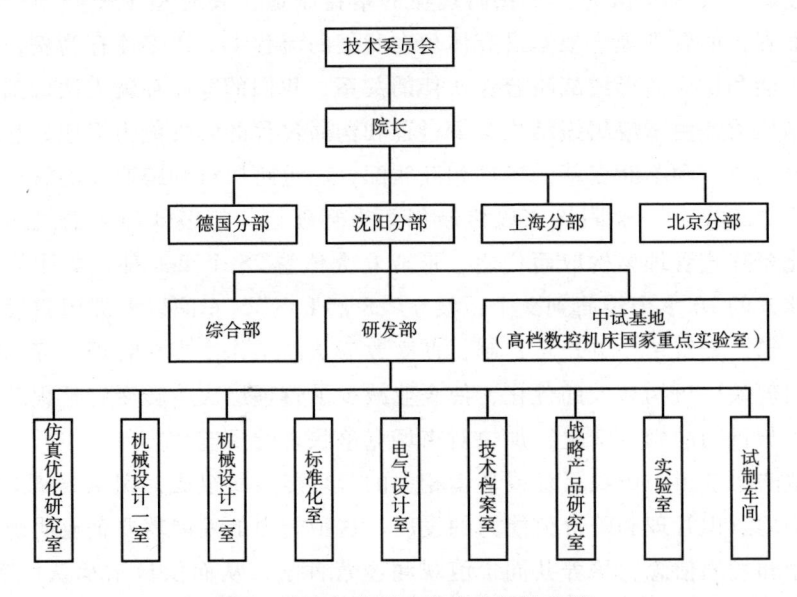

图8 沈阳机床研究院组织机构设置

第一个层次是面向未来的，其主要任务和目标是以行业技术发展趋势为导向，以行业技术前沿为目标的应用技术研究和实用技术开发，即沈阳机床的研究院；第二个层次是面向市场和客户的，其主要功能和目标是以市场驱动为主，研发新产品，改进提升老产品，优化客户解决方案，即企业技术分部；第三个层次是面向企业内部的，其主要任务和目标是优化工艺过程，精化制造技术，不断提升产品品质和降低成本，即企业的生产技术部。其中第一个层次设在集团总部，其技术创新目标是保证企业持续的技术竞争力，后两个层次以集团所属企业为依托，其技术创新目标是支撑企业发展。

2. 产学研结合和国际化合作的技术创新战略联盟

近几年，我国数控机床行业已得到了长足的发展，但是依然面临着基础共性技术、关键功能部件产业薄弱的两个关键问题。在政府政策引导下，沈阳机床牵头建立以企业为主体，产学研结合，市场化、多元化投融资和促进成果转化的有效机制，打造产学研多赢的科技创新平台——数控机床高速精密化技术创新战略联盟。

创新战略联盟以满足国家重点行业对高端数控机床的需求为重点，开展高速精密数控机床共性关键技术的研究，攻克和自主掌握开发新一代数控机床的核心关键技术，提升我国机床产业的国际市场竞争力，推动我国高速精密数控机床产业相关共性技术和重大前沿技术的自主发展。目前创新联盟依据行业内企业结合、产业链上下游结合、产学研结合、国内外科研机构结合、行业用户结合这几种结合原则，初步联合了如下单位：北京航空航天大学、西安交通大学、同济大学；德国 R+P 设计院、德国波鸿鲁尔大学、德国柏林工业大学；成飞集团、常柴股份；沈阳高精、大连大森；南通科技、杭州机床企业、昆明机床等。通过这些技术联盟，沈阳机床"十五"期间合作开发新品 45 个，合作实现技术创新 23 项，创新产品销售收入以十亿元计算。与此同时，一个遍布国内外的研发网络正在形成。这也是沈阳机床用 3~5 年缩短与世界机床先进水平 10~15 年差距的底气所在。沈阳机床的网络结构嵌入方式表现为紧密的、频繁的、多联结渠道的、权力中心下放的特征，趋向于多主体、多层次合作，有助于技术、信息、人才等产业要素的自由流通。沈阳机床的网络互动表现为：①基于供应链关系互动，就某一个新产品的前期开发，导入关键供应商的参与；②在生产过程中就某一制程的改善，抑或是因共同解决出现的品质问题所形成的基于岗位合作的关系互动；③社会网络关系互动和频繁的人才流动不断促进知识、技能的传递，同时也使得员工将原有知识和现在岗位上的新知识进行有效整合，从而改善工作绩效。

（三）产品开发——协同式创新

1. 设计协同

在产品开发流程上，变传统的串行和并行的开发流程为协同式开发流程，即改变过去的概念设计—工程设计—机械设计—电气设计—工艺设计—工装设计—投产试制的产品开发流程，采取以项目为中心，供应商、客户、产品设计、工装设计、工艺设计、市场营销、加工制造等环节协同的开发流程。

在产品研发模式上，采取逆向思维和倒推的方法，变传统的市场需求—产品开发—样机试制—核算成本—确定市场定价的模式为市场目标售价—合理的毛利率—确定目标成本—研发—协同设计—目标成本实现的模式。要求产品研发人员一开始就考虑产品在设计、制造及商品化过程中的所有因素。同时实现了研发的标准化、通用性和成组性（如图9）。

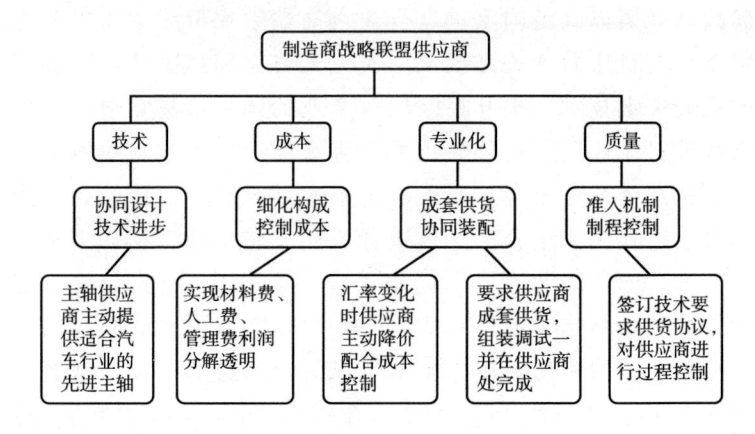

图9　沈阳机床的协同创新模式

2. 供应链协同

供应链协同挑战传统的供应链关系，变合约式资源与计划关系为集成式供应链协同关系，供应链企业之间形成一种长期合作和共赢的战略联盟关系。

3. 工艺协同

工艺协同实现了工艺的标准作业，即操作指导模式，改变了传统工艺指导性差、执行力不强、技术不同步的弊端，忽略了人的差异，禁止经验主义，规范了操作行为、提高了操作效率、保证了操作质量。改变传统模式，实现制造流程以精益生产思想为主导，装配车间作为拉动主线，进行分序装配，精确计算各序节拍，实行库房零件配送制，对上线装配机床严格按照规划节拍组装。例如，原装配时间20天×8小时＝160小时，协同装配后的装配时间为12.3天×8小时＝98.4小时，装配效率提升近40%。

创新性地将汽车行业的TS16949汽车管理体系引入机床铸造行业，实现精细作业，改变了过去依靠技术工人的技术水平的被动局面。共有38个程序文件，256个具体细节文件。建立所有铸件的跟单管理制，即造型—浇铸—冷却—清理—定性。每个铸件都保证有追溯性，做到责任明确，增强员工责任感。"体系就是游戏规则"，从依靠技术水平和经验转到依靠体系，劳动生产率得到很大提升，月产量从1万吨提高到1.6万吨，废品率由7%降到2%，不良品率从10%降到5%；产品的履约率从50%提升到98%；生产成本下降，提升了企业竞争力和赢利能力，改变了铸造业负增长的被动局面。

4. 产品与外观设计协同

近年来，沈阳机床在实现产品结构调整和创新的同时，斥巨资全面改进产品外观设计，将机械的刚性与艺术的柔性完美地结合在一起，适应了国际化市场的时代趋势，彰显了人性化的设计理念，实现机床柔性化、个性化、可视化等方面的完美融合，给用户以全新的视觉冲击。

（四）外包——比较优势替代和比较劣势替代

在经济全球化导致要素自由流动组合半径日趋扩大的背景下，比较优势理论对于提升区域产业竞争力仍然具有现实的指导意义，正所谓产品差异化优势与低成本优势具有同一性。劳动密集型产业不仅在现阶段有实际意义，而且可能是我国长期的比较优势产业。我们不能简单地加以排斥，而是要通过长期努力，在培育竞争优势的同时实现比较优势的升级。

沈阳机床围绕国家重点领域需求，持续开发新产品，实现部分产品替代进口。通过国际联合开发、引进技术消化吸收再创新等方式，开发了具备国际水准的高速立式加工中心、高速卧式加工中心、高速车削中心、高速车铣复合加工中心、龙门铣镗加工中心、五轴联动加工中心、落地铣镗床等10余个系列近300种不同规格的产品。

围绕国民经济关键领域重大技术装备需求开发新产品，沈阳机床目前为汽车、航空航天、国防军工、轨道交通、船舶等重点行业提供的数控机床占数控机床总销量的70%以上，并实现部分替代进口。为上海磁悬浮项目提供四条轨道梁加工生产线，标志着在该领域的研发与制造能力已达到国际先进水平。为奇瑞汽车成功提供发动机缸体、缸盖加工生产线，结束了国外制造商在这一领域的垄断局面。

沈阳机床中捷立式加工中心事业部，原来是沈阳中捷友谊厂（原机床二厂），专门生产立加产品。2007年3月进行改组，淘汰旧产品，与德国企业合作，研发新产品，形成自己的品牌，在国际市场上有一定的知名度。在这一过程中，中捷方式加工中心事业部探索出自己的生产组织模式，作业程序简单化、标准化，设计过程中实行成套、成组、打包设计，采用集成和外包的管理创新。中捷立式加工中心事业部的石总在接受采访时说："我们的产品在设计过程中坚持成套、成组设计，对供应商的供货时间、供货质量提出严格要求，并且要求产品的装包在供应商处完成，避免企业装配过程中的浪费，减少在原材料采购、运输、保管和装配等环节的成本。我们只负责对整机进行验收。"

七　国际化发展战略——跨文化管理时代

在经济全球化和信息化条件下，企业国际化已成为其生存和发展的客观需要。走向国际化之后，面临一个怎样融入外部文化的问题，如何应对西方文化的冲突与较量，是在动态竞争环境下企业持续健康成长的关键因素，是在国际化和全球市场化的经济形势下如何走出一条具有自己特色的国际化发展战略路线的前提。

全球化使得跨国公司的管理遭遇到结构性的危机。昔日的管理技术、营运策略、思维方式在全球化的背景下已不能走得更远，企业不得不面对管理环境变迁、组织机构转化、管理技术重整、人力资源素质重构、管理决策程序调整、企业文化重建、思维方式变革等重大变化，全球化将使传统管理似凤凰涅槃一般浴火重生，全球化的过程将是传统管理的一个新的蜕变过程。全球化对企业管理冲击和影响的本质还在于将使企业管理在更广范围内、更深的程度上进入跨文化管理时代。对此，沈阳机床董事长关锡友有着深刻的体会：

> 沈阳机床在德国收购希斯，付出了很大的代价，这是两种文化的冲突、两种智慧的较量以及两种生产模式的融合。走向国际化经营之后，国际化的经营人才极度匮乏。沈阳机床面临着严峻的国际化经营问题。收购外资企业，最重要的是想获得人家的技术和世界网络，可是买来怎么管？对我们的管理是一个极大的挑战。第一个问题就是我们的国力太薄弱，去征服海外的时候非常艰难，我们有深刻的经历。产业振兴的背后实际代表的是国家的力量。第二个问题是国际化、本土化的问题，跨文化的冲击。首先，国际化的经营人才匮乏。产品迈向国际化，我们如何承担？所面临的文化、金融、法律等不同的环境，专家出去售后服

务,第一关就是外语,各个国家不能都具备。要去开拓市场,起码要有熟悉国际化业务的经理。

在全球化境域中,跨文化管理成为管理实践和管理理论研究不可回避的宏观视野,管理在不同文化背景下面临着挑战;同时,跨文化管理的进一步发展也要求必须从根本上对管理本土化、全球化问题予以说明。

参考文献

傅淞岩,2010,《南京机床展沈阳机床收获近 8 亿元订单》,2010 年 4 月 19 日,http://www.ca800.com/news/html/2010 - 4 - 19/n114896_ 0. html。
江辉、陈劲,2000,《集成创新:一类新的创新模式》,《科研管理》第 5 期。
江世亮,2001,《百年创新话规律——路甬祥院士谈世界科技创新活动的规律》,《世界科学》第 9 期。
李宝山,1997,《集成管理创新》,《世界经济文汇》特刊。
李宝山、刘志伟,1998,《集成管理——高科技时代的管理创新》,北京:中国人民大学出版社。
李正风、曾国屏,1999,《中国创新系统研究》,济南:山东教育出版社。
——,2001,《走向跨国创新系统》,济南:山东教育出版社。
〔美〕迈克尔·波特,2002,《国家竞争优势》,李明轩、邱如美译,北京:华夏出版社。
申银万国证券研究所,《寻找下一个世界冠军——2020 年的中国装备制造业》,http://wenku.baidu.com/view/e474ae0d4a7302768e993986.htm.。
石定寰、柳卸林,1998,《建设我国国家创新体系的构想》,《中国科技论坛》第 5 期。
王欣,2009,《"国际金融危机与中国企业发展"学术研讨会暨中国企业管理研究会 2009 年年会观点综述》,《经济管理》第 11 期。
〔日〕小宫隆太郎,1986,《竞争的市场机制和企业的作用》,吴家俊、汪海波编《经济理论与经济政策》,北京:经济管理出版社。
徐冠华,2002,《当代科技发展趋势和我国的对策》,《中国软科学》第 5 期。
许庆瑞等,2000,《中国企业技术创新——基于核心能力的组合创新》,《管理工程学报》第 S1 期。
杨锐,2010,《产业集群创新的 NRC 分析框架——三个案例的比较分析》,《科学学研究》第 4 期。
〔美〕约瑟夫·熊彼特,1990,《经济发展理论》,何畏等译,北京:商务印书馆。
赵黎明、冷晓明等,1989,《城市创新系统》,天津:天津大学出版社。
郑贵斌,2007,《创新的理论渊源、发展轨迹及其启示》,《创新》第 1 期。

中华人民共和国中央人民政府, 2006,《国务院关于加快振兴装备制造业的若干意见》, http://www.gov.cn/jrzg/2006-06/28/content_ 322171.htm.。
Best, Michael H. 2001. *The New Competitive Advantage: The Renewal of American Industry*. New York: Oxford University Press.
Freeman, C. 1987. *Technology Policy and Economic Performance: Lessons from Japan*. London: Printer.
Iansiti, M. 1998. *Techonlogy Integration: Making Critical Choices in a Dynamic World*. Boston: HBS Press.
Miller, Willian & Langdon Morris. 1999. *Fourth Generation R&D: Managing Knowledge, Technology and Innovation*. New York: John Wiley & Sons.

作者简介
孟翔飞　男
所属博士后流动站：中国社会科学院社会学研究所
合作导师：折晓叶
在站时间：2007年10月至2009年10月
现工作单位：辽宁公安司法管理干部学院
联系方式：xiangfeim@126.com

虚拟社会的秩序与治理

——从微博谣言说起

胡献忠

摘　要： 随着网络时代的发展，尤其当微博成为公众发言的舆论场之后，一些失实的表达往往误导网民情绪，使虚拟社会变得更加复杂和不易把握。而虚拟社会与现实社会如影随形、密切相关，虚拟网络反映出的问题一般是现实状况和民众情绪的折射。虚拟社会的即时、多变与鱼龙混杂又对传统社会治理的理念、方式、技术等提出严峻挑战。任何无视微博传播新语境、漠视网络舆论的政府行为，都有可能增加自我边缘化和公信力流失的风险。加强虚拟社会治理是政府部门义不容辞的责任，构建松紧适度、诚信互动的网络秩序势在必行。

关键词： 虚拟社会　微博　网络秩序　社会治理

社会是由人群组成的，有人群就需要治理。从本质意义上看，社会治理就是社会关系的调整，其中最重要的是国家与社会、政府与平民关系的调整。改革开放以来，中国经济社会发生了深刻变革，计划经济条件下的社会形态逐渐被打破，一种以市场经济为基础的社会形态已经确立，社会治理较以往更为细密复杂。随着互联网技术的高度发展和网络利用的广泛普及，一个虚拟社会悄然生成并对现实物理社会产生重大影响。由此，市场经济的社会形态和虚拟社会形态在当代中国相互叠加，使原本变幻莫测的虚拟世界更为复杂多变，给社会治理带来了新的、更大的挑战。"网络拥有相对独立的权力中心，而且网络在社会组织发展进程中引进新参与者和新内容的能力将随着时间的推移、科技的改变而增强，确切地说是随着通信技术的发展而增强。"① 微博的出现与迅速普及正是如此。

事实上，不论是现实社会还是虚拟社会，都需要一定的运行规则，需要一定的秩序。而一段时间以来，微博中所发布的一些失实信息，从金庸去世等假消息到所谓"铁观音"迷魂抢劫，从日本核泄漏的"谣盐"风波到北京暴雨中真假难辨的现场目击，不仅对虚拟世界的舆论，更对现实社会产生了诸多不良影响。

——2011年3月，春节刚过，一则农业大学08级学生张玲因突发亚急性肝衰竭的求助帖疯狂流传于微博、论坛以及QQ群。但求助信息中的主人公的就读学校却相继出现了十几个不同版本，经多方调查核实，这起求助事件是一个骗局。

——2011年6月8日，新浪某微博发帖称，高考第一天（6月7日），湖南省隆回县第二中学一考生因考试迟到15分钟，被阻止进入考场，于是在宿舍楼6层跳楼自杀。此消息1小时内被转发近3万次。经调查核实，坠楼发生在隆回县第一中学，当地警方在当天上午语文考试尚未开始时就接到了报案。这一事件跟是否迟到被阻没有任何关系，但网民依然在漫骂高考制度及相关规定。

——2011年6月，北京市卫生局、北京市疾病预防控制中心为了预防国外出血性大肠杆菌入侵，发布了一个包括"市民一旦出现出血性腹泻症状，应尽快就医"等内容的预防性公告。某微博在此公告前加了一个"出血性大肠杆菌已入侵北京"的导语，整个公告性质就完全变了。这条谣言转发量超过2万次，一时间闹得满城风雨、人心惶惶，也给餐饮业等带来不利影响。

——2011年6月20日，新浪微博上一个名叫"郭美美Baby"的用户在网上公然炫耀其奢华生活，并称自己是中国红十字会商业总经理而在网络上引起轩然大波。经查实，"郭美美"与红十字会的关系纯属子虚乌有，新浪也因对实名认证有误一事而致歉。然而，网民围观郭美美的热情仍一浪高过一浪，微博上甚至有网友展开"郭美美身世还没查清，我没心情做×××"的接龙游戏。

某些网民为什么要制造谣言？为什么微博谣言能够迅速传播并对现实社

---

① 〔美〕曼纽尔·卡斯特：《网络社会》，周凯译，社会科学文献出版社，2009，第5页。

会产生冲击？互联网这一科技进步的产物在造福人类的同时，难道必然要招致恶名吗？虚拟社会是否需要秩序的守卫者？又该如何守卫？这些问题都值得深入思考。

一 如影随形，密切相关——虚拟网络与现实社会关系探析

任何技术都产生于社会实践，又服务于社会实践。信息技术是新技术革命的核心，是虚拟社会赖以形成的技术基础。网络社会绝不是彻底脱离现实之外的世界，它为人们创造了一种新的社会交往平台，构建了一种崭新的社会关系形式，在某些方面甚至超越了现实的社会活动和社会关系。因此可以说，虚拟网络推动着现实社会的发展，而现实社会又是虚拟网络的信息源，虚拟网络与现实社会密切相关。

（一）互联网给人们的工作、生活带来了革命性变化

截至2011年6月，中国网民规模达到4.85亿，互联网普及率攀升至36.2%。我国手机网民规模为3.18亿，手机网民在总体网民中的比例达65.5%，成为中国网民的重要组成部分。[①] 目前我国各种网站几乎覆盖了人们工作、生活的方方面面，从浏览新闻到发布信息，从文件传输到发帖评论，从娱乐交友到天气交通，从网上购物到求职入职。凡现实社会涉及的，大部分都能找到对应的网络空间。政府、企业、社团、个人都在充分享用网络带来的高效、快捷、方便、廉价。互联网在给人们的工作、生活提供极大便利的同时，逐渐形成了生存的第二空间，任何社会主体都可以在网络虚拟社会与现实物理社会之间获得可以相互变换的存在形态。诚如杰弗里·斯蒂伯所论："当我们能在网络上进行贸易，甚至可以在虚拟医院咨询医生时，我们或许会产生一种可怕的感觉：我们只不过是一个大脑，漂浮在空间里，通过点击鼠标和敲击键盘与世界上的其他大脑们进行交流。"[②]

[①] 中国互联网络信息中心：《第28次中国互联网络发展状况统计报告》，2011年7月19日，http://www.cnnic.net.cn/research/bgxz/tjbg/201107/t20110719_22120.html。

[②] 〔美〕杰弗里·斯蒂伯：《我们改变了互联网，还是互联网改变了我们》，李昕译，中信出版社，2010，第149页。

（二）虚拟网络中的自由、平等体现了现实社会的价值追求

当今世界，民主、自由、平等已经成为一种普适价值。在现实的物理社会中，民主、自由、平等的实现是有先决条件的。这些条件包括国家的政治法律制度、运作机制、个人的禀赋能力以及拥有的社会地位等等。"网络强化了自由主义和全球化观念，使东西文化充分交融。"① 在互联网上，一切现实身份的限制不复存在。无论性别、民族、贫富、职业、地位，每个人都可以平等地获取信息、发布信息、相互交流。也可以说，互联网为普通民众尤其是弱势群体提供了更多表达的机会和平台。每个人的发言权都会得到尊重，即使发声很小，也能呈现出来。尽管这种自由、平等受到物理社会的一定限制（比如家庭收入、受教育程度、居住地域等），但总的来说，虚拟网络中的自由、平等体现出世界潮流的一种发展趋势。

（三）虚拟网络中的现象和问题一都是社会现实的反映

任何网络现象都不是空穴来风，人们在意的并不一定是谣言字面意义上信息的真假，也可能是字面背后的影射意义。② 众所周知，经过30多年的改革开放，中国经济社会在取得巨大成就的同时，各种矛盾日益凸显，比如贫富差距不断拉大、消极腐败屡禁不止，政府公信力受到质疑。此外，在心态转变的过程中，不免会出现一些暴民心态。从正面来看，虚拟网络中很多现象产生的原因是在现实社会中无法普遍实现。比如，普通民众在虚拟网络中对官员的某些行为或现象可以直言批评，对公权力实行监督和约束，而在现实社会中这种渠道并不畅通。从负面来看，虚拟社会出现的问题有些是物理社会管制打压的结果。比如，传销、色情、赌博、诈骗、邪教等非法行为在现实社会中极少有容身之地，转而在网络中寻求发展空间。因此，虚拟社会治理应该是现实社会治理的延伸。

同时，我们也应该看到，网络现象虽然反映现实，却往往是现实社会情绪的放大。因为在虚拟社会，网络成员身份被数字化、电子化、虚拟化了，匿名性和隐蔽性被有效地结合起来，网民能以"隐形人"的身份在网上自由操作，摆脱现实社会的规范，放纵自己的行为。某个观点一旦被众人跟

---

① 李斌：《网络政治学导论》，中国社会科学出版社，2006，第267页。
② 程中兴：《谣言、流言研究——以话语为中心的社会互动分析》，博士学位论文，上海大学，2007，第13页。

帖，所反映的情绪就会呈几何级数扩大，手机微博更使网络信息实现"秒互动"。

（四）精神庸俗、道德滑坡是社会运作中出现无序现象的主观原因

改革开放 30 多年来，中国经济快速发展，物质财富呈几何级数累积，民众生活一天天变得富足。最基本的需求得到满足之后，自然要追求更高层次的权利。人的全面发展的权利也应该逐步得到实现，这本无可厚非，但这一过程中出现的精神庸俗、道德滑坡等现象，严重干扰了对合法权益的诉求。现代国家的发展有着大致相似的规律，西方工业化初期（即自由竞争的资本主义阶段）也曾出现过金钱至上、物欲横流的现象，但经过两百多年的磨合，信仰、市场、法律渐趋同构与统一，社会有序运作的基础得以构成。当代中国正处于转型时期，理想信仰、国家法律、个人道德、市场利益各行其道，达成有机统一尚需时日。很多人心浮气躁，不愿踏实苦干，崇尚一夜暴富、一夜成名。比如，微博中的爆料越是耸人听闻（尽管是天方夜谭），就越有更多人关注，越有更多人转帖，人气和粉丝的数量陡增。而且在现实社会中，唯利是图、见利忘义者触目皆是，反社会、反人类者也比比皆是。这恐怕就是社会治理（无论是现实的还是虚拟的）中存在诸多问题的主观原因。

二 颠覆成见，解构现实——虚拟社会对传统社会治理提出严峻挑战

虚拟社会的形成不可逆转，势必对传统社会治理模式形成挑战。对于政党、政府而言，若不能适应微博时代的传播新语境，轻则会因为 out（过时）而损害形象，重则有可能因公信力流失而"贫血"。[①] 也就是说，虚拟社会有自己独具的特点，不能拿治理现实社会的那一套来治理虚拟社会，更何况现实社会治理中的很多理念和方法本身也存在问题。对于一个现代政党而言，要实现国家的长治久安，提高执政能力，就必须要过虚拟社会治理这一关。

（一）虚拟社会对传统社会治理观念的挑战

英国工党前领袖布莱尔认为："如果世界变了，而我们没有变革，那

[①] 尹韵公等：《中国新媒体发展报告（2011）》，社会科学文献出版社，2011，第 203 页。

么我们对世界没有意义。我们的原则不再是原则而只是僵化为教条。不变革的政党将会死亡。"[1]国外一些政党较早地意识到了信息技术对现代政党活动的重要意义。在当代中国，信息技术不仅仅是一种推动社会发展的技术力量，而且正在变为社会本身——虚拟社会——的一种新的社会形态。它不仅使个体的组合与行为变得复杂而不可测，而且集国家发展的增长点、安全点、平衡点于一体。目前，尽管很多党政部门在利用互联网来扩大宣传、促进工作，但一些部门仅仅是把互联网当作技术和工具，相当一部分官员（尤其是在地方、基层）没有意识到虚拟社会能够对现实社会产生重大影响，权力的傲慢延误了对虚拟世界亟待治理的判断。还有不少官员对网络热点持"回避""躲闪"态度，既"失明"又"失语"，甚至仍然坚持一种"捂盖子"的习惯做法。2010年《人民论坛》杂志联合人民网、腾讯网开展的一项网络调查显示，约七成被调查者（包括部分官员）认为官员有"网络恐惧症"，并特别表示，县处级官员最怕被网络监督。

（二）虚拟社会对传统社会治理方式的挑战

2011年初，胡锦涛在省部级主要领导干部社会治理及其创新专题研讨班开班仪式上指出，社会治理说到底就是对人的治理和服务。[2] 如何做好"虚拟人""虚拟组织"的治理和服务，亟须认真研究。一般来讲，现实社会中人们更多地看重物质追求，常常用世俗的、理性的态度思考和安排自己的生活，处事节奏可以把握，结果大多能够预见。而虚拟社会中的网民更注重精神需求，更注重情绪表达，更崇尚冒险，也更加随意。由于信息传播迅即，情绪会被无限放大，网民的关注点可在瞬间聚焦，因何而起、如何发展都很难预测。从治理体制看，党和政府在现实社会中的组织结构、运转机制有很强的优势，但也存在弱点。比如层级太多，上下级信息传递速度比较慢，信息容易失真和衰减，对突发事件反应比较迟钝，横向职能部门在"单打一"或"各管一段"，沟通与合作不畅，等等。所有这些都很难适应虚拟社会的治理。

---

[1] 〔英〕托尼·布莱尔：《新英国：我对一个年轻国家的展望》，曹振寰译，世界知识出版社，1998，第59页。
[2] 胡锦涛：《扎扎实实提高社会管理科学化水平　建设中国特色社会主义社会管理体系》，《人民日报》2011年2月20日，第1版。

(三) 虚拟社会对传统社会治理技术的挑战

虚拟社会治理对于执政党来说是一个全新课题，执政党既要善待网络舆论又要熟稔技术控制。目前，互联网上存在一些不良现象，包括发布虚假信息、传播低俗和淫秽色情信息、传播不良视频等，这些现象损害了网络环境，而"网络水军""删帖公司"等非法网络公关行为更是破坏了网络传播秩序和市场经济秩序。虚拟社会是一种基于网络技术而形成的一种新的社会场域与社会形态，也可以说是一种"技术化"的社会场域和社会形态，技术在其中起着基础作用。目前对于色情、诈骗等违法犯罪行为，还缺乏处理依据，缺乏必要的技术手段。因此，加强网络技术的更新和升级，尤其是虚拟社会治理技术的开发，是维护良好网络运行秩序、营造良好虚拟社会环境的重要基础。

需要说明的是，一种革命性技术并不是在真空中毫无阻力地推动社会变革的，它是在特定的政治、社会、经济、技术、商业等因素错综复杂的影响之下运用与推广的。因此，简单的技术决定论并不能说明新型信息技术在社会治理中的功能与作用，只有既看到信息技术革命给社会发展与进步带来的种种可能性，又密切关注技术与社会之间的现实逻辑关系，才能在虚拟社会治理中驾驭信息技术，在正确的方向上发挥其良性的技术功能。

三 义不逃责，回应挑战——加强虚拟社会治理的对策建议

目前及今后一个阶段，中国面临着加强现实社会治理与虚拟社会治理的双重任务。胡锦涛指出，要进一步加强和完善网络治理，提高对虚拟社会的治理水平，健全网上舆论引导机制。[1] 虚拟社会治理的主体和现实社会治理的主体一样，具有多元性、交互性和可变性，涉及文化行政部门、教育部门、公安机关、工商部门、电信机构、精神文明建设指导会以及相应的群团组织。但在具体治理过程中，实际肩负网络社会治理职责的多是文化部门和公安部门，其他治理部门的缺位现象比较严重。加强虚拟社会治理

---

[1] 胡锦涛：《扎扎实实提高社会管理科学化水平　建设中国特色社会主义社会管理体系》，《人民日报》2011年2月20日，第1版。

是政府有关部门义不容辞的责任，构建松紧适度、诚信互动的网络秩序势在必行。

（一）要把虚拟社会治理提高到国家战略高度来认识

互联网作为一种新媒体，已逐渐成为一切经济和社会活动的"基础平台"，也成为国际上各种政治力量争夺的焦点。我国有4.85亿名网民，居世界第一，是互联网大国，但不是互联网强国。美国拥有信息技术的强大优势，英语世界又是网络信息最大的制造源，对中国互联网的影响和冲击是潜在的、巨大的。目前我国具有较大影响的互联网企业几乎全部是外资企业，个别垄断企业的外资成分较为复杂，其垄断优势有延伸到通信、金融、媒体等领域的趋势。个别互联网企业拥有巨大的流量及用户数量，对社会舆论的影响范围已接近甚至超过政府舆论工具的影响力。我们应该清醒地认识到，互联网是有"主权"的，它直接关系着国家的政治安全、经济安全、国防安全、文化安全和社会安全，深刻影响着执政党的兴衰成败。因此，各有关部门要从国家战略的高度来认识加强虚拟社会治理的重要意义。

（二）加快网络立法，使虚拟社会治理有法可依

基础法律是调整国家、单位、个人关系的重要依据，是国家信息安全的重要保障。虽然我国政府在互联网领域已经颁布和实施了一系列有关法规和条例，如《中国公用计算机互联网国际联网管理办法》《互联网信息服务管理办法》《计算机信息网络国际联网安全保护管理办法》等，但随着网络技术的新发展，在这些已经实施的法律、法规中，一些条文已经不符合现实的基本情况，远远不能满足虚拟社会治理的需要。同时要清醒地认识到，现实社会治理领域中的法律、法规并不都适于互联网上的行为。因此，要站在国家利益的最高点，加强基础立法（比如出台电信法），减少部门规章，尽快建立起比较完善的网络法规体系，使治理职责相对集中，依法打击网络犯罪和利用互联网从事非法活动者，维护正常的网络秩序。

（三）加强网络治理，规范网络秩序

中国网民习惯于"免费"，现有的互联网赢利模式不利于创新。大网站赢利主要靠广告，小网站靠色情、猎奇。同时，"有钱能使鬼推磨"又在虚

拟社会大行其道。在一些电子交易网站上,代理微博官方认证的卖家比比皆是。微博加 V 认证、进名人堂、加粉丝等各种微博营销都有明码标价。因此,互联网基础法确立之后,还需要制定相应的技术标准、内容标准等治理细则,确保各项治理落到实处。互联网产业链的相关方都要有权利、有义务、有准入、有处罚。通过制定相关标准,实现技术突破,加强市场治理,辅之以行业自律和社会监督,这有利于网络环境的净化,同时可以促进互联网企业的创新和健康发展。

(四) 建立网络互信,以真诚回应质疑

在网络虚拟社会,政府与网络媒体之间既是治理与被治理的关系,又是平等合作的关系。信任是合作的基础。政府要对虚拟社会实施有效治理,必须拥有足够的公信力。目前确实有受网民热捧、公信力坚挺的官方微博,比如北京市公安局的"平安北京"、银川市食品安全委员会的"食品安全"、成都市政府新闻办的"成都发布"、广东省公安消防总队的"南粤消防在线"、安徽省合肥市城管局的"文明合肥"等,这些官方微博的粉丝已有数万乃至百万之众,这说明多数网民还是讲道理、认事实的。要让普通网民信任政府,政府就必须对他们的关注有所回应。在现代社会,当一件事情成为重大公共舆论事件时,民众就会出现一种"信息饥渴"。政府如果能够及时地给予回应,不回避问题,不掩盖矛盾,足量的官方信息增补了舆论空白,谣言自然就无立足之地。

(五) 提升公民素质,保护个人权益

受两千多年人治传统的影响,不少公民在现实社会中的法制意识仍然比较淡薄。网络的隐蔽性与虚拟性,更使相当多的网民随心所欲、信口雌黄。用"网上无法律""网上无道德"来形容某些做法,实不为过。因此,有效治理虚拟社会需要实施网络身份战略,采用实名制,加强对个人言行的约束和个人信息的保护。特别是开网站的、开微博的,注册时一定要用实名,对于这些人要加强核实认证,要让网民更加冷静、更负责任地发言。在信息服务过程中,要不断强化提供者、享受者的权利和义务,加强对公民个人权利的保护。美国认为互联网是绝对自由的(这是用来攻击别国的噱头,在美国现实社会中,自由也是有边界的),因为美国有技术优势。欧洲就推进个人信息保护来对抗美国。这一做法对我国的虚拟社会治理也具有一定的借鉴意义。

参考文献

程中兴，2007，《谣言、流言研究——以话语为中心的社会互动分析》，博士学位论文，上海大学。
胡锦涛，2011，《扎扎实实提高社会管理科学化水平　建设中国特色社会主义社会管理体系》，《人民日报》2月20日，第1版。
〔美〕杰弗里·斯蒂伯，2010，《我们改变了互联网，还是互联网改变了我们》，李昕译，北京：中信出版社。
李斌，2006，《网络政治学导论》，北京：中国社会科学出版社。
〔美〕曼纽尔·卡斯特，2009，《网络社会》，周凯译，北京：社会科学文献出版社。
〔英〕托尼·布莱尔，1998，《新英国：我对一个年轻国家的展望》，曹振寰译，北京：世界知识出版社。
尹韵公等，2011，《中国新媒体发展报告（2011）》，北京：社会科学文献出版社。

作者简介

胡献忠　男
所属博士后流动站：中国社会科学院社会学研究所
合作导师：景天魁
在站时间：2008年9月至2011年9月
现工作单位：中国青少年研究中心
联系方式：bnuhxz@163.com

社会保障

城市居民最低生活保障对象动态变化探析

——以 Q 市 S 区为例

崔凤 杜瑶

摘 要：城市居民最低生活保障制度（以下简称"城市低保制度"）是我国社会保障体系的重要组成部分，对维护整个社会和谐稳定、保障城市居民基本生存权起到了举足轻重的作用。在"城市低保制度"实施的过程中，城市居民最低生活保障对象是其直接受益者和落脚点，因此对其进行研究和探索是完善我国"城市低保制度"的一个重要途径，特别是纵向研究其动态变化情况更能间接地反映出我国经济社会的发展脉络以及"城市低保制度"的总体运行效果和存在的问题，对推进"城市低保制度"的进一步发展意义重大。

关键词："低保对象" 动态变化 构成 动态化管理

20 世纪 80 年代以来，我国经历了一场内容深刻且意义重大的经济体制改革。在这场改革中，原有的经济结构得到了解构与调整，但与之相伴的是大量国有企业"减员增效"、大量城市居民沦为下岗人员甚至失业人员。这种体制改革的"阵痛"催生出了城市低保制度的快速建立与发展。1999 年，国务院颁布的《城市居民最低生活保障条例》标志着我国"城市低保制度"迈入了法制化的建设轨道。

作为"城市低保制度"的直接受益者和落脚点，对城市居民最低生活保障对象（以下简称"低保对象"）的探讨和研究就显得尤为重要。从时间上来看，若以《城市居民最低生活保障条例》的颁布为基点，"城市低保制度"已经实施12年了，在这12年中，"低保对象"的数量、构成等发生了怎样的变化、呈现出了怎样的规律，这些问题的答案对更好地研究"城市低保制度"具有十分重要的意义。

Q市作为我国东部重要的沿海城市，于1994年先于全国建立了"城市低保制度"并取得了显著成效。S区是Q市"城市低保制度"实施的示范区，其"城市低保制度"的实践及管理工作相应地也比较规范和有序，制度实施的16年来取得了较为满意的社会效果，本文以Q市S区为例，试图对"低保对象"动态变化呈现出的特征与规律进行归纳。

一 "低保对象"的界定

作为"源头"问题，如何界定"低保对象"一直是理论界关注的焦点问题。一种观点认为，"低保对象"应当包括所有生活在贫困线以下的人，既包括那些无依无靠的老、弱、病、残、孤者，又包括那些失去工作机会、中断收入来源的人，因为政府制定的政策，应具有最大程度上的普遍性与公平性，无论是谁，只要生活贫困，收入低于法定的最低生活保障线，就应当得到社会救助。另一种观点则认为，"低保对象"应当是那些既无劳动能力又无收入来源、生活无依无靠的孤寡残者，而不应当包括有劳动能力的人，因为有劳动能力的人完全可以通过劳动谋生。[①]

通过对"城市低保制度"内涵的界定可以看出，"城市低保制度"是一种典型的政府行为，是政府对公民的基本生活实施保障的一种义务与责任，这种责任不应当附加任何主观方面的条件及标准。同样，作为公民，在基本生活真正得不到保障的情况下获取国家救助是《宪法》赋予的法定权利，没有任何理由可以被剥夺。

因此，笔者认为界定"低保对象"应当从第一种思路出发。这也与《城市居民最低生活保障条例》对"低保对象"的规定相符合，即持有非农业户口且共同生活的家庭成员人均收入低于当地"城市低保制度"标准的，均成为"城市低保制度"的法定对象。本文以下所提到的"低保对象"均以此界定为标准。

[①] 乐章、陈旋、风笑天：《城市居民最低生活保障制度研究述评》，《浙江学刊》2000年第3期，第49页。

二 Q市S区"低保对象"基本情况

从2009年7月至2010年6月,笔者对Q市S区民政局进行了走访调查,并获取了一些一手统计资料(详见表1)。

第一,Q市S区"城市低保制度"是从1994年6月开始正式建立和实施的。其当月"城市低保制度"标准为96元,保障对象户数为37户,人数为37人。之所以会出现户数与人数相等的现象,是因为1994年是Q市S区"城市低保制度"刚刚开始探索的时期,整个"城市低保制度"还没能完全建立,这里救助的37人主要还是辖区内的孤寡老人和孤儿等"三无人员",救助对象的确定仍然按照传统救助制度的标准,总体上看,救助的对象十分有限,并没有发挥出制度的优越性。这种状态一直持续到1998年。

第二,从直观来看,"低保对象"的救助户数与人数是不断增加的。特别是从2002年到2003年,人数的递增比较明显。其他年份人数也在不断递增,但幅度逐步趋于缓慢。从1994年6月的37人到2010年6月的5505人,涨幅高达147%。

第三,"城市低保制度"标准从1994年6月到2010年6月共调整了9次,从人均月96元提高到了人均月350元。平均每1.8年调整一次,调整幅度从10元到50元不等,从1994年6月的96元到2010年6月的350元,增长了约1.6倍。

第四,保障金的发放总额不断提高,从1994年6月的3268元到2010年6月的16049294元,增长了近4910倍。

表1 Q市S区"低保对象"统计(从1994年6月至2010年6月)

时间		"低保"标准(元/月)	保障对象		保障金发放总额(元/年)
			户数	人数	
1994年6月		96	37	37	3268
1995		96	243	506	474387
1996	1~6月	120	360	823	548000
	7~12月	140			
1997		140	530	1223	767100
1998		160	788	1900	1715465
1999	1~6月	160	949	2208	2814313
	7~12月	200			

续表

时间		"低保"标准（元/月）	保障对象		保障金发放总额（元/年）
			户数	人数	
2000		200	966	2166	3109092
2001		200	1065	2357	3322656
2002	1~3月	200	1097	2648	3453840
	4~12月	210			
2003		210	1920	4292	5541350
2004		230	2199	4505	8288601
2005	1~6月	230	2266	4752	10044009
	7~12月	260			
2006		260	2429	4907	11997961
2007	1~6月	260	2632	5197	16386472
	7~12月	300			
2008		300	2803	5439	18254375
2009	1~9月	300	2908	5556	20131239
	10~12月	350			
2010	1~6月	350	2889	5505	16049294

资料来源：Q市民政局。

第五，"低保对象"基本由"三无人员""无业人员""失业人员""在职人员""下岗人员""离退休人员"以及"其他人员"七大类构成，其中"其他人员"指的是在统计中无法确定其身份属性的城市居民，即不属于前面六种身份的任何一种。

为了进一步提高"城市低保制度"的救助质量，Q市S区在进行"城市低保制度"基本救助的基础上实行了一系列的专项配套政策。主要包括节日生活补贴、临时困难额外救助、城市医疗救助制度、廉租房补贴制度、城市冬季采暖补助制度、教育救助制度、自来水补贴以及法律援助和就业援助等。这些救助制度极大地提高了"低保对象"的生活质量，提高了"城市低保制度"的"含金量"。

三　Q市S区"低保对象"动态变化分析

自"城市低保制度"在Q市S区实施16年来，"低保对象"在数量、构成等方面呈现出了一定的规律，这些规律隐匿于表象之中，通过对规律的分析和挖掘，可以对整个"城市低保制度"有一个更为深刻的了解。

（一）"低保对象"数量变化规律

"低保对象"数量方面的变化是反映其动态变化规律的一个最为明显的方面。通过图1可以对Q市S区"低保对象"16年来的动态变化趋势有一个较为明晰的认识（其中，1994年和2010年都是1~6月的统计）。归纳来说就是："低保对象"总体上呈现逐步递增的趋势，制度覆盖面不断扩大。

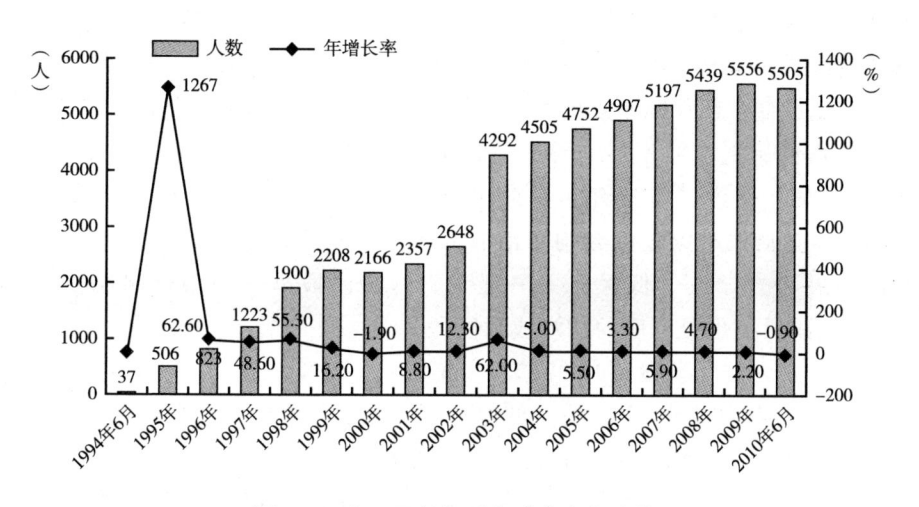

图1 Q市S区低保对象动态变化趋势

资料来源：Q市民政局。

1. 绝对人数

通过单纯的人数变动可以看出，"低保对象"16年来从宏观方面呈现出逐步递增的趋势。绝对值更是从1994年6月的37人上涨到了2010年6月的5505人（由于只是半年的统计数据，年终的人数肯定会有一定的提升），增加了大约147倍。从微观方面来看，除了2010年只有2000年"低保对象"人数较上一年有所下降。

但如果从"低保对象"户数来看，2000年为966户而1999年为949户，因此，实际接受"城市低保制度"救助的家庭数量还是不断上升的，只是接受救助的家庭的具体人数有了小幅度的下降，但是从总体来看，"城市低保制度"的实际覆盖人数还是在不断扩大。

2. 增长率

从"低保对象"的年增长率来看，S区"低保对象"的动态变化可以划分为三个阶段。

(1) 高速增长阶段（1994年6月~1998年）

从1994年到1998年，"低保对象"呈现出一种高速增长的态势，年增长率均超过了45%，这种情况主要是因为1994年Q市刚刚开始"城市低保制度"的试点工作，无论从深度还是广度来说都没有得到具体的落实与实施，因此救助对象还是以传统的"三无人员"为主，通过资料可以看出仅有37户。而随着《中共Q市市委、Q市人民政府关于对我市市区困难居民实施社会救济的暂行意见》《中共Q市市委、Q市人民政府关于保障我市困难企业困难职工基本生活意见的暂行意见》《Q市市内四区困难职工、困难居民家庭最低生活保障制度的实施细则》等政策法规的不断制定与实施，Q市"城市低保制度"不断完善，"低保对象"的具体救助范围也从传统的"三无人员"变为"凡具有本市常住户口，家庭月人均生活收入达不到96元的特困户居民和家庭月人均生活收入低于120元的困难居民"①。救助范围的拓展必然导致"低保对象"激增，这个阶段是"城市低保制度"的"吸纳"阶段，也是制度的初步成形阶段。

(2) 相对稳定阶段（1999~2002年）

从1999年到2002年，是"低保对象"动态变化的第二个阶段，年增长率平均为9%，"低保对象"的增长率保持在一个相对稳定的较低增长阶段，这是因为前一阶段的"吸纳"工作有了明显成效，"低保对象"数量维持在了一个较为稳定的范围内，不会出现太大的波动。

(3) 激增与再次稳定阶段（2003~2010年6月）

2003年，"低保对象"数量又有了一个较高的增幅，主要原因有以下几点。

一是辖区整体人数有了较大幅度的增长。2002年，S区人口为45.57万人，2003年增长到47.02万人，人口的增长会导致贫困人口数量的相应增加。

二是"应保尽保"政策得到了进一步落实。从2001年8月到2002年1月，时任国务院总理朱镕基多次在考察和会议上指出要增加"城市低保制度"工作的投入资金，切实做到应保尽保。Q市也积极响应中央的号召，于2002年颁布了《Q市人民政府关于进一步加强城乡最低生活保障工作的通知》，明确提出了"各区、市要全面贯彻执行最低生活保障'应保尽保、应保必保'和属地化管理的原则，切实将城乡人口中所有符合条件的贫困家

---

① Q市民政局、财政局、粮食局：《Q市市内四区困难职工、困难居民家庭最低生活保障制度的实施细则》，《城乡社会救助文件汇编》，内部资料，第80页。

庭纳入最低生活保障范围"①。政策的大力支持使得"低保对象"的增长率出现较大的攀升。

三是其他优惠政策的大力实施。"城市低保制度"实施之初，基本依靠"低保"金进行救助，随着制度横向覆盖面加大，其他各项优惠政策也应运而生，如临时救助、教育救助等。2003 年，Q 市颁布了《Q 市人民政府关于建立城市困难居民医疗救助制度的通知》，对"低保对象"的医疗救助问题进行了具体规定，进一步提高了"城市低保制度"的"含金量"。随后，各种优惠政策不断被吸纳到"城市低保制度"，这也是"低保对象"突然增加的一个重要原因。此后，"低保对象"的增长率逐步放缓，但增长的趋势并没有变，呈现出一种稳中有升的趋势。

3. 制度覆盖率

Q 市 S 区自 1994 年开始实施"城市低保制度"以来，制度覆盖率呈现出逐步递增的趋势。所谓的制度覆盖率是指"低保对象"数量占总人口的比重，它可以有效地反映"城市低保制度"的惠及面，判断制度的实施效果与程度。由于统计数据有限，这里的"低保"覆盖率是从 2000 年到 2009 年，但也可以从中看到一定的变化趋势（详见表 2）。

表 2　Q 市 S 区"城市低保制度"覆盖率（2000~2009 年）

年份	"低保"人数(人)	总人口(人)	覆盖率(%)
2000	2166	426900	0.507
2001	2357	442500	0.533
2002	2648	455700	0.581
2003	4292	470200	0.913
2004	4505	489400	0.922
2005	4752	505800	0.940
2006	4907	523700	0.937
2007	5197	540400	0.962
2008	5439	547400	0.994
2009	5556	551300	1.008

通过表 2 可以清楚地看到"低保对象"数量与总人口的具体数值，两者在总趋势上都是逐年递增的，宏观方面则从 2000 年的 0.507% 增长到了 2009 年的 1.008%。

---

① Q 市民政局编《Q 市人民政府关于进一步加强城乡最低生活保障工作的通知》，《城乡社会救助文件汇编》，内部资料，第 76 页。

图 2 则清晰地体现出了"低保"覆盖率的变化情况,即随着时间的推移,覆盖率不断扩大,这就表明"城市低保制度"涵盖的人群不断增加,且占总人口的比例不断增长。

图 2 Q 市 S 区"城市低保制度"覆盖率趋势

资料来源:Q 市统计局:《2000~2009 年 Q 市统计年鉴》。

4. "低保"金标准调整对"低保对象"数量的影响

通过对表 1 的观察可知,从 1994 年 6 月到 2010 年 6 月,S 区"城市低保制度"标准一共调整了 9 次,2010 年 6 月的救助标准仅是 1994 年的 2.6 倍。而"低保对象"数量却从 1994 年 6 月的 37 人猛增到 2010 年 6 月的 5505 人,增长了 147 倍。由此可以看出,"低保"金标准并不是年年调高,而"低保对象"数量却年年攀升,且"低保对象"数量的整体增长速度远远高于"低保"标准的增长速度。从局部来看,以 2000 年和 2001 年、2003 年和 2004 年两个部分为例,2000 年与 2001 年"低保"标准并没有发生变化,而"低保对象"的增长率为 8.8%;2004 年比 2003 年的"低保"标准提高了 20 元,而"低保对象"的增长率为 5%。

通过以上分析可以得出两点结论,一是"低保"标准调整幅度偏低,以 1999 年到 2009 年为例,S 区"低保对象"的"低保"标准从 1999 年末的 200 元/月增加到了 2009 年末的 350 元/月,增长率为 75%,而 Q 市居民人均消费性支出从 1999 年的 498 元/月增长到了 2009 年的 1340 元/月,增长率高达 169%。[①] 以国际上被广泛接受的标准(中位收入或人均收入的 60%)来看,

---

① Q 市统计信息局:《1999 年 Q 市统计公报》《2009 年 Q 市统计公报》,Q 市统计信息网,http://www.stats-qd.gov.cn/statsqd/Columns/tojgb.shtml。

"低保对象"的救助金标准显然偏低。① 因此，若排除其他因素，单从这一点来看，"低保"金的调整幅度相对偏低，这反映出在经济发展的大环境下，"低保对象"通过社会救助得到的国家援助并没有与社会经济发展同步增长。二是"低保"标准的提高对"低保对象"数量的影响不大。也就是说，"低保"金并不是"吸引""低保对象"进入"城市低保制度"的主要或唯一因素。

（二）"低保对象"的构成规律

图 3 反映的是 S 区"低保对象" 2004 年到 2010 年 6 月的构成情况。随着经济体制改革的不断深入以及经济增长方式的转变，贫困人口从单纯的"三无人员"、残疾人等无劳动能力人群扩展为包括"三无人员"在内的无业人员、失业人员、在职人员、下岗人员、离退休人员以及其他人员七大类。这进一步证明了传统救济制度已经不能适应经济社会的发展，实施"城市低保制度"十分必要。

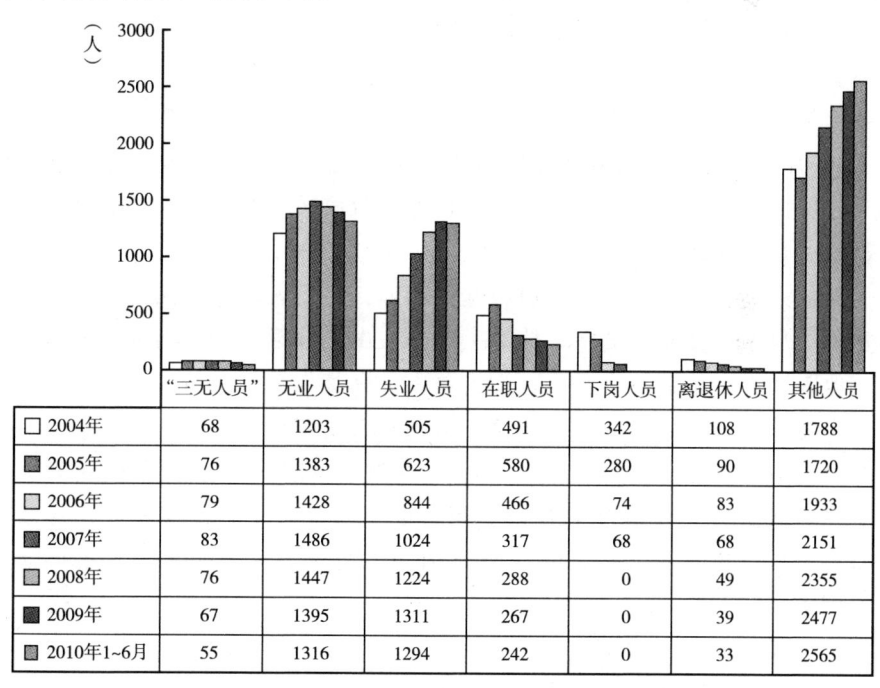

（人）	三无人员	无业人员	失业人员	在职人员	下岗人员	离退休人员	其他人员
2004年	68	1203	505	491	342	108	1788
2005年	76	1383	623	580	280	90	1720
2006年	79	1428	844	466	74	83	1933
2007年	83	1486	1024	317	68	68	2151
2008年	76	1447	1224	288	0	49	2355
2009年	67	1395	1311	267	0	39	2477
2010年1~6月	55	1316	1294	242	0	33	2565

图 3　Q 市 S 区低保对象构成

资料来源：Q 市民政局。

---

① 黄晨熹、王大奔、邱世昌、蔡敏：《让就业有利可图——完善上海城市最低生活保障制度研究》，《市场与人口分析》2005 年第 3 期，第 3 页。

通过对图3的观察，可以从以下几个方面对"低保对象"的构成规律做出分析。

1. "三无人员"

"三无人员"等传统救济对象在整个"低保对象"的构成比例中所占份额很小，平均每年的比例仅为1.4%左右。由于"三无人员"具有一定的稳定性，一旦进入"城市低保制度"的救助体系就难以通过其他的方式退出，因此救助人数在年份上的纵向变化不大。但应当注意的是，正因为他们"稳定"的特性，更应当对其进行全面保障和重点救助，使其成为"城市低保制度"的主要受益者。

2. 无业人员和失业人员

通过图3可以看出，无业人员、失业人员所占比例较大，七年来的平均比例分别达到了27%和19%，两者总体占"低保对象"的46%左右，几乎占据了半壁江山。从动态变化来看，无业人员七年来的变化幅度较小，2007年达到最高值后有所下降但下降的幅度很小，基本保持在一个比较稳定的范围内。与无业人员有所不同，失业人员的动态变化呈现出明显的规律性，即人数逐年递增，年增长率分别为23%、35%、21%、20%、7%，虽然2010年1~6月失业人数有所减少，但由于无法预测后半年的人数变化情况，因此无法做出统计。由此可见，虽然增长率有所放缓，但失业人员的总体人数在整个"低保对象"的构成比例中还是不断上升的。

无业人员、失业人员致贫原因基本相似，都是无工作、无劳动收入导致的贫困。只不过无业人员中可能有一部分人由于缺乏劳动能力或者因为家庭等其他因素无法从事社会劳动，而失业人员则基本上具有劳动能力，只不过因为主观、客观等因素而无法继续在劳动力市场获取劳动收入。无业人员和失业人员中有一部分人是我国经济高速发展、社会竞争加剧的受害者，国家应当对其进行一定程度的补偿。同时也应当看到，无业或失业已经成为现阶段我国贫困现象发生的最主要诱因，也是影响社会稳定与发展的一个重要因素。

3. 在职人员

通过图3可以看出，在职人员占整个"低保对象"人员构成的比例逐年缩小。2004年，在职人员在"城市低保制度"总人口中的比例为10.9%，而2010年6月，所占比例仅为4.4%。就业人口在"低保对象"构成中的比例逐年减少，这可以从另一个角度说明就业对缓解贫困的重要意义。当然，在职人员成为"低保救助"的对象也让大众对现阶段最低工资制度的实施情况以及低工资致贫应由谁负责产生了疑问。

4. 下岗人员

下岗人员是我国特有的一部分贫困人口,他们是劳动力长期供大于求的客观反映,同时也是计划经济向市场经济转轨的必然产物,是我国经济发展多年累积的深层次矛盾的体现,他们往往因为不能充分就业而陷入贫困。通过图 3 可以看出,2004 年 Q 市 S 区下岗人员为 342 人,与在职人员数量相差不多,这就说明我国长期累积的下岗人员数量较大,但在随后的几年中,下岗人员的数量逐年递减,2008 年在"低保对象"中已经没有下岗人员了。这说明近几年下岗人员得到了一定的分流,可能很大一部分人员由于长期处于下岗无业状态而被归入无业人员或失业人员的范畴当中。下岗人员在社会改革进程中受到了巨大的冲击,"减员增效"等转型期的政策使他们丧失了稳定的收入甚至工作,最终陷入贫困。

5. 离退休人员

在"低保对象"构成中,离退休人员不但占的比例较小,而且呈现出了逐年降低的趋势。这部分"低保对象"在"城市低保制度"总人数中所占的平均比例最小。人数也从 2004 年的 108 人下降到了 2010 年 6 月的 33 人。离退休人员都曾为企业、为社会贡献了大量的劳动与心血,因此国家近年来连年提高退休工人的养老金待遇,确保他们晚年的安定。Q 市从 2005 年至 2010 年已经连续 6 年提高企业退休人员养老金待遇。这不但体现出了社会制度的公平性,也是对历史的补偿,因为现在的退休职工都在计划经济时代忍受了绝对平均之下的非公平生活。养老金待遇的提高直接使得离退休人员在"城市低保制度"总人数中的比例迅速缩小。

6. 其他人员

通过图 3 可以明显地看出,其他人员所占比例非常大,七年来的平均比例达到了 42% 左右,且每年在"城市低保制度"总人数中均占较大比例,增长趋势较为迅猛。之所以将其界定为"其他人员",是因为在统计中无法准确地确定其身份属性,这反映了当今社会有相当数量的人口面临着不确定的社会风险,经济与社会发展的不平衡性使得风险发生的种类与频率不断上升,由此产生的贫困概率也相应提高。同时,城市化的不断发展也使得涌入城镇的外来务工人员迅速增长,这也在一定程度上增加了其他人员的数量。

通过以上分析可知,"低保对象"的构成情况比较复杂,但有一点可以明确,那就是有劳动能力人员占绝大多数,且呈上升趋势。由于缺乏专业、科学的劳动能力鉴定机构,怎样才能确定一个人是否具有劳动能力还是一个存在争议的问题。但不可否认的是，无业人员、失业人员、下岗人员以及其他人员中有相当比例的人员是具有劳动能力的，而这些人员的比例却恰恰占据了"城市低保制度"总人数中的绝大部分，并且还有继续上升的趋势，如失业人员的变化趋势就明显体现了这一点。由此，可以基本确定，今后"低保对象"的"主力军"将是有劳动能力的贫困者，他们"能劳"而"不劳"的原因值得我们反思，同时对这种制度的反思也是完善"城市低保制度"的一个重要研究课题。

（三）"低保对象"的动态化管理

从总体来看，"低保对象"动态"退出"量少于"进入"量，动态调整弹性小，动态化管理机制难以顺利实施。图4反映了S区"低保对象"的动态管理情况，可以看出，从2000年到2009年"低保对象"的"退出"量明显小于"进入"量，"进入"量和"退出"量的平均差额为709人，这导致了"低保对象"总人数的不断上升。

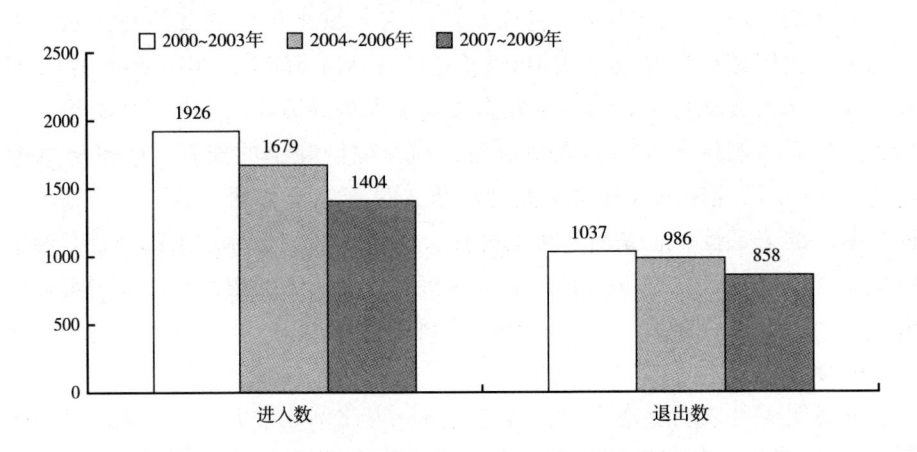

图4　Q市S区低保对象动态管理情况

资料来源：Q市S区民政局。

针对"低保对象""多进少出"的现象，S区民政局社会优抚科的张科长向笔者道出了实施"低保对象"动态化管理的难处，归纳起来主要有四点：一是部分"城市低保制度"家庭的准确收入不易掌握，对于一些隐性产业、隐性收入财产难以把握，个别人通过隐报、瞒报等手段掩盖自己实际家庭收入，骗取最低生活保障资格；二是部分申报"城市低保制度"待遇的人员，对其劳动能力的认定没有政策依据；三是部分"低保对象"住所不固定，人户分离，加大了居委会的随访难度；四是对违反《城市居民最低生活保障条例》的"城市低保制度"家庭不易实施责任追究。这些因素直接导致了"低保对象"的退出机制难以有效实施。此外，张科长着重强调，"城市低保制度"的高"含金量"在现阶段成为影响"低保对象"动态化管理的一个重要因素。

通过以上分析可以对 S 区"低保对象"的动态变化做一个总结与归纳。第一，总体来说，从 1994 年 6 月到 2010 年 6 月，S 区"低保对象"呈现出逐年递增的动态发展态势，制度覆盖面不断扩大，纳入"城市低保制度"的市民越来越多。第二，单纯的"低保"救助金对"低保对象"进入"城市低保制度"的影响力越来越小，"城市低保制度"本身肯定存在一些吸引"低保对象""进入"的因素。第三，也是最应当引起关注的是，在"低保对象"中，大部分是具有劳动能力的人员，且这种趋势还在不断扩大。一种救助制度吸纳了大量有劳动能力的人员，这种现象不禁让我们联想到了西方的"福利依赖"，虽然我国目前的"城市低保制度"还不能用"福利依赖"来形容，但大量有劳动能力人员的囤积也带给了人们深刻的思考。第四，"低保对象"的动态化管理较难得到有效的实施，这为部分"低保对象"的"只进不出"提供了条件。

当然，Q 市 S 区"城市低保制度"实施的 16 年间，"低保对象"动态变化呈现出的规律与特征可能并不止以上四点，但这四点却是众多特点中最突出，也是对完善整个"城市低保制度"政策最有指示效果的，应当引起足够的关注。同样，这种动态变化所呈现出来的规律与特征在一定程度上也具有普遍性，这也为全国"城市低保制度"如何完善与改进提供了指引与方向。

参考文献

黄晨熹、王大奔、邱世昌、蔡敏，2005，《让就业有利可图——完善上海城市最低生活保障制度研究》，《市场与人口分析》第 3 期。

乐章、陈旋、风笑天，2000，《城市居民最低生活保障制度研究述评》，《浙江学刊》第 3 期。

Q 市民政局，《城乡社会救助文件汇编》，内部资料。

Q 市统计信息局，《1999 年 Q 市统计公报》，《2009 年 Q 市统计公报》，Q 市统计信息网，http：//www.stats-qd.gov.cn/statsqd/Columns/tojgb.shtml。

吴稼稷，2008，《浙江省最低生活保障制度研究》，硕士学位论文，浙江大学。

作者简介
崔凤　男
所属博士后流动站：中国社会科学院社会学研究所
合作导师：景天魁
在站时间：2001年10月至2004年1月
现工作单位：中国海洋大学法政学院
联系方式：cuifeng@ouc.edu.cn

杜瑶　女
现工作单位：青岛市崂山区食品药品监督管理局

农村低保制度：运行逻辑与减贫效应[*]

——基于统筹城乡发展视角对惠农和社会保障政策的分析

李海金

摘　要：基于农村发展战略的重大调整和国家整体经济实力的显著提高，中国政府的惠农政策和社会保障政策体系中的大部分都在 21 世纪初集中出台或在全国范围内推开，从而极大地推动了农村减贫进程，促进了农村经济社会全面发展。同时，它在目标群体瞄准、政策目标定位、政策过程运行、政策衔接、财政支持结构等方面也积累了具有借鉴意义和推广价值的成功经验。

关键词：社会政策　统筹城乡发展　惠农政策　社会保障政策　农村最低生活保障制度

一　问题意识与研究背景

本研究的问题意识在于：通过对惠农政策和社会保障政策的目标、过程、绩效等的总结性分析，探寻其与农村扶贫或减贫两对变量之间是否存在有意义的关联。如果这种关联存在，它们之间在何种程度上、在哪些方面、以什么样的方式关联在一起。这种关联又蕴藏着政策的何种运行逻辑。上述

---

[*] 基金项目：教育部人文社会科学重点研究基地重大项目"贫困农民的代际更替与脱贫机制研究"（10JJDZONGHE）（023）；教育部人文社会科学青年基金项目"完善与农民政治参与积极性不断提高相适应的乡镇治理机制研究"（10YJC810042）。

具有较强连贯性的问题意识的形成和明晰，主要基于惠农和社会保障政策在 21 世纪初以来的显著性变化，以及农村贫困问题和扶贫工作几乎在同一时间点的新成效与新走向。

在当下中国，政策对于经济社会发展的方向和速度具有至关重要的作用，在某种意义上甚至是最为关键的影响变量。这一认识主要根源于执政党及其政权体系的政治运行的历史惯性，而执政党及其政权体系的政治运行对于农村社会和农民群体而言尤甚。"政策对于农村发展和农民的命运有着至关重要的作用。中国共产党正是依靠政策将亿万分散孤立的农民组织到政党和国家体系中来。"[1]

农村政策对于农村发展和农民的脱贫致富的规制与引导作用怎么强调都不为过。不过，改革开放以来，受制于国家整体发展战略和公共财政等因素的影响，在不同的发展阶段和历史时期，农村政策的导向作用有着明显的差异。在改革开放早期，温饱问题是中国政府的最大也是最主要的追求，增产及增收是农村政策的主要目标。然而，尽管中国政府将"三农"问题提升到很高的政治高度，出台了大量政策文件尤其是 20 世纪 80 年代的五个"中央一号文件"，从中央到地方推出了一系列改革举措，但是"三农"问题依然相当突出。其集中表现就是，"三农"问题依旧停留在"头痛医头、脚痛医脚"的状态，没有将这一问题纳入宏观政策框架之中寻求系统性、综合性的应对方案。[2] 这一实践路径在学界的反映就是"从乡村解释乡村"分析视角的泛滥。进入 21 世纪以后，农村政策开始出现非常显著的历史性转变，农村发展和农民生活也迎来一个崭新的历史性契机。这一转变在发展战略上的体现就是统筹城乡发展和城乡一体化的提出，在政策原则上的体现就是 2000 年前后先后提出的解决"三农"问题的"多予少取放活"六字方针，在政策措施上的体现就是 21 世纪初以来目标群体不断扩充、内容体系不断延伸、覆盖范围不断扩大的惠农政策和社会保障政策的全面实施。当然，作为国家发展战略的风向标的"中央一号文件"，自 2004 年以来创纪录地连续 8 年关注"三农"问题，是这一转变的集中写照。

不过，从政策制定和运行层面，我们需要追问的是，为什么中国政府的惠农政策和社会保障政策体系中的大部分都在 21 世纪初以来集中出台或推广。要寻求其间的动因，就必须对"三农"问题面临的形势和基本走向及

---

[1] 徐勇：《"政策下乡"及对乡土社会的政策整合》，《当代世界与社会主义》2008 年第 1 期。
[2] 李海金：《农村公共产品供给、城乡统筹与新农村建设》，《东南学术》2007 年第 2 期。

国家的发展战略选择有较精准的把握。黄宗智指出,今日的中国乡村充满着诸多错综复杂的矛盾现象,"一方面,近二十多年来农村收入有相当程度的提高;另一方面,农村和城市差距越拉越大。一方面,农村出现了不少新兴富户;另一方面,贫穷的困难户比比皆是。一方面,部分地区许多村庄显示出可观的经济发展;另一方面,许多村庄经济反而倒退,同时人际关系、社区共同体又明显衰败"[①]。这些貌似矛盾的现象,其实意味着"三农"问题的复杂性、系统性、外部性和农村政策选择的非均衡性、非单一性、非独立性。而这些特性的基本问题指向是具有深厚历史延续性的城乡二元结构,而且这一结构已深深镶嵌于农村经济、社会、政治、文化等多个层面。[②] 在这一具有较强中国特色的历史背景下,"三农"问题的解决就必须以统筹城乡发展、城乡一体化为价值理念。政府通过对国家宏观政策框架和制度结构的整体性调整力图从根本上改变农村、农业和农民的状况,实现城市与乡村的一体、融合。这一解决路径在国家的发展战略上的展现就是,"以工促农、以城带乡"发展阶段和"工业反哺农业、城市支持农村"发展战略的提出。

与"三农"问题及其政策框架——惠农和社会保障政策的显著性变化具有某种历史耦合性,中国农村贫困问题和扶贫工作几乎在同一时间点上也面临着新的局面,呈现出新的特点,并预示着新的走向。改革开放以后,由于持续、快速的经济增长和政府开展有计划、有组织、大规模的开发式扶贫工作,中国的反贫困事业取得巨大成就,贫困问题得到极大程度的缓解。农村贫困人口从改革初期的2.5亿人减少到2007年的1479万人,贫困发生率从30.7%下降到1.6%。然而随着改革向纵深推进和经济社会发展的深化,贫困人口的特性、成因、分布逐渐呈现出更加复杂多变的状态,反贫困工作也不断遇到新的问题和挑战。尤其是在绝对贫困人口逐渐减少的同时,相对贫困问题更为突出,当下中国已进入"由社会阶层分化造成的相对贫困为核心的阶段"。[③] 甚至有学者指出,中国农民贫困的基本特征和类型已经开始发生根本性的变化,其表现有:贫困问题从普遍性贫困转为区域性贫困,从以绝对贫困为主转变为从以相对贫困为主,从以长期性贫困为主转变为以暂时性贫困为主;致贫因素从以区域经济发展不足、地理位置偏远、自然条

---

① 黄宗智:《制度化了的"半工半耕"过密型农业(上)》,《读书》2006年第2期。
② 李海金:《以城带乡:乡镇行政体制改革的城市化走向——以武汉市双柳"乡改街"为例》,《华中师范大学学报》(人文社会科学版)2006年第5期。
③ 林卡、范晓光:《贫困和反贫困——对中国贫困类型变迁及反贫困政策的研究》,《社会科学战线》2006年第1期。

件恶劣、人力资源不足等结构性因素为主转变为贫困人口生计不稳定、脆弱性强等个体因素，贫困人口内部的结构化和多元化特点也日趋明显。① 中国扶贫仍面临着解决温饱和巩固温饱的双重压力以及消除绝对贫困与减少相对贫困的双重任务。在更深层的意义上，贫困及贫困问题不是一个单纯的经济问题，更是一个社会问题、政治问题乃至文化问题；贫困的存在与产生不是单纯的自然因素造成的，而是与一个社会的发展战略、政策框架及治理体制有关。② 与此相适应，扶贫开发工作就不能仅仅满足于改善不利于人生存的自然环境或解决温饱问题，还应关注人的发展权和社会公平正义。

针对相对贫困日益突出的新情况，政府部门通过政策调整进行了回应。2008年，国家做出实行新的扶贫标准和重点提高农村贫困人口自我发展能力的决定，对农村低收入人口全面实施扶贫政策，将扶贫标准提高到人均1196元，扶贫对象相应增加到4007万人。在深层意义上，这项政策调整实质上意味着贫困政策关注点的显著变化，即从关注区域到关注群体，并进一步细化到对生存性贫困人口与发展性贫困人口实行不同的政策。十七届三中全会通过的《中共中央关于推进农村改革发展若干重大问题的决定》对这两类群体分别提出"重点提高农村贫困人口自我发展能力"和"对没有劳动力或劳动能力丧失的贫困人口实行社会救助"的差异性政策。从政策演变的角度看，对生存性贫困人口与发展性贫困人口实行差异性的扶贫政策是有着战略调整意味的，即"标志着我国扶贫开发进入一个新的阶段，由主要解决绝对贫困人口的温饱问题转向对农村没有解决温饱的贫困人口、低收入人口全面提供扶持和帮助。扶贫工作实际上形成了开发式扶贫与救济式扶贫两轮驱动的新格局"。而在中国扶贫的战略思路上，这又标示着中国扶贫工作的实施主体更多，扶贫政策的牵涉范围更广，这就是"大扶贫观"的新格局。其基本的政策指向是：不局限于就扶贫论扶贫，不局限于专项扶贫工作，不局限于专门针对贫困人口和贫困地区的扶持政策和措施。③ 党的十六大提出了统筹城乡发展的方略，制定了"多予少取放活"和"以工促农、以城带乡"的方针，逐步形成了集行业、区域和社会政策于一体的大扶贫格局。大扶贫格局的基本结构是专项扶贫、行业扶贫与社会扶贫的衔接与互促。

---

① 李小云：《扶贫开发的"社会安全网建设"前瞻》，《人民论坛》2010年第1期。
② 徐勇、项继权：《反贫困：生存、服务与权益保障》，《华中师范大学学报》（人文社会科学版）2009年第4期。
③ 陆汉文：《青藏高原大扶贫格局的推进与专项扶贫方式创新——以青海省玉树藏族自治州为例》，中国国际扶贫中心工作报告，2011年3月。

二 农村低保制度：基于政策动因、目标与过程的解读

农村最低生活保障制度（以下简称农村低保制度）是惠农和社会保障政策的一个典型代表，它力图从社会救助角度解决部分特殊农民群体的生存问题，而且在启动之初就面临着与现有农村扶贫开发政策的衔接和互动问题，因此这项制度是观察惠农和社会保障政策与农村减贫之间关联的一个很好的切入口。

（一）政策动因

农村低保制度是指对农村家庭人均纯收入低于当地最低生活保障标准的家庭按当地最低生活保障标准给予救助的制度，是在农村特困群众定期定量生活救济制度基础上逐步发展和完善的一项社会救助制度。农村低保制度是农村社会救助体系的一种实现形式，是对已有的救助体系的补充和完善。长期以来，农村社会保障体系一直较落后，水平较低，主要是对一些特殊困难群体开展救助救济活动，其基本制度体系包括"五保"制度、特困救助、自然灾害救济、扶贫。不过，这些救助体系基本上都是针对某些特殊群体，基于某些特殊原因存在较多的约束条件。而农村低保制度面向全体农村居民，以其为潜在的保障对象，在区域和群体上没有先验的限制条件。在制度属性上，它是农村居民维持生存和生活的最后一道防线，是属于最低层次的社会保障制度，是农村困难群众的最后一道"安全网"。基于此，我们从以下三个层面对农村低保制度的政策动因做出分析。

其一，统筹城乡发展战略是建立农村低保制度的外在推动力。在很长一段时期里，城乡社会保障体系存在显著的差异，是城乡二元结构的一项基本制度体系。在统筹城乡发展战略的新背景下，农村低保制度的建立和完善就凸显为一个重要的实现形式和实施平台。该项制度在全国范围的建立，既可以率先在基本生活救助制度方面实现城乡困难群众同等待遇，逐步缩小城乡公共服务差距，也可以为建立社会主义市场经济体制覆盖城乡居民的社会保障体系做出新的探索。

其二，扶贫开发战略和方式调整是建立农村低保制度的内在动力。近年来，农村贫困人口的特征和致贫原因呈现出复杂化与多样化，原有的以贫困县和贫困村为单元的区域性扶贫战略、开发式扶贫方式面临"瞄偏"难题，这就需要建立一种更加精确的瞄准机制和直接的救助方式来帮助农村贫困人

口脱贫，农村低保制度的目标定位和减贫效应正好因应了这一需求。[1]

其三，维护农村社会稳定和实现社会公平是建立农村低保制度的基本社会动因。在很大程度上，农村社会和农民群众承担着中国社会"安全阀"的功能，农村社会弱势群体的基本生活问题能否以及在多大程度上得到解决，直接关系到农村社会稳定乃至全国的社会稳定。另外，进入21世纪以来，随着国家财力的增强和发展战略的调整，社会公平显现为一项基本的社会理念和价值导向，并成为普通民众所普遍接受的社会公共意识，这就为农村低保制度的建立和完善构筑了深厚的社会基础。

（二）政策目标

在2007年出台的《关于在全国建立农村最低生活保障制度的通知》中，对农村低保制度的目标做出了设定，即"通过在全国范围建立农村最低生活保障制度，将符合条件的农村贫困人口全部纳入保障范围，稳定、持久、有效地解决全国农村贫困人口的温饱问题"。这一目标有三大基本内涵：一是实施区域的定位，明确提出农村低保制度由试点省份扩展到全国所有地区；二是覆盖群体的定位，以保障标准为评判尺度将所有符合条件的农村贫困人口都纳入保障范围；三是保障目标的定位，解决低保对象的温饱问题，即达到消除农村绝对贫困的目标。

而在2008年十七届三中全会讨论通过的《中共中央关于推进农村改革发展若干重大问题的决定》中，对农村低保制度又提出了新的要求，指出"完善农村最低生活保障制度"，并将完善的目标定位于"做到应保尽保"。"应保尽保"的基本含义是：农村低保制度是针对农村生活困难群体建立的，其出发点是要覆盖所有由于各种原因而不能保障基本生活的农村居民，使他们能够得到维持基本生活所需的费用。如果一个农村家庭的收入水平达不到维持基本生活的标准，就要采用补差的方法，对该家庭进行补助，以确保其能够维持基本生活。

另外，本研究的主要关注点在于，农村低保制度与缓解贫困问题的内在关联，抑或农村低保制度的减贫效应。在对农村低保制度的目标定位做出阐释的基础上，我们还应对其减贫目标做出进一步分析。开发式扶贫战略和方式调整的关键点在于农村扶贫工作的基本导向已开始从以区域为主转向以人

---

[1] 蔡昉、都阳：《建立农村"低保"制度的条件已经成熟》，《中国党政干部论坛》2004年第9期。

员为主，农村贫困人口日益显现出分布分散化、致贫原因多样化、绝对贫困人口边缘化等新特征。因此，在农村低保制度在全国范围全面推开的新背景下，对农村低保制度和扶贫开发政策做出适当划分并实现有效衔接就势在必行了。

农村低保制度和农村扶贫开发政策是当前解决农村贫困问题的两个重要政策。然而，这两项政策在人群定位和功能定位等方面存在一定程度的差异，农村低保制度维持基本生活，重点针对没有劳动力或者主要劳动力丧失劳动能力，以及居住在自然条件恶劣地区的贫困家庭；扶贫开发促进发展，重点针对有劳动能力、能够接受市场扶持并通过自己劳动脱贫致富的家庭。前者指向绝对贫困，而后者指向相对贫困；前者带有明显的救助特性，而后者则关注能力提升。不过，正是由于这两项政策之间的目标不同、功能各异，才使得它们形成了相辅相成、互为补充、并行不悖的紧密关系。上述分析表明，农村低保制度作为扶贫开发的配套性政策，在消除绝对贫困人口方面可以达致较好的效果。

（三）政策过程

作为农村社会保障体系的一项制度设置，农村低保制度经历了三个发展阶段。

第一阶段：创建阶段（1994~1995年）。农村低保制度起始于一些地方小规模的试点探索。1994年，山西省民政厅在阳泉市开展农村低保制度试点工作。同年，上海市出台关于做好本市农村工作的意见，也开始推行农村低保制度试点工作。其间，国务院召开的第十次全国民政会议提出到20世纪末"在农村初步建立起与经济发展水平相适应的层次不同、标准有别的社会保障制度"，并决定进一步扩大农村低保制度试点范围，试点区域确定为山西、山东、浙江、河北、广东和河南等。1995年12月，广西武鸣县颁布了我国第一个县级农村居民最低生活保障制度文件——《武鸣县农村最低生活保障线救济暂行办法》。

第二阶段：推广阶段（1996~2001年）。1996年，民政部印发《关于加快农村社会保障体系建设的意见》，并制定农村社会保障体系建设指导方案，要求把建立农村低保制度作为农村社会保障体系建设的重点来抓，并将农村低保的试点范围扩大到全国256个市县。同时，开展更有力度、更有针对性的试点工作，确定山东烟台市、河北平泉县、四川彭州市和甘肃永昌县等发达、中等发达和欠发达三种不同类型的农村社会保障体系建设的试点县市，开展更有力度、针对性的试点工作。其后，部分有条件的省市在试点工作的基础上，逐步建立起符合本地区自身实际的农村低保制度。上海、山东、广西、广东、浙江等先后出台了具有较强可操作性的实施办法或指导方案。

第三阶段：全面推开阶段（2002年至今）。农村税费改革全面推行导致县乡财政收入大幅锐减，引发了农村低保制度资金筹集的困难，农村低保制度试点工作陷入萎缩的境地。在这一背景下，中央开始不断加强农村低保制度建设的工作力度和政策支持力度。2002年党的十六大提出"有条件的地区探索建立农村低保制度"。2004年中央一号文件提出"有条件的地方，要探索建立农民最低生活保障制度"，此后，福建、北京、上海、天津、浙江、广东、江苏7个省（直辖市）相继建立了农村低保制度。2007年中央一号文件又明确提出，要在全国范围建立农村低保制度，同年3月5日，时任国务院总理温家宝在《政府工作报告》中宣布，2007年要在全国范围建立农村低保制度，鼓励已建立制度的地方完善制度，未建立制度的地区尽快建立。2007年7月国务院发出《关于在全国建立农村最低生活保障制度的通知》（国发〔2007〕19号），对建立农村低保制度的重要意义、目标和总体要求、标准和对象范围以及管理等问题做出了明确规定，农村低保制度进入全面推进的新阶段。在强化政策制定的同时，财政支持力度也得到明显改善。从2008年7月起，在2008年1月每人每月提高10元补贴的基础上，中央政府又对农村低保对象的补助水平按每人每月10元的标准增加。2011年3月讨论通过的"十二五"规划进一步要求："完善城乡最低生活保障制度，规范管理，分类施保，实现应保尽保。健全低保标准动态调整机制，合理提高低保标准和补助水平。加强城乡低保与最低工资、失业保险和扶贫开发等政策的衔接。"

三 农村低保制度：政策绩效与减贫效应分析

从发展进程看，2001年以来农村低保的保障人数、补助资金、月人均补助资金等总体上一直处于快速增长之中。根据《中国统计年鉴》和《中国民政统计年鉴》，农村低保人数和户数增长迅速，低保人数从2001年的304.6万人增加到2009年的4760万人，增加了4455.4万人，增长了14倍多，低保户数从2002年的156.7万户增加到2009年的2291.8万户，增加了2135.1万户，增长了13倍多；低保资金增长迅猛，从2001年的4.69亿元增加到 2009 年的 363.0 亿元，增长了 76 倍多；低保平均标准和平均补差水平也逐年提高，平均标准从 2005 年的 76.0 元/人·月增加到 2009 年的 100.84 元/人·月，增长了 32.7%，平均补差水平从 2005 年的 38 元/人·月增加到 2009 年的 68 元/人·月，增长了 78.9%（详见表 1）。

表 1　2001～2009 年农村低保事业发展情况①

指标＼年份	2001	2002	2003	2004	2005	2006	2007	2008	2009
保障人数（万人）	304.6	407.8	367.1	488.0	825.0	1593.1	3566.3	4305.5	4760.0
保障户数（万户）	—	156.7	146.5	235.9	406.1	777.2	1608.5	1982.2	2291.8
保障资金（亿元）	4.69	7.1	9.32	16.2	25.1	41.6	109.1	228.7	363.0
平均标准（元/人·月）	—	—	—	—	76.0	70.9	70.0	82.3	100.84
平均补差水平（元/人·月）	—	—	—	—	38	34.5	38.8	50.4	68

在很大程度上，农村低保制度是对传统农村社会救助制度的根本性变革，使得农村社会救助制度实现常态化、制度化。传统农村社会救济制度，是对农村无生活来源、无劳动能力、无法定抚养人的孤老残幼和因天灾人祸造成生活困难的农民家庭，以及其他需要救济的对象进行定期、定量救济和临时救济。这虽然保障了他们的基本生活，但是也存在明显的缺陷和弊端，难以适应市场经济形式下农村经济社会发展新形势的要求。传统社会救济存在诸如救济标准过低、资金来源不稳定、管理不科学等问题，不能从根本上解决贫困农民的生活困难。建立和完善农村低保制度，是实现这一改革的有效途径，它极大地提高了农村社会救济工作的法制化、规范化水平，真正构筑起农村社会成员生活保障的最后防线。

从当前农村低保制度的运行现状看，主要取得了以下几个层面的政策绩效：一是覆盖面不断扩大，贫困人口迅速减少。前文统计数据已经表明，2001 年以来，农村居民享受低保的人数和户数的增长幅度都非常大，2009

---

① 中华人民共和国国家统计局编《中国统计年鉴·2010》，中国统计出版社，2010；中华人民共和国民政部编《中国民政统计年鉴·2010》，中国统计出版社，2010。

年比 2001 年增长了 14 倍多。低保能够解决农村绝对贫困人口的生活难题，从而减少贫困人口的数量。2000 年以来我国绝对贫困人口的数量呈现逐渐下降趋势，2000 年为 3209 万人，2001 年为 2927 万人，2007 年为 1479 万人。[①] 二是资金投入规模不断加大，保障标准逐年提高。随着政府对民生问题的高度关注，对低保的投入力度也不断加大。根据相关统计数据，近年来从中央到地方对农村低保的资金投入不断加大，2009 年比 2001 年增加了 76 倍多，低保平均标准和平均补差水平也增长较快，与 2005 年相比，2009 年平均标准增长了 32.7%，平均补差水平增长了 78.9%。三是制度体系不断完善，城乡一体格局基本形成。实践表明，社会救助体系只有以基本生活保障为主体，不断完善各项救助政策，从各个层面缓解贫困群体的生活困难，才能够有效提高困难群体的脱贫能力。[②] 随着农村低保制度在全国范围的普遍建立和其他救助制度的不断完善，以城乡低保为基础，农村五保供养制度、灾害紧急救助制度、医疗救助、流浪乞讨人员救助为主要内容的覆盖城乡的社会救助制度体系全面建立，已经成为救助困难群体的一种长效机制。截至 2007 年 6 月，全国 31 个省区市都已经建立了农村低保制度，2007 年底，2777 个涉农县（市、区、旗）已全部建立起农村低保制度。同时，不少地方采取了"城乡联动、整体推进"的原则，缩小城乡低保差别，力争实现城乡一体、城乡同步，为建立城乡统一的社会保障体系奠定了良好基础。[③]

2009 年 7~8 月，华中师范大学中国农村问题研究中心选取了辽宁、陕西、广西、云南、河南 5 省 10 县 1201 位农户开展了"新世纪初中国惠农政策对贫困人口的影响研究"专题调研，问卷调查数据分析显示如下[④]。

在农村低保制度的减贫效果评价上，53.5% 的已享受低保农户认为"低保金对家庭贫困的缓解作用很大"；在农村低保金的发放上，超过一半的村庄采用"现金，月均或平均几月发放一次"的方式，也有超过 1/3 强的村庄采用"部分现金，部分消费品替代"的现金和实物兼顾的方式，而

[①] 中国扶贫开发年鉴编辑部编《中国扶贫开发年鉴·2010》，中国财政经济出版社，2010。
[②] 李学举：《李学举部长全面贯彻党的十七大精神　在新的历史起点上推动民政工作新发展》，《中国民政》2008 年第 1 期。
[③] 李杰、樊轶侠：《关于完善我国农村居民最低生活保障制度的思考》，《河南师范大学学报》（哲学社会科学版）2008 年第 6 期；李忠林、崔树义：《我国农村低保的现状、问题与对策》，《东岳论丛》2009 年第 8 期。
[④] 李海金：《农村最低生活保障制度的政策效果与改进方案》，华中师范大学中国农村问题研究中心工作报告，2010 年 2 月。

与当前实际实行的方式相比，农户更加倾向于现金的方式，并且每月或者几个月发放一次低保款，主张采用消费品和生活必需品替代方式的比例非常低；在低保农户家庭的确定方式上，目前实行"分配到组，村民公开讨论，村部确认"方式的比例最高，占到 34.6%，而实行"根据家庭状况由村干部直接确定"方式的比例也较高，占到 19.2%，而农户对该问题的看法与村庄实际的确定方式之间出现了较大的差距，有近一半的农户认为应采取"分配到组，村民公开讨论，村部确认"的方式。

四　惠农和社会保障政策的基本经验与逻辑

进入 21 世纪以来，为进一步提高经济增长质量和社会发展水平，中国政府启动了统筹城乡、工农、区域协调发展的战略，实施了一系列新的惠农强农政策，建立了一套创新性的农村社会保障体系，从而加快了农业现代化进程，优化了农村经济结构，促进了农村经济社会全面发展。自实施以来，这些政策取得了一定效果，提高了农业生产的效率，促进了劳动力的非农转移，降低了农民生产和生活的负担，提高了农户应对经济风险、社会风险和自然风险的能力，保障了农业的稳定发展、农村经济环境的显著改善和农民收入水平的持续增长，对缩小全国范围的城乡差别、区域差别起到了积极的推动作用。

基于前文对中国惠农和社会保障政策体系的回顾、解读与分析，并以农村低保制度为例对其动因、目标、过程、绩效及减贫效应做出的详细的阐述，我们试图提炼出四条基本经验，并对其间的运行逻辑与机制进行解析。

（一）量力而行，步步推进，适时跨越

通过对中国各项惠农和社会保障政策的演进过程与发展阶段进行梳理发现，总体上有两个较为凸显的特点：一是许多政策并不是一蹴而就的，而是有着深厚的历史背景和积淀，在改革初期甚至新中国成立始就初见端倪，然而这些政策在其后数十年的历史发展中受制于主客观条件的限制难以获得突破性的发展，执政党和国家也采取了量力而行的策略，更多地让地方依据自身的经济实力和意愿推动相关政策的实施。农村低保制度在全国范围内推开实施之前，部分省市就开始进行试点探索，但在进入国家层面的试点工作之后（即 1996~2001 年）也曾因社会保障工作重点转向城镇等政策环境的影

响而出现一些曲折。二是经过多年的政策积淀，并在经济实力增强和外部支持增大的推动下，大部分政策又都在21世纪初出台或者从区域试点转向全国推广，并在步步推进的基础上步入快车道。

总而言之，惠农和农村社会保障政策在战略和策略两个方面保持了一定的平衡，既量力而行，又在步步推进的基础上找准时机实现跨越，而其中的权衡因素主要是国家发展战略尤其是农村发展战略的调整和国家整体经济实力的提高。在国家的农村发展战略处于基本稳定状态以及国家整体经济实力还不够强时，暂缓在全国范围内推进惠农政策和社会保障政策，可以给予地方一定的自主性和主动性；而当国家已经准备从整体层面对农村发展战略做出调整，政府尤其是中高层政府已经具备较强的经济实力和财政能力之时，就可以考虑惠农和社会保障政策在全国范围内实施并在必要的时候加快推进速度，以满足农村社区和居民的需要。

（二）试点先行，提炼经验，总结不足，逐步推进

树典型，开展示范活动，推行试点工作，是中国共产党和中国政府部门屡试不爽的工作方法，对于中国的政治社会运转起着润滑剂、推动器的作用，在一定意义上深深烙印在中国当代历史和社会发展进程上。[1] 这些方法在中国农村领域也被经常采用，中国农村村民自治的生长与发展就是其中的典型代表。开展示范活动是中国农村村民自治成长的重要方式和基本逻辑之一，中国农村村民自治的顺利推进很大程度上得益于示范活动的引导，它也为村民自治的制度创新提供了广阔的空间。[2]

在中国农村社会政策的运行过程中，试点几乎是必然采用的工作方法，也是必经的发展阶段。政府在农村低保制度的创建阶段、推广阶段、全面推开阶段三个发展阶段中，都开展了试点范围、人群和保障资金、标准等差异性较大的试点工作，在20世纪末21世纪初由于某些因素的制约部分试点区域曾有所回落，之后经过更稳健的试点工作，农村低保制度逐步在全国范围内全面建立。其基本运行规律是：先在一定区域、人群中开展试点活动，基于试点先行以提炼成功经验，总结不足与缺陷，寻求应对策略和措施，并渐次推广到全国范围，惠及所有的目标群体。

---

[1] 冯仕政：《典型：一个政治社会学的研究》，《学海》2003年第3期；苗春凤：《典型中国——当代中国社会树典型活动研究》，博士学位论文，上海大学，2009。

[2] 徐勇：《现代国家的建构与村民自治的成长——对中国村民自治发生与发展的一种阐释》，《学习与探索》2006年第6期。

（三）从直接政策到间接政策，从着眼短期效应到关注长期效应，并注重农村社会政策之间的衔接与联动

一般而言，惠农政策较为关注农民的直接经济利益，并提供直接的财政支持或政策倾斜，大多属于生产性社会政策；而社会保障政策则较为关注农民的间接经济社会利益，并提供间接的政策干预，大多属于保障性或发展性社会政策。在政策效果和动因上，惠农政策的主要动因在于通过直接满足农民的经济需要和利益要求，着眼于较快显现出来的短期效应，以获得农民的政治支持，吸纳农民的参与，调动农民的主动性，为后续惠农和社会保障政策的实施奠定群众基础，推动政策绩效和减贫效应的扩大化与扩散化；而社会保障政策则更多地立足长远，关注可持续效应和长期效应，从农村社会政策的结构优化和体系建构角度讲，它具有更基础的价值和更深远的影响。

另外，由于各项惠农和社会保障政策的政策目标与绩效的复杂性、多样性和差异性，在某些境况下，各项惠农政策和社会保障政策之间可能会出现不一致甚至相互抵牾的状况，这就可能导致政策难以发挥应有的效应或者预期的效应弱化的局面；抑或由于某项惠农政策和社会保障政策在政策设计之初没有充分考虑与其他政策的有效衔接和良性互动，从而不利于各项政策的政策绩效最大限度地激发。一言以蔽之，在惠农和社会保障政策的制定与实施过程中，应兼顾战略考量与策略选择，从着眼短期效应的直接政策逐步过渡到关注长期效应的间接政策，并注重农村社会政策体系的衔接与联动，着力构建一套包容性强、可持续的农村社会政策体系。农村低保制度与农村扶贫开发政策的协同实施就较好地因应了这一政策要求，两者在制度设计上分别针对绝对贫困人口与相对贫困人口，分别解决的是基本生活问题和能力提升问题，两者有机衔接与良性互动状态达成的一个重要机制是农村低保制度无法解决的贫困人口能否进入开发式扶贫政策体系之中，以及绝对贫困人口在通过农村低保制度解决了基本生活问题并初步获得发展能力之时开发式扶贫政策能否及时跟进。作为一项晚近的社会保障政策，农村低保制度在启动之时就具有较强的政策敏感性，它在目标群体瞄准、政策目标定位、保障标准确定等方面都标示着其制度属性的"兜底性"（即最低层次的农村社会保障制度）；而2008年扶贫新标准实行后绝对贫困线和低收入贫困线合二为一，从而将无法纳入农村低保范围的具有一定自我发展能力的低收入人口全面纳入开发式扶贫政策，从而实现了两项政策之间的衔接与联动。

（四）依据权责范围和财力大小合理分担各级政府之间的财政支持责任，重点加大中高层政府的财政支持力度

中国农村社会保障政策基本上是在原有的全国性或区域性政策基础上发展起来的，或者在推行新政策之前都有某些类似的政策存在，因而存在新旧政策的转换问题。而新旧政策实现顺利转换的重要条件是政策主体（其中最关键的主体力量是中央政府和省级政府）在政策设计尤其是财政支持中的强力介入，从而显著地带动社会政策进入转捩点并在政策目标上不断拓展，在政策的目标群体上逐步扩充，在政策的财政支持结构上不断优化，在工作力度上渐次强化。当然，依据各级政府部门的权责范围和财力大小，合理分担各级政府之间的财政支持责任，重点加大中高层政府的财政支持力度，才是各项惠农和社会保障政策顺利推进的关键要素。农村低保制度的资金投入量、月人均保障标准、月人均保障补差水平等一直保持较快的增长速度，在很大程度上取决于中央和省级政府在财政预算与支出中的有力支持。

参考文献

蔡昉、都阳，2004，《建立农村"低保"制度的条件已经成熟》，《中国党政干部论坛》第9期。

冯仕政，2003，《典型：一个政治社会学的研究》，《学海》第3期。

黄宗智，2006，《制度化了的"半工半耕"过密型农业（上）》，《读书》第2期。

李海金，2006，《以城带乡：乡镇行政体制改革的城市化走向——以武汉市双柳"乡改街"为例》，《华中师范大学学报》（人文社会科学版）第5期。

——，2007，《农村公共产品供给、城乡统筹与新农村建设》，《东南学术》第2期。

——，2010，《农村最低生活保障制度的政策效果与改进方案》，华中师范大学中国农村问题研究中心工作报告，2月。

李杰、樊轶侠，2008，《关于完善我国农村居民最低生活保障制度的思考》，《河南师范大学学报》（哲学社会科学版）第6期。

李小云，2010，《扶贫开发的"社会安全网建设"前瞻》，《人民论坛》第1期。

李学举，2008，《李学举部长全面贯彻党的十七大精神在新的历史起点上推动民政工作新发展》，《中国民政》第1期。

李忠林、崔树义，2009，《我国农村低保的现状、问题与对策》，《东岳论丛》第8期。

林卡、范晓光，2006，《贫困和反贫困——对中国贫困类型变迁及反贫困政策的研究》，《社会科学战线》第1期。

陆汉文，2011，《青藏高原大扶贫格局的推进与专项扶贫方式创新——以青海省玉树藏族自治州为例》，中国国际扶贫中心工作报告，3月。

苗春凤，2009，《典型中国——当代中国社会树典型活动研究》，博士学位论文，上海大学。

徐勇，2006，《现代国家的建构与村民自治的成长——对中国村民自治发生与发展的一种阐释》，《学习与探索》第6期。

——，2008，《"政策下乡"及对乡土社会的政策整合》，《当代世界与社会主义》第1期。

徐勇、项继权，2009，《反贫困：生存、服务与权益保障》，《华中师范大学学报》（人文社会科学版）第4期。

中国扶贫开发年鉴编辑部编，2010，《中国扶贫开发年鉴·2010》，北京：中国财政经济出版社。

中华人民共和国国家统计局编，2010，《中国统计年鉴·2010》，北京：中国统计出版社。

中华人民共和国民政部编，2010，《中国民政统计年鉴·2010》，北京：中国统计出版社。

作者简介

李海金　男

现工作单位：华中师范大学社会学院、湖北社会发展与社会政策研究中心

联系方式：haijinli79@yahoo.com.cn

中国三支柱养老保险改革模式的反思与重构*

张祖平

摘　要：中国三支柱养老保险制度对于推进国有企业改革，保障职工退休后的生活发挥了重要作用，但也存在诸多问题，如把自愿建立的企业年金计入职工养老金总体替代率之中，使多数职工养老金替代率远低于设定的目标；在基本养老保险和企业年金中多重设置个人账户，增加了管理成本；按照人们的职业分块建立养老保险制度，造成制度碎片化严重。这不仅对于即将开展的机关事业单位养老保险改革未能发挥良好的示范作用，而且加剧了社会分层，给未来社会带来许多新的社会风险。把三支柱模式改良为由基础养老金和养老公积金构成的全民统一的双层次养老保险制度是弥补现有养老保险制度缺陷的有效办法。

关键词：养老保险　个人账户　目标替代率

从 1997 年国务院公布《关于建立统一的企业职工基本养老保险制度的决定》开始，中国城镇职工养老保险制度已正式建立 14 年了。14 年来，这一制度对于推进国有企业改革，保障职工退休后的生活发挥了重要作用，但也存在诸如职工实际养老金替代率过低、个人账户多重设置、制

---

* 基金项目：本研究受国家社会科学基金项目"构建城乡统筹养老保障体系的目标定位、制度优化及其长效机制研究"（08CJY065）资助。

度碎片化严重等问题。这不仅对于即将开展的机关事业单位养老保险改革未能发挥良好的示范作用，而且加剧了社会分层，给未来社会带来许多新的社会风险。

然而，目前针对中国养老保险制度的研究大多是在假定其制度设计合理的前提下对其具体运营机制展开的，如养老金精算的平衡、个人账户空账的做实、发展企业年金的思路等。对于城镇职工养老保险制度本身是否合理的研究并不多。目前针对完善城镇职工养老保险制度的研究主要有三种观点：第一种观点主张现收现付制更有效率，如袁志刚、封进认为现收现付制是一个更有效率的选择，基金制没有特殊的优势。[①] 郑振儒认为应建立一个较低水平的现收现付制养老保险体系。[②] 第二种观点认为多支柱模式更适合中国。董克用等参照世界银行新提出的五支柱养老模式，认为在中国也可以建立五支柱的养老体系，以弥补现有制度的不足。[③] 第三种观点认为中国应该采用名义账户制。Heikki Oksanen 提出中国应该建立基本养老保险加名义账户制，配以企业年金的模式来解决中国的老龄化问题。[④]

本文拟在借鉴前人研究成果的基础上，对中国城镇职工基本养老保险制度的内在缺陷做出剖析，提出在不改变社会统筹与个人账户相结合的模式的条件下合并基本养老保险和企业年金中的个人账户，实行社会统筹和养老公积金双层次养老保险制度的设想。

一 中国城镇职工养老保障制度的内在缺陷

城镇职工养老保险制度的设计初衷是既体现公平，又体现效率。基本养老保险制度中的社会统筹体现公平，个人账户体现效率，作为补充养老保险的企业年金也体现效率，从而使得该制度既具有现收现付制的公平性优点，

[①] 袁志刚、封进：《中国养老保险制度改革的再认识》，复旦大学就业与社会保障研究中心工作论文，2004。

[②] 郑振儒：《我国城镇养老保险制度的反思与改革》，《江西财经大学学报》2007 年第 3 期，第 29 页。

[③] 董克用、孙博：《从多层次到多支柱：养老保障体系改革再思考》，《公共管理学报》2011 年第 1 期，第 1～9 页。

[④] Oksanen, Heikki. 2010. "The Chinese Pension System: First Results on Assessing the Reformations." 06 – 21 (http: //ec. europa. eu/economy _ finance/publications/economic _ paper/2010/pdf/ecp412_ en. pdf)。

又有基金积累制的个人责任好处，但该制度在实际运行中却出现了许多预料不到的问题。

（一）养老金替代率存在制度设计上的根本缺陷

养老金替代率在制度设计上的根本缺陷是把自愿建立的企业年金计入职工养老金总体替代率之中，使多数职工养老金替代率远低于设定的目标。

我国企业职工养老保险制度设计的思路是基本养老保险提供退休人员基本生活的需要，企业年金提供更高层次的生活标准。养老保险的总体替代率由基本养老保险替代率加企业年金替代率组成。企业年金由于实行自愿参保，覆盖面较窄。相关数据显示，企业年金的参保人数由2000年的560万人增加到2010年的1335万人，10年间仅增长1.4倍。而且从建立年金企业所属行业看，大多集中在电力、铁路、金融、保险、通信、煤炭、有色金属、交通、石油天然气等高收入行业或垄断行业。企业年金在保障对象的结构上也出现了偏向企业高层管理人员和关键技术人员的不良倾向。

由于大部分职工缺乏企业年金，退休后养老保险的实际替代率只含有基本养老保险替代率，这部分退休老人的生活质量受到显著影响。图1显示，1997年中国养老金社会平均替代率达76.3%，以后逐年下降，到2008年只有47.7%，与机关事业单位退休人员全部养老金替代率相比相差甚多。

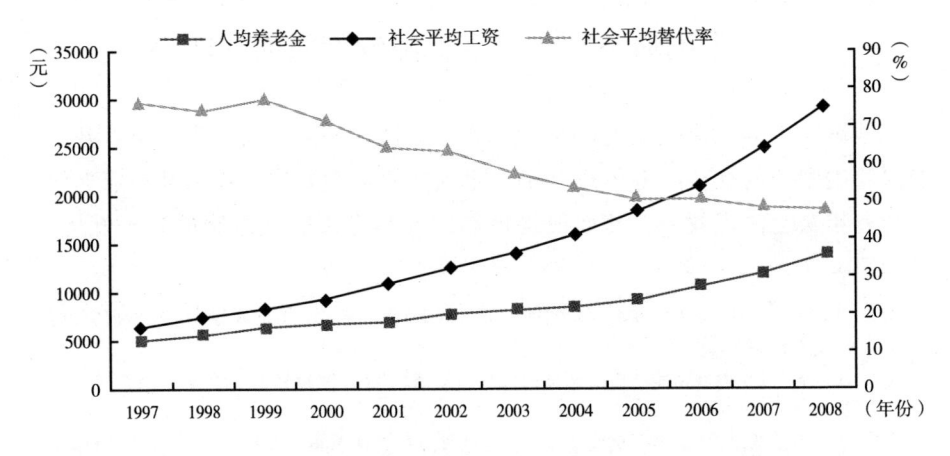

图1　1997~2008年中国养老金社会平均替代率与人均养老金变化

数据来源：根据1998~2009年《中国统计年鉴》，1998~2009年《中国劳动统计年鉴》中的相关数据整理所得。

（二）作为三支柱之一的商业养老保险作用式微

在目前商业保险经营环境不好、人们对商业保险信任度较低的情况下，商业保险作为中低收入阶层养老保障的作用并不显著。2010 年寿险业务原保险保费收入 9680 亿元，而同期城镇基本养老保险基金总收入为 13420 亿元，虽然前者是后者的 72%，但这里没有剔除死亡保险的数据和寿险购买人群的分布，中低收入人群有多少人会购买商业养老保险呢？另外，把商业养老保险视为养老保障制度的组成部分，也容易在计算替代率时把商业保险考虑进去，从而降低基本保障的数额，造成基本保障的不足，事实上并不是每个人都能够购买商业养老保险作为养老保障的补充的。

（三）多重设置个人账户，管理成本高

在基本养老保险中有个人账户，在企业年金或将要实行的职业年金中，也有个人账户。基本养老保险中的个人账户由社会保险经办机构管理，企业年金中的个人账户由受托人来管理。个人账户的多重设置、多重管理，无疑极大地增加了个人账户的管理成本。

（四）个人账户空账化运行

现行部分积累制的养老保险制度在实际操作中，由于养老保险费的实缴数额未能达到预期的目标，统筹账户的基金不足以支付现有退休人员的养老金，因此个人账户的基金几乎全部被挪用来支付退休人员的养老金，从而形成个人账户的"空账"现象。[1] 到 2010 年，中国养老保险个人账户空账规模已达 1.3 万亿元，做实相当困难。从目前来看，应该说做实个人账户的试点已陷入困境。试点进行了 10 年，但做实的只有 1300 亿元。尤其是 2008 年金融危机以来，做实改革试点停滞不前，中央已允许个别省份从做实了的个人账户中取钱来补足统筹部分所缺的资金。这个口子一开，意味着个人账户名存实亡。[2] 如果弥补不上，将来用财政资金代替给付，又会使该制度回归到原来的现收现付制，与其这样，不如早日改革。

---

[1] 王羚、高永诚：《社科院专家：中国养老体制已走进死胡同，个人账户失灵》，《第一财经日报》2010 年 7 月 20 日。

[2] 中华人民共和国劳动和社会保障部：《1998～2009 年度劳动和社会保障事业发展统计公报》，2010 年 8 月 10 日。

（五）片面追求制度的复杂化和多样化，制度碎片化严重

目前的养老保险制度是按照人们的职业分类的，这和制度设计的初衷背离，应该按照收入划分，而不是职业。仅养老保险，就有农民工养老保险、失地农民养老保险、城镇职工养老保险、城镇居民养老保险、事业单位养老保险等分类，似乎出现一个职业，出现一个问题人群，就要建立一种养老保险制度。这种思维很普遍，而且在学术界呈继续扩大的趋势。结果造成养老保险制度的碎片化严重，而且管理成本较高、公平性较差，人们的不满心理和不平衡心理在加剧。

（六）扩面工作较难

表1 1998~2009年城镇养老保险参保情况

单位：万人

年度	城镇就业人数	参加城镇基本养老保险职工人数	职工参保率（%）	城镇退休人口	参加城镇基本养老保险离退休人员数	离退休人员参保率（%）	就业人口和离退休人口的合计数	总参保人数	总参保率（%）
1998	20678	8475.8	40.99	3593.6	2727.3	75.89	24271.6	11203.1	0.461572
1999	21014	9502	45.22	3730	2984	80	24744	12486	0.504607
2000	21274	10448	49.11	3876	3170	81.79	25150	13618	0.541471
2001	23940	10802	45.12	—	3381	—	—	14183	—
2002	24780	11128	44.91	4223	3608	85.44	29003	14736	0.508085
2003	10970	11646	106.16	4523	3860	85.34	15493	15506	1.000839
2004	26476	12250	46.27	4675	4103	87.76	31151	16353	0.524959
2005	27331	13120	48.00	5088	4367	85.83	32419	17487	0.539406
2006	28310	14131	49.92	—	4635	—	—	18766	—
2007	29350	15183	51.73	—	4954	—	—	20137	—
2008	30210	16587	54.91	—	5304	—	—	21891	—
2009	31120	17743	57.01	—	5807	—	—	23550	—

数据来源：1998~2009年历年《劳动和社会保障事业发展统计公报》。

由表1可以看出，从1998年到2009年，12年间参加城镇职工基本养老保险人数从8475.8万人增长到17743万人，仅增加了1倍多，职工参保率由40.99%增加到57.01%，距离全部覆盖就业人口的目标相差甚远。加上

离退休人员，总参保人数由 1998 年的 11203.1 万人增长到 2009 年的 23550 万人，仅增加 1.1 倍，总参保率也只有 50% 多（2005 年）。[①] 而中国香港地区强制性公积金从 2000 年建立起到 2011 年 5 月，雇员参与率已高达 99%，雇主参保率为 100%，自雇人士登记率达 77%（如图 2 所示）。

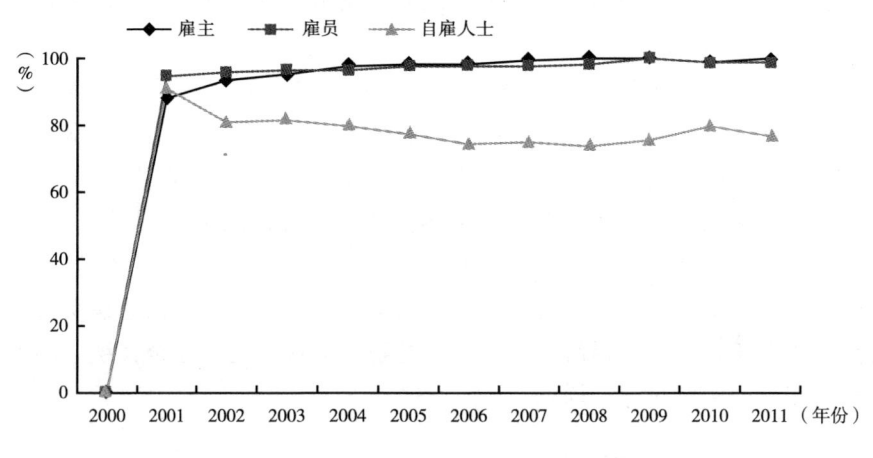

图 2　中国香港地区强制性公积金覆盖率变化

资料来源：香港强制性公积金计划管理局网，2001～2011 年统计摘要。

二　现有城镇职工养老保障制度的外部效应分析

现有城镇职工养老保障制度在保证退休职工基本生活、保障国企改革顺利推进、保证社会和谐稳定方面都产生了积极的社会效应。对于现有养老保险制度的积极作用，理论界和实务界已做大量阐述，本文在此重点分析其消极的外部效应，目的在于尽量完善这一制度。

（一）企业与机关事业单位离退休人员待遇的差异引起群众不满

目前较难查到企业和机关事业单位人均养老金的具体数据，笔者根据《中国劳动统计年鉴 2010》所提供的每年养老金支出数和离退休人员数据，以各年基本养老金支出数为分子，以各年离退休人员数为分母，大体算出企业、机关事业单位统筹范围内离退休人员每年人均养老金支出水平（如图 3

[①] 程行欢：《养老金替代率逐年下降目前已下降至 50% 以下》，《羊城晚报》2011 年 6 月 10 日。

所示)。在 1999 年，城镇企业单位离退休人员每年人均养老金为 6505.93 元，机关事业单位为 5150.17 元，企业离退休人员年人均养老金支出比机关事业单位高 1355.76 元，比全国平均水平 6451.45 元高出 54.48 元；2009 年，企业年人均离退休费为 14746.82 元，而机关事业单位为 21956.43 元，企业离退休人员年人均养老金支出比机关事业单位低 7209.61 元，比全国平均水平低 570.13 元。

由图 3 可知，从 2000 年开始，机关事业单位离退休人员养老待遇超过企业离退休人员，之后它们之间的差距越来越大。这种差距引起群众强烈不满，不仅在网络留言中大量网友表达不满，而且在 2011 年 2 月 27 日上午时任总理温家宝做客中国政府网和新华网访谈时，此问题亦被网民重点提问。为保障企业退休职工的生活，自 2005 年至今，我国已经连续六年 7 次上调企业退休人员基本养老金，但群众的不满情绪依然十分强烈。这说明仅通过提高企业退休人员的待遇解决不了根本问题，应该通过建立全民统一的养老保险制度来彻底解决这一问题。

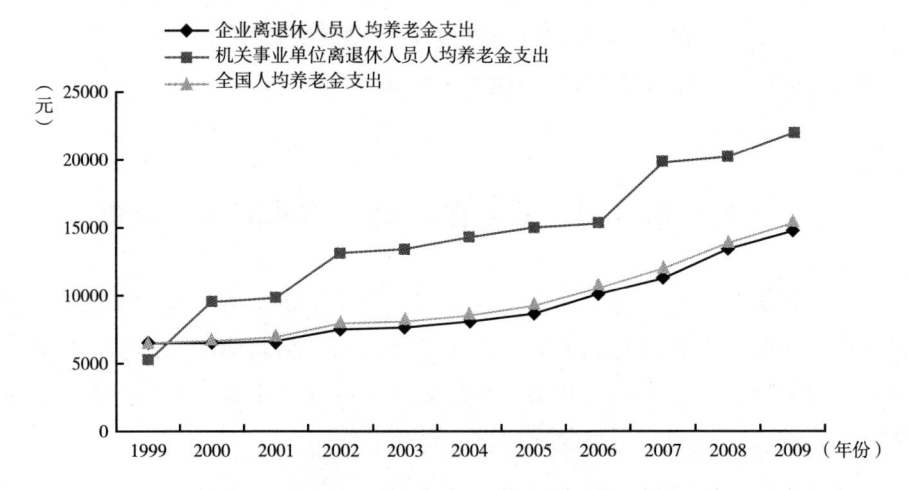

图 3　1999~2009 年企业与机关事业单位离退休人员养老金支出变化

资料来源：《中国劳动统计年鉴 2010》，中国统计出版社，2010。

(二) 形成了负的示范效应，阻碍了机关事业单位社会养老保险改革的推动

1997 年中国城镇退休职工养老金替代率为 76.3%，此后逐年下降，到 2008 年下降至 50% 以下，只有 47.7%（如图 1 所示）。以国际经验来说，如果退休后的养老金替代率大于70%，即可维持退休前现有的生活水平，如果达到60%～70%，即可维持基本生活水平；如果低于50%，则生活水平较退休前会有大幅下降。[①] 城镇企业职工养老保险较低的待遇和替代率的逐年下降，形成了负的示范效应，人们普遍认为机关事业单位社会养老保险改革意味着养老待遇的降低。这种不良预期成为机关事业单位养老保险制度改革的最大障碍。

三 养老保障制度的改革措施——建立双层次的养老保险制度

（一）双层次养老保险制度的内容

1. 双层次的养老保险制度由基础养老金和养老公积金构成

基础养老金由政府承担，通过征收社会保障税筹集资金。养老公积金由个人账户组成，把基本保险里的个人账户划分出来，和企业年金中的个人账户合并，由统一的机构管理。个人账户中的资金来自个人和用人单位的缴费，政府在财力有余的情况下可以给予补助。[②] 双层次养老保险制度不仅能够更清晰地划分政府责任和个人责任，把政府责任限定在特定范围之内，也有利于解决社会保障筹资领域长达10年之久的税费之争。

把现有的强制征收进入个人账户的资金独立出来，把基本养老保险中的个人账户和企业年金合并，收费全部改成强制性，则可改变企业退休职工养老金替代率大大低于机关事业单位的局面，有效缩小企业、机关事业单位养老待遇的差距，而且补充保险部分会迅速扩面，亦有利于弥补现有企业年金偏向企业高层的缺陷。

2. 按收入划分缴费额和领取额，取消目前按职业划分的方法

目前的养老保险种类有城镇职工养老保险、农民工养老保险、新型农村养老保险、失地农民养老保险，现在又在进行事业单位养老保险改革，这些思路都是按照职业来划分养老保险制度，导致养老保险制度碎片化。其实职业只是社会分工不同，不同职业的共同特点是都有收入，而且退休金的表现形式也是收入，因此，建议改用按收入多少决定养老保险缴费额和领取额的

---

① 张祖平：《事业单位养老改革要防止"制度碎片化"》，《中国改革报》2010年9月20日。
② 国家统计局：《中华人民共和国2010年国民经济和社会发展统计公报》，2011年2月28日。

方法。同时，简化制度安排，把各种各样的养老保险制度合并，所有公民都参加统一的养老保险制度。

(二) 双层次养老保险制度的可行性分析

1. 建立双层次养老保险制度，有利于养老保险制度的扩面，短期内建立全民享有的养老保障制度

目前，城镇机关事业单位养老保障完全由财政和单位负担，在这类单位推行新的养老保险制度，并没有增加财政负担，只要另外为每个职工建立一个个人账户即可。现有城镇养老保险由社会统筹与个人账户构成，社会统筹部分相当于现收现付制，个人账户相当于基金积累制，只要把这二者分开，即可进入新制度。国家已经承担了农村养老保险的基础养老金部分，个人账户只要条件成熟即可建立。因此，新的制度可以作为全国统一的覆盖全民的养老保险制度。

2. 新制度是公平和效率的统一体

基础养老金由国家提供，人人享有，保证了每个人的基本生活，维护了人的生存权，解除了老年人的后顾之忧，体现了社会保障税的收入调剂功能。个人账户根据个人收入由自己缴纳，将来的退休金和本人的收入成正比，每个人为了退休后生活得更好，会在工作时全力存入资金，体现了效率。新制度的公平和效率虽然与现在的社会统筹和个人账户相结合的模式类似，但由于现有制度存在庞大的个人账户空账问题，有可能最终回复到现收现付制状态，体现不出效率。所以新制度的公平和效率比现有制度更为显著。

3. 双层次的养老保险制度可解决转制成本问题

在现在的社会统筹和个人账户相结合的养老保险制度下，老人和中人都存在转制成本问题，而且对于转制成本的处理不当，造成了个人账户的大量空账。而在双层次养老保险制度中，老人的养老保险金还由国家继续支付，不需要建立个人账户，中人和新人直接过渡到新制度，中人可按制度建立前的工龄按比例提高基础养老金。这样就解决了转制成本问题。

4. 有利于人才在全国范围内、不同行业间的大流动

社会要发展，国家要进步，需要人尽其才、才尽其力。人才流动会促进人力资源的合理配置。双层次养老保险制度由于每人只有一个个人账户，单位和个人只要向该唯一的账户存入资金即可，所以个人的养老保险关系转移方便。这种全国统一的制度极大地方便了各类人员在不同地区和不同单位间的流动。

参考文献

程行欢，2011，《养老金替代率逐年下降目前已下降至50%以下》，《羊城晚报》6月10日。

董克用、孙博，2011，《从多层次到多支柱：养老保障体系改革再思考》，《公共管理学报》第1期。

国家统计局，2011，《中华人民共和国2010年国民经济和社会发展统计公报》，2月28日。

国家统计局，2011，《中华人民共和国2010年国民经济和社会发展统计公报》，2月28日。

王羚、高永诚，2010，《社科院专家：中国养老体制已走进死胡同，个人账户失灵》，《第一财经日报》7月20日。

袁志刚、封进，2004，《中国养老保险制度改革的再认识》，复旦大学就业与社会保障研究中心工作论文。

张祖平，2010，《事业单位养老改革要防止"制度碎片化"》，《中国改革报》9月20日。

郑振儒，2007，《我国城镇养老保险制度的反思与改革》，《江西财经大学学报》第3期。

中华人民共和国劳动和社会保障部，2010，《1998~2009年度劳动和社会保障事业发展统计公报》，8月10日。

Oksanen, Heikki. 2010. "The Chinese Pension System：First Results on Assessing the Reformations." 06-21 (http://ec.europa.eu/economy_finance/publications/economic_paper/2010/pdf/ecp412_en.pdf).

【注：该文已于修改后正式发表。见张祖平，2012，《中国城镇职工养老保险制度的缺陷与改进建议》，《江西财经大学学报》第3期。】

作者简介

张祖平　男

所属博士后流动站：中国社会科学院社会学研究所

合作导师：折晓叶

在站时间：2006年9月至2008年10月

现工作单位：上海师范大学法政学院社会保障系

联系方式：zhzuping@126.com

农村留守儿童意外伤害保险问题研究

游 春

摘　要： 随着我国经济体制改革的逐步深化和城市化进程的日益推进，人口流动日益频繁，流动人口子女的数量也不断增长。由于受各种因素制约，未成年子女绝大多数留守农村生活学习。这些父母缺位的留守儿童意外伤害风险较非留守儿童显著增加。笔者从保险管理学的角度，分析留守儿童意外伤害风险，测算其额外风险保费，构建一种留守儿童意外伤害保险机制，即政府补贴、监督管理，学校、社区、保险人风险干预的保险机制，来规避留守儿童的意外伤害风险，形成一个以政府、学校和社区、保险公司为主的"三维一体"的留守儿童意外伤害风险防范与管理机制。

关键词： 留守儿童　意外伤害　保险机制

一　背景

自20世纪末以来，我国大力深化经济改革，号召让部分人先富起来，设立经济特区，开放沿海城市，推进城市化进程，其结果造成城乡居民收入差距进一步拉大、东中西部地区居民收入差距过大、高低收入群体差距显著等贫富悬殊问题。在经济快速增长的同时，城市化步伐加快，加上信息化的高速发展，处于贫困阶层的农民大举进军城市务工，感受城市带来的各种生活便利与快乐。而当这些祖祖辈辈生活在农村的农民背井离乡、寻求发展、探求改变贫困命运的时候，由于受各种因素的制约，绝大部分农民不得不把其子女留在自己的出生地，让他们继续在当地农村上学，从而产生了一个特殊时代的弱势群体——未成年的农村留守儿童。

2010年2月18日下午，浙江省天台县下路王村的蔡修明、蔡修通兄弟家的5个孩子在下路王村附近的一个养殖场的水库里溺亡，5个花蕾般的生命就这样凋零了。这个意外令人扼腕叹息，也引起了人们对农村儿童——尤其是农村留守儿童的关注与思考。留守儿童问题是近年来一个突出的社会问题。留守儿童正处于成长发育的关键时期，他们无法获得父母在思想认识及价值观念上的引导和帮助，成长中缺少了父母情感上的关爱与呵护，极易产生人生观、价值观上的偏离和个性、心理发展的异常，一些未成年儿童甚至会因此走上犯罪的道路。

留守儿童是指父母双方或一方外出到城市打工，而自己留在农村生活的儿童，他们一般与自己的父亲或母亲中的一人，或者与上辈亲人，甚至父母亲的其他亲戚、朋友一起生活。根据2005年全国人口抽样调查的数据推断，目前中国农村留守儿童数量超过了5800万人，其中14周岁以下的农村留守儿童数量为4000多万人。57.2%的留守儿童是父母一方外出，42.8%的留守儿童是父母同时外出。留守儿童中的79.7%由爷爷、奶奶或外公、外婆抚养，13%的孩子被托付给亲戚、朋友，7.3%的为不确定或无人监护。

留守儿童主要面临的问题有以下几种。①心理问题。长期的单亲监护或隔代监护，甚至是他人监护、无人监护，使留守儿童无法像其他孩子那样得到父母的关爱，家长也不能随时了解、把握孩子的心理、思想上的变化。这种亲情的缺失使孩子变得孤僻、抑郁，甚至有一种被遗弃的感觉，严重地影响了孩子心理的健康发展。②学习问题。由于父母双方或一方不在身边，对留守儿童学习方面的帮助和监督大大减少，甚至完全缺失，使孩子在学习方面处于一种无人过问的状况。学习成绩无论好坏，无人表扬或批评。渐渐地使孩子对学习产生了一种无所谓的态度。孩子的精力不放在学习上，自然就要在其他方面加以消耗，于是其行为开始出现偏差，各种超越道德、规则的行为开始在孩子身上出现。③生活问题。留守儿童的父母之所以抛下自己的孩子外出打工，主要是因为务农的收入无法让自己的家庭过上稳定的生活。生活困难是留守儿童家庭的普遍特征。虽然外出打工可以挣到一些钱，但工资被拖欠、异地生活成本较大等诸多因素，致使他们在家庭生活方面极其节俭。父母离开后，留守儿童及其监护人在节俭方面表现得更为突出。而儿童时期正是生长发育时期，合理的饮食结构和营养搭配对儿童的成长十分关键。处在这一年龄段的城市儿童，备受父母及亲友呵护，而农村留守儿童只能在极度节俭的状态下过着仅能维持温饱的生活。这些儿童在生病的时候，也往往没有能力和条件去医院救治，只能采取一些简单的、传统的方法治疗，或者干脆硬撑。

二　构建留守儿童意外伤害保险机制

由于父母缺位的留守儿童受监护不力、缺乏抚慰、被疏于照顾等因素影响，其自身的意外伤害风险明显增大。究其原因有以下几点。①农村留守儿童由于父母长年在外打工，常被托付给爷爷、奶奶、外公、外婆或其他亲戚看管。由于祖父母们多数年龄较大，年事已高，文化素质偏低，缺乏安全常识和意识，且体质较差，视力、听力、体力下降，大部分人还要承担繁重的农活及家务，没有足够的时间、能力、精力去看护和教育孩子，农药、鼠药等随处丢弃，对孩子缺乏足够的引导、督促、看管和照顾，所以很容易造成意外事故。②农村的生活环境和设施不完善也是造成留守儿童意外伤害的一个重要因素。如池塘、公路等均无危险警示牌。另外，农村的医疗资源普遍缺乏，即使发生意外事故，也不能及时抢救，只能转至市县级医院，贻误了治疗的最佳时间，酿成无法挽回的后果。③儿童由于缺乏认知能力，识别危险的能力较差，也没有自身防卫的能力，加上好奇心重，活泼好动，往往因成人的一时疏忽而发生意外事故。因父母的远离，缺乏关爱和照顾，留守儿童易受到他人的非法侵害或人身伤害，如受到性侵害和被拐卖。

目前我国有不少学者对农村留守儿童问题做了大量的研究，但总体上看现有的研究大都立足于社会学、心理学以及教育学，侧重于探究现象和分析原因，提出诸多的措施来减少留守儿童的意外伤害事故。比如张丽华提出了呼吁全社会高度认识农村留守儿童的安全问题、对留守儿童的家长或监护人进行健康教育、唤起家长对孩子安全问题的重视、加强对留守儿童自身的安全教育等措施，形成一个学校、家庭、社会三者结合的监护网。① 本文从保

---

① 张丽华：《农村留守儿童意外伤害原因分析与对策》，《当代医学》2008年第20期。

险管理学的角度，构建一种意外伤害保险机制，即政府补贴学校、社区、保险人并监督管理其风险干预情况的机制，来规避留守儿童的意外伤害风险，形成一个以政府、学校和社区、保险公司为主的"三维一体"的留守儿童意外伤害风险保护伞。

留守儿童意外伤害保险机制，是以留守儿童缴纳少量保费，政府补贴保险人、学校、社区并监督管理其风险干预情况的一种机制。留守儿童较非留守儿童具有较高的意外伤害风险，但其监护人只要缴纳少许保险费，额外的风险保费由政府来承担。在这种保险机制中政府起着至关重要的作用，一方面政府要补贴额外风险保费用于保险人，管理费用于学校、社区等机构，另一方面也要监督保险人、学校、社区的风险管理情况。笔者认为，留守儿童是我国社会政治经济的快速发展所带来的一个突出的社会问题，所以政府有义务、有责任来承担这个经济发展带来的副产品。留守儿童的意外伤害风险较非留守儿童高，根据精算平衡原理，其也应承担较高的风险保费，而这部分多出的额外风险保费可由政府来补贴。

三 留守儿童的意外伤害保险的额外风险保费测算

赵科侠、苏虹等采用分层整群抽样方法对安徽省长丰县农村3617名中小学生进行问卷调查，了解留守儿童最近1年伤害的发生情况。[①] 同时运用卡方检验进行差异对比，得出留守儿童伤害发生率为40.90%，高于非留守儿童（24.95%），留守儿童在跌伤、交通伤、动物咬伤等7种伤害类型中的发生率均高于非留守儿童（如表1）。可见，留守儿童的意外伤害风险显著高于非留守儿童。

如今外出打工者越来越多，全国农村留守儿童数量约为5800万人，其中14周岁以下的农村留守儿童数量为4000多万人，这个数量还在呈现上升的趋势，伴随着城市化进程而出现的这种留守儿童现象不会是暂时的，它作为一个人们必须面对的社会问题，将会在一定时期内长期存在。

[①] 赵科侠、苏虹等：《安徽省长丰县农村留守儿童伤害分布及危险因素研究》，《中华流行病学杂志》2008年第4期。

表 1　安徽省长丰县农村留守儿童与非留守儿童意外伤害发生率的对比

单位：人

伤害类型	留守儿童	非留守儿童	合计	χ^2 值	P 值
交通伤	180(11.15%)	124(6.50%)	304(8.63%)	24.008	0.000*
跌　伤	290(17.97%)	188(9.85%)	478(13.57%)	49.082	0.000*
烧烫伤	116(7.19%)	87(4.56%)	203(5.76%)	11.112	0.001*
锐器伤	94(5.82%)	59(3.09%)	153(4.34%)	15.703	0.000
碰击伤	32(1.98%)	33(1.73%)	65(1.85%)	0.309	0.578
砸　伤	42(2.60%)	35(1.83%)	77(2.19%)	2.411	0.121
挤压伤	16(0.99%)	20(1.05%)	36(1.02%)	0.028	0.867
爆炸伤	20(1.24%)	15(0.79%)	35(0.99%)	1.824	0.177
动物咬伤	246(15.24%)	196(10.27%)	442(12.54%)	19.672	0.000*
触　电	36(2.23%)	15(0.79%)	51(1.54%)	12.781	0.000*
中　毒	30(1.86%)	24(1.26%)	54(1.53%)	2.091	0.148
异物伤	37(2.29%)	34(1.78%)	71(2.02%)	1.153	0.283
环境因素伤害	37(2.29%)	32(1.68%)	69(1.96%)	1.723	0.189
溺　水	38(2.35%)	18(0.94%)	56(1.60%)	11.125	0.001*

注：括号内数字为发生率。*$P<0.01$。

保险公司的意外伤害保险保费是精算师在大数法则的条件下根据经验理赔数据测算而来的。留守儿童与非留守儿童所面临的危险因素不尽相同，会使一些被保险人（非留守儿童）很自然地在续保时选择不利于保险公司的退保行为，导致退保率大于纯自然退保率，越来越多的高风险被保险人（留守儿童）留在了保险公司的客户群中，加大了保险人的赔付率，影响了保险公司的偿付能力。由此可见，从保险公司的角度来看，对留守儿童的意外伤害风险的研究也是十分必要且具有实践意义的。

（一）模型的构建

意外伤害保险，是以被保险人的身体作为保险标的，以被保险人因遭受意外伤害而造成的死亡、残疾、医疗费用支出或暂时丧失劳动能力为给付保险金条件的保险。根据这个定义，意外伤害保险保障项目包括死亡给付、残疾给付、医疗给付和停工给付。我们首先要研究留守儿童的意外伤害保险保费的测算，在此基础上再测算额外风险保费。

留守儿童意外伤害保险的费率 = 留守儿童意外伤害保险的纯保费 +
　　　　　　　　　　　　　固定费用(它是留守儿童数的函数) +
　　　　　　　　　　　　　可变费用(它是费率和留守儿童数的函数) +
　　　　　　　　　　　　　利润和安全附加(它是费率的函数)

我们用字母表示：$R = P + f(E) + v(R,E) + Q(R)$

留守儿童意外伤害保险的纯保费 $= \dfrac{\text{经验样本损失数据的预测最终损失额度}}{\text{保单组合的已经风险单位数}}$

$= \dfrac{\text{保单组合的留守儿童总理赔次数}}{\text{保单组合的已经风险单位数}} \times \dfrac{\text{经验样本的损失数据的预测最终损失额度}}{\text{保单组合的留守儿童总理赔次数}}$

= 留守儿童意外伤害发生率 × 留守儿童意外伤害损失额度

即：$P = \dfrac{L}{E} = \dfrac{C}{E} \times \dfrac{L}{C} = F \times S$

在留守儿童意外伤害保险的实践中，对意外伤害发生次数期望值和意外伤害损失额度期望值，可用实际资料的样本均数进行估计。若用随机变量 X 表示意外伤害发生次数或意外伤害损失额度，n 个独立观察值 $x_1, \cdots, x_n$ 就构成了总体 X 的一个样本，则 X 的期望值可用均数来估计。这样做简单明了，但忽略了意外伤害发生次数和意外伤害损失额度可能属于偏态分布的事实。另外，实际工作中我们除了想知道 X 的数学期望 $E(X)$ 外，还希望知道每次损失与其均值偏离的程度，即 X 的方差 $Var(X)$。当取得 X 的 n 个独立观察值 $x_1, \cdots, x_n$ 后，可用样本均数 $\bar{x}$ 和样本方差 s^2 作为 $E(X)$ 和 $Var(X)$ 的估计值。虽然样本均数和样本方差能给我们很大的帮助，但不能完全解决上述问题，因为分布函数不同的两个随机变量也可能有相同的期望与方差。我们若希望了解留守儿童的意外伤害发生次数和意外伤害损失额度各种取值的可能性及其变化规律，必须借助分布函数，即对留守儿童的意外伤害发生次数和意外伤害损失额度的分布进行研究。而且，当样本含量较小时，用样本均数和样本方差作为总体均数和总体方差的估计值精度较差，此时，可以先由样本数据找出意外伤害发生次数和意外伤害损失额度所服从的分布，再由此分布计算出留守儿童的意外伤害发生次数和意外伤害损失额度的总体均数与方差，这样做有更好的精度。

（二）意外伤害损失额度和意外伤害发生次数的拟合

首先需要收集资料，假定收集河南省某县 1055 名农村留守儿童近五年来发生意外伤害的次数及每次损失的额度。通过此样本数据来分析总体均值和方差，推断出总体分布类型。推断样本观察值是否符合特定的总体分布或分布族时，可借助拟合优度检验的方法，应用中离散型资料常用 χ^2 检验、连续型资料常用 K‐S 检验。

除拟合优度检验外，凭使用者的直观感觉和经验判断的作图法也是探索数据分布时常用的方法，常用的有散点图法。由于拟合优度检验本身存在一些难以克服的问题，而作图法具有形象、直观的特点，在分析中有特殊的作用，本文考察意外伤害发生次数和意外伤害损失额度的分布时，采用散点图法和 χ^2 检验相结合的方式。

假设 2005～2009 年河南省某县 1055 名农村留守儿童的意外伤害发生频数如下，根据意外伤害发生次数的频数分布呈正偏态的特点，我们用散点图法对意外伤害发生次数分别拟合了 Weibull、r、对数正态和 Pareto 等多种分布。

表2　2005～2009 年河南省某县 1055 名农村留守儿童意外伤害损失额度的分组

损失金额（千元）	意外伤害发生次数（次）	损失金额（千元）	意外伤害发生次数（次）
1～2	200	20～30	65
2～3	185	30～40	42
3～4	164	40～50	32
4～7	132	50～100	25
7～10	106	100 以上	13
10～20	91	合计	1055

根据表 2 的数据，编制留守儿童意外伤害损失的频数和频率的分布表（如表 3 所示）。

表3　留守儿童意外伤害损失的频数和频率分布

损失金额（千元）	意外伤害发生次数（次）	频率	累计频率	频率密度
1～2	200	0.1896	0.1896	0.1896
2～3	185	0.1754	0.3649	0.1754
3～4	164	0.1555	0.5204	0.1555
4～7	132	0.1251	0.6455	0.0417
7～10	106	0.1005	0.7460	0.0335
10～20	91	0.0863	0.8322	0.0086
20～30	65	0.0616	0.8938	0.0062
30～40	42	0.0398	0.9336	0.0040
40～50	32	0.0303	0.9640	0.0030
50～100	25	0.0237	0.9877	0.0001
100 以上	13	0.0123	1.0000	6.16E－05
合计	1055	1	—	—

注：频率密度＝频率/组距。

从散点图拟合情况,以及利用样本的描述性统计量可以看出样本数据具有的特点,如单峰、偏斜度、峰度。假设分布比较平坦,具有较高的分散程度,综合这些特点,本文选取对数正态分布的 lognormal 模型,对样本数据进行分布拟合。由样本原始数据计算一阶原点矩和二阶原点矩。

$$\overline{x} = \frac{\sum_{i=1}^{n} x_i f_i}{\sum_{i=1}^{n} f_i}, \overline{x^2} = \frac{\sum_{i=1}^{n} x_i^2 f_i}{\sum_{i=1}^{n} f_i}$$

式中 x_i 代表组矩式分组各组取值范围的中值,即(上限 + 下限)/2;f_i 代表各组的频数。根据对数正态分布的 $E(X) = e^{\mu + \frac{1}{2}\sigma^2}$,$E(X^2) = e^{2\mu + \sigma^2}$,建立矩方程组为:

$$\begin{cases} \overline{x} = e^{\mu + \frac{1}{2}\sigma^2} \\ \overline{x^2} = e^{2\mu + \sigma^2} \end{cases}$$

由此可以得出,留守儿童意外伤害损失的分布函数 $f(x) = \frac{1}{\sqrt{2\pi}\sigma x} e^{-\frac{(\ln x - \mu)^2}{2\sigma^2}}$,并通过 x^2 检验其拟合程度是否具有统计学意义。

根据留守儿童意外伤害的样本数据,计算可知样本原点矩 n。运用参数 $\lambda = n$ 的泊松分布对意外伤害的次数进行拟合,同样用 χ^2 检验其拟合程度,假设可以认为留守儿童意外伤害的次数服从泊松分布。概率函数为:$P(N = n) = \frac{\lambda^n e^{-\lambda}}{n!}$。

(三)损失总量模型

留守儿童意外伤害损失额的拟合分布——对数正态分布 lognormal (μ, σ^2),假设 x_i 表示每次损失的额度,且 X_i ($i = 1, 2, \cdots, N$) 独立;留守儿童意外伤害发生率的拟合分布——泊松分布 $P(\lambda)$。

由非寿险精算的相关知识可知,损失总量 S 服从参数 λ 的复合泊松分布:$S = \sum_{i=1}^{N} X_i$。

满足如下条件:①随机变量 $x_1, x_2, \cdots, x_N$ 是相互独立的;②$X_1, X_2, \cdots, X_N$ 具有相同的分布;③N 服从泊松分布,参数为 $\lambda > 0$。

损失总量的总期望和总方差如下:

$$E(S) = E[E(S/N)] = E(N)E(X), Var(S) = E^2(X)Var(N) + E(N)Var(X)$$

损失总量的矩母函数为：$M_S(t) = M_N[\log M_C(t)] = e^{\lambda[M_C(t-1)]}$

损失总量的分布函数、密度函数为：

$$F_S(x) = \sum_{n=0}^{\infty} P(N=n) F^{*n}(x) = \sum_{n=0}^{\infty} \frac{\lambda^n e^{-\lambda}}{n!} F^{*n}(x), f_S(x) = \sum_{n=0}^{\infty} \frac{\lambda^n e^{-\lambda}}{n!} f^{*n}(x)$$

其中：$F(x)$、$f(x)$ 表示损失额度对数正态分布的分布函数和密度函数，$F^{*n}(x)$、$f^{*n}(x)$ 表示对 $F(x)$、$f(x)$ 的 n 次卷积分布。

（四）留守儿童意外伤害的额外风险保费测算

从上文分析可知留守儿童意外伤害损失的总体分布情况。可据此预测最终损失额度，这样再结合保单组合下的已承保留守儿童人数，可以获得留守儿童意外伤害保险的纯保费。即：

$$留守儿童意外伤害保险的纯保费 = \frac{经验样本损失数据的预测最终损失额度}{保单组合的已经风险单位数}$$

那么，留守儿童高于非留守儿童的额外风险保费就可以表示为：

$$留守儿童的额外风险保费 = \left(\frac{留守儿童意外伤害保险纯保费}{非留守儿童意外伤害保险纯保费} - 1\right) \times 风险保额$$

留守儿童高于非留守儿童的额外风险保费应由政府来补贴（见图1）。我国是农业大国，占 50% 以上的人口为农民。而这些贫困的农民有易于满足、吃苦耐劳的民族特性。还有他们普遍文化层次低，对自身权益认识不足。这些缺乏自我权利保护意识、易满足、勤劳的廉价劳动力迅速为我国建立了一个依托世界贸易、面向全球市场的出口加工型经济结构。短短几十年内，我国的各种经济指标都在增长，而这些淳朴的农民工的工资基本上没有多大变化，还时有被拖欠工资的现象发生。这些沿海城市的发展为我国政府

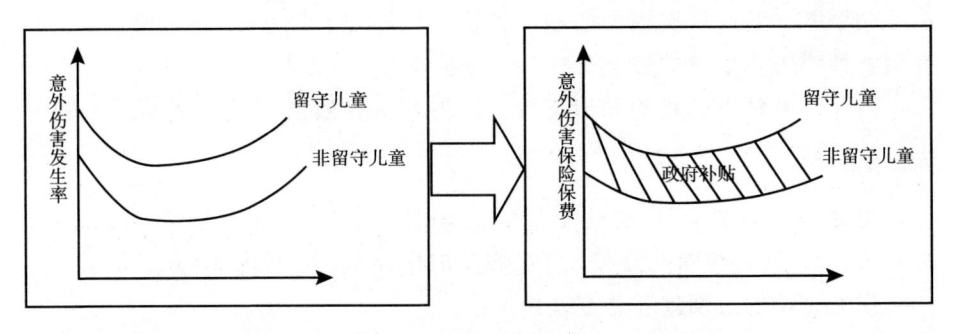

图1 留守儿童意外伤害保险保费的政府补贴

财政积累了巨大的财富，使我国迅速崛起为世界的主要经济体。这些农民工牺牲了家庭的小利益，为了国家的大利益做出卓越的贡献。那么，政府财政补贴留守儿童的意外伤害额外风险保费，实属理所当然。

四 留守儿童意外伤害保险机制的运作

留守儿童意外伤害保险机制，是以留守儿童缴纳少量保费，政府补贴保险人、学校、社区并监督管理其风险干预情况的一种机构。它不仅使留守儿童的生命或身体遇到意外伤害时，获得人身险的损失补偿，更重要的是，它形成了一种风险管理机制，来规避或降低留守儿童意外伤害的风险因素。留守儿童监护人只需缴纳少许保险费，额外的风险保费由政府来承担。保险人收取意外伤害保险费，并按保险合同约定，当留守儿童死亡、残疾或暂时丧失劳动能力时，给付约定的保险金。意外伤害保险保障包括死亡给付、残疾给付、医疗给付。保险人可帮助学校、社区建立各种安全设施，如完善配套设施，做到有宿舍、厨房、餐厅、洗浴室、卫生间、图书室、文体活动室、电话吧、工作人员值班室等基本设施。组织志愿者亲临教室讲授相关风险防范知识，使留守儿童提高预防意外事故的意识，并通过实验的模拟，让师生了解应该怎样预防一些意外风险以及在意外事故发生时应该采取怎样的应急办法。这不仅极大地降低了这一特殊客户群的风险系数，也履行了保险企业的社会责任，提升了公司的形象与声誉。

学校和社区组织人员在江、河、湖、水库等险要部位设置护栏和警示标志，如禁止游泳、禁止攀爬、禁止跨越等标牌。与医院等部门构建校内急救网络，开展儿童意外伤害急救知识培训，便于在第一时间、第一现场对孩子进行施救。尽可能让孩子上学或入托，有人照顾，减少意外伤害发生的机会。组织教师或社区工作人员经常探望留守儿童的家庭，了解他们的生活状况、实际困难并帮助解决。加强农药、毒物、易燃易爆物品的管理，创造有利于孩子健康成长的安定环境。进行爱心沟通，排除留守儿童心理上的自卑、孤独、抑郁等障碍。培养他们自强不息、自力更生的精神，让他们懂得逆境成才的道理。

政府应做好留守儿童工作。政府除要补贴额外风险保费用于保险人，补贴管理费用于学校、社区等机构外，还应定期与不定期地监督保险人、学校、社区的风险干预情况，做好各种风险防范工作。农村未成年人是社会主义新农村建设的后备军，留守儿童是其中的重要群体，他们的健康成长关系着儿童整体素质的提高，关系到经济发展、社会稳定，关系到民族的兴旺发达。政府保护好了留守儿童的生命安全，也就是保证了广大农民及其家庭的切身利益，解除了他们的后顾之忧。农民工是我国工业化、城镇化进程中涌现出的一支新型劳动大军，他们为城市的繁荣创造了财富，为农村增加了收入，为统筹城乡发展注入了新的活力。政府做好留守儿童工作，有利于稳定家庭、稳定社会、稳定人心，是构建社会主义和谐社会的题中应有之义。

应构建这样一个意外伤害保险机制：政府补贴学校、社区、保险人并监督管理其风险干预情况，来规避留守儿童的意外伤害风险，形成一个以政府、学校和社区、保险公司为主的"三维一体"的留守儿童意外伤害风险安全网（如图2所示）。

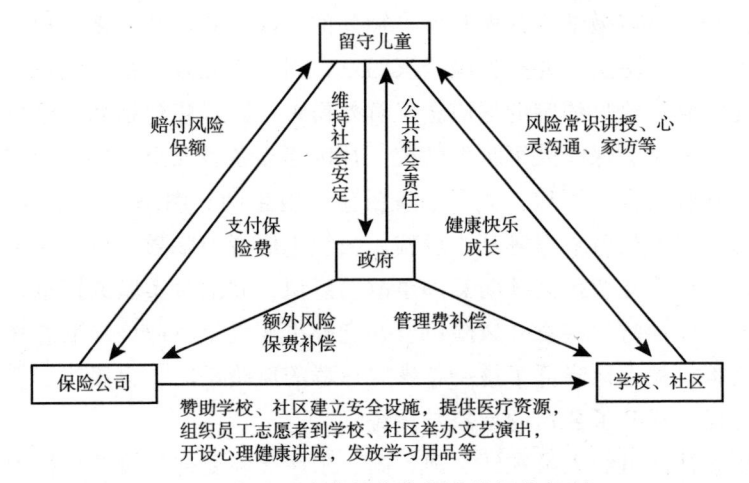

图2　留守儿童意外伤害保险的运作机制

五　结语

随着我国经济体制改革的逐步深化和城市化进程的日益推进，人口流动日益频繁，流动人口子女的数量也不断增长。父母缺位的5000多万名留守儿童受监护不力、缺乏抚慰、被疏于照顾等因素影响，其自身的意外伤害风险明显增大。

笔者从保险管理学的角度，构建留守儿童意外伤害保险机制，即留守儿童缴纳少量保费，政府补贴保险人、学校、社区并监督管理其风险干预情况的一种保险方法，形成一个以政府、学校和社区、保险公司为主的"三维一体"的风险防范与管理有效机制。现在虽有学者提出构建留守儿童的相关保险制度，但尚无具体的实施方案或构想，笔者在此抛砖引玉，希望更多的新的留守儿童保险制度研究成果出现，为政府解决留守儿童问题提供一些建议。

参考文献

陈滔，2002，《医疗保险精算和风险控制方法》，成都：西南财经大学出版社。
郭三玲，2005，《农村留守儿童教育存在的问题、成因及对策分析》，《湖北教育学院学报》第6期。
刘红，2008，《农村留守儿童心理健康研究现状和展望》，《山东理工大学学报》（社会科学版）第1期。
刘志军，2008，《留守儿童的定义检讨与规模估算》，《广西民族大学学报》（哲学社会科学版）第3期。
柳艳、何广立、吴晓军、陈刚、王国文，2009，《镇江市1～14岁儿童伤害特征及其危险因素分析》，《中国学校卫生》第10期。
沈敏、杨森焙、郭勇、刘筱娴、杜云开，2008，《湖北省麻城市农村留守儿童非致死性伤害特征研究》，《中华流行病学杂志》第4期。
粟芳，2006，《非寿险精算》，北京：清华大学出版社。
肖正德，2006，《我国农村留守儿童教育问题研究进展》，《社会科学战线》第1期。
张莉，2009，《长治市农村初中留守儿童情绪及行为问题现状调查》，中南大学硕士学位论文。
张丽华，2008，《农村留守儿童意外伤害原因分析与对策》，《当代医学》第20期。
张庆洪，2004，《保险经济学导论》，北京：经济科学出版社。
赵科侠、苏虹等，2008，《安徽省长丰县农村留守儿童伤害分布及危险因素研究》，《中华流行病学杂志》第4期。
钟继灿、王健，2006，《农村留守儿童的健康问题研究》，《中国初级卫生保健》第1期。
卓志，2006，《保险精算通论》，成都：西南财经大学出版社。

作者简介

游春　男
所属博士后流动站：中国社会科学院社会学研究所
合作导师：景天魁
在站时间：2011年12月至2013年12月
现工作单位：浙江泰隆商业银行
联系方式：rockysz@163.com

"住有所居"何以可能

——吉林省中低收入群体住房保障体系构建

黄艺红 周玉梅

摘　要： 吉林省中低收入群体住房保障体系构建既是社会领域改革的重要内容，又关系到吉林省民生目标能否顺利实现。构建中低收入群体的住房保障体系是保障和改善民生、促进社会和谐稳定的必然要求；是转变经济发展方式、调整经济结构的有效途径；是以人为本的科学发展观的重要体现。基于住房的双重属性和功能，住房问题完全由市场供给或政府保障都存在不足，必须实行"双轨制"的住房供应体系，由政府兴建以公租房为主的保障性安居工程以满足城镇低收入群体的住房需求，而对于城镇中等偏上收入群体的住房需求则通过住房市场化改革的商品房来解决。

关键词： 民生问题　中低收入群体　住房保障　双轨制

十七大报告突出强调要着力和改善民生，把努力实现全体人民"学有所教、劳有所得、病有所医、老有所养、住有所居"作为社会建设的重要目标。在"十二五"规划中，政府将 GDP 的增速设定为 7%，这个数字比上一个五年规划的增速低了 0.5 个百分点，这意味着国家经济发展取向的一种转变，即从单纯追求经济增长向关注民生问题、提高人们的满意度、注重人民幸福感方面转变。吉林省经济发展的民生价值转向既是顺应国家发展战略调整的结果，又是吉林省实现"吉林振兴、富民强省"发展目标的必然选择。加快推进住房保障体系建设是 2011 年国家深化经济体制改革的重点工作之一。① 2011 年全国要建 1000 万套保障性住房,其中吉林省要建设 1.2 万套保障房。因此,吉林省中低收入群体住房保障体系构建既是 2011 年社会领域改革的重要内容,又关系到吉林省民生目标能否顺利实现。

一 中低收入群体住房保障体系构建的意义

民生,即民众的基本生存状态和生活状态。民生问题就是百姓所共同要求的问题。衣食住行是人们的基本生活需求,现阶段温饱问题已基本解决,但住的问题还比较突出。《黄帝宅经》中写道:"宅者,人之本。""人因宅而立。"住房是人的生存之所、发展之基,安居才能乐业。中低收入群体是人民大众的主体,他们的民生问题尤其是住房问题的解决对于体现社会公正、化解社会矛盾、促进社会和谐稳定具有重要意义。

(一)构建中低收入群体的住房保障体系是保障和改善民生、促进社会和谐稳定的必然要求

改革开放以来,中国经济取得飞速发展,2010 年中国成为世界第二大经济体,人均 GDP 达到 4382 美元。② 国际经验表明,这一时期是新兴市场国家快速发展中积聚的矛盾集中爆发时期,如果自身的经济发展矛盾不能克服,可能就会进入"中等收入陷阱"③。我国正处于这一矛盾凸显期,改革与危机并存。随着城市化进程的加快,住房问题尤为突出,一方面旧城改造的任务繁重,另一方面高房价使得新就业职工、新毕业大学生以及外来务工人员成为新的住房困难群体。居者有其屋是千百年来的社会理想。这些人的住房需求如果得不到满足,必然会威胁到社会的和谐稳定。因此,构建中低收入群体的住房保障体系是顺应民意、解除民忧的政策安排,它是人民共享改革发展成果和公平正义的重要体现,有利于化解社会矛盾、促进社会和谐稳定。

---

① 张轶群:《国务院研究部署 2011 年深化经济体制改革重点工作》,新华网,2011 年 4 月 20 日。
② 国际货币基金组织 2011 年 4 月发布的数据,http://wenku.baidu.com\view\73dddc8783d049649b6658cb.html。
③ 中等收入陷阱是 2006 年世界银行在其《东亚经济发展报告》中明确提出的一个概念。它是一个世界性的发展难题。新兴市场国家人均 GDP 超过 3000 美元后,快速发展中积聚的矛盾就会集中爆发,这种发展的停滞即"中等收入陷阱"。

（二）构建中低收入群体的住房保障体系是转变经济发展方式、调整经济结构的有效途径

民生问题不仅是重要的社会问题，也是重要的发展问题。民生问题的解决是转变经济发展方式、提高增长效益的内在要求。扩大内需是我国经济发展的基本立足点和长期战略方针。中低收入群体的住房保障体系构建既能增加投资，又能带动消费。首先，住房建设对相关产业具有很强的带动效应，它可以拉动钢材、水泥、家电等产品的生产和消费。其次，解决了中低收入群体的住房问题就解除了中低收入群体的后顾之忧，他们的消费信心和消费能力也会增强，从而增加其他商品的即期消费。

（三）构建中低收入群体的住房保障体系是以人为本的科学发展观的重要体现

从深层次看，社会发展的原动力是人，自由和发展是人的最基本需要和利益。社会主义社会发展的根本目的，就是要促进人的全面而自由的发展。坚持以人为本，才能形成人的发展与社会各方面发展的和谐统一和相互促进，才能真正有效提高国民的幸福水平。2011年"两会"《政府工作报告》提出"让人民生活得更加幸福、更有尊严"，引发了全社会的强烈共鸣，也带来了对幸福图景的再次审视。住房、教育、医疗、就业等诸多民生问题已严重影响到国民的幸福水平。构建中低收入群体的住房保障体系能够使生活困难的群体"居者有其屋"，提高他们的生活质量，进而提升人们的幸福感和满意度，使人们更有尊严地生活。

二　中低收入群体住房供应体系构建

中低收入群体的住房供应体系是该群体住房保障体系的核心内容，是住房制度改革的深层次问题。对住房属性和功能的认识，直接关系到住房制度的完善。住房是一种特殊的商品，它具有双重属性，既有商品性又有保障性。[①] 住房既凝聚了一定数量的无差别人类劳动，具有价值，又能够满足人们的日常居住需要，具有使用价值。所以，住房具有商品属性和

[①] 成思危：《住房政策探讨：基本观点和优先顺序》，《城市住宅》2010年第11期，第13～15页。

经济功能。住房权是人的生存权和发展权的基本内容,因此,住房还具有保障性和社会功能。基于住房的双重属性和功能,住房问题完全由市场供给或政府保障都存在不足,必须实行"双轨制"的住房供应体系,才能切实、有效地解决百姓关心的住房问题。所谓"双轨制"即由政府兴建以公租房为主的保障性安居工程以满足城镇低收入群体的住房需求,而对于城镇中等偏上收入群体的住房需求则通过市场化改革的商品房来满足。

(一) 保障性安居工程——公租房建设

保障性安居工程是一项重大的民生工程,主要是政府负责组织建设的,为中低收入家庭提供的住房保障,它是具有社会保障性质的住宅建设示范工程。目前,各地在实施保障性安居工程中,使用廉租房、公租房、经济适用房、棚户区改造、危旧房改造等多种称谓。称谓的多样性扰乱了保障性安居工程建设,也使保障和改善民生的初衷得不到体现。经过研究,笔者认为应该将公租房、廉租房统一称为"公租房",取消"经济适用房"。这里公租房是指政府组织建设、收购和租赁的,通过向低收入者收取不同标准的租金来满足低收入群体"住有所居"需求的,具有社会保障性质的住房。

1. 准入机制

准入机制决定了什么样的人可以申请公租房。笔者认为,鉴于日益加快的城市化进程,在公租房的申请中应打破城乡差别和内外差别,不设户籍限制。因此,有资格申请公租房的应包括两部分群体。一是双困户,即同时符合当地低收入标准和住房困难标准的城镇家庭。低收入标准由市、县人民政府按照当地家庭人均可支配收入的一定比例,结合经济发展水平确定;住房困难是指家庭人均建筑面积较小,设施设备简陋,居住环境较差。住房困难的具体标准由市、县人民政府按照人均住房建筑面积低于当地人均住房建筑面积的一定比例确定。二是新住房困难群体,包括新就业职工、新毕业大学生以及外来务工人员。凡年满18周岁、在当地有稳定工作和收入来源、单身人士月收入达到一定标准以下(吉林省的标准为2000元)的,家庭人均月收入达到一定标准以下(吉林省的标准为1500元)的,就可以申请公租房。具体标准参考当地经济发展水平确定。

2. 建设标准

本着保障性住房以保障百姓的基本住房需求、适用原则,对于公租房应该严格控制户型面积标准，住宅以小户型为主，单套套型建筑面积应控制在35~70平方米，具体面积根据家庭人口数等因素来确定。公租房的户型要多种多样、功能齐全、设施配套，有学校、幼儿园、医院或诊所，交通方便。同时，保障房的质量从设计、施工、监理到验收都要坚持"质量第一"的理念，保证保障房的建设达到安全要求。

3. 保障形式

公租房保障主要形式为实物配租，即由政府提供公租房给中低收入住房困难家庭，解决其住房的基本需求。根据不同家庭的收入水平分别实行低租金或者零租金（低保户）。政府根据房屋所在地的位置不同，确定不同公租房的租金标准。一般来说，公租房的租金水平要低于周边同等地段的类似房屋。目前，各地在实践的过程中，公租房租金一般为同地段、同区域、同类别住房市场租金的60%~80%。[①] 其租金标准要在公租房摇号配租时，与准入条件一起公布。公租房租金实行动态管理，每年调整公布一次。

4. 退出机制

公租房租期一般为3年。租赁期满，承租人应退出公租房。需要续租的，承租人在合同期满3个月前提出申请，如果通过复审，可以继续租住。有下列情形之一的，政府应收回公租房：连续1年家庭收入高于当地公租房准入标准的；公租房租赁期间，承租人通过购买、获赠、继承等方式获得商品房的；将承租的公租房转借、转租的；将承租的公租房改变用途的；无正当理由连续6个月未缴纳租金的；无合理原因连续6个月以上未在承租的公租房内居住的；在公租房中从事违法活动的。对以不正当手段获得公租房的，责令其退出公租房，并按市场价格补交此前房租，记录其不诚信行为。

（二）住房市场化改革——商品房开发

计划经济时期，我国实行全面的社会保障，实行福利分房制度。城市居民的住房基本由单位和政府保障。1998年，国家停止住房实物分配，逐步实行住房分配货币化。近十多年来，经过不断的改革探索，我国商品房市场快速发展，居民住房条件不断得到改善，目前城镇人均住房面积已达30平

---

① 李进：《福建公租房租金标准拟按市场价60%~80%的比例确定》，《海峡都市报》2011年6月16日。

方米以上。① 由此，商品房已成为解决城市居民住房问题的主要渠道。对于中低收入群体而言，其中家庭收入较低和住房困难的群体的住房问题通过政府提供的公租房解决，而对于大部分中低收入群体来说，其住房需求的满足还是需要通过住房市场化改革，即自购商品房。2011 年 5 月时任总理温家宝在北京视察保障性住房建设时强调，保障性住房建设的目标是在住宅建设中的比例达到 20%。② 这也说明，对于大多数居民来说，购买商品房仍是满足住房需求的主要途径。

目前，为满足中低收入群体的住房需求，政府主要采用在各地建设经济适用房、限价房等形式，向百姓提供低于市场价格的保障房。但在实施的过程中，由于"寻租"现象的存在，真正需要经济适用房的中低收入群体难以获得，经济适用房和限价房失去了保障功能，反而带来很大的社会矛盾。基于此，政府应该将经济适用房和限价房退出保障性住房体系，将更多的精力投入到为低收入群体提供公租房的建设中，商品房的供给则完全由市场调节，真正实现"保障归保障，市场归市场"。

综上所述，对于中低收入群体的住房需求，要通过政府提供的公租房和市场调节的商品房，即住房供应的"双轨制"来解决。对不同收入家庭实行不同的住房供应政策，低保家庭和低收入家庭租赁由政府提供的公租房解决，实现"居者有其屋"；中等收入家庭购买、租赁市场价商品房，满足其多层次的住房需求。

三 中低收入群体保障性住房制度构建

保障房的制度设计比建设更重要。建构完善的政策扶持机制、信息共享机制、社会监督机制、法律保障机制是实现中低收入群体"住有所居"的重要制度保障。

（一）政策扶持机制

民生工程是政府主导的工程，需要政府从政策上给予有力支持。首先，要加大财政投入力度。中央要进一步增加对地方建设保障性安居工程的补助资金。地方政府也要增加配套资金。其次，进一步拓展融资渠道。

---

① 《城市人均住房建筑面积已达 30 平方米》，《重庆晚报》2010 年 12 月 30 日。
② 闫璐：《温家宝视察保障房建设 称降房价决心坚定不移》，《新京报》2011 年 5 月 2 日。

通过吸引金融机构贷款，调动企业投入建设的积极性，吸引社会资金，建立健全公租房租金动态调整机制，不断增加融资途径。最后，加大土地政策支持力度。对公租房实行土地划拨方式供应，对普通商品房建设通过土地出让提供土地。

（二）信息共享机制

通过数据化、信息化等基础工作，建立我国住房保障、房地产、民政、公安、税务、银行等部门的信息共享机制。通过建立居民经济状况核查系统，核查申请家庭的存款账户、股市账户、纳税记录、房产登记、公积金缴纳等情况。建立中低收入群体的相关档案是住房保障信息共享的重要保证。档案资料包括户口簿、家庭成员身份证、自有（租赁）房屋产权证等复印件，租赁房屋租赁协议，收入状况，住房情况调查表，公租房申请表等。

（三）社会监督机制

在廉租房和经济适用房的建设过程中，曾出现大量问题，备受百姓诟病。如"双重标准"，质量参差不齐；在分配中还存在利益博弈、暗箱操作、公权寻租等问题。因此，要健全新的监管机制，探索行之有效的管理方式。关于保障房的建设、资格审核、配租和后期管理，实行网上公开公示制度，进行全过程阳光管理，接受人大代表、政协委员、新闻媒体和人民群众的全过程监督，建立投诉举报制度和问责制度。

（四）法律保障机制

建立健全的住房法律保障机制，对于确保住房保障的公平性，使住房保障得以顺利实施具有重要的意义。我国目前调控住房方面的法律法规主要有2007年全国人大常委会修订的《中华人民共和国城市房地产管理法》和通过的《中华人民共和国物权法》，以及住房和城乡建设部2010年12月颁布的《商品房屋租赁管理办法》等。厦门、上海、重庆等地也出台了关于保障房的地方性法规。2010年全国人大常委会开始起草《住房保障法》，但至今仍没有实质性动作。当务之急是要在各地立法探索的基础上，抓紧制定国家层面的住房保障法律，明确住房保障的方针、目标，明确规定住房保障的范围和政府、单位、个人的责任等，逐步形成完善的住房保障法律体系。

四 关于中低收入群体住房保障体系构建的反思

(一) 公租房只租不卖

在公租房租期届满后能否出售的问题上目前国家没有明确的规定,所以各地在实践的过程中策略各不相同。如重庆规定承租人在租赁5年期满后,可选择申请购买居住的公租房;吉林省规定公租房只能租赁不得出售。笔者认为,公租房应该是只租不售的。这主要基于两点原因。一是从公租房的性质看,公租房属于社会保障性住房。住房保障和失业保障、养老保障、医疗保障是我国社会保障体系的重要组成部分,而公租房是目前我国住房保障的重要体现。所以,公租房的性质决定了它主要用于满足中低收入群体基本的住房需求。所谓基本的住房需求即指为社会中低收入住房困难家庭、新就业职工、外来务工人员提供居住的场所,实现"住有所居",而不是满足他们拥有自有产权住房的需求。这和我国社会保障制度建构的初衷是一致的,也有利于防止出现我国陷入西方国家"福利困境"的局面。二是从实践环节看,目前我国一些地方保障性住房出售暴露出大量问题,公租房也应该只租不售。如经济适用房或限价房在出售的过程中,一些权势阶层或富裕阶层"寻租"严重,出现"不该保障的保障,该保障的没保障"的现象,导致真正需要保障房的中低收入群体难以获得住房。由于经济适用房和限价房的分配不公又滋生了新的社会矛盾,出现新的不稳定因素。因此,对公租房只租不售,既可以使国家保障资金集中用于满足中低收入群体基本的住房需求,又可以有效防止社会腐败。

(二) 保障性住房"概念扩容"造成新的乱象

保障性住房包括哪些住房?在1998年《国务院关于进一步深化城镇住房制度改革 加快住房建设的通知》(国发〔1998〕23号)中首次提出"廉租住房"和"经济适用房"。2006年,国务院九部委颁布了《关于调整住房供应结构 稳定住房价格的意见》,又提出"限价商品房"。2007年党的十七大报告明确了廉租房制度是住房保障制度的核心内容。同年,国务院出台了《国务院关于解决城市低收入家庭住房困难的若干意见》(国发〔2007〕24号)。这标志着我国廉租住房制度的落实步入了实质性阶段。2008年,中央出台的扩大内需十项措施中明确提出加快建设保障性安居工程。2009年，开始全面实施保障性安居工程建设。保障性安居工程除廉租房、经济适用房外，还包括城市棚户区改造、工矿棚户区改造、垦区危旧房改造、农村泥草房改造、游牧民定居工程。2011年，在政府全面开展的1000万套保障性住房的开工建设中，有些地方政府将拆迁安置、单位自建房都纳入保障房范畴，出现了保障房"概念扩容"现象。

实际上，上述住房中，既有真正的保障房，如廉租房，又有商品房开发，如大部分的棚改房、旧改房，还有福利分房，如单位自建房。保障性住房层次越多，管理成本就越高，制度建设就越复杂，效率就越低。[1] 因此，笔者认为基于保障性住房的性质，应只将公租房明确为保障性住房，将其他各种称谓的住房均纳入商品房供应体系。否则，一些地方政府和企业既有可能借助保障性住房在土地供应、投资补助、财政贴息、融资、税费等方面的优惠政策，进行商品房开发，扰乱房地产市场秩序，也有可能利用保障性住房概念的扩容，通过经济适用房、限价房、单位集资建房等形式使保障性住房继续成为部分群体的福利和特权者的专利。这是新的分配不公和变相瓜分公共资源、国有资产，对比应予以重视。

（三）保障性住房有助于防止房价过快上涨

对于保障性住房是会推高或降低房价，社会各界是有不同的观点的。有人认为保障性住房只会拉低平均房价，却会推高商品房房价。[2] 笔者认为保障房建设会增加住房的有效供给，减少投资性和投机性住房需求，起到抑制房价过快上涨的作用。房价的过快上涨，一个重要的原因就是对住房有刚性需求，而保障性住房将解决中低收入群体的基本住房需求，从而降低对商品房的需求，达到防止房价过快上涨的目的。"十一五"期间，我国通过各类保障性住房建设，解决了1140万户城镇低收入家庭和360万户中低收入家庭住房困难问题。"十二五"期间，我国将新建各类保障性住房3600万套，届时保障性住房的覆盖率将达到20%。吉林省在2011年将建1.2万套公租房，年内计划改造227万平方米，涉及7600户。所以，部分中低收入群体的住房需求可以通过保障性住房来满足，从而降低对商品房的需求，缓解高房价问题。一项民意调查显示，对于"解决房价过高的问题，您觉得最需

---

[1] 程恩富：《新"房改"的未来方向》，《人民论坛》2011年第9期，第40~41页。
[2] 中国经营网，http://www.cb.com.cn\1634427\20101229\17725_2.html。

要采取哪些措施"（最多选 3 项）这一问题的选项中，"要从根本上解决地方政府财政过多依靠土地出让收入的问题"（70.4%）、"打击炒房、囤房"（52.3%）和"加大保障房建设力度"（40.7%）成为解决高房价问题的三种有效措施。[①] 这在某种程度上说明了加大保障房的建设力度也会促使房价下降。

（四）保障性住房建设需要多元化的融资

保障性住房的建设资金从哪里来？笔者认为，保障性住房建设需要多元化的融资，中央政府和地方政府应是投资主体，因为政府具有不可推卸的社会保障责任，同时需要发挥社会机构和企业的力量共同投资。政府的融资渠道主要有六个。一是提高土地出让金提取比例，即用于保障性住房建设的土地出让净收益比例不低于10%，或者按土地出让总收入的5%计提土地出让净收益，将其用于保障性安居工程建设。二是由商业银行中长期贷款解决，加大对保障性住房项目的信贷支持力度。房屋建成后的出租收入在一定年限内用于偿还贷款。三是将公积金增值收益部分所产生的资金统筹用于保障性住房建设。四是加大政策支持力度，引导保险资金进入。保险资金参与到保障房建设，既扩大了保障性住房建设的资金来源，又拓展了保险资金的运用范围。五是发行保障房债券和信托基金。各地政府以每年的租金收入做保证，这类债券回报率稳定，有其市场需求。六是鼓励有志于慈善事业的有实力企业和私人加入。

参考文献

成思危，2010，《住房政策探讨：基本观点和优先顺序》，《城市住宅》第 11 期。
程恩富，2011，《新"房改"的未来方向》，《人民论坛》第 9 期。
鄂璠，2011，《保障性住房的困惑与出路》，《小康》第 4 期。
国际货币基金组织 2011 年 4 月发布的数据，http：//wenku.baidu.com \ view \ 73dddc8783d049649b6658cb.html。
李进，2011，《福建公租房租金标准拟按市场价60% ~ 80%的比例确定》，《海峡都市报》6 月 16 日。
闫璐，2011，《温家宝视察保障房建设 称降房价决心坚定不移》，《新京报》5 月 2 日。

[①] 鄂璠：《保障性住房的困惑与出路》，《小康》2011 年第 4 期。

《住建部：城市人均住房建筑面积已达 30 平方米》,《重庆晚报》2010 年 12 月 30 日。

张轶群，2011，《国务院研究部署 2011 年深化经济体制改革重点工作》，新华网，4 月 20 日。

中国经营网, http://www.cb.com.cn\1634427\20101229\177256_2.html。

作者简介

黄艺红　女

所属博士后流动站：中国社会科学院社会学研究所

合作导师：王延中

在站时间：2008 年 9 月至 2012 年 10 月

现工作单位：北华大学社会学系

联系方式：huangyihong610@126.com

周玉梅　女

现工作单位：北华大学马克思主义学院

联系方式：1761136266@qq.com

社会福利服务

论中国社会福利制度的责任结构[*]

高和荣

摘　要：社会福利制度的建设以及项目实施过程是社会福利责任关系、责任结构重新界定与调整的过程。中国社会福利制度的责任基础不能依据抽象而绝对的公平或效率，而应该采取公平与效率动态平衡的底线公平。从责任结构来看，社会福利制度的纵向责任结构揭示了整体性的、基本的以及具体的社会福利制度或政策等之间的结构关系，而横向责任结构则揭示了整个社会福利体系所包含的项目、内容以及各个社会福利项目之间的关系。从责任要求与目标来看，它内在地需要我们加快社会福利制度的整合，明确社会福利支出与财政收支之间的比例关系，不断完善各项社会福利，使社会福利的供给与配置着眼于满足民众最基本的生活需求，减少社会矛盾与社会冲突，增强党和政府与人民群众的血肉联系，更好地促进社会稳定与社会和谐，不断夯实执政之基。

关键词：社会福利制度　责任结构　责任目标

任何一种社会福利制度的背后都隐含着某种责任关系，体现着这种社会福利制度的责任结构与责任基础。各种不同的社会福利模式、项目及路径选择都表现为社会福利责任基础与责任结构上的差异。即使是同一项社会福利

---

[*] 2009年国家社会科学基金重大招标项目"普遍型社会福利体系的基础和设计研究"（09&ZD061）成果。

制度，由于制定者的价值理念不同也会形成差异性的责任关系与责任安排。因此，准确揭示社会福利制度的责任结构，明确社会福利制度的责任关系，有助于社会福利项目的开展以及社会福利责任目标的实现。

一 社会福利责任结构研究综述

社会福利制度建设及其项目实施的过程也是社会福利责任关系的调整、责任结构重新界定的过程。因此，社会福利制度的责任结构始终成为学术界研究的重点。

国外学者威伦斯基以及莱博豪斯于1958年根据政府的福利责任大小划分了"补缺型"和"制度型"两种福利制度，前者强调家庭与市场才是福利供给的主要渠道，而后者坚持社会福利供给的责任主体是政府。为此，1974年蒂特马斯将社会福利划分为"剩余型""工业成就型""再分配型"三种责任结构。它构成了西方学者理解社会福利责任的主要依据。后来，艾斯平－安德森从政府责任角度区分了"自由主义、组合主义以及社会民主主义"三种类型的社会福利制度，其中，"社会民主主义"把政府当成责任主体，社会福利项目主要由政府直接供给，责任范围涉及从摇篮到坟墓各个领域；"组合主义"强调政府、雇主以及雇员都要承担相应的责任，责任范围集中在社会保险领域；而"自由主义"则把社会福利制度的责任主体界定为雇主、个人及社会，政府的责任在于社会救助。

借鉴国外经验，结合中国实际，国内学术界对此进行了大量研究。一些学者认为，中国社会福利制度应当坚持政府首要责任，企业与个人也应该承担起必要的责任，从而联结成整个社会安全网。[①] 有些学者认为，政府应该承担社会福利的"法制建设责任""财政责任""实施与监督责任"。[②] 有的学者从经验事实出发总结发达国家社会福利占公共财政的比例，并期望以此来划定中国社会福利制度建设中政府的财政责任[③]；有的学者借助于20世纪90年代以来国家统计局公布的各种社会福利项目财政

---

① 郑功成：《中国社会保障改革研究及理论取向》，《经济学动态》2003年第6期；王思斌：《我国适度普惠型社会福利制度的建构》，《北京大学学报》2009年第3期；金海和、李利：《社会保障与政府责任》，《中国行政管理》2010年第3期。
② 杨方方：《中国转型期社会保障中的政府责任》，《中国软科学》2004年第8期。
③ 郑秉文：《中国社会保障制度60年：成就与教训》，《中国人口科学》2009年第5期。

支出情况，运用柯布-道格拉斯生产函数推算出我国社会福利最优支出规模①；还有学者将柯布-道格拉斯生产函数与人口老龄化结合起来，认为社会福利支出适度水平是"老年人口比重、失业保障支出比重、工伤生育保障支出比重以及社会优抚支出比重之和的75%"②。但是，这些研究有的混淆了政府自身的责任界限，把本该属于人大的立法责任一并转嫁到政府身上；有的只是泛泛地谈论政府责任，既没有给出政府承担这些责任的科学依据，也没能够准确地界定出中央与地方、中央政府内部各部委之间的责任范围、责任大小以及责任结构；有的依据我国历年来并不最优的社会福利支出数据去拟合最优财政支出比例，这种方法本身就缺乏科学性与说服力。

学者们认为，我国社会福利制度在责任划分、责任边界、责任履行以及责任模式等方面存在许多问题。一是社会福利制度的历史责任与现实责任划分不清，现有的社会福利制度既无法解决"城镇职工养老保险制度转型而出现的转制成本"问题，也无法解决财政投入以及"中央、地方财权与事权不对等"问题③；二是政府、市场、社会以及个人之间的责任边界模糊，社会福利制度的监管责任没有得到很好的履行④；三是社会福利制度的碎片化倾向比较明显，社会福利的财政支出结构、支出比例不合理使得中国仍然没有建立起普遍整合的社会福利制度体系⑤；四是关于中国究竟选择什么样的社会福利模式争论不休：有的主张实施面向全体国民的适度普惠型社会福利制度，政府在其中居于优先责任地位⑥；当然，也有些学者仍然坚持补缺型社会福利模式，认为普惠型社会福利制度很容易使中国患上高福利病⑦；另外一些学者则强调要建立"全民共享"的普惠型社会福利制度⑧。这些研

---

① 王增文：《中国社会保障财政支出最优规模研究：基于财政的可持续性视角》，《农业技术经济》2010年第1期。
② 穆怀中：《中国社会保障水平研究》，《人口研究》1997年第1期。
③ 郑功成：《中国社会保障改革研究及理论取向》，《经济学动态》2003年第6期；王程：《统筹城乡社会保障中政府的责任》，《国际经济合作》2010年第3期。
④ 景天魁：《围绕农民健康问题：政府、市场、社会的互动》，《河北学刊》2006年第4期。
⑤ 景天魁：《底线公平：和谐社会的基础》，北京师范大学出版社，2009。
⑥ 王思斌：《我国适度普惠型社会福利制度的建构》，《北京大学学报》（哲学社会科学版）2009年第3期；代恒猛：《从"补缺型"到适度"普惠型"——社会转型与我国社会福利的目标定位》，《当代世界与社会主义》2009年第2期。
⑦ 郑秉文：《中国社会保障制度60年：成就与教训》，《中国人口科学》2009年第5期。
⑧ 中国发展研究基金会：《构建全民共享的发展型社会福利体系》，中国发展出版社，2009，第64页。

究从不同层面揭示了中国社会福利制度的路径选择以及责任分担，这为完善中国社会福利制度的责任结构奠定了坚实基础。

中国社会福利制度责任结构的界定之所以存在如此多的问题，学者们将其归结为三个方面的因素：一是传统文化中家庭保障思想的"惯性思维"以及城乡二元社会福利制度的"路径依赖"，使得人们对社会福利制度的责任观念认识不准，进而出现了社会福利财政投入不平衡的问题；二是政府对于各个社会福利项目"统放失度"（杨方方，2004），没能够在理论与制度层面上划分出对于哪些社会福利项目应该进行中央或省级统筹，对于哪些项目可以由各地自行安排，各级财政的投入比例与投入结构关系怎样，结果导致现行的社会福利制度存在不同程度的混乱；三是我国社会福利制度变迁中"牵制因素过多"（李绍光，2002），各种政治、经济、社会、文化、心理以及人口等因素掺杂在一起，历史与现实的矛盾交织在一起，阻碍着人们科学而清晰地划分社会福利制度的责任结构。总体上看，现有研究的理想性批判多于现实性构建，数据罗列多于数量关系论证，特别是没能令人信服地揭示出社会福利制度的财政责任结构关系，因此必须深化对社会福利制度的责任结构研究。

二 中国社会福利制度的责任基础

社会福利制度的责任基础是社会福利制度的总体框架、基本制度以及具体政策的支撑。世界各国的社会福利制度之所以千差万别，责任结构以及责任关系各不相同，就是因为它们依据不同的责任基础。因此，探讨中国社会福利制度的责任结构就必须明确其责任基础。

第一，中国社会福利制度的责任基础不能依据抽象而绝对的公平，应当寻找一种能够兼顾效率、激发各阶层创造社会财富积极性的具体公平。以庇古、凯恩斯、贝弗里奇、马歇尔、阿罗以及阿玛蒂亚·森为代表的学者主张社会福利资源的均等分配，坚持政府在社会福利供给中的主导责任，努力寻求社会福利供给的"高水平、广覆盖、无差别"，以便让所有阶层能够"去商品化"地"被纳入一个普救式的保险体系中"[1]，保证人们过上"体面的生活"，享有均等而高水平的社会福利待遇。这种公平构成了英国及北欧

---

[1] 〔丹〕考斯塔·艾斯平－安德森：《福利资本主义的三个世界》，郑秉文译，法律出版社，2003，第31页。

等国家社会福利制度的责任基础,他们据此把社会福利项目的均等设置、财政负担以及福利待遇的普遍提高等责任全部集中到政府身上,政府保证并满足民众享有高水平的福利,由此形成了这些国家的社会福利责任结构与责任体系。

但是,依据这种公平所形成的社会福利责任结构以及社会福利项目运行到20世纪70年代之后日益产生了较为严重的福利依赖,出现了社会财富创造动力不足的情况。为此,这些国家进行了数十年"漫长而痛苦"的福利制度改革,如延长退休年龄、降低养老金替代率、增加医疗保险自费项目、提高个人自付比例、缩短失业救济金领取时间、强调个人的福利责任等,然而这些问题至今尚未得到完全解决,由此引发的社会问题接连不断。究其原因,很大程度上就在于社会福利制度的责任基础设置不当,整个国家的社会福利责任结构缺乏科学性与持续性。所以,我们不能重走这些国家的老路,不能简单地移植这些国家社会福利制度的责任基础以及据此形成的责任结构与关系,不能陷入这些国家的福利泥潭。

第二,中国社会福利制度的责任基础不能简单地照搬西方国家的经济效率,应该找到一个兼顾公平、促进社会各阶层和谐相处、实现经济效率与社会效率相统一的整体效率。新古典学派、货币主义、理性预期理论、新自由主义以及新保守主义等都认为,政府的公共财政转移支付必将产生"漏桶效应"[1],形成新的不公平,阻碍经济发展,因此,政府的社会福利供给应当越少越好,从而减少"公地悲剧与岗位约束"[2],"弱化政治效应"[3]。他们认为,社会福利的责任在于民众自身,民众应该为自己的将来负责,政府的责任就是运用市场的力量帮助民众增进自身福利。按照哈耶克的看法,关于社会福利的公平:"只有在一般性法律规则和一般性行为规则下的平等,才是有助于自由的唯一平等,也是我们能够在不摧毁自由的同时所确保的唯一一种平等。"[4] 按照他的观点,建立在自由基础之上的效率才是社会福利的责任基础,社会福利的供给只能集中在有限的范围内,甚至减少到安全网程度,从而"提高经济运营效率"。[5]

---

[1] 〔美〕阿瑟·奥肯:《平等与效率》,王奔洲等译,华夏出版社,1999,第89页。
[2] 〔美〕斯蒂格利茨:《政府为什么干预经济》,中国物资出版社,1998,第45页。
[3] Cooley, Thomas F. & Jorge Soares. 1999. "A Positive Theory of Social Security based on Reputation." *Journal of Political Economy* 107 (1).
[4] 〔英〕弗里德利希·冯·哈耶克:《自由秩序原理》,邓正来译,1997,三联书店,第102页。
[5] 许晓茵、王广学:《社会保障私有化及其理论基础》,《经济学动态》1999年第10期。

然而，美国、拉美等国家和地区的经济发展与社会福利建设实践表明，把经济效率作为社会福利的责任基础、把个人与市场作为社会福利的供给主体既不能解决经济增长与社会公正这个难题，也不能保证和促进经济效率，一味地把经济效率当作社会福利的责任基础必然导致这些国家贫富差距的拉大以及社会不公的加剧，引发社会各阶层矛盾的增多，这反过来又制约着经济效率。因此，这样的责任基础不仅无法促进社会建设，而且不能解决改革开放以来我们所面临的经济问题和社会问题。我们必须探索出一条经济效益与社会效益相统一的社会福利建设之路。

第三，中国社会福利制度的责任基础应当是一种体现公平与效率动态平衡的底线公平，它既不是体现起点、过程以及结果一致性或无差别的高水平公平，也不是那种以经济效率为基础、极其有限的公平，而是一种具体的、经济效率与社会效率相统一的公平。在这里，底线不是指社会福利项目的多少、数量、范围以及程度的大小，它更多的是从政府、市场、社会以及个人各自所承担的责任要求来界定，区分出各个主体的责任界限与责任底线，明确各个主体的责任要求。[①]

任何一个领域都有自己的底线，规定着这个领域对自身以及他人的承诺。在社会福利领域，作为责任基础的底线公平要求明确政府、社会以及个人（家庭）在各项社会福利中所承担的底线责任，底线部分的社会福利是各个主体的首要责任和基本要求，也是社会福利建设的优先选择。而非底线部分的项目则要凝聚各方面力量，从而形成较为完整的社会福利责任结构，使得各个主体所承担的社会福利责任关系明确。对政府而言，政府要能够制定出社会福利制度与政策，明确社会福利项目与内容，对每一项社会福利划分出各自的责任范围，确保任何一个民众只要他们低于某种收入水平，无法接受基本教育，无力享有基本健康服务，无力获得基本居住条件，政府都有义务帮助他们获取维持基本生活需求的现金补贴、教育帮扶、实物救助、健康服务、房屋修建以及职业培训等，这是政府的责任底线。就社会来说，社会要募集慈善资源，实施慈善关怀，传播慈善文化，举办慈善事业，引导和塑造积极向上的社会福利文化，提升社会福利水平。对个人来讲，个人要树立正确的社会福利态度与观念，每个人要为提高自身的福利水平而努力工作，减少对政府及社会的福利依赖。

[①] 底线公平理论，参阅景天魁《底线公平：和谐社会的基础》，北京师范大学出版社，2009。

三　社会福利制度的责任结构

责任结构是责任基础的展开，它包括纵向与横向两个维度。在社会福利领域，纵向责任结构揭示了各个社会福利供给主体之间的责任关系与责任结构，它主要探讨整体性的社会福利制度、基本的社会福利制度以及具体的社会福利政策之间的结构关系。

整体性社会福利制度是政府为了全面建设小康社会以及构建社会主义和谐社会而制定的、能够指导我国社会福利事业发展的根本性社会福利制度体系，它是制定其他各项社会福利制度的主要依据与出发点，因而具有高度的概括性以及较大的稳定性。经过20多年的理论建设与实践探索，政府逐步确立了"广覆盖、保基本、多层次、可持续"的社会保障制度发展方针，进而提出要建立以"社会保险、社会救助、社会福利为基础"，以"基本养老、基本医疗以及最低生活保障制度为重点"的社会保障制度结构。[1] 客观地说，从"小福利"视角理解社会福利，把它作为社会保障的一部分并将其当成社会保险与社会救助的剩余项目，这会对我国整个社会福利事业的持续发展产生一些不利影响[2]，反过来制约着社会福利制度的普遍整合以及社会福利目标的实现。因此，应该形成以政府为主导，以社会、家庭以及个人为支持的社会福利供给主体，以全体社会成员的基本需求为供给对象与内容，形成完整、可持续的社会福利体系。

基本的社会福利制度是连接整体性社会福利制度与具体社会福利政策的中介环节，是整体性社会福利制度的具体化，同时它统领社会福利具体政策，指导社会福利事业发展以及社会福利工作的顺利开展，主要表现为政府制定的有关社会福利事业方面的制度等。改革开放以来，为了推进社会福利事业的发展，政府实施了《劳动法》《社会保险法》《社会救助法》《未成年人保护法》《义务教育法》《工伤保险条例》以及《失业保险条例》等。这些法律法规有效地指导了我国社会福利事业的建设，对于增进民众福祉、促进社会稳定起着积极作用。但是，由于我国还没有《社会福利法》或《社会保障法》，社会福利领域内各部门法的立法依据、立法准则以及执行

---

[1] 当然，政府还是把社会福利当成社会保障的一部分去构建整体性的社会保障制度。
[2] 景天魁、毕天云：《从小福利迈向大福利：中国特色福利制度的新阶段》，《理论前沿》2009年第11期。

力度不尽相同,有些法律法规甚至有应急之嫌。因此,应当尽快制定《社会福利法》或《社会保障法》,重新审视社会福利领域内各部门法,积极推进整个社会福利事业的发展。

具体的社会福利政策是政府为解决某一具体的社会福利问题而制定的措施、规定或实施细则,它是在基本的社会福利制度指导下制定出来的,是基本的社会福利制度的具体化与操作化,因而具有可操作性、灵活性以及可变动性等特点。例如,1995年、1997年国务院先后颁布的《国务院关于深化企业职工养老保险制度改革的通知》以及《国务院关于建立统一的企业职工基本养老保险制度的决定》就是对企业职工社会养老保险制度的具体规定,而1999年国务院出台的《社会保险费征缴暂行条例》则对社会保险费的征缴做了明确规定。不仅如此,各级地方政府也可以根据国家社会福利的大政方针、基本制度以及具体政策制定符合本地实际的措施与办法。例如,结合国务院2007年颁布的《国务院关于在全国建立农村最低生活保障制度的通知》,各地对低保人员的资格认定、享受项目、待遇标准等都做了相应的规定,从而形成了丰富多样的社会福利政策体系。当然,对于现行的社会福利政策在实施过程中出现的诸多问题我们需要加以解决。

社会福利制度的横向责任结构揭示了整个社会福利体系所应包含的项目、内容以及各个社会福利项目之间的关系,它以民众的基本需求为轴心,重点关注民众的教育、就业、养老、医疗、住房、低保以及安全等方面的社会福利需求责任内容。

在教育福利领域,政府要围绕"学有所教"这个政策目标,制定包括义务教育、职业教育、成人教育、高等教育以及特殊教育等项目在内的、较为完整的教育政策体系;在就业与收入领域,政府要围绕"劳有所得"这个政策目标,实施就业促进与就业保护政策,完善失业保险政策,实施被征地农民以及退养渔民的就业政策,规范各个行业的最低工资以及最高工资政策,切实解决一次分配差距过大问题[1],确保一次分配更加公平;在养老领域和医疗领域,要整合现行的、针对各个阶层设置的碎片化养老及医疗保险政策,建立既解决民众基本养老与健康需求,又能增进社会公正并鼓励民众积极参与的社会保险政策,实现"老有所养""病有所医"这个政策目标;在住房福利方面,把"住有所居"当成各级政府的基本责任,加大保障性

---

[1] 《中国行业收入差距扩大至15倍,跃居世界首位》,新华网,2011年2月10日,http://news.xinhuanet.com/2011-02/10/c_121061621.htm。

住房以及廉租房的建设力度，使保障性住房成为民众的基本住房权利，保证绝大多数居民能够买得起保障性住房，提供廉租房供买不起住房的居民使用。同时，通过科学的制度安排、规范的制度实施以及严格的制度监督，引导那些买得起商品房的群体主动放弃购买保障性住房；在基本生活保障方面，整合现行的二元最低生活保障制度以及农村五保供养制度，完善社会救助制度，实现"弱有所助"；在社会服务领域，要解决社会服务覆盖范围小、社会服务供给不足、社会服务内容单一、社会服务品质不高、社会服务机制不健全、社会服务效率较低等问题，整合现有的社会服务机构、服务项目与服务内容，健全社会服务实施机制，改变现有的社会服务供给主体过于分散，民政、社保、卫生等诸多部门各自为政的状况，搭建完善的社会服务平台与社会服务体系；在安全领域，政府要在环境、食品、药品、治安以及社会信任等方面给予民众基本的保证，使民众生活在一个更加安全的社会环境之中。

上述社会福利制度的责任结构中，尤其需要明确政府在各个社会福利项目中的财政投入，合理划分各级政府的社会福利支出结构，实现各阶层、各地区之间社会福利事业的协调发展，确保民众享有基本的福利权利。

四　社会福利制度的责任要求与责任目标

社会福利制度的纵向责任与横向责任结构内在地包含着责任要求与责任目标。它体现着一个国家社会福利事业的基本发展要求，反映了这个国家社会福利事业的责任界限，昭示着这个国家社会福利事业的发展方向与未来图景。从底线公平出发，它需要我们整合现行的社会福利制度，明确社会福利制度在经济、政治以及社会等诸方面的责任要求与责任目标，不断增进民众福祉，促进整个社会和谐发展。

第一，社会福利支出与财政收支之间要有一个明确而科学的比例关系，这是社会福利制度经济责任的集中体现。社会福利事业的发展离不开社会力量的支持，更需要公共财政的支撑，它是整个社会福利事业的支撑主体，体现着政府在整个社会福利事业中的定位。

为此，一方面，要科学地界定社会福利概念的内涵与外延，在"大福利"层面上使用社会福利概念，将社会保险、社会救助以及义务教育、公共住房、公共卫生以及社会服务等项目纳入进来，尤其要将新型农村社会养老保险、新型农村合作医疗等制度纳入社会福利体系，从而更为准确地把握我国整个社会福利事业的发展全貌。另一方面，要对以往的社会福利项目支出以及所涉及的人口等多种变量进行优化与调整，构建更加科学的社会福利支出与公共财政收支变动模型，准确地测算整个社会福利项目以及各个社会福利项目在公共财政收支中的比例与结构关系，使得中央（省级）各自的社会福利支出与财政收入以及财政支出的增长弹性系数保持在 1 左右，形成更为合理的社会福利支出与财政收支结构关系。同时，进一步优化用于社会保险方面的财政支出结构，将所有社会保险项目划分为基础保险与补充保险两部分，各级政府主要负担基础保险部分，补充保险部分则由个人与单位的缴费构成。另外，也要按照这个制度理念去改革现行的机关事业单位人员、城镇居民、农民以及农民工等群体的社会保险制度，从而建立起底线公平的社会保险制度以及教育、就业、住房、公共卫生、最低生活保障等制度，进而形成可持续的社会福利体系。

第二，社会福利制度的供给要能够增强民众对党和政府的信任，不断促进政权建设与政治发展，这是社会福利制度的政治责任要求与目标。

社会福利制度从产生之日起就与政党政治密切相关，社会福利制度的制定与实施具有浓郁的政治色彩，社会福利的供给对象、供给方式、供给意愿以及供给水平等往往取决于一个国家的政府，最终取决于执政党的执政理念，体现着政党的政治利益与价值观，它是一种"用经济手段来解决社会问题进而达到特定政治目的的制度安排"（郑功成，2003）。因此，我们要着力缩小各阶层以及各行业之间的社会福利差距，保障民众享有更加公正的福利权利，使每个人都"有权享受为维持他本人和家属的健康和福利所需的生活水准，包括食物、衣着、住房、医疗和必要的社会服务；在遭到失业、疾病、残废、守寡、衰老或在其他不能控制的情况下丧失谋生能力时，有权享受保障"[1]，从而"减少贫困与不平等"，维持"原有的生活水平"，保证"收入平滑"[2]，树立党和政府在人民群众中的威信，这是社会福利制度的政治责任基础，也是社会福利制度政治责任目标实现的前提。同时，切实解决社会福利建设过程中影响政治稳定与政治发展的重大问题，着重改革现行的那种以阶层为对象、以单位为依托的社会福利制度，尤其要对同一种社会福利项目所形成的不同社会福利政策加以有差别的整合，减少社会各阶

---

[1] 参见《世界人权宣言》第二十五条。
[2] 〔英〕尼古拉斯·巴尔、大卫·怀恩斯：《福利经济学前沿问题》，贺晓波、王艺译，中国税务出版社，2000，第 5 页。

层的社会福利待遇差异，增强民众对民族国家的认同感，让作为政治"美术与工艺"的社会福利成为各阶层、群体乃至各地区和谐相处的润滑剂，努力实现社会福利的政治责任目标。

第三，社会福利制度的实施要着眼于解决民众最基本的社会需求，加强党和政府与人民群众的血肉联系，以便更好地进行社会控制，促进社会和谐发展。

社会福利制度体现着特定社会群体的价值取向、利益诉求与社会态度，反映着特定的社会地位与社会运动。社会福利制度的供给、社会福利项目与内容的实施都要依据特定的社会结构、社会网络以及作为一种场域的社会文化，社会福利制度有自己的社会责任要求与目标。因此，我们要把保障和改善民生作为经济社会发展的根本出发点和落脚点，划分出具有底线性质的社会福利项目并加以重点实施，如民众的吃饭、就业、教育、健康以及安全等，优先解决好失业人员的再就业，贫困家庭的生活保障、医疗救助以及子女入学，残障人员的生存能力再造，流浪人群的生活救助，老年人的社会服务等问题，加大力度解决好社会福利制度的二元性、碎片化以及公正性不足等问题，加快城乡居民基本生活、基本养老、基本医疗以及公共卫生制度的整合，按照同一个制度理念去整合现行的各项社会福利制度，努力建立城乡之间、地区之间以及项目之间无差别、统一的社会福利制度，特别要优化现有的社会福利分配结构，实行财政优先向弱者倾斜的民生建设理念，使社会福利制度的供给能够缩小不同阶层之间的财富收入差距，社会福利项目的实施成为缓解社会矛盾、增进社会团结的润滑剂，社会福利体系的完善成为社会稳定与社会和谐的催化剂，从而在底线公平基础上实现公平与效率的统一、刚性与柔性的结合，真正建立起广覆盖、低水平、可持续的社会福利制度体系，提高民众的福利水平。

参考文献

〔丹〕考斯塔·艾斯平-安德森，2003，《福利资本主义的三个世界》，郑秉文译，北京：法律出版社。
〔美〕阿瑟·奥肯，1999，《平等与效率》，王奔洲等译，北京：华夏出版社。
代恒猛，2009，《从"补缺型"到适度"普惠型"——社会转型与我国社会福利的目标定位》，《当代世界与社会主义》第2期。
〔英〕理查德·蒂特马斯，2011，《蒂特马斯社会政策十讲》，江绍康译，长春：吉林出版集团有限公司.
〔英〕弗里德利希·冯·哈耶克, 1997, 《自由秩序原理》, 邓正来译, 北京: 三联书店.
金海和、李利, 2010, 《社会保障与政府责任》, 《中国行政管理》第 3 期.
景天魁, 2006, 《围绕农民健康问题: 政府、市场、社会的互动》, 《河北学刊》第 4 期.
——, 2009, 《底线公平: 和谐社会的基础》, 北京: 北京师范大学出版社.
景天魁、毕天云, 2009, 《从小福利迈向大福利: 中国特色福利制度的新阶段》, 《理论前沿》第 11 期.
李绍光, 2002, 《政府在社会保障中的责任》, 《经济社会体制比较》第 5 期.
穆怀中, 1997, 《中国社会保障水平研究》, 《人口研究》第 1 期.
〔英〕尼古拉斯·巴尔、大卫·怀恩斯, 2000, 《福利经济学前沿问题》, 贺晓波、王艺译, 北京: 中国税务出版社.
〔美〕斯蒂格利茨, 1998, 《政府为什么干预经济》, 北京: 中国物资出版社.
王程, 2010, 《统筹城乡社会保障中政府的责任》, 《国际经济合作》第 3 期.
王思斌, 2009, 《我国适度普惠型社会福利制度的建构》, 《北京大学学报》(哲学社会科学版) 第 3 期.
王增文, 2010, 《中国社会保障财政支出最优规模研究: 基于财政的可持续性视角》, 《农业技术经济》第 1 期.
许晓茵、王广学, 1999, 《社会保障私有化及其理论基础》, 《经济学动态》第 10 期.
杨方方, 2004, 《中国转型期社会保障中的政府责任》, 《中国软科学》第 8 期.
郑秉文, 2009, 《中国社会保障制度 60 年: 成就与教训》, 《中国人口科学》第 5 期.
郑功成, 2003, 《中国社会保障改革研究及理论取向》, 《经济学动态》第 6 期.
中国发展研究基金会, 2009, 《构建全民共享的发展型社会福利体系》, 北京: 中国发展出版社.
Cooley, Thomas F. & Jorge Soares. 1999. "A Positive Theory of Social Security based on Reputation." *Journal of Political Economy*, 107 (1).
George, Victor and Paul Wilding. 1985. *Ideology and Social Welfare*. London; Boston: Routledge & Kegan Paul.

作者简介

高和荣　男

所属博士后流动站: 中国社会科学院社会学研究所

合作导师: 景天魁

在站时间: 2004 年 9 月至 2007 年 12 月

现工作单位: 厦门大学公共事务学院

联系方式: hrgao@126.com

基本公共卫生服务支付模式研究[*]

——以重庆市 A 区实证研究为例

李 孜

摘 要：基本公共卫生服务均等化提供是新医改的目标，实现这一目标的路径之一是积极探索有效的基本公共卫生服务支付模式。本文在公共卫生、公共产品概念界定的基础上，借鉴国内外公共卫生服务"补供方"和"补需方"的支付理论，对重庆市某区"服务券/卡+项目合同"的基本公共卫生服务支付方式进行了实证研究，对这一支付模式的实施原则、具体做法、实施效果进行了阐述与分析，讨论了其价值体现和存在的问题。"服务券/卡+项目合同"这种政府购买公共卫生服务的模式，改变了公共卫生经费的发放形式，增强了政府的公共卫生职能和机构间的良性竞争，使居民真正成为公共卫生服务的自主消费者，从根本上促进了公共卫生机会均等享有，是公共卫生服务提供模式的一种创新。

关键词：基本公共卫生服务 服务券 合同管理 支付模式

一 研究意义

基本公共卫生服务均等化提供是新医改四大内容之一，2009 年，卫生

---

[*] 本论文受 WHO2010 - 2011 双年度项目"基本公共卫生服务运行机制研究"资助。

部、财政部、国家人口和计划生育委员会印发了《关于促进基本公共卫生服务逐步均等化的意见》（卫妇社发〔2009〕70号）。随着系列政策的出台，国家对公共卫生服务的投入逐步增加，以重庆市为例，2009年重庆市卫生局和财政局联合下发了《关于印发2009年重庆市基本公共卫生服务项目实施方案的通知》，方案中明确规定了9项基本公共卫生服务项目，并确定全市人均基本公共卫生服务经费补助标准不低于15元/人·年［其中：中央财政补助12元/人·年，市级财政补助2元/人·年，区县（自治县）财政补助1元/人·年］，方案中还鼓励有条件的区县（自治县）适当提高补助标准。2011年随着重庆市经济社会的发展，重庆市将基本公共卫生服务项目扩大到10项，人均基本公共卫生服务经费补助标准提高到25元/人·年。

但是，建立和完善覆盖全民的基本公共卫生服务制度，当前仍面临许多挑战：如何有效地使用政府公共卫生投入资金？卫生服务管理与供给部门如何有效地控制成本？如何充分利用有限的卫生资源？如何调动医务人员的积极性？如何调动全民的参与性？回顾新医改提出的"保基本、强基层、建机制"的要求，最难的一点是建机制。因此，新医改特别强调应在健全公共卫生服务体系的基础上，以实施基本公共卫生服务包为内容，以创新公共卫生服务投入机制、支付方式以及绩效考核评价为重点，不断提高基层医疗机构基本公共卫生服务意愿和服务能力，促进基本公共卫生服务均等化的实现。

影响基本公共卫生服务提供的关键因素之一是公共卫生经费的支付方式，这也成为卫生改革与发展过程中研究的重要问题。支付方式（卫生经费是补供方还是补需方）不仅直接影响卫生机构和卫生工作者的供给行为，还对费用的控制、资源配置、服务质量以及卫生服务过程中的效率与公平产生明显的导向或制约作用。

重庆市是全国统筹城乡试验城市，2008年提出"健康重庆"建设目标，A区作为重庆市第一批统筹城乡试验区，率先进行了基本公共卫生服务支付模式研究，取得了一定的成效。本文对A区的实践做法和取得的效果进行总结归纳，并提出体会与建议。

二 关键概念

（一）公共卫生的定义及分类

1920年，作为公共卫生创始人之一的美国Winslow教授提出，公共卫生是指通过有组织的社会努力改善环境卫生、控制地区性的疾病、教育人们关于个人卫生的知识、组织医护力量对疾病做出早期诊断和预防治疗，并建立一套社会体制，保障社会中的每一名成员能够享有维持身体健康的生活。①1995 年，英国的 John Last 给出更详细的定义，认为公共卫生是为了保护、促进、恢复人民的健康，是通过集体的或社会的行动，维持和促进公众健康的科学、技能和信仰的集合体。② 美国城乡卫生行政人员委员会提出，公共卫生是通过评价、政策发展和保障措施来预防疾病、延长人的寿命和促进人的身心健康的一门科学和艺术。中国前副总理兼卫生部部长吴仪在 2003 年 7 月 28 日召开的全国卫生工作会议上对公共卫生做了一个明确的定义：组织社会共同努力，改善环境卫生条件，预防控制传染病和其他疾病流行，培养良好的卫生习惯和文明生活方式，提供医疗卫生服务，达到预防疾病、促进人民身体健康的目的。综合不同学者的观点，公共卫生服务有广义概念和狭义概念之分，狭义的公共卫生服务与普遍意义上的医疗服务是有所不同的，它是一种成本低、效果好的服务，但又是一种社会效益回报周期相对较长的服务。

我国目前对公共卫生服务的分类主要有两种。

第一，按服务对象的不同分为两类：一是面向群体的公共卫生服务，主要包括疾病监测、计划免疫冷链管理、传染病控制、健康教育等；二是面向个体的公共卫生服务，主要包括健康档案的建立、计划免疫接种、妇幼保健、计划生育、重点慢性非传染性疾病干预和管理、传染病患者的治疗等。

第二，按服务项目的不同分为两类：基本公共卫生服务和重大公共卫生服务。基本公共卫生服务是指，由专业公共卫生机构和城乡基本医疗卫生机构向全体居民提供的、具有公益性的公共卫生干预措施，主要起疾病预防控制作用，国家基本公共卫生服务项目经费纳入政府预算安排，并免费向城乡居民提供。2009 年我国规定了 9 项国家基本公共卫生服务项目：居民健康档案管理、健康教育和健康促进、0～36 个月儿童保健、孕产妇保健、65 岁及以上老年人保健、预防接种、慢性病管理、重性精神病患者管理、传染病防治。重庆市的基本公共卫生服务项目也包含以上 9 大类；重大公共卫生服务项目主要指国家重大疾病防控（如结核病、艾滋病等）和国家免疫规划、

---

① 程漱兰：《公共服务体制创新对私人投资者的含义——世界银行 2004 年世界发展报告》，《中国投资》2004 年第 10 期，第 123 页。
② 朱吉鸽、张亮：《政府购买农村公共卫生服务的理论研究和探讨》，《医学与社会》2007 年第 3 期，第 4～6 页。

农村妇女住院分娩等，2009 年《医药卫生体制改革近期重点实施方案（2009~2010 年）》中规定了以下重大项目：为 15 岁以下人群补种乙肝疫苗；消除燃煤型氟中毒危害；农村妇女孕前和孕早期补服叶酸等，预防出生缺陷；贫困白内障患者复明；农村改水改厕等。重庆市提出了包括提供 15 岁以下人群乙肝疫苗接种、补服叶酸、乳腺癌和宫颈癌检查、农村孕产妇住院分娩补助、妇科常见疾病免费筛查、白内障患者复明手术、建设无害化卫生厕所、结核病等重大疾病防控在内的共 8 项重大公共卫生服务内容。

（二）公共产品

美国著名经济学家、诺贝尔经济学奖获得者萨缪尔森于 1954 年提出了关于纯粹的公共产品的经典定义，他认为公共产品是指每一个人对这种产品的消费并不减少他人对这种产品的消费，布坎南在 1965 年的"俱乐部的经济理论"中首次对非纯公共产品（准公共产品）进行了讨论，公共产品的概念得以拓宽，认为只要是集体或社会团体决定，为了某种原因通过集体组织提供的物品或服务便是公共产品。

根据公共产品理论，所有社会产品可以按照受益时和消费时是否具有非排他性和非竞争性的标准而被划分为三类：私人产品、纯公共产品、准公共产品。[①] 公共卫生具有公共产品的属性，因此可以划分为两大类：纯公共卫生产品和准公共卫生产品。纯公共卫生产品是指同时满足非竞争性和非排他性这两个条件的产品[②]，比如卫生监督、疾病与健康监测、传染病监测、重大传染病的控制与预防、突发公共卫生事件的处理、公共卫生课题的科学研究、健康教育等。准公共卫生产品是指满足非竞争性和非排他性这两个条件之一的产品。①具有竞争性但具有非排他性的公共产品，即拥挤性公共产品。指随着消费者人数的增加而产生拥挤，引起每个参与分享该公共产品效用的消费者获得的效用减少，随着拥挤的出现，边际成本由零变为正数。具有外部效应特征的公共产品都具有这样的特征。②具有排他性但具有非竞争性的公共产品。指效用可以为全社会共享，但在技术上可以实现排他的公共产品。通过定价将不付费的人排除在受益范围之外而

---

① 石光、贾廉鹤、白京霞等：《卫生财政拨款方式改革的国际经验——合同购买、按绩效拨款和购买服务》，《中国医院》2007 年第 6 期，第 75~77 页。
② 石光、贾廉鹤、白京霞等：《卫生财政拨款方式改革的国际经验——合同购买、按绩效拨款和购买服务》，《中国医院》2007 年第 6 期，第 75~77 页。

被称为排他性的公共产品。在基本公共卫生项目中，预防免疫、妇幼保健、计划生育、慢性病防控、精神病患者管理、从业人员健康检查等都属于准公共卫生产品。

（三）公共卫生服务支付方式

公共卫生服务支付方式是对公共卫生机构提供公共卫生服务所消耗的人力、物力和财力进行补偿的制度，也被称为公共卫生服务补偿方式。公共卫生服务支付包含两层含义：一是对公共卫生机构的支付；二是对这些机构内提供公共卫生服务人员的支付。

目前，政府提供公共卫生服务主要有两种方式：政府直接组织生产和政府购买。[①] 政府直接组织生产方式是指政府同时承担着生产者、组织者、筹资者和监管者的责任。各个地方运行的方式有所不同，主要有医防合一模式、医防分设模式、依院设所模式、县乡垂直模式。政府购买服务方式是指政府用所控制的财政资源购买服务，而不是用这些资金自己投资生产服务产品，属于政府契约管理的一种。政府购买公共卫生服务主要指政府对公共卫生服务机构（专业公共卫生服务机构和基层医疗服务机构）提供的服务进行经费投入，是一种政府承担筹资责任，定向委托公共卫生服务机构提供服务，采取服务券/卡或合同管理方式，评估机构提供服务的数量和质量，并兑现经费投入的一种政府投入方式。目前又有两种购买方式：合同购买和公共卫生服务券/卡购买。

合同购买卫生服务，也称为绩效合同管理，实际上是公共部门的一种内部合同管理方式。它是将服务购买方和提供方、对服务的要求、费用以及双方的权利和义务等进行具体规定，以合同的形式固定下来。这是介于政府直接组织生产和真正意义上的政府购买之间的一种方式。[②] 它不再按照公共卫生机构已经拥有的卫生资源安排机构的预算，而是通过事先确定的公共卫生服务项目并测算这些服务项目的费用，以此作为预算拨款的基础，根据绩效考核结果对公共卫生机构进行拨款。

---

① Alexander S., April H, Phyllida T. 2000. "'Make or Buy' Decisions in the Production of Health Care Goods and Services: New Insights from Institutional Economics and Organizational Theory." *Bulletin of the World Health Organization*.

② 石光、贾廉鹤、白京霞等：《卫生财政拨款方式改革的国际经验——合同购买、按绩效拨款和购买服务》，《中国医院》2007 年第 6 期，第 75~77 页。

公共卫生服务券①，是指政府部门给有资格消费某种服务的个体发放有价证券，有资格接受服务券的个体，可以在政府指定的任意一个卫生机构（不论公立、私立还是非政府组织）中"消费"他们的服务券，各机构可以将所接受到服务券到政府相关部门兑换现金。

三 国内外公共卫生服务支付理论探讨

国内外学者对公共卫生服务支付的理论探讨主要有两种："补供方"理论和"补需方"理论。②

"补供方"主要是通过对公共卫生服务提供方的补偿，从而促进其对公众需要的公共卫生服务进行提供。这种投入方式有明显的优点：当财政资源不充足时，它保障有一批供方的存在，可以保证纯公共、准公共产品的提供。与此同时，也存在一些缺点：供方的效率相对较低，由于卫生服务人员收入有"补供方"的保证，因此他们缺乏向公众提供足够服务的积极性；限制了社会资本进入卫生领域；卫生资源更易被投向城市和经济发达地区，而经济欠发达地区和农村的纯公共、准公共产品供给不足。该投入方式在强有力的规定措施、适当的效率和绩效考核指标的背景下，才会有较强的可持续性。

"补需方"在西方国家更常见，其形式是政府购买服务。"政府购买服务"的核心指向是，形成竞争机制，激励约束医疗服务的供方，让其主动提高服务质量、降低服务费用。这种方式的优点是：引入竞争机制和考核激励机制，具有"三赢"的效果：既利于机构控制和节约成本，提高政府公共投入的质量和效率，又利于提高公众满意度；吸引社会资本投向卫生事业，缓解政府投入不足的矛盾，保障了纯公共、准公共产品的充分供给。但是，该方法也存在一定的缺点：提供纯公共和准公共产品的供方必须符合条件、可以而且愿意提供纯公共和准公共产品，因此许多发展中国家由于供方不足或者供方服务条件不足导致纯公共、准公共产品提供不足；购买的服务项目有时存在相互交叉，导致很难根据服务项目进行购买；需要完善的成本核算体系作为基础，多数机构对具体的公共卫生服务项目很难进行精确的成

---

① 彭兴庭：《"公共卫生服务券"观察》，《决策》2007年第12期，第37页。
② 石光、邹珺、田晓晓：《直接举办还是购买卫生服务：相关理论与政策问题探讨》，《中国卫生政策研究》2008年第1期，第16~21页。

本核算；需要完善监督体系和明确的考核体系，而许多国家的这些体系并不完善；供方可能过度提供，增加政府财政的压力；购买过程中容易出现"寻租行为"和腐败现象。尽管存在以上缺陷，但该投入方式与目前国际上盛行的"小政府、大社会"的理念相符，因此这种投入方式正在世界各地不断得到尝试。

四 重庆市 A 区"服务券/卡 + 项目合同"基本公共卫生服务支付方式实证研究

（一）基本情况

A 区是重庆市城乡统筹综合配套改革的先行示范区，也是世界银行贷款/英国政府赠款"中国农村卫生发展项目"（卫 XI 项目）试点区县。位于重庆主城区西南部，面积 432 平方公里。2009 年户籍人口为 80.62 万人，地区生产总值 500 亿元，人均地区生产总值 49916 元，城镇居民人均可支配收入为 17210 元，农村居民人均纯收入为 7440 元。2009 年 A 区地方财政收入为 23 亿元，地方财政支出为 49 亿元，其中卫生支出为 1.7 亿元（占地方财政支出的 3.47%）。A 区现有各级各类医疗卫生单位 370 个，按 2010 年重庆市统计年鉴数据计算，全区平均每千人口拥有卫技人员 6.3 人，每千人口拥有医生 2.73 人，每千人口拥有护士 2.34 人，每千人口拥有开放病床 5.43 张。

自 2008 年以来，A 区开展"乡村卫生服务管理一体化建设""基层卫生人才队伍管理机制建设""村医公开招聘制度""乡镇卫生院卫生服务质量考核制度"等。区政府对人均公共卫生经费投入逐年加大，2010 年全区人均公共卫生经费投入达到 20 元。A 区经济社会的快速发展以及卫生领域探索的系列运行机制，为该区综合支付制度的顺利实施提供了保障。2008 年 A 区开始在全区推行"公共卫生服务券/卡 + 项目合同"综合公共卫生支付模式。

（二）实施原则

A 区按照"总量控制、略有节余，分步实施、合理分项，保证基本、突出重点，先行启动、适时调整"的原则，结合服务特点、资金状况和服务能力等因素，通过测算论证，以 7/3 的比例分配券/卡和项目经费，采取券/卡与项目结合的方式对卫生机构提供的公共卫生服务进行购买。基本公共卫生服务补助经费实行专款专用，补助经费标准按单位服务综合成本核定，建立基本公共卫生服务预付制度，采取总额预付和券/卡定额付费、项目按人头（合同）付费方式相结合的结算服务。

（三）具体做法

结合重庆市基本公共卫生服务工作内容，A 区确定了 16 项城乡基本公共卫生服务项目，分别为：建立居民健康档案、预防接种、儿童孕产妇保健（含妇女病普查）、65 岁及以上老人保健、残疾人保健和重性精神病人康复、慢性病管理、健康服务包、免费婚检、健康教育、妇幼保健、精神卫生、计划生育技术指导、突发公共卫生事件处置、传染病预防控制、社区卫生诊断和卫生信息管理。

针对上述 16 项服务项目，A 区推行"公共卫生服务券/卡 + 项目合同"基本公共卫生支付模式，其中，券/卡主要针对个体性服务，项目主要针对群体性服务。2008 年 A 区开始试行公共卫生服务券/卡办法和项目合同管理办法，出台了《重庆市 A 区城乡社区公共卫生服务包考核办法（试行）》，经修订后，2011 年又出台了《重庆市 A 区城乡基本公共卫生服务管理办法（试行）》，明确了券/卡运行和项目合同运行的具体操作步骤和管理办法。

1. 结合经济社会发展需求，确定服务种类、项目及面值

2009 年 A 区以"3 卡 2 券 7 项目"方式分类实施服务。"3 卡"即健康服务卡、预防接种卡、儿童孕产妇保健卡；"2 券"即婚前医学检查券、健康促进服务券；"7 项目"即健康教育、妇幼保健、精神卫生、计划生育技术指导、突发公共卫生事件处置、传染病预防控制、社区卫生诊断和卫生信息管理。

随着全区公共卫生经费投入的加大和居民公共卫生服务需求的增加，A 区公共卫生服务券/卡和项目合同的服务内容与经费也相应增多，例如，2008 年与 2011 年比较，儿童孕产妇保健卡面值从 224 元增加到 410 元；健康服务的对象、服务项目和服务面值也都有了较大幅度的变化，2008 年仅对 70 岁以上老年人和残疾人发放服务券，2009 年变成对基本公共卫生服务的 5 类重点人群——65 岁及以上老年人、残疾人、35 岁及以上已婚育龄妇女、精神病人、高血压和糖尿病患者——发放服务券。同时，服务项目和经费也增多，各类人群的健康体检从 2 年 1 次变为 1 年 1 次，老年人体检服务项目在原来的一般体检、血常规、尿常规、大便常规、心电图检查的基础上增加了血糖和 B 超检查。

2. 服务券/卡发放分离

服务券/卡由区卫生局组织印制、区财政局监制。对服务券/卡实行集中送达管理，由区卫生局负责把券/卡送达镇（街）和有关发放单位，并进行编号和送达回执备案。对于服务券/卡实行便民的、收发分离的发放形式。预防接种卡由区卫生局批准的医疗卫生机构预防接种门诊在首次接种时发放；儿童孕产妇保健卡、健康服务卡以及健康促进服务券由各镇人民政府和街道办事处社会事务科（办公室）发放；婚前医学检查券由区民政局设立的婚姻登记处在婚姻登记时发放。

3. 科学申报与审定

服务券/卡的申报与审定：根据区内符合条件享受公共卫生服务对象的数量，测算出应发放服务券/卡的数量。预留部分服务券/卡用于新符合条件的人群和漏登的服务对象。各镇街组织社区卫生服务中心、镇卫生院每年进行1次基线调查，收集辖区内符合享受相应基本公共卫生服务项目的服务对象信息，并进行分类统计和登记造册；然后将相关数据分别报区疾病预防控制中心、区妇幼保健院、区精神卫生中心进行复核和分类汇总、造册；最后将汇总名册报区卫生局和区财政局审核，最后报区社区卫生工作领导小组审定。

项目合同申报与审定：各专业公共卫生机构（公共卫生管理机构）和基层医疗卫生单位根据本单位职责和工作实际，按照服务项目的种类和内容要求，制定每季度的项目实施计划和服务内容，并填写《A区城乡基本公共卫生服务项目工作计划申报表》报区卫生局。区卫生局根据基本公共卫生服务项目年度计划和安排，对各专业公共卫生机构和基层医疗卫生单位的计划申报表进行审定。

4. 服务项目提供与统计

服务券/卡使用、回收与统计：服务券/卡服务对象，按照属地化管理原则，应在规定的时间内自行持券/卡到所在地服务提供机构接受服务。服务提供机构，按照"服务1次，刷卡1次或收回1券"的方式，进行公共卫生服务卡刷卡统计和服务券回收工作。各基层服务机构填写《A区城乡社区公共卫生服务券/卡服务工作统计报表》和《服务券/卡服务工作报告》，报上级部门审核、汇总后，再填写《A区城乡社区公共卫生服务券/卡补助经费申报表》报区卫生局和区财政局。卫生服务机构对收回券/卡按照现金券/卡进行财务管理。机构统计频率为每季度1次。

服务项目提供与统计：经卫生局审定通过后的项目，由各申报机构组织实施，未经区卫生局审定的项目服务不作为服务补助内容。各专业公共卫生机构和基层医疗卫生单位每季度对服务项目进行汇总统计，并向卫生局报送《A区城乡基本公共卫生服务项目工作量统计报表》。

5. 服务经费测算、考核与拨付

城乡社区公共卫生服务券/卡补助资金和项目合同资金实行专户储存、封闭运行、区级统筹、镇（街）协管、总额控制、节余续用的办法。服务考核由行政部门、专业组织、服务对象等参与组成的城乡基本公共卫生服务绩效考核组实施。

服务经费测算：城乡基本公共卫生服务补助资金的70%用于券/卡服务补助，30%用于项目服务补助。项目服务补助经费的30%用于专业公共卫生机构的项目服务补助，70%用于基层医疗卫生单位的项目服务补助。某机构券/卡服务补助总经费＝各单项服务券/卡补助经费总和×补助系数，其中，单项服务券/卡补助经费＝（任务完成数量×补助标准）。补助系数：绩效考核优秀为1.0，良好为0.9，合格为0.8。

某专业公共卫生机构补助经费＝a÷b×c（a＝当季度专业公共卫生机构项目补助总经费，b＝当季度各专业公共卫生机构考核得分总和，c＝某单位当季度项目考核得分）。

某基层医疗卫生单位当季度项目补助经费＝a÷b×c（a＝当季度基层医疗卫生单位项目补助总经费，b＝全区服务人口总人数×当季度各基层医疗卫生单位考核得分总和，c＝某单位当季度项目考核得分×某单位服务人口数）。

服务经费考核：服务券/卡绩效考核按照《A区城乡基本公共卫生服务券/卡考核标准》进行。券/卡服务考核指标总分值为300分，其中服务内容分值280分，满意度分值20分。通过考核，确定机构的券/卡服务总分值。券/卡服务考核结果分为优秀（考核总分值在270分及以上）、良好（225~269分）、合格（180~224分）和不合格（179分及以下）四个等次。考核结果等次分值确定：优秀、良好、合格、不合格；服务项目经费考核由区卫生局组织考核组每季度进行一次，区财政局对绩效考核工作进行监督和复核。服务项目分两类机构考核，专业公共卫生机构按《A区专业公共卫生机构（公共卫生管理机构）城乡基本公共卫生服务项目考核标准》进行，项目考核采取得分制，包括服务项目实得分值、满意度30分、加分分值30分；基层医疗机构按《A区基层医疗卫生单位城乡基本公共卫生服务项目考核标准》进行，项目考核实行总分制，指标总分值为180分，包含服务项目分值120分、满意度分值30分和加分分值30分。

经费拨付：区卫生局负责城乡基本公共卫生服务补助经费计算，并填写

《A区城乡基本公共卫生服务券/卡补助经费核拨表》《A区城乡基本公共卫生服务项目补助经费核拨表》。区财政局负责对区卫生局计算出的城乡基本公共卫生服务补助经费进行审定,并对审定后的补助经费按季度直接拨付到服务机构。券/卡服务和项目服务补助经费的2%作为镇、街管理工作经费。

(四) 实施效果

1. 人群健康关键指标改善

表1所示数据表明,自从A区实行公共卫生服务券/卡和公共卫生服务项目以来,服务管理更加规范。比如,孕产妇流动人口保健系统管理率、3~7岁儿童系统管理率、居民健康档案建档率、重症精神病人管理率均逐步上升;国家免疫规划疫苗全程接种率、儿童保健覆盖率有所提高;孕产妇死亡率有所下降;婚前医学检查率有大幅度上升。

此外,据卫XI项目基线调查结果显示[①],A区2009年15岁以上人口年内健康体检率为31.3%,比重庆市的16.2%高15.1个百分点;15岁以上人口年内血压测量率为52.5%,也比重庆市的37.7%高近15个百分点。

表1　A区基本公共卫生服务关键指标三年比较

		2008年	2009年	2010年
主要慢性病规范管理率(%)	高血压	80.7	68.22	69.56
	糖尿病		68.18	66.91
孕产妇保健系统管理率(%)	流动人口	83.2	83.2	90.48
	常住人口	78.96	90.46	83.36
7岁以下儿童系统管理率(%)	0~3岁儿童	95.8	94.92	94.04
	3~7岁儿童	95.15	96.64	98.08
居民健康档案建档率(%)		37.42	64.17	78.4
65岁以上人口健康管理率(%)		55.8	63.24	49.21
重症精神病人管理率(%)		26	57.26	68.7
国家免疫规划疫苗全程接种率(%)		96.69	99.60	99.68
婚前医学检查率(%)			11.39	38.86
儿童保健覆盖率(%)			95.77	96.08
孕产妇产前检查率(%)			99.59	98.75

---

① 重庆市卫XI项目办:《中国村卫生发展项目(卫XI项目)两年里程碑评估报告》(内部报告),2011。

以上数据表明,"服务券/卡+项目合同"形式激励了专业公共卫生服务机构、社区卫生服务中心、镇卫生院提供公共卫生服务的积极性,增强了需方公共卫生服务意识,从而促进了公共卫生服务职责的落实和城乡公共卫生服务可及性的增强。近几年,A区城乡居民健康指标得以改善,2010年婴儿死亡率为5.34‰,较2007年下降了2.16‰;2010年儿童死亡率为6.63‰,较2007年下降了3.57‰。[①]

2. 公共卫生资金使用效率提高

由表2数据可知,A区公共卫生服务包资金总筹资从2008年的1292万元上升到2010年的1754万元,增幅达35.76%。公共卫生服务包资金总支出从2008年的1078.8万元逐步上升到2010年的1753.96万元,增幅达62.58%。支出的增长速度明显快于筹资的增长速度,同时2008~2010年三年资金使用率分别为83.40%、88.00%、99.99%,表明公共卫生服务资金有效利用率明显提高。其中,补需方的券/卡经费增加较多,2010年较2008年提高77.47%,且占总支出的比重逐年增加,从2008年的64.1%上升到70.0%,与项目组基线调查发现的"全市40区县业务经费中56.80%用于补供方,17.11%用于补需方"的现状相比,A区以补需方为主导的支付模式有效促进了公共卫生服务资金使用效率的提高。

表2 A区2008~2010年公共卫生服务包资金筹资使用情况

| 年度 | 筹资(万元) || 支出(万元) |||| 资金使用率(%) |
	总筹资	总支出	券/卡经费 N	券/卡经费 %	项目经费	
2008年	1292	1078.8	691.8	64.1	387	83.40
2009年	1245	1095.6	722.1	65.9	373.5	88.00
2010年	1754	1753.96	1227.76	70.0	526.2	99.99

3. 居民公共卫生服务意识和服务利用率提高

项目组对1244人进行的基线问卷调查结果表明[②],4个抽样区县中,A区测量过血压的人群比例最高(93.2%),测量过血糖的比例最高

---

① 重庆市卫XI项目办:《中国村卫生发展项目(卫XI项目)两年里程碑评估报告》(内部报告),2011。
② 重庆市卫XI项目办:《中国村卫生发展项目(卫XI项目)两年里程碑评估报告》(内部报告),2011。

(65.6%)，接受健康体检的比例也最高（88.3%）。居民基本卫生防病知识（艾滋病、结核病、高血压、糖尿病、妇女病等）知晓率从 2008 年的 63.86% 上升到 2009 年的 87.52%。数据表明，通过支付模式的改变，A 区基本公共卫生服务提供方不仅主动适应服务需求，变被动服务为主动服务、便民服务，而且也提高了需方响应服务的积极性，促进了城乡居民公共卫生服务意识、服务可及性和满意度的提高。

4. 促进了区域卫生改革的创新

为了有效推动"服务券/卡＋项目合同"支付模式的实施，A 区采取了一系列配套的管理办法。例如，制定了《A 区城乡基本公共卫生服务绩效考核办法（试行）》来有效监督考核机构，并以此作为服务资金科学发放的依据；A 区还积极实施乡村一体化管理，制定了《A 区推进镇村医疗机构一体化管理的实施意见》来积极探索镇卫生院、村卫生室的团队式服务模式，组建若干医疗卫生服务团队，实施划片包干、目标管理责任制，使公共卫生主动服务提供变得更为现实和可行；A 区还通过分级化管理，制定《重庆市 A 区基本公共卫生分级服务实施细则（试行）》来规范各级各类公共卫生机构的服务职责、工作内容和流程，促进服务提供的标准化和规范化。

五 价值分析

合同购买和公共卫生服务券/卡购买都是政府购买公共卫生服务的方式，这两种方式都呈现这样的特点：政府承担筹资责任，定向委托公共卫生服务机构提供服务，评估机构提供服务的数量和质量，并兑现经费投入。其价值体现如下所示。

（一）政府购买公共卫生服务是公共卫生服务提供模式的一种创新

无论是发达国家还是发展中国家，政府在公共卫生支出中，都不同程度地存在资金短缺、公共卫生服务效率低下等问题。政府在强调加大公共卫生资金投入、加强基层服务机构设施建设的同时，更需要研究如何提高政府公共卫生资金投入的效益。

传统公共卫生服务提供模式存在一些弊端：第一，政府具有多重角色，既是服务的提供者，又是服务的监管者，因此，从本质上看，政府部门缺乏考核自身服务提供机构绩效的动机；第二，服务提供机构效率低下，以人员经费和工作经费的形式定额补给卫生机构，使得机构缺乏激励机制和制约机制，缺少为服务对象谋利益的动机；第三，政府各部门之间相互竞争资源并且相互控制信息，加之供需双方信息不对称，机构不能及时了解民众需求，民众也不了解机构应该提供哪些服务，因此提供的服务常常不能满足民众的需要。以上诸多因素导致公共卫生资源配置效率和公共卫生服务提供效率低下，传统服务模式已不适合当前社会发展的需要。

因此，以服务券/卡和项目合同为主的政府购买公共卫生服务建立了一种"花钱买服务，养事不养人"的新机制。这种支付方式的实行打破了国家对公共卫生的行业垄断，通过建立公共卫生服务的统一市场打破公立、私立卫生机构之间的制度性分割，促进了各卫生机构之间的公平竞争，废除了公立机构享有固定服务人员、固定经费的特权，迫使公立机构进行改革以提高卫生服务质量和效率。同时，以合同形式购买卫生服务加强了需方与供方的谈判力量，有利于降低卫生服务费用，规范服务内容和服务质量，通过合同监控可以有效解决卫生服务供需双方信息不对称的问题。推行政府购买公共卫生服务是政府履行公共卫生服务职能、调整政府投入方向、提高政府资金使用效率的一项重大改革。

（二）公共卫生服务券制度使居民真正成为公共卫生服务的自主消费者，促进了公共卫生机会均等享有

确保居民获得公共卫生服务机会的公平性是国家新医改的重点内容之一。一方面，要求政府按规定发给每个服务对象服务券，居民凭券可自由地选择卫生机构接受公共卫生服务，打破了原来的行政区域界限，充分尊重服务对象对公共卫生服务提供机构的选择权，保障了服务对象享受公共卫生服务的权益，从而使居民获得公共卫生服务的机会更趋平等。另一方面，公共卫生服务券制度的实施也使农民进一步认识了公共卫生服务的价值，转变了公共卫生观念，农民的健康意识和自我保健意识被激活，很多农民养成了主动关心、主动持券到乡镇卫生院接受服务的习惯，逐渐由过去的被动接受服务转变为主动要求服务，提高了农民利用卫生服务的能力和自我保健意识，增加了人民群众，特别是贫困地区农民对公共卫生服务的可及性。

此外，合同式购买卫生服务属于政府行为，资金的调配使用可以解决部分贫困群众因经济困难无法利用卫生服务的问题，让弱势群体有机会获得基本的公共卫生服务。

（三）增强了政府的公共卫生职能，恢复了卫生机构为居民服务的本质

传统体制下，政府包办所有的公办卫生机构，通过经费发放控制卫生机构。卫生机构因经费、人事等被动地与政府结成权力实体，对政府做出较多的回应，而对真正享受公共卫生经费法律主体的居民却较为忽视，很多情况下居民根本享受不到政府提供的福利。

在公共卫生服务券模式下，政府、卫生机构、居民三者之间的关系发生了根本性的变化，乡镇政府或街道办公室负责服务券的宣传和发放，并参与对该项工作的督察和回访工作，这不但提高了政府对公共卫生工作的认识，而且提高了政府的公共卫生意识，强化了政府的公共卫生职责。同时，卫生机构不再依赖政府拨款，而是靠提高服务质量、满足居民公共卫生需求来吸引居民以获取经费，从而在一定程度上摆脱了束缚的枷锁，可以依法独立自主地开展服务券所规定的公共卫生项目。居民真正成为享受公共卫生服务的主体，可以持券选择自己满意的卫生机构，从而决定公共卫生经费的投向。这样，公共卫生机构为居民服务的本质得以恢复。

在项目合同购买模式下，政府通过合同约定，加强了对卫生服务机构的有效监督和管理，有利于医务人员纠正其趋利行为，也有利于卫生服务机构遵循政府意愿提供更符合社会成本效益的卫生服务，能促进解决长期以来市场经济机制难以有效调控的卫生服务提供行为不规范的难题。

（四）促进卫生机构之间开展良性竞争，并提高了供方人员的积极性

政府购买公共卫生服务将公共卫生投入方式从投向供方改为投向需方，使得各卫生机构为了争夺居民手中的服务券或完成签订的合同内容，必然提高竞争意识，各显其能。卫生机构的公共卫生服务设备、服务质量和服务态度不断得到改善，机构通过提升品质、提供多元的卫生服务以满足居民多元的卫生需求来赢得自我生存发展的空间。医疗机构的服务观念也开始转变，医疗机构人员变"坐堂候诊"为主动服务、"零距离"上门服务、定期走访服务，与辖区居民建立良好的关系，更重要的是，绩效考核支付方式使基层公共卫生工作人员增强了工作责任感，从根本上把公共卫生工作与医疗服务工作提上同等重要的地位。

(五) 政府购买公共卫生服务改变了公共卫生经费的发放模式

在传统的计划经济模式下，政府投入形式单一，补偿机制不健全，缺乏竞争性及费用制约机制。以往政府对于基层公共卫生的投入局限于供方投入形式，供方投入的弊端是绝大部分卫生经费用于房屋建设、设备器械和人员工资等，真正涉及更多人利益的公共卫生项目却无从展开，导致民众对公共卫生的可及性降低。而由政府直接把公共卫生服务券发放给居民，把服务的主动权交到了居民手中，改革了政府公共卫生经费发放程序，合理配置了各类经费在基层机构的支出结构，让同等数量的公共卫生经费可能转化出更高的健康效益。

六 需要解决的问题

(一) 政府购买公共卫生服务的有效管理制度尚未建立

政府购买公共卫生服务在国际上已有成功的经验，国内部分区县已经开始了试点。但是综合来看，各试点区县购买服务的方式、购买的内容、购买的价格都不一样。尤其是某些公共卫生服务，如公共卫生的管理、报告、监督等很难确定它的单元付费价格，购买的难度较大。此外，多个区县开展的政府购买公共卫生服务的尝试，靠的是由各类人员组成的考核小组反复进行督导，不断监测检查，实际上这种管理成本也是非常高的，而缺乏这一步骤，又难以科学地考核机构提供服务的数量和质量，因此这是一对矛盾体。所以，要使政府购买公共卫生服务可持续进行，需要探索出更为完善而有效的管理制度。

(二) 广大居民对公共卫生的认识不足和购买意愿较低

公共卫生服务券给予居民充分选择服务机构和是否利用服务的自由权利。因此，提供公共卫生服务实际上很大程度取决于居民是否持券去购买服务。

从现实来看，并不是所有居民都充分利用了服务券。[1] 广大居民，尤其是农民对公共卫生的意识较为淡薄，受文化程度较低和现有公共卫生知识宣

---

[1] 胡善联、刘宝等：《我国公共卫生服务均等化的实证研究：重庆市公共卫生服务券的分析与评价》，《中国卫生政策研究》2009年第6期，第18~22页。

传教育手段偏弱的影响，其健康知识不足，不懂得预防保健等服务的重要性，也不太注重健康体检等公共卫生服务，普遍认为有病才该去看医生，再加上农民经济一般较为困难，生活节俭，长期以来形成"有病扛扛也能拖过去"的观念。因此，很多农民没有充分利用公共卫生服务券，购买愿望很低，尚不能发挥服务券本身的作用，而持有服务券的居民若不能有效利用服务券，则会影响机构服务的积极性。

（三）居民缺乏对卫生机构多样选择的权利

不论是公共卫生服务券，还是项目合同，其初衷都是为了扩大居民的选择权，将竞争引入卫生机构，促进公共卫生服务市场化，并通过把服务券发给居民的需方投入方式，保证公共卫生经费真正提供给为居民提供有效公共卫生服务的机构，确保居民公共卫生服务的可及性和公平性。

但从实际情况来看，由于很多地区公共卫生提供条件较差，很多区县只有1家妇幼保健站、1家疾病预防控制机构、1家卫生监督所，甚至有的区县还没有精神病医院，大部分乡镇也只有1家乡镇卫生院，目前的村卫生室或私人诊所很简陋，许多都没有提供公共卫生服务的基本设施，人员配备也达不到要求。因此，从一个乡镇的区域来看，没有多余的卫生机构可以供居民选择，即使某些区县的区/县级卫生机构能提供更为优质的服务，但由于受时间、交通费用等限制，很多居民不能也不愿意求远接受服务。因此，现有卫生资源的配置尚不能形成供方的竞争市场机制，从而制约了居民对卫生机构自由选择的权利。

（四）政府投入不足影响供方的积极性

20世纪80年代以来，在市场经济的推动下，政府对基层医疗机构和专业公共卫生机构的投入明显不足，各种政策的出台迫使基层医疗机构走上医疗创收之路。从统计数据和调研数据来看，重庆市多数乡镇卫生院的收入中政府投入不足8%，剩余的收入都来源于业务收入，而业务收入中又有60%~80%来源于药品收入，因此基层医疗机构一直"重医轻防"。

2009年，重庆市40个区县公共卫生服务经费投入总额为10.55亿元，占40个区县卫生支出的16.71%。[1] 公共卫生拨款在很多卫生院收入总额中

---

[1] 重庆市统计局、国家统计局重庆调查总队编《重庆统计年鉴2010》，中国统计出版社，2010。

所占份额甚小，公共卫生服务券或项目合同中涵盖的公共卫生服务，由于其成本低（某些服务项目收费价格甚至低于成本价格）、利润薄，所以卫生机构争取服务券的积极性并不高。再加上市场竞争机制尚未有效形成，因此多数基层卫生机构并不会为了争夺服务券而去提高服务质量和改善服务态度，从根本上影响了供方人员的积极性。

此外，公共卫生服务券或项目合同的实施，需要政府按需求发券或确定合同，并及时足额兑换。可是，由于缺乏基线数据的收集，辖区机构并不能有效测定和预算辖区服务人群数量，尤其是慢性病人群，因此会造成服务实际提供数量与服务预计数量有出入，财政补助有缺额。另外，仍对机构服务补偿采取后付制，不能及时进行足额的兑换，这也会影响供方的积极性。

参考文献

程漱兰，2004，《公共服务体制创新对私人投资者的含义——世界银行2004年世界发展报告》，《中国投资》第10期。

重庆市统计局、国家统计局重庆调查总队编，2010，《重庆统计年鉴2010》，北京：中国统计出版社。

重庆市卫XI项目办，2011，《中国村卫生发展项目（卫XI项目）两年里程碑评估报告》（内部报告）。

胡善联、刘宝等，2009，《我国公共卫生服务均等化的实证研究：重庆市公共卫生服务券的分析与评价》，《中国卫生政策研究》第6期。

彭兴庭，2007，《"公共卫生服务券"观察》，《决策》第12期。

石光、贾廉鹤、白京霞等，2007，《卫生财政拨款方式改革的国际经验——合同购买、按绩效拨款和购买服务》，《中国医院》第6期。

石光、邹珺、田晓晓，2008，《直接举办还是购买卫生服务：相关理论与政策问题探讨》，《中国卫生政策研究》第1期。

朱吉鸽、张亮，2007，《政府购买农村公共卫生服务的理论研究和探讨》，《医学与社会》第3期。

Alexander, S., April H. and Phyllida T. 2000. "'Make or Buy' Decisions in the Production of Health Care Goods and Services: New Insights from Institutional Economics and Organizational Theory." *Bulletin of the World Health Organization*.

作者简介

李孜　女

所属博士后流动站：西南财经大学应用经济学

合作导师：边慧敏、王崇举

在站时间：2010年9月至今

现工作单位：重庆工商大学社会与公共管理学院

联系方式：lizicq@msn.com

农村基层医疗卫生机构运行状况及新发现

——基于河南省鲁山县的调查

张奎力

摘 要：转变农村基层医疗卫生机构运行机制是缓解农民"看病贵、看病难"的关键，是"保基本、强基层、建机制"的重要抓手和切入点。通过典型调查，我们对农村基层医疗卫生机构的运行状况进行了深入研究。结果显示，"以药养医"运行旧机制已基本破除，但是"维护公益性、调动积极性、保障可持续"的新机制尚未建立起来，农民"看病贵、看病难"问题依然不同程度地存在。农村基层医疗卫生机构改革是一项综合性工程，只有进行综合、系统、全面的改革，才能建立起新的体制机制。因此，推进与基本药物制度相配套的一系列体制机制综合改革，已成为当前十分紧迫的重要任务。

关键词：农村基层医疗卫生机构 运行状况 运行机制转变 综合改革

一 研究背景及方法

在 2010 年全国深化医药卫生体制改革工作会议上，国务院深化医药卫生体制改革领导小组组长李克强指出，要把"保基本、强基层、建机制"作为医改工作重心。这是把基本医疗卫生制度作为公共产品向全民提供的基本途径。国家发改委主任张平在深化医药卫生体制改革工作报告中强调，医改把强基层作为改革着力点。卫生部副部长刘谦在全国社区卫生综合改革经验交流会上也指出，基层医疗卫生工作是整个医疗卫生体制改革的重要突破口和切入点。基层医疗卫生机构是我国医疗卫生服务体系的网底，也是人民群众健康的守门人，所以，加强基层的建设，真正发挥好基层医疗卫生机构的作用意义重大。以往的相关资料显示，相对于城市社区，农村基层医疗卫生服务机构的运行状况堪忧，其有选择地提供服务和不规范地提供服务的行为尤为突出。基于此，我们把研究视角聚焦于农村基层。

种种迹象表明，虽然新医改方案实施两年有余，但农民"看病贵、看病难"的问题依然不同程度地存在。缓解农民"看病贵、看病难"，重在转变农村基层医疗卫生机构运行机制。迄今为止，全国已有60%以上的基层医疗卫生机构实施了基本药物制度；为确保基本药物制度的顺利实施，国务院出台了《关于建立健全基层医疗卫生机构补偿机制的意见》，转变农村基层医疗卫生机构运行机制已经具备了坚实的制度基础。如今，转变农村基层医疗卫生机构运行机制已成为缓解农民"看病贵、看病难"的关键，是"保基本、强基层、建机制"的重要抓手和切入点。因此，进行农村基层医疗卫生机构运行机制研究具有重大的现实意义。

笔者通过梳理国内外相关研究成果发现，关于农村基层医疗卫生机构运行机制尚无系统化的研究，根据对其认识和评价依据研究角度的不同可划分为以下几个方面。①破除行政垄断、促进合理竞争。在我国医疗卫生体制改革过程中，各种行政性垄断成为阻碍医改推进的关键力量，其中包括公立医疗机构对医疗服务行业的垄断和政府卫生部门对办医权的垄断。公立医疗机构在药品零售环节上的双向垄断地位是导致药价虚高的根本原因，其根源在于政府管制措施的失当。管办分开是破除垄断的良方，应该在政府适当的调控和监管下促进竞争；此外，改变付费机制也可以遏制药价虚高和过度用药的问题[1]。②建立相应的激励机制与约束机制。世界银行针对中国农村卫生改革报告指出，中国卫生系统面临的一个挑战是要找到一种平衡：既要考虑与市场相关的控制约束、机构自主权和生产效率，又要控制供方增加不必要

---

[1] Winnie Yip, William C. Hsiao. "The Chinese Health System at a Crossroads." *Health Affairs*, 27, No. 2, 2008, 460 – 468；朱恒鹏：《医疗体制弊端与药品定价扭曲》，《中国社会科学》2007年第4期；蔡江南：《推进医改亟待打破行政垄断机制》，《中国医药报》2011年1月13日；顾昕：《行政化和市场化的博弈——新医改进程回首》，《中国医药报》2011年1月13日。

的治疗和费用上涨的倾向。因此，医疗卫生机构应该在人力资源方面获得更大的自主权，同时在业务盈余的使用上进行更多的限制。① 在财政补偿原则上，要对基层医疗卫生机构实行"核定任务、核定收支、绩效考核补助"。这样，对于绩效好的机构，其实际收支差额小于标准收支差额，但预算补助不减，这就形成"干得好的多得"的激励机制；对于绩效较差的机构，其实际收支差额大于标准收支差额，但预算补助不增，甚至还要核减补助，这就形成"干得差的少得"的约束机制。② 在薪酬分配激励上，明确薪酬分配是激励的一种有效、关键手段，公平合理的薪酬分配能够减少社区卫生服务机构内部冲突，增加外部的竞争性，因此应实行战略薪酬管理。③ ③转变基层医疗卫生机构服务提供模式。在我国，亟须建立"开放式"守门人制度，推广社区卫生服务的首诊制和转诊制，引导人们更多地在社区卫生服务机构中寻求门诊服务。所以，加强基层的建设，真正发挥好基层医疗卫生机构的作用十分重要。但是仅此还不够，还需要大医院的支持，同时在机制上进行很好的分工，建立好大医院和基层医疗卫生机构的合理分工、上下联动的双向转诊制度。④ 同时，要完善基层医疗服务方式，建立健全基层医疗卫生服务网络，转变服务方式，倡导巡回医疗、上门服务、主动服务，方便群众看病。⑤

然而，这些研究成果尚存在一些薄弱环节：第一，缺乏针对我国基层医疗卫生机构的系统研究，大多数研究仍停留在对我国医疗卫生体制的宏观表述上，基层医疗卫生机构（尤其是农村基层医疗卫生机构）往往被一笔带过；第二，即便是为数不多的针对基层医疗卫生机构的研究，也仅仅对其进行现状、问题及对策的表面分析，缺乏从其内在运行机理层面进行的剖析，而转变运行机制是基层医疗卫生机构体制改革的关键；第三，传统研究大都以经济学研究方法为主，而以社会政策为主的跨学科综合研究则长期处于被忽略的境地。

基于上述研究意义和研究的必要性，我们于2011年5月选择河南省鲁山县进行专题调研。鲁山县从2010年3月起开始实施国家基本药物制度，

---

① 世界银行：《中国农村卫生改革》，世界银行网站，2009年2月1日。
② 刘尚希：《激励与约束：面对政府举办的基层医疗卫生机构》，中国网，2009年4月10日。
③ 方鹏骞、熊昌娥：《社区卫生服务机构薪酬制度研究》，《中国卫生经济》2010年第6期。
④ 顾昕：《走向全民医保：中国新医改的战略与战术》，中国劳动社会保障出版社，2008，第297页。
⑤ 湖北省财政厅课题组：《基层医疗卫生现状分析和政策建议》，《经济研究参考》2010年第4期。

是河南省第一批实施基本药物制度的试点县。我们采取典型调查法,从中精心筛选出三个乡镇——马楼乡、张良镇和让河乡,通过问卷调查和深度访谈的方法对其展开调查。此次调查共向乡镇卫生工作者发放和收回有效问卷68份。其中被调查对象的工作类型为:管理者和后勤人员各占被调查对象的7%,执业医生占41%,护理人员占26%,其他人员占18%。在文化程度上,初中学历的占3%,高中(职高、中专、技校)学历的占63%,大专学历的占32%,本科学历的占1%,无研究生及以上学历者。在年龄结构上,30~39岁的占50%,20~29岁的占38%,40~49岁的占7%,50~59岁的占4%。深度访谈的对象主要为各乡镇卫生院院长及村卫生室的乡村医生。经过对调查问卷的统计分析和深度访谈的整理分析,可以大体窥探出农村基层医疗卫生机构的运行状况,进而能够发现新医改制度尤其是基本药物制度实施以来出现的一些新情况、新问题。

二 农村基层医疗卫生机构的运行状况

(一)乡镇卫生院的运行状况

1. 基本药物制度实施情况

基本药物制度实施一年以来,农民的用药负担真正减轻了吗?农民得到实惠了吗?为了便于观察,我们截取2011年3月份的数据与上年同期做比较。据统计,相对于上年同期,被调查的三个乡镇卫生院的次均门诊药品费下降13.7%,次均门诊费增长15.3%,次均住院药品费增长21.2%,次均住院费增长5.6%,住院人次增长12%,门诊人次增长3.9%。可见,农民的用药负担减轻情况不太明显。通过与安徽省乡镇卫生院做横向比较,可以更加清晰地看出这一点(见表1)。

表1 被调查乡镇卫生院与安徽省乡镇卫生院的比较

单位:%

	次均门诊药品费	次均门诊费	次均住院药品费	次均住院费	住院人次	门诊人次	年份
被调查乡镇卫生院	13.7↓	15.3↑	21.2↑	5.6↑	12↑	3.9↑	2010.3~2011.3
安徽省乡镇卫生院	22↓	13.6↓	20↓	13.7↓	30↓	21.3↑	2009.9~2010.9

对于这一问题，乡镇卫生工作者们看法不一。调查问卷显示，被调查者中认为用药负担大大减轻了的占41%，而认为效果不太明显的占44%，认为没有减轻的占12%（见图1）。

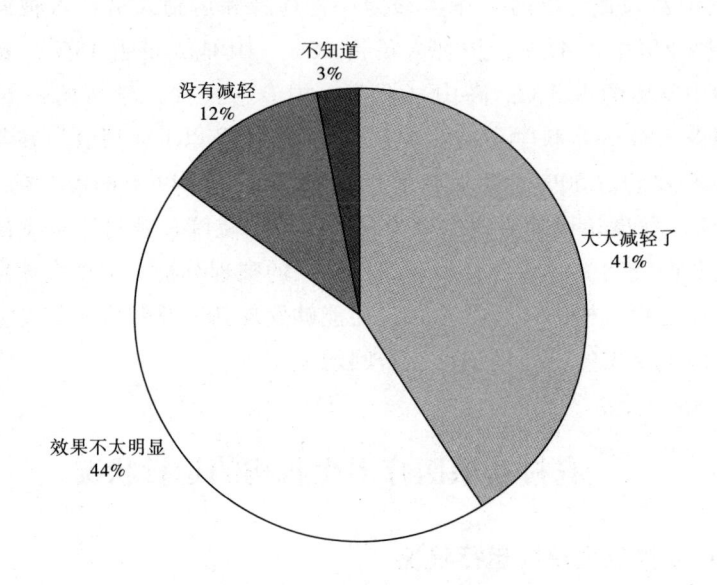

图1 对农民用药负担的看法

实施基本药物制度，意味着乡镇卫生院基本药物目录中包含的药品全部实现零差率销售。这对于以往依靠药品销售来维持机构运作的乡镇卫生院来说是否会出现收支缺口？2010年12月发布的《国务院办公厅关于建立健全基层医疗卫生机构补偿机制的意见》能够保证基层医疗卫生机构的平稳运行和发展吗？调查问卷表明，29%的被调查者认为乡镇卫生院财务运行良好，28%的被调查者认为收支勉强维持运转，还有18%的被调查者认为财务入不敷出。而在访谈中，三个乡镇的卫生院院长均表示财务运行状况良好或无缺口。原因在于，乡镇卫生院的经费来源有三部分：一是医疗收入；二是药品零差额补助；三是公共卫生服务拨款。如果仅仅靠药品零差额补助还不足以维持机构正常运行，各卫生院就把这三部分经费打包在一起来使用，这样就能在总体上维持收支平衡。如马楼乡卫生院，自实施基本药物制度以来，医疗收入从300多万元降至220万元，其中包括药品收入150万元，非药品收入70万元。此外，全乡镇公共卫生服务拨款93万元，基本药物零差额补助55万元。可见，公共卫生实际上补贴了医疗，从而在财务上维持了卫生院的平稳运行。

2. 执业和收入分配情况

"让群众得到实惠，让医务人员受到鼓舞"是现行医药卫生体制改革的基本要求。医务人员是医改的主力军，为了调动广大基层医务人员的积极性，必须保障他们的合理待遇水平、培养培训机会和职业发展空间。

县级及县级以上医疗卫生机构的医师来卫生院开展业务指导或执业活动的情况是：表示很少开展的占被调查者的63%，有6%的人表示从未开展过，认为经常开展的占29%（见图2）。乡镇卫生院医务人员"走出去"的情况是：表示经常参加在岗业务培训或进修活动的比例为41%，很少参加的占到一半，还有6%从未参加过。

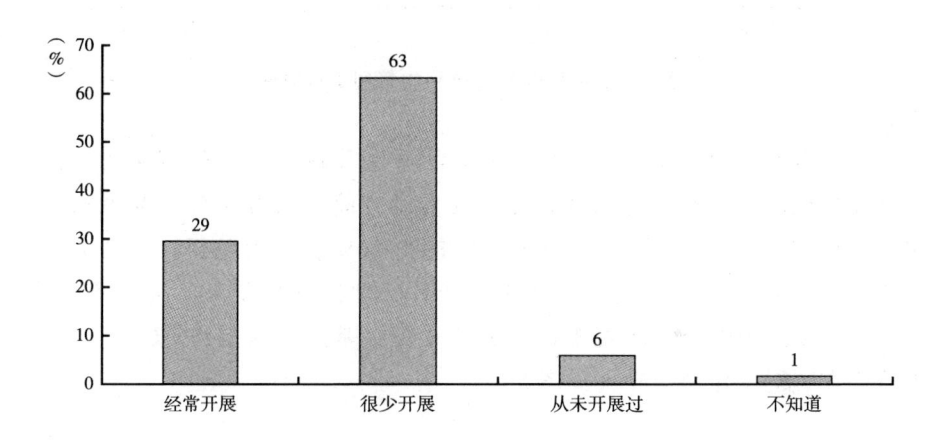

图2　上级医师开展业务指导或执业活动的情况

医务人员的待遇水平直接决定着广大基层医务人员队伍的稳定性。同时有47%的被调查者反映与实施基本药物制度之前相比，他们的收入降低了或与以前持平，表示收入增加了的占3%。与当地职工平均收入水平相比，72%的人认为他们的收入较低，25%的人认为属于收入中等。马楼乡卫生院工作人员共52人，其中在编人员40人，非在编人员（临时工）12人。其中在编人员月工资平均为1400~1500元，在当地属于中下等水平，比乡村教师工资低；临时工承担了很多别人不愿意干的累活，待遇却很低，每月只有400~800元钱。在让河乡，普通工作人员月工资大多在1200元以下。

虽然医务人员工资收入普遍偏低，但工作量却很大、工作时间较长。60%的医务人员每周工作时间在 50 小时以上，31%的在 40~50 小时（见图 3）。

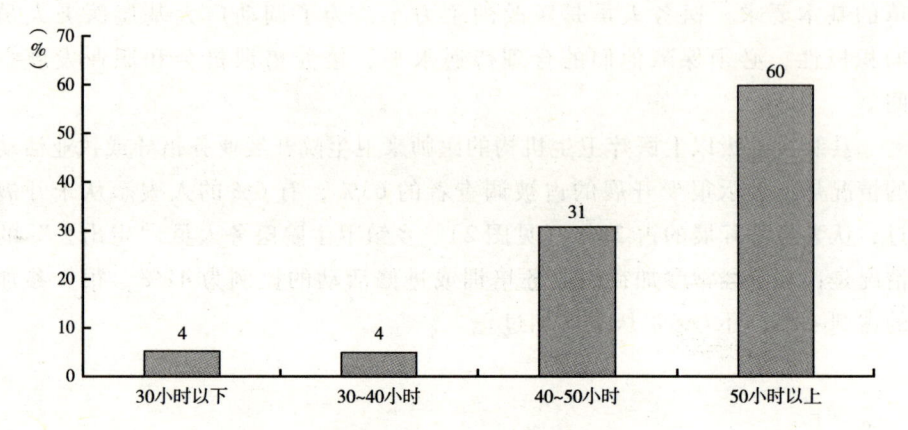

图 3　卫生院医务人员平均每周工作时间

对于卫生院的职业发展前景，大家的看法分歧较大。有 34%的人认为很有前景或前景一般，持悲观态度、认为没有前景的占 31%。与城市大医院的同行相比，认为差距在于收入差距的占 50%，认为差距在于业务水平和职业发展的占 43%，4%认为差距在于社会地位（见图 4）。如果有机会，47%的人希望去城市大医院工作，更愿意留在基层工作的占 33%，20%的人认为在哪里工作都一样（见图 5）。

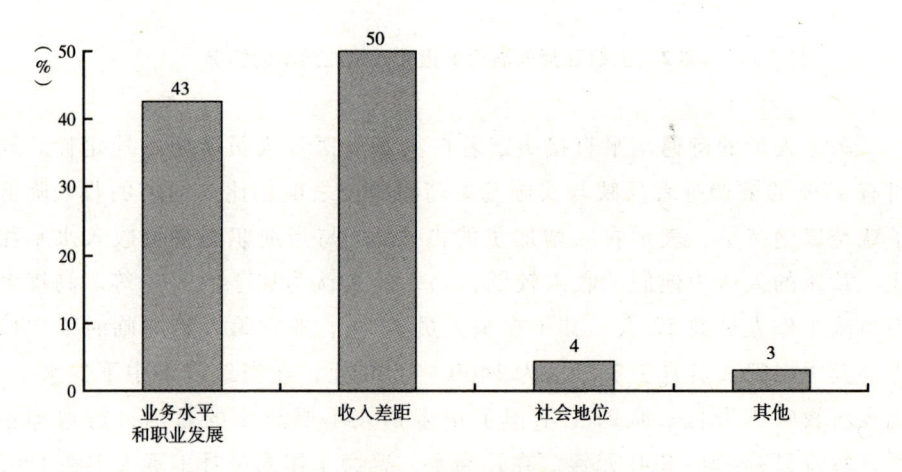

图 4　与城市大医院同行的差距所在

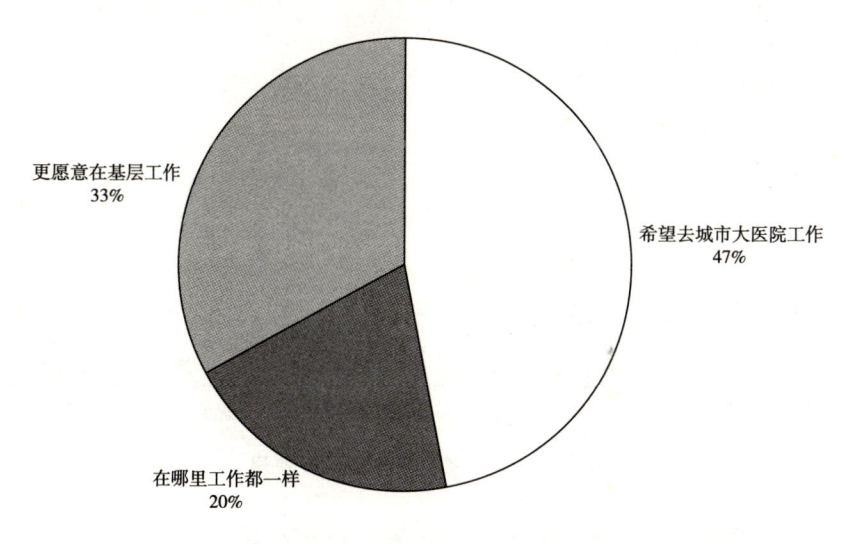

图5 对是否希望去大医院工作的看法

3. "以药养医"情况

近年来，以药养医饱受社会各界诟病。它已逐步演化为一种逐利机制，削弱了医疗卫生机构的公益性，危害着人民群众的利益。国家发改委副主任、国务院医改办主任孙志刚指出："要使基层医疗机构真正回归到公益性，而不是以赢利为目的的企业；使医生回归到治病防病的角色，而不是推销药品的商人；使药品回归到治病的功能，而不是赚钱的工具。"[1] 因此，破除以药养医机制、建立惠民新机制，是医改的核心。以药养医的主要表现形式是开大处方、开贵药以及大检查、过度检查。

是否属于开大处方、开贵药并没有一个公认的标准。一个可行的考量指标可能体现在看病所需的花费上。我们以普通感冒为例，看看在卫生院看病大概需要花费多少钱。调查结果显示，认为普通感冒的治疗费用在10元以下的占53%，在11~20元的占24%，在21~50元的占9%（见图6）。当问及患普通感冒是否建议输液时，51%的被调查者认为需要视具体情况而定，49%的人不建议输液。

我们仍以普通感冒为例，来了解医疗卫生机构是否存在大检查、过度检查的情况。患普通感冒时，医务人员建议患者做哪些方面的检查呢？

---

[1] 李红梅：《医改的核心是建立惠民机制》，人民网，2011年6月10日，http://www.people.com.cn/h/2011/0610/c25408-2811531956.html。

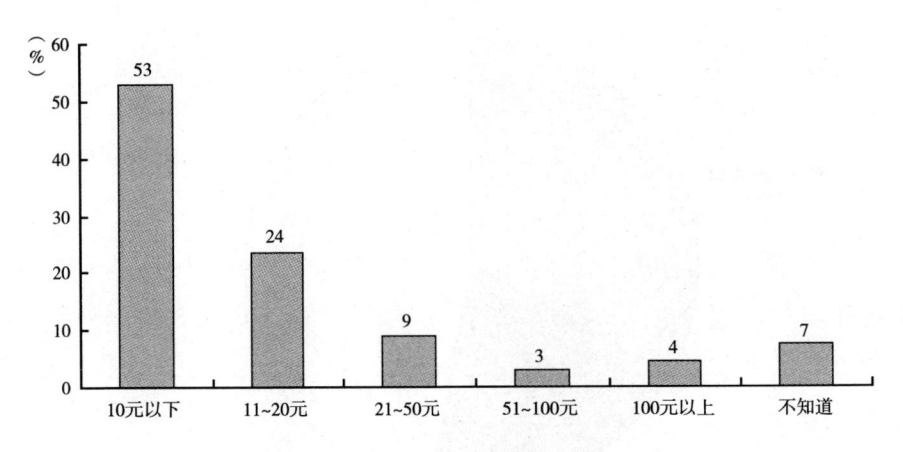

图6 患普通感冒所需的治疗费用

其中79%的样本数建议做常规血液检查，13%的建议做X光检查，不建议做检查的样本数占16%（见图7）。不同医疗卫生机构之间的检查结果互认与否是衡量是否存在过度检查的重要依据。被调查者中表示认同其他医院检查结果的占24%，不认同的占9%，68%认为这需要视具体情况而定。

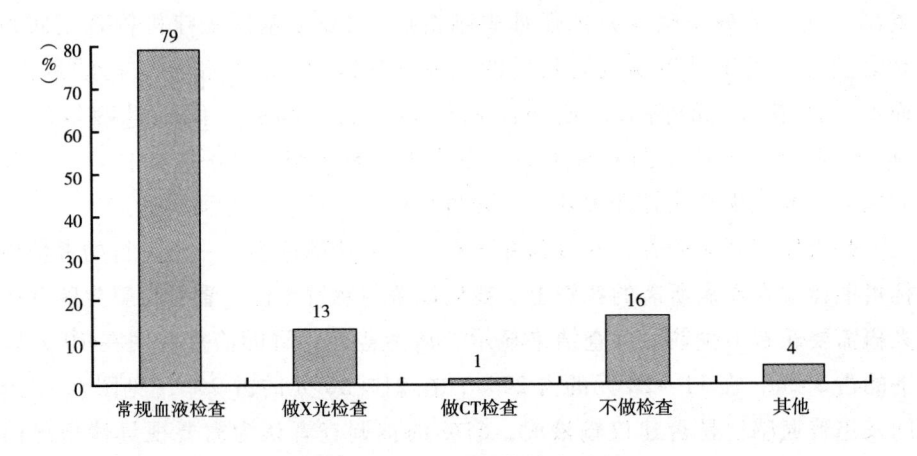

图7 建议普通感冒的检查项目

如果乡镇卫生院存在过度检查现象，其原因是什么？在回答中，认为政府投入不足、不能维持卫生院正常运转的样本数占81%，认为医疗服务价格太低、只能通过卖药弥补的占31%，认为实施经营业务包干制、多挣多得的占24%，认为按项目付费的方式必然导致过度医疗的占10%（见图8）。

农村基层医疗卫生机构运行状况及新发现 239

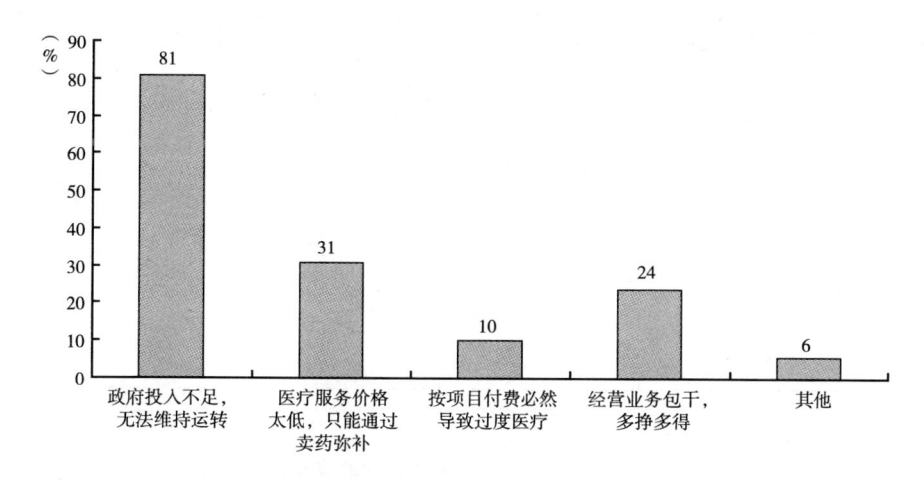

```
(%) 90
    80  81
    70
    60
    50
    40
    30      31
    20              24
    10      10
     0                      6
     政府投入不足, 医疗服务价格 按项目付费必然 经营业务包干, 其他
     无法维持运转 太低,只能通过 导致过度医疗  多挣多得
              卖药弥补
```

图 8　卫生院出现过度医疗的原因

4. 提供公共卫生服务情况

在医疗卫生公共投入结构上，长期存在重治轻防的问题。表现为在城市大医院资源集中、规模不断膨胀的同时，一些符合公众利益、具有更大社会效益的预防保健工作，却因资源短缺而无法正常开展。为此，新医改方案中明确提出，2009~2011 年重点抓好五项改革，其中包括促进城乡居民逐步享有均等化的基本公共卫生服务。2011 年，人均基本公共卫生服务经费标准已由原来的 15 元提高到 25 元。这无疑是新医改的一大亮点，也是利民惠民的重大举措。公共卫生服务是乡镇卫生院应承担的两大基本职能之一。乡镇卫生院能否积极、有效地提供公共卫生服务自然引人关注。

通过调查得知，重治轻防观念及行为已在很大程度上得到转变：26% 的被调查者已完全转变了重治轻防观念及行为，68% 已部分转变，没转变的仅占 3%。乡镇卫生工作者提供公共卫生服务的积极性较为高涨：85% 的人表示有积极性提供诸如建立健康档案之类的公共卫生服务，积极性一般的占 13%，没有积极性的仅占 1%。积极性的提高主要源于对国家财政对于公共卫生服务补助的满意度。分别有 5% 和 37% 的人表示对于公共卫生服务补助很满意和比较满意，49% 的人满意度一般，不满意的占 9%（见图 9）。

截至 2010 年 12 月，马楼乡、张良镇和让河乡建立居民健康档案的比例分别为 48%、50% 和 42%。各卫生院院长均表示，到 2011 年年底将基本实现建档率的全覆盖。为 65 岁及以上老人做健康检查的周期为 1 次/年，为 3 岁以下婴幼儿生长发育检查、为孕产妇做产前检查和产后访视、为高血压等病人提供防治指导服务的周期为 4 次/年，普及健康知识教育的周期为 6 次/年。

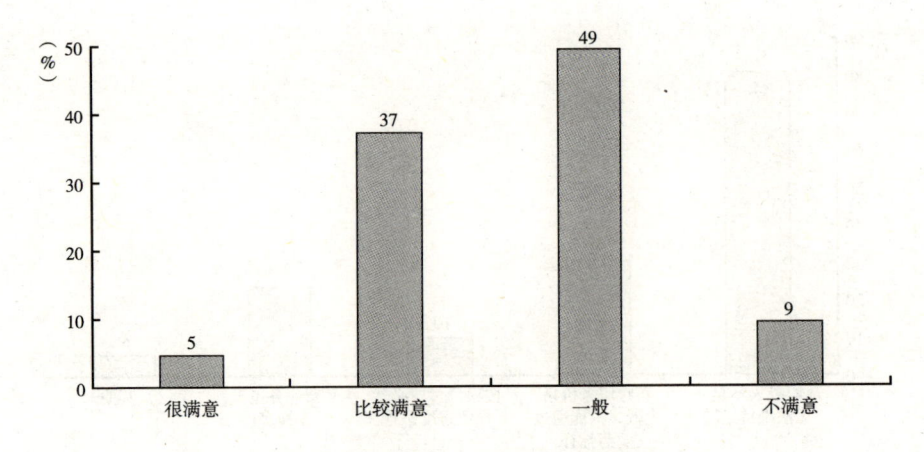

图 9 对于公共卫生服务补助的满意度

然而，在公共卫生服务的提供过程中还存在一些困难：一是相对于基本医疗服务，提供公共卫生服务的工作量较大、工作难度较高。56%的被调查者认同了这一点，不认同这一说法的有16%，还有28%的人表示说不清楚。二是缺乏预防保健人才。56%的被调查者认为乡镇卫生院中缺乏掌握预防保健知识的人才，认为不缺乏的占25%，说不清楚的占19%。

5. 农民看病去向情况

由于人们看病缺乏"守门人"，盲目自由流动现象非常普遍。群众不管是大病还是小病，都倾向于涌向城市大医院，致使城市大医院人满为患，"专家号"一号难求，而基层医疗机构却门可罗雀，资源闲置严重。据统计，到大医院看病的70%左右的门诊病人都是普通病和常见病，只有30%左右属于疑难病症。这种局面不但导致人们看病难——表现为在大医院看病"三长两短"（即挂号排队时间长、等候看病时间长、领药检查时间长，看病问诊时间短、解释病情时间短），而且同时导致看病贵——表现为大医院的检查、药品等费用均高于基层医疗机构。因此，增强农村基层医疗卫生机构能力建设、建立县乡上下联动的双向转诊制度显得极为迫切。

囿于调研时间和精力，我们在了解农民看病去向情况时未能直接调查当地农民，而是从乡镇卫生工作者的视角进行了侧面观察。当患头疼发热这类小病时，96%的被调查者认为农民首选在当地乡镇卫生院或村卫生室看病，3%选择去县级及以上医院看病。当患重（大）病时，情形刚好相反，91%的人认为农民会直接选择去县级及以上医院看病（见图10）。从患者就诊流向来看，被调查者认为患者利用基层医疗卫生机构的比例增加了：分别有40%和44%的人认为显著增加了和增加不明显，认为没有增加的占4%，认为非但没增加反而减少了的占6%，不清楚的占6%（见图11）。

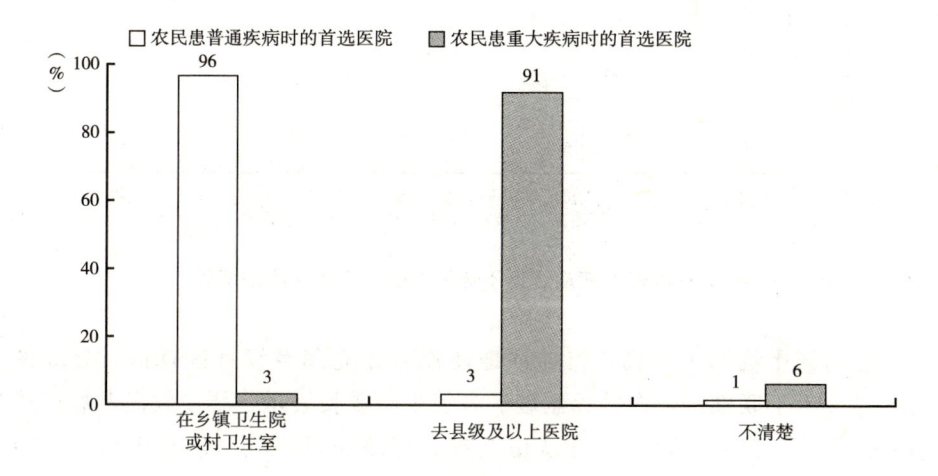

图10 农民患病时的首选医院

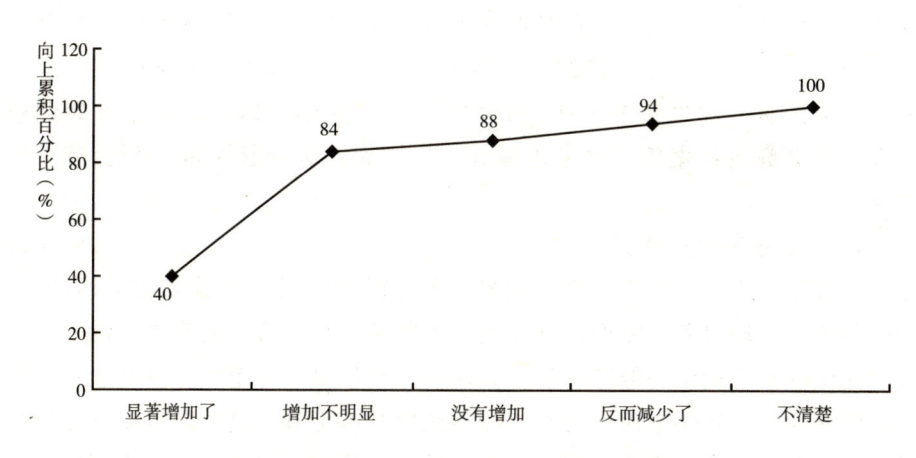

图11 基层医疗卫生机构利用程度变化情况

如果农民可以在基层医疗卫生机构看好病，却去了大医院，原因在哪里呢？有84%的被调查者认为是乡镇卫生院设备环境差所致，32%的被调查者认为是由于没有建立起（乡镇）社区首诊、县乡双向转诊制度，15%的被调查者认为卫生院人员业务水平不高（见图12）。

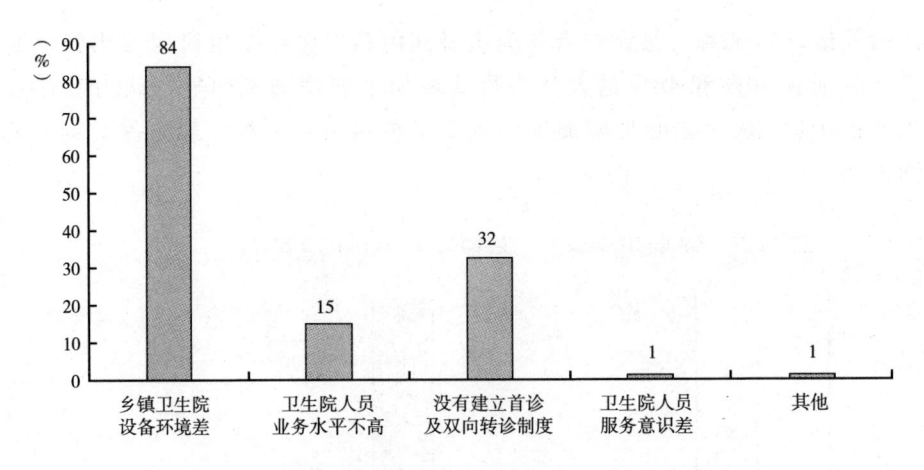

图 12 农民看病应选而不选基层医疗卫生机构的原因

（柱状图数据：乡镇卫生院设备环境差 84；卫生院人员业务水平不高 15；没有建立首诊及双向转诊制度 32；卫生院人员服务意识差 1；其他 1）

在访谈中我们了解到，目前该地还没有建立起乡镇社区首诊、分级诊疗、县乡上下联动的双向转诊制度。各卫生院院长表示，要使农民看病首选基层医疗卫生机构，除了人才队伍及设备环境建设之外，还有机制建设问题。马楼乡卫生院院长认为，村医匮乏，多数村医都在50岁以上，知识结构狭窄落后；医疗设备简陋，不少人诊断时还在使用传统的"老三件"（听诊器、血压计、体温计）。乡卫生院也存在人才匮乏、设施落后、管理落后、服务意识差等问题。让河乡卫生院院长建议，应该把大学生村官变换为大学生医官。如果每个村有一个大专以上的大学生医官，对于开展健康教育、建立健康档案等公共卫生服务作用巨大，医疗状况也立刻会有大的改观。

6. 医生服务方式情况

在服务方式上，医生一贯采取坐诊制。转变传统的坐诊制为巡回医疗、上门服务、主动服务，方便群众看病，不但可以有效缓解看病难问题，而且可以改变群众看病中普遍存在的择医现象。在访谈中，卫生院院长表示，病人看病往往是奔着某个医生而来，而不让别的医生看。这种择医观念导致老医生、名医生因病号太多、门诊工作量太大，看病时难免出现草率现象。而许多医术不错的年轻医生，却因患者的择医习惯导致病号少、诊费收入低，难以维持生计。改变择医现象、缓解看病难问题的有效举措是大力推行巡回医疗、上门服务，进而推进家庭签约医生服务。

调查得知，目前卫生院医生看病时仍沿袭传统的坐诊方式。63%的被调查者表示提供过巡回医疗，32%的被调查者表示没有提供过；提供巡回医疗的频率为：43%的人表示经常提供，41%的人表示只是偶尔提供，还有12%的人表示从未这样做过。另外，有85%的人表示提供过上门服务，14%的人表示没有提供过；经常提供上门服务的有31%，54%的人认为偶尔提供上门服务，还有10%的人表示从未这样做过（见图13）。

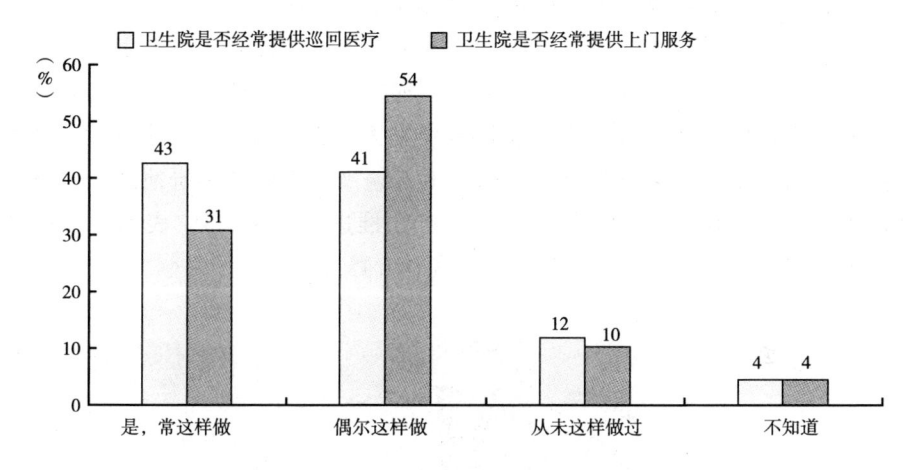

图13　乡镇卫生人员提供巡回医疗、上门服务的频率

张良镇卫生院院长坦承，该卫生院没有实行上门看病，巡回医疗也属于应付检查。原因是人手不够（医院员工人数虽多，但专业技术人才太少）。马楼乡卫生院院长也表示，在改变被动的坐诊制、方便农民看病方面，没有多少实质性的推动措施。至于在建立全科医生团队、推进家庭签约医生服务方面，更是"纹丝未动"。

（二）村卫生室的运行状况

在县、乡、村三级医疗卫生服务网络中，村级诊所是一个在农村基本医疗卫生服务的供给中起着重要作用却被严重忽视的主体。调研显示，农村地区近60%的门诊服务消费是由村卫生室或私人诊所提供的，仅有26%是由乡镇卫生院提供的，而其余的14%由县级和市级医院提供。一项针对村级诊所的实地调查表明，在村级诊所接受常见病诊治、小手术、儿童免疫和夜间急诊服务的农户比例分别为55.6%、22.2%、27.0%和40.2%。其原因主要在于村级诊所在服务的可及性方面存在明显优势。尽管在农村医疗卫生服务提供中的作用显著，但村级诊所所能获得的财政支持却非常有限，主要依靠自身的业务收入来维持运营。据对45村78个村级诊所收支情况的调研，在诊所的所有收入中，绝大部分是业务收入，来自财政的补助收入仅占1.4%。①

乡镇卫生院的一项重要职能是承担村卫生室的业务管理和技术指导。卫生部新型农村合作医疗研究中心汪早立认为，乡村卫生服务实行一体化管理是必然趋势，农村可以通过一体化管理，逐步建立由乡镇卫生院按相应配置标准统一招聘乡村医生的用人机制。甚至可以进一步探索乡村医生的工资报酬、培训、考核等均由乡镇卫生院统一管理的模式，按照有关规定建立乡村医生的正常退休机制，以解决目前村卫生室人员断层及不规范执业等问题。目前，乡村卫生一体化管理已在全国各地普遍展开。而在调研地区，87%的被调查者表示乡村卫生一体化管理工作正在推进过程中，9%表示还没有开始实施，仅有1%表示已经完全实现（见图14）。

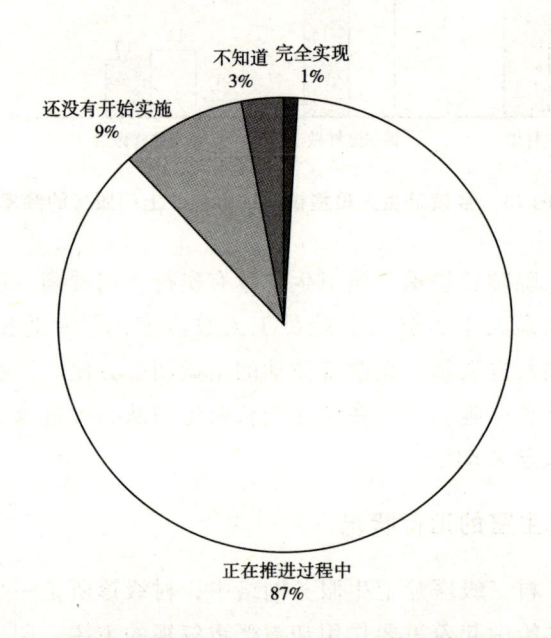

图14 被调查者眼中的乡村卫生服务一体化管理实现程度

村医普遍文化程度不高、知识结构老化，需要来自乡镇卫生院经常性的技术指导和培训学习机会。65%的被调查者表示乡镇卫生院对村卫生室的业务指导及培训属于经常性的、已经制度化，29%的人表示这项工作不经常、偶尔为之，还有3%的人表示没有开展过这项工作（见图15）。我们在与几

---

① 林万龙：《政策干预与农村村级医疗服务机构的发展》，《中国农村经济》2008年第8期。

位村医的交谈中了解到，卫生院还没有派人下来进行业务技术指导，培训学习的机会倒是有，大概一年1~2次。

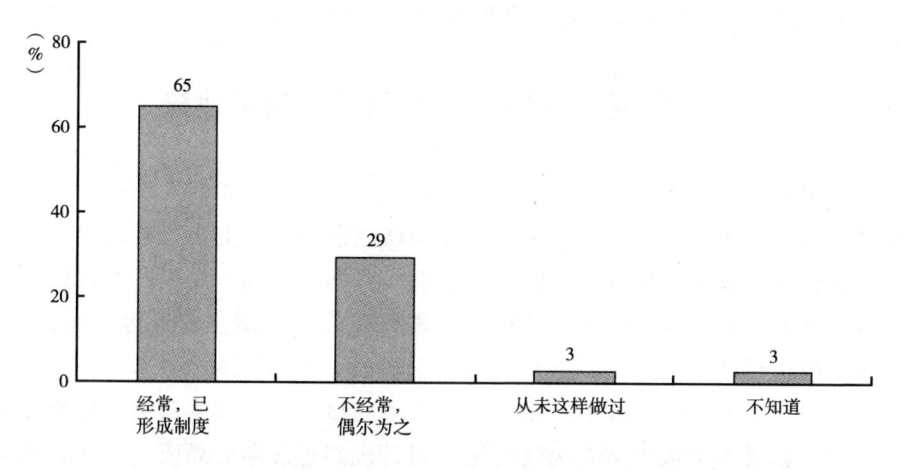

图15 乡镇卫生院对村卫生室的业务指导及培训情况

在调研中，我们发现村卫生室在发展中遇到不少问题。一是村级还未实施基本药物制度。基本药物制度在村卫生室的推行面临着很大阻力，最主要的问题是乡村医生的收入"缩水"以及相关补偿落实滞后。二是村医年龄结构老化、人才断层严重。马楼乡25个村诊所中，村医的年龄结构为：无40岁以下的，40多岁的5~6人，60岁以上的3~4人，其余均为50多岁。全国人大代表马文芳的调查结果更加令人触目惊心：在100个乡村医生中，年龄最大的78岁，最小的53岁，平均年龄63.14岁；行医时间最长的60年，最短的31年，平均43.6年。① 年轻人不愿意从事乡村医生工作，队伍后继乏人，农村三级卫生服务网络正面临着"人走网破"的困境。三是村医缺乏养老等社会保障。对明显老化的乡村医生队伍来说，养老是一个迫在眉睫的现实问题。据调查，全国仍有76%的乡村医生没有任何养老保障。而由于退休、养老等问题没有得到很好的解决，许多村医面临后继无人的窘境。四是收入偏低。2008年华中科技大学同济医学院对乡村医生整体收入状况展开调查。这份针对5000多名乡村医生医疗收入的调查显示，87.7%的乡村医生对自己的收入水平表示不满，9.1%的乡村医生表示一般，只有3.2%表示基本满意或满意。而据马文芳对100个乡村医生的调查，月收入

---

① 鲁超国：《乡村医生现状调查》，人民网，2011年4月11日，http://health.people.com.cn/GB/14357972.html。

最高的 1000 元，最低的 50 元，平均月收入 342.7 元。在交谈中，我们多次听到这样的话：以前与农村小学教师收入差不多，但是目前只能达到他们收入的 1/3 或 1/2；希望收入起码要与农村小学教师持平。

三 发现的新情况、新问题及政策建议

在了解农村基层医疗卫生机构运行状况的基础上，我们发现自新医改方案尤其是基本药物制度实施以来，所在调研地区的医疗卫生机构的运行机制发生了转变：农民看病有了医疗保障，看病贵问题得到一定程度的缓解，公共卫生服务正在逐步均等化，看病的物理可及性得到增强，等等。可以说，以药养医机制已基本破除，但是"维护公益性、调动积极性、保障可持续"的运行新机制尚未建立起来。基层综合改革明显滞后于基本药物制度覆盖面的扩大。如果不采取果断有效的措施，扭转机制建设滞后局面，将严重影响医改的深入推进和实际效果。推进与基本药物制度相配套的一系列体制机制综合改革，已成为当前十分紧迫的重要任务。

（一）基本药物招标采购尚待规范

通过数据可以看出，基本药物制度实施以来，农民看病用药负担减轻的程度并不明显。其中一个主要的原因在于基本药物招标采购存在不规范现象，基本药品价格没有有效、合理地下降。调查问卷显示，该地招标采购不规范现象较为普遍：10% 的被调查对象反映不规范现象很严重和比较严重，57% 认为不规范现象一般严重，认为不严重或不存在该现象的为 6% 和 12%。调查中甚至发现乡镇卫生院出现了招标后价格比招标前还要高的现象。马楼乡卫生院院长举例说，"脉络宁"招标之前的价格是 79 元，招标后反而达到 89 元。药品招标的对象是药品配送企业，而不是药品生产企业，这是致使招标后药品价格不降反升的主要症结。此外，部分药品存在断供、缺货情况。在被调查对象中，认为药品断供、缺货较为严重的比例是 22%，认为有断供、缺货情况但不影响看病用药的为 65%，而认为不存在这类情况的为 3%。

建立药品招标采购机制是实施基本药物制度的关键环节，它决定着药品价格能否有效降低、药品质量和供应能否得到充分保障。为确保基本药物制度顺利实施，2010 年 11 月，国务院办公厅印发了《建立和规范政府办基层医疗卫生机构基本药物采购机制的指导意见》。其总体思路是：对实施基本

药物制度的政府办基层医疗卫生机构使用的基本药物（包括各省区市增补品种）以省（区、市）为单位集中采购、统一配送；坚持政府主导与市场机制相结合，发挥集中批量采购优势，招标和采购结合，签订购销合同，一次完成采购全过程，最大限度地降低采购成本，促进基本药物生产和供应。安徽省在2010年8月探索出开展网上集中招标采购新模式，目前基本药物招标采购运行情况良好，实现了零投诉。按照国务院文件要求，安徽省网上集中招标采购模式为，一是主要招生产企业。确定中标企业是责任主体，对药品质量和配送统一负责，可以最大限度地减少流通环节，降低流通费用。二是招采合一、量价挂钩。发挥规模优势，有效降低药品价格和采购成本。三是双信封制。核心是确保质量安全。四是集中支付。政府直接向生产企业支付药款，保障生产企业利益，杜绝不正之风的发生。五是全程监控。对中标药品从生产到使用进行全过程、全覆盖检验，将基层用药全部纳入药品监管范围，确保基本药物安全有效。

（二）用人制度和考核激励机制尚待建立

在调研中我们发现，该县还没有实施竞聘上岗，建立能进能出、能上能下的用人制度。在马楼乡卫生院在编人员中，退伍人员4人，粮食局关系户1人，其余大都是本单位子弟。也就是说，基本是通过各种社会关系进来的。令该院院长最为头疼的倒不是没有用人自主权，而是"用不动人"。该院长表示，七八个人中真正干活的只有一两个。用不动人，自己也无能为力。至于考核激励机制，该院长表示一是制定难，二是执行难，因为会牵涉许多利益纠葛。事实上，该卫生院实行的仍是开单提成，通过开单量来反映工作量的大小以及工资收益的多少。张良镇卫生院院长也反映，该院的考核激励机制与经济刺激挂钩，业务量与工资挂钩。业务量大、服务态度好，医生拥有的病人群体就多，收入自然就高。多劳多得、优绩优酬的考核激励机制至今仍停留在纸面上。

按照"坚持公益性、调动积极性、确保可持续"原则的要求，要使农村基层医疗卫生机构回归公益性，同时又能充分调动起农村基层医疗卫生机构医务人员的积极性，必须进行人事和收入分配制度改革，同时进行相应的考核和激励机制改革。一是创新人员编制管理。根据农村基层医疗卫生机构的功能和定位，重新核定岗位和编制，实行"定编定岗不定人"，固定的编制流动的人，编制仅作为聘用人员和核定收支、确定政府补助的重要依据。二是建立能上能下、能进能出的用人机制。实现竞争上岗、全员聘用、定期考核，变身份管理为岗位管理，打破铁饭碗，同时采取多种措施妥善安置分流人员。三是建立保障基本、体现绩效的考核分配机制。以服务数量、质量、效果和群众满意度为核心，考核基层医疗机构，与经费补助相挂钩；以岗位绩效和工作业绩为核心，考核医务人员，与个人收入相挂钩。强化绩效考核，拉开骨干医务人员的收入差距，打破大锅饭。四是核定任务、核定补助，保障机构稳定运行。按照核定任务、核定收支、绩效考核补助的办法核定政府补助，将农村基层医疗卫生机构纳入公共财政补偿体系，建立起稳定长效的补偿机制，确保农村基层医疗卫生机构的正常运转。

（三）公共卫生服务的有效性尚不明确

相较于以前大行其道的重治轻防，现在乡镇卫生工作者非常乐意提供公共卫生服务，因为其收入来源的70%~80%来自公共卫生服务。乡镇卫生院如今看病不能挣钱了，公共卫生服务很大程度上在反哺医疗。2012年，马楼乡成立了公共卫生服务办公室，在基本医疗、公共卫生方面实现了人员、机构分开，但两者的经费可以互用。

在利益指挥棒的指导之下，乡镇卫生工作者对待医疗和公共卫生服务的态度发生了一百八十度的转变。这固然不难理解，但却令人担心，以利益为导向的乡镇卫生工作者是否真的会全心全意为农民服务。事实表明我们的担心并非多余。乡镇卫生工作者提供公共卫生服务的有效性尚不明确。我们之前在江苏、浙江乡镇调研时了解到，不少卫生工作者拿到财政补助，却疏于提供公共卫生服务，或者提供服务只是为了应付检查、流于形式。投入的钱怎么转换为有效的服务，还需要政策、机制各方面来完善。首先要赋予农民知情权。也就是说，农民对于应该享受到哪些公共卫生服务项目、服务项目实施的时间和频率、服务项目的具体内容等都要做到心中有数。在此基础上，赋予农民监督权。建议每个农户家里配发一张"公共卫生服务卡"。卫生工作者提供服务之后，应在卡上清楚明白地标注在什么时间提供了什么服务等信息，由农民对服务的效果进行评价，关键一点是在卡上应有农民的亲笔签名或印章。随着信息化的普及，可以由电子卡代替纸质卡。财政拨付的人均基本公共卫生服务经费每年直接打进卡中。对于慢性病患者、孕产妇、儿童、60岁及以上老人等再按相应的标准增加充值额。农民在基层医疗卫生机构刷卡，免费享受规定的公共卫生服务。为了让大家主动地按时享受服务，可规定年底卡里没用完的充值额自动归零，不能结转到下年使用。实行常规性的绩效考核，每半年或一季度一次。同时采取随机调查的方式,把居民满意度作为考核的重要依据。这样就形成"不服务,得不到钱;服务不好,钱拿不全"的局面,促使公共卫生服务提供者积极主动地提供服务。

(四) 门诊统筹遭遇尴尬

在乡镇调研中,马楼乡卫生院院长认为,门诊统筹难度大,事实上该制度实施已经失败了。门诊没有实现统筹,实际上还属于个人账户。无法实行门诊统筹的原因在于外围改革没有到位。假如全村共 1000 人,每人交 30 元,共可以消费 30000 元,消费时不能超过这 30000 元钱。而目前村医的收入多少直接与患者数量挂钩,无法控制门诊费用。张良镇卫生院院长更是直言不讳地说,门诊统筹是假统筹。关键是农民觉悟低,小农意识浓。农民交 30 元参保费,他认为这是属于自己的钱,必须把它花掉。比如,今年这里发病率为 13%,87%的健康人应该让生病的人使用这些钱。但是农民尚没有这种觉悟,有病没病,在年终前都要去医院把这笔钱消费掉,结果就造成发病率 100%。在与村医的交谈中,他们说上面给配备了电脑,但是读卡器迟迟没发下来,所以农民看门诊时不能实现刷卡即时结算。

门诊统筹之所以在实行中遭遇尴尬,以至于与原有的家庭账户真假难辨,关键还在于政策措施不完善和执行不严格。开展门诊统筹首先要坚持以下原则:坚持基本保障,重点保障群众负担较重的门诊多发病、慢性病,避免变成福利补偿;坚持社会共济,实现基金调剂使用和待遇公平;坚持依托基层医疗卫生资源,严格控制医疗服务成本,提高基金使用效率。① 以三个坚持为指导,为了给门诊统筹"正名",要积极创造开展门诊统筹的条件,尽快建立门诊电脑收费管理系统、实行乡村卫生服务一体化管理。其次,以"总额预算、分期支付、绩效考核"的方式,向定点医疗机构支付门诊统筹费用,以乡镇为单位由定点医疗机构包干使用,控制定点医疗机构以分解处方的方式增加门诊人次、以开大处方的办法提高单次门诊费用。最后,以户为单位年度封顶,设立单日门诊补偿封顶额(比如乡级单日门诊封顶额 12 元左右,村级 8 元左右),控制农民年底集中突击把钱花光的情况发生。此外,为了进一步提高门诊费用受益水平,调动农民参加新农合的积极性,农民单次门诊费用补偿比例应不低于 40%。

---

① 人力资源和社会保障部:《关于普遍开展城镇居民基本医疗保险门诊统筹有关问题的意见》,人力资源和社会保障部网站,2011 年 6 月 10 日,http://www.mohrss.gov.cn。

(五) 农民需要健康守护人

调查发现，由于基层医疗机构服务能力及居民卫生服务利用的可及性增加，患者就诊流向发生变化，利用基层医疗卫生机构的比例明显增加。从就诊单位构成来看，到基层卫生机构就诊的比例由 2003 年的 69.5% 增加至 2008 年的 73.7%，其中城市由 36.6% 增加至 48.3%，农村由 79.3% 增加至 81.7%。这印证了我们在调研中的发现：患小病往往就近选择基层医疗卫生机构，患大病时更倾向于去县级及县级以上的大医院。但是，患者利用基层医疗卫生机构的比例增加并不意味着对其信任度或者满意度提高了。仍有较多的患者（18.4% 的门诊病人和 15% 的住院病人）表示对医生"一般信任"或"不信任"。同时，患者对医疗服务的不满意度仍较高（有 40.5% 的农民对于门诊服务不满意，42.6% 的农民对住院服务不满意）。[1]

我国基层医疗卫生队伍建设相对滞后。其中表现在人才结构上是全科医生严重缺乏。我们所在调研地区尚没有制订全科医生培养计划，也没有开展执业医师转岗培训。在全国范围内，全科医生只有 6 万名，只占执业医师总数的 3.5%，而国际上通常要占到 30% ~60%。表现在互动关系上是医患之间的互动是短暂的、临时性的。也就是说，只有在生病的情况下才与医生发生联系，没有建立起一个稳固的、长久的互动渠道。我们在调研中常思考这样一个问题：农民看病时的择医行为（往往直奔某个医生看病）与其说是因为该医生医术高超、名望大，不如说病人相对了解该医生、该医生也了解病人的病情。世界卫生报告认为，初级卫生保健服务的初始点应从医院及专科医师转移至贴近客户的全科初级保健中心，服务提供者与其所服务的社区居民之间直接、持久的医患关系对于保证服务在不同时间和不同服务机构里的持续性有至关重要的意义。[2] 因此，我们不仅需要建立看病"守门人"制度，推广社区卫生服务的首诊制和转诊制，引导人们更多地在社区卫生服务机构中寻求门诊服务，更为根本和重要的是建立"健康守护人"制度。第一步是倡导巡回医疗、上门服务、主动服务，方便群众看病。一旦条件成熟，便推行家庭签约医生服务。具体做法是乡镇卫生院由三人（一个全科医生、一个护士、一个预防保健人员）组成一个团队，该团队与当地农民

---

[1] 卫生部统计信息中心：《2008 中国卫生服务调查研究》，中国协和医科大学出版社，2009，第 9、75 页。

[2] 世界卫生组织：《初级卫生保健：过去重要，现在更重要》，人民卫生出版社，2008，第 53 页。

在自愿的基础上签署家庭医生服务协议；一个团队负责为五六百人或一个自然村提供24小时电话或上门服务。通过家庭签约医生服务协议，可以建立起稳定的健康管理关系，为农民提供主动、持续、综合的健康管理服务。

四 小结

以药养医机制是多年来农村基层医疗卫生机构重要的运行机制。这一机制导致农村基层医疗卫生机构偏离公益性方向。不彻底破除以药养医机制，就难以使农村基层医疗卫生机构回归公益性，难以从体制机制层面解决看病贵、看病难问题。以药养医机制在农村基层医疗卫生机构起着枢纽作用，渗透到其机体的方方面面。[①] 要转变农村基层医疗卫生机构的运行机制，就必须进行以破除以药养医机制为核心的一系列体制机制的综合性、根本性变革。但是调查发现，一些基层医疗卫生机构只是简单地实行药品零差价销售，没有按照国务院补偿机制文件要求实施综合改革，机构仍旧在原有的体制机制下运行，看病贵、看病难问题没有得到有效解决，农民没有从中得到真正的方便和实惠。安徽省医改经验告诉我们，农村基层医疗卫生机构改革可谓牵一发而动全身，只有进行综合、系统、全面的改革，才能建立起新的体制机制。因此，推进与基本药物制度相配套的一系列体制机制综合改革势在必行。

参考文献

蔡江南，2011，《推进医改亟待打破行政垄断机制》，《中国医药报》1月13日。
方鹏骞、熊昌娥，2010，《社区卫生服务机构薪酬制度研究》，《中国卫生经济》第6期。
顾昕，2008，《走向全民医保：中国新医改的战略与战术》，北京：中国劳动社会保障出版社，第297页。
顾昕，2011，《行政化和市场化的博弈——新医改进程回首》，《中国医药报》1月13日。
湖北省财政厅课题组，2010，《基层医疗卫生现状分析和政策建议》，《经济研究参考》第4期。
李红梅，2011，《医改的核心是建立惠民机制》，人民网，6月10日，http://www.

[①] 孙志刚：《重塑基层医药卫生体制机制》，《求是》2010年第14期。

people. com. cn/h/2011/0610/c25408 - 2811531956. html。
林万龙，2008，《政策干预与农村村级医疗服务机构的发展》，《中国农村经济》第 8 期。
刘尚希，2009《激励与约束：面对政府举办的基层医疗卫生机构》，中国网，4 月 10 日。
鲁超国，2011，《乡村医生现状调查》，人民网，4 月 11 日，http：//health. people. com. cn/GB/14357972. html。
人力资源和社会保障部，2011，《关于普遍开展城镇居民基本医疗保险门诊统筹有关问题的意见》，人力资源和社会保障部网站，6 月 10 日，http：//www. mohrss. gov. cn。
世界卫生组织，2008，《初级卫生保健：过去重要，现在更重要》，北京：人民卫生出版社。
世界银行，2009，《中国农村卫生改革》，世界银行网站，2 月 1 日。
孙志刚，2010，《重塑基层医药卫生体制机制》，《求是》第 14 期。
卫生部统计信息中心，2009，《2008 中国卫生服务调查研究》，北京：中国协和医科大学出版社。
朱恒鹏，2007，《医疗体制弊端与药品定价扭曲》，《中国社会科学》第 4 期。
Winnie Yip, William C. Hsiao. "The Chinese Health System at a Crossroads." *Health Affairs*, 27, No. 2, 2008, 460 - 468.

作者简介

张奎力　男

所属博士后流动站：中国社会科学院社会学研究所

合作导师：王延中

在站时间：2010 年 12 月至 2014 年 5 月

现工作单位：河南农业大学

联系方式：zhkuili@163. com

促进中国人才创业的对策研究

汤伶俐　肖鼎光

摘　要：目前促进中国人才创业是拉动就业的核心动力，也是实现社会包容性发展和提高国际竞争力的必然要求。本文在从创业环境、创业模式、创业层次和创业组织结构四方面总结当前中国人才创业的特征的基础上梳理影响和制约我国人才创业的具体因素后，有针对性地提出促进中国人才创业的对策。

关键词：创业　创业文化　创业政策

一　促进中国人才创业的时代意义

（一）促进就业的核心动力

在国际经济低迷和国内宏观调控的双重影响下，很多中小企业破产倒闭，农民工和大学生就业压力尤为突出，为此党中央、国务院做出了实施人才强国战略的重大决策，把"以创业带动就业"的新的就业方略提升到了战略高度，把创业作为带动就业的核心动力，人才发展取得了显著成就。

（二）社会包容性发展的必然要求

在我国提倡"包容性增长"，比较重要的目的是在保持经济较快增长的同时,还要求经济增长是可持续的、协调的,同时更多关注社会领域的发展。只有促进更多的创业才能保证经济的可持续增长,也会增强市场竞争活力、优化资源的配置、促进收入的公平分配,从而维持社会和谐。

(三) 提高中国国际竞争力的要求

当前中国人才创业的总体水平同世界先进国家相比仍存在较大差距,影响了我国的国际竞争力,与中国经济社会发展需要相比还有许多不适应的地方。新时期的人才发展目标是要适应产业结构优化升级和实施"走出去"战略的需要,以提高现代经营管理水平和企业国际竞争力为核心,以战略企业家和职业经理人为重点,加快推进企业经营管理人才职业化、市场化、专业化和国际化,培养造就一大批具有全球战略眼光、市场开拓精神、管理创新能力和社会责任感的优秀企业家,建设一支高水平的企业经营管理人才队伍。到2015年,企业经营管理人才总量达到3500万人。到2020年,企业经营管理人才总量达到4200万人,培养造就100名左右能够引领中国企业跻身世界500强的战略企业家;国有及国有控股企业国际化人才总量达到4万人左右;国有企业领导人员通过竞争性方式选聘的比例达到50%。[①]

二 当前中国人才创业的基本特征

(一) 创业制度环境不稳定

传统的环境－战略－绩效分析框架主要是针对成熟的市场经济国家的,对我国独特的转型经济来说,管理的基本假设都应该发生变化,如对环境的假设。金融、法规等在成熟市场经济国家是已基本定型的制度因素,而在我国却是动态多变的。[②]

2010年以来,随着宏观经济环境的变化,在成本增加、人民币升值和国际环境不明朗的形势下,央行采取了连续多次加息和提高存款准备金率等宏观调控的货币政策,目前的物价涨幅明显高于通胀警戒线,仍然不排除未来制度变化的可能性,创业成本无法较好估计。特别是由于宏观调控的影

---

① 《国家中长期人才发展规划纲要 (2010~2020年)》,新华网,2010年6月10日。
② 李乾文、张玉利:《外国学者论我国创业活动的特征与创业研究趋势》,《外国经济与管理》2004年第7期。

响，长三角和珠三角小企业资金链紧张、大规模停工或倒闭的传言频现，甚至有人认为，当前小企业面临的局面比2008年金融危机时还要艰难。

（二）以"生存型"创业模式为主

全球创业观察研究表明，90%以上的创业动机可以归为两种类型：机会驱动，即创业者因发现市场创业机会而创业；需求驱动或生存压力，即创业者因为找不到工作或没有更好的工作机会而被动创业。从2002年GEM中国报告看，我国60%的创业属于生存型创业，而40%属于机会型创业。在美国，只有10%的创业活动是生存型，90%属于机会型。随着中国经济的发展，我国正在从生存主导型创业模式向机会主导型创业模式转变。2006年全球创业观察研究表明：我国生存型创业由21世纪初的60%以上下降到40%以下，而机会型创业上升为60%。在全球创业观察项目42个成员中，我国机会型创业指数排在第10名，生存型创业指数排在第5名。[①] 从排名来看，尽管我们的创业活动比较活跃，但是生存型的创业活动相对机会型是排在前面的，它的含义就是指，作为我们创业活动的类型，中国的创业活动相对来说，还是机会型的创业活动相对弱一些，生存型创业活动强一些。

（三）以"草根"微型创业层次为主

按照创业者的出身和新创企业所属行业特性，改革开放后涌现出的新创企业可以分为以下几种：①以工人、农民创业者为主体的、依托传统产业和企业集群的新创企业；②知识分子（技术出身、教师出身、海归出身、学生出身）创业者充分利用自己拥有的良好技术背景、技术创新能力和较高的个人素质，集中于高新技术行业所进行的创业活动；③以"下海"公务员和退职军人为主要特征的创业者，由于他们往往具有别人没有的社会（关系）资源和驾驭政治风险和经营风险的强势综合营运能力，大都选择技术含量一般，但运营复杂、赢利丰厚的行业（如房地产行业等）进行创业活动；④中国正处于由计划经济向市场经济转轨的关键时期，这就为很多原来在体制内任职的人员带来了很多创业机会，催生了种种具有中国特色的新创企业。[②]

中国的创业主体主要集中在两端：基层"草根"群体实施的生存创业

---

① Bosma, Niels & Rebecca Harding. 2006. "Global Entrepreneurship Monitor 2006 Results." http://www.gemconsortium.org.
② 汪少华、佳蕾：《新创企业及浙江新创企业的创业基础与成长特征》，《南开管理评论》2003年第6期。

和科研人员实施的科技创业。我国浙江具有典型的草根创业模式。草根创业可用我国个体经营户的发展状况来说明。根据 2004 年进行的第一次全国经济普查，我国有个体经营户 3921.6 户，个体经营人员 9422.4 万人，占第二、第三产业就业人员的 30.5%。[①]

（四）以家族企业组织形式为主

中国民营经济是国民经济的重要组成部分，家族企业是民营企业的主要企业形态，大约占 90%。截至 2006 年底，中国私营企业户数为 498.1 万户，解决就业人数 6586.3 万人；个体户数为 2595.6 万户，个体就业人数为 5159.7 万人。[②] 另外，中国 90% 的中小企业中最大的股东是董事长或董事长兼总经理，85% 的中小企业创办人是现在的企业负责人，其中 60% 的中小企业创办人是董事长或董事长兼总经理，30% 的中层管理人员来自家族成员。[③] 家族监控治理模式适合于儒家文化传统，内部监控治理模式适合于集体主义的文化传统，外部监控治理模式适合于个人主义的文化传统。[④] 家族企业与生俱来的亲缘关系和利他主义倾向所形成的独特企业文化具有极强的凝聚力，成员间有密切的联系和依恋，家族成员信誉的抵押功能可以看作成员之间的一种长期契约。虽然家族企业的治理模式具有种种缺陷，如在决策方面的独断性、亲情大于制度导致管理的随意性以及私营企业主的能力局限性往往容易导致决策失误；家族网络的封闭性具有成本劣势；家族化治理的排外性损害治理效率；家族式治理企业在发展过程中具有代际传承风险等[⑤]，但是家族成员凝聚力强和忠诚度高，这对一般创业者来说是一种不可或缺的保障。

三　制约中国人才创业的因素

如果以中小企业数来衡量一个国家或地区的创业活动水平，我们会发现：每千人所拥有的中小企业数，美国是 103.8 个，韩国是 58 个，欧盟是 51.1 个，而中国仅为 32.7 个，不足美国的 1/3。[⑥] 我国创业水平有很大的提

[①] 中国国家统计局：《中国经济普查年鉴 2004》，中国统计出版社，2006。
[②] 中国国家统计局：《中国统计年鉴 2007》，中国统计出版社，2007。
[③] 维金资讯：《中小企业技术创新的六个策略》，2006。
[④] 吴淑琨、席酉民：《公司治理模式探讨》，《经济学动态》1999 年第 1 期。
[⑤] 辜胜阻、张昭华：《家族企业治理模式及其路径选择》，《中国人口科学》2006 年第 1 期。
[⑥] 辜胜阻、肖鼎光：《完善中小企业创业创新政策的战略思考》，《经济管理》2007 年第 7 期。

升空间。

影响人才创业的因素有很多，年龄结构、受教育水平、城镇化水平、移民状况、创业文化、创业意愿、创业技能等因素都在一定程度上影响人才创业的选择和过程。目前我国的创业政策缺陷和创业"瓶颈"主要表现在以下几个方面。

（一）创业投融资等服务滞后

1. 创业融资难

提到中国的创业活动首先想到的是依靠血缘、亲缘关系进行融资，其次才是金融机构的信贷融资和政府的资金扶持。企业初创时的资信和固定资产状况本来就不优，想从银行获取贷款相当困难。雪上加霜的是，由于中国90%以上的中小企业是私营企业，在以国有商业银行为主体的银行体系中，初创企业融资除了受到"重大轻小"的"规模歧视"外，还要受到"重公轻私"的"所有制歧视"，融资难度更大。再加上资本市场的发展滞后，中国创业的融资渠道被迫局限在靠自有资金、民间借贷、政策性贷款筹集资金，限制了中小企业的"大量快生"。中国中小企业对 GDP 的贡献超过50%，但所获得贷款占全部金融机构贷款的比重只有10%左右。[①]

2. 创业投资风险大

由于受到各方面条件的限制，初创企业与大企业相比承担风险的能力较低。有关研究表明，约有50%的中小企业在创立的3年内死亡了，在剩下的50%企业中又有50%的企业在5年内消失，即使剩下的这1/4企业也只有少数能够熬过经济萧条的严冬。[②]

发达国家主要通过发达的创业投资体系来分散初创企业的风险，以美国最为典型，美国在天使投资（angel capital）总额上已经与一般创业投资相当（见表1），但2006年中国种子期投资占境内创业投资额总量的比重仅为17%。[③] 我国创业投资规模不大、结构不优，极大地影响了中国企业的创业和成长。

3. 创业扶持政策不公

政府给予科技人群和弱势人群创业以融资倾斜和税收优惠，但对一般人群

[①] 张玉利等：《"首届创业学与企业家精神教育研讨会"会议综述》，《南开管理评论》2003年第5期。
[②] 辜胜阻、肖鼎光：《完善中小企业创业创新政策的战略思考》，《经济管理》2007年第7期。
[③] 北京软件与信息服务业促进中心、互联网实验室、《新经济导刊》杂志社：《中国天使投资研究报告（2006）》，创业投资网，2006。

的扶持力度较弱;对高技术创业高度重视,但对低技术行业创业活动的支持不够,不利于创业活动的普遍开展。德鲁克早就指出,高科技只是创新与创业领域的一部分,绝大部分创新产生于其他领域。此外,中国的扶持政策多偏向规模化和公有制企业:对大企业优惠多,对中小企业考虑少;对公有制企业优待多,对非公有制企业考虑少。各地中小企业之间在相当大的范围内存在低水平过度竞争的问题。市场竞争不公,降低了创业的收益预期,挫伤了创业积极性。[1] 另外,中国尚缺乏针对女性创业的特殊扶持政策。在中国特色的经济与文化背景下,女性创业研究和相关扶持措施的制定问题亟待解决。

表 1 美国一般创业投资与天使投资比较

	年份	2002	2003	2004	2005	2006
一般创业投资*	总额(亿美元)	219	197	224	230	264
	投资创业企业数(个)	3092	2920	3073	3131	3608
	投入种子期和初创期企业(seed and startup)的资金比重(%)	1.5	1.8	2.0	3.6	4.3
天使投资**	总额(亿美元)	157	181	225	231	256
	投资创业企业数(个)	36000	42000	48000	49500	51000
	投入种子期和初创期企业的资金比重(%)	47	52	—	55	46

数据来源:* Pricewaterhouse Coopers/National Venture Capital Association Money Tree™ Report. Historical Trend Data for the U.S. www.pwcmoneytree.com. 经计算。** Jeffrey Sohl. *The Angel Investor Market 2002 – 2006*. Center for Venture Research, University of New Hampshire. www.unh.edu.

4. 创业服务不完善

2005 年美国哈佛大学、耶鲁大学和世界银行的 4 位教授对 85 个国家和地区的创业环境做了系统调查。结果表明,从注册一家公司到开业平均所必经的审批时间,加拿大需两天,而中国内地则需要闯过七道关,历时 111 天。注册审批费用在美国、英国、加拿大不到其人均年薪的 1%,而在中国内地则占到 11%。豪情万丈的创业者在门槛上就被泼了一盆冷水。[2]

---

[1] 辜胜阻、肖鼎光、洪群联:《完善中国创业政策体系的对策研究》,《中国人口科学》2008 年第 1 期。
[2] 周天勇:《个体户为何减少了 810 万》,《人民日报》2006 年 8 月 21 日,第 13 版。

(二) 创业教育落后

美国高等院校在创业教育方面走在世界前列,目前美国创业教育已贯穿从小学到大学的教育体系。美国创业教育计划区别于其他国家的一个重要特点是政府、企业、学校共同培育企业家成长。学校方面支持学生在校期间开发技术、创办公司,同时鼓励教师把教学、科研与企业实践融为一体。企业方面则为高校提供实验基地。而中国才刚开始在部分高校进行创业教育试点,创业学术研究也还处于引进和介绍阶段。

创业教育落后限制了民众创业精神和创业技能的培养,不仅抑制了创业人才与创业型人才的成长,还使得创业企业难以获得合适的人才。另一项问卷调查显示,有49%的创业者认为"最头疼的问题是缺少合适人才"①。

(三) 创业文化不优

1. 内部文化惰性与外来文化"迷信"

企业文化是一种从历史性沉淀而来的价值观念,从企业成长的角度分析,大企业中还十分明显地带有初始创业者管理风格的痕迹,这种管理风格可能已经延缓了企业的成长。当前普遍存在的家族企业的继承问题,在一定程度上就是"家文化"与现代企业成长的矛盾冲突。另一个极端是,虽然企业也赞成变革,支持创新与冒险,但不信任内部雇员的能力,全盘否定现有的内部创业文化,迷信"外来的和尚会念经",导致优秀员工辞职、高管人员跳槽、企业经营业绩快速下滑,等等。

2. 传统官僚体制不利于内部创业型企业文化的培育

传统的、等级森严的官僚体制是内部创业型企业文化构建的严重障碍。表现在:绝对的劳动分工滋长了部门保护主义,削弱了整体的、团队协同的管理意识;等级森严的沟通网络,降低了信息沟通的及时性和效率;对企业内"超级明星"的过度依赖,挫伤了大量普通员工的创业积极性;建立在对稳定的、可预测的常规遵从基础上的控制与评价体系,扼杀了员工创业的激情。②

3. 区域创业文化劣质

文化有丰富的内涵,有封闭文化也有开放文化,有强调依附性的文化也有强调独立性的文化,有墨守成规的文化也有开拓创新的文化,有优性文化

---

① 《〈快公司2.0〉创业者生态调查活动问卷分析》,《中国电子商务》2007年第5期。
② 陈忠卫、李晶:《内部创业型企业文化的构建研究》,《研究与发展管理》2006年第1期。

也有劣质文化，等等。我国一些科技资源丰富地区的学校重论文、重成果而不重视应用、不重视专利申请，重视学生的思维训练而不重视动手能力和商业意识的培养。许多地区，小富即安的思想意识很浓，相当一部分人习惯做小生意，缺乏把企业做大做强和做好的恒心。

四　促进中国人才创业的对策

（一）重塑创业价值观

中华文化的吸收与同化能力是不用怀疑的，因此，要让这种新兴的创业文化因素成为中华文化的内核之一，整个社会必须做出努力。从创业价值观重塑的角度看，中国的创业扶持政策需要涵盖以下几个方面。

1. 加强高校大学生创业教育

创业教育的目的在于提升创业技能的同时培育个体的创业精神。创业技能和创业意愿的提升关键在于以培养具有开创性个性的人为目的的创业教育，这也是中国创业政策的短极。联合国教科文组织在1999年发表的《21世纪的高等教育：展望与行动世界宣言》中提出："必须将创业技能和创业精神作为高等教育的基本目标"，与普通高校学术性基础教育、职业教育相比，创业教育已经成为大学生的"第三本护照"。考虑到政府教育支出水平有限，我国应分阶段实施创业教育，先在高等教育中加强创业教育，待民众创业认识提升到一定水平之后，再普及到包括中小学在内的整个教育系统。加强高校创业教育具体可以采取以下几种方式。

（1）要树立科学的创业教育观。要在高校明确设立创业学科，组织专家制定指导性的课程体系框架和教学大纲，以提高创业教育地位。

（2）要完善创业课程设置和教学内容，培育包括创业兴趣和价值观念、创业心理品质、创业技巧和能力等在内的全面创业素质。

（3）要改进创业教学模式，将课堂讲授、案例讨论、角色模拟、基地实习、项目实践等教学方法结合起来，尤其要通过引入实践课程和增加课程中用于实践的时间来提高教学效率。

（4）促进"产学"合作教学。要加强和企业家的合作，让一些企业家也能加入教师队伍，同时深化与高技术企业的联系，加强创业教育实践基地建设。大学也要依托大学科技园的创业创新资源，让学生通过"干中学""用中学"与"互动中学"掌握生存之道，增强学生捕捉机会和组织资源的能力，善于利用环境，抓住机会，发展自己。也可以尝试将创业教育引入职业技术教育和成人教育领域，通过开展包括论坛、创业计划竞赛、培训班等多种形式的创业教育模式，扩大创业教育的培养对象，提高职业技术人才的创业水平。

2. 推动大中型企业构建创业型企业文化

在公司创业管理过程中，内部创业文化是一种资源，是一种独特的、难以模仿的持续竞争优势，这需要高层管理者和企业成员的精心培育才能获得。公司创业文化的构建主要包括以下几个方面。

（1）采取创业型决策与管理方式。需要构建有效的驱动因素模型来贯彻公司创业在组织内部的有效实施。管理层必须放弃对运营细节的控制，向员工提供创业所必需的资源，而不是单纯下命令，并让员工思考如何用不同的方式为顾客创造价值。在迅速变化的环境中实现企业成长的唯一方法就是依靠创业的灵活性和适应性，将决策权下放到最贴近市场的员工手里，放弃传统的"命令－控制"管理方式。[1]

（2）构建创业创新试错机制。正确使用奖惩手段能够鼓励员工承担与创业相关的风险，激励员工参与创新行为。成功的公司创业活动不是员工片面地追求高风险，而是寻求适度的风险机会，这要求组织允许员工对最有效地完成自己工作采取何种方法进行自我判断。要承担一些试验成本，并且允许员工犯错误而不是在员工发生错误时一味地批评他们[2]，要形成短期与长期相结合的评估机制，评估基础应当建立在特定时间范围的工作成效之上，而不是完全按规定计划去办事。

（3）以创业为导向优化组织结构。构建公司创业文化需要打破原有僵化的、森严的等级关系，使组织层级之间的关系相对非正式、灵活；将原有的控制模式变为指导型监督模式，构建以任务为中心的服务网络；合理地打破一些限制，增加工作计划的自由度，赋予员工自主选择工作方式的权利，提供给员工展示其创造才华的适当空间，促进员工的个人成长。[3]要淡化组织边界。有形或无形的组织边界会阻止人们从自身的工作角度之外来看待问题，必须鼓励员工以更宽阔的眼界来看组织。组织应该避免对所有的工作都采用标准化的运作程序，并减少对狭窄的工作描述和呆板的

---

[1] 薛红志、张玉利：《公司创业研究评述——国外创业研究新进展》，《外国经济与管理》2003 年第 11 期。
[2] 许之春：《公司创业精神与企业可持续发展》，《科技信息》（学术研究）2007 年第 7 期。
[3] 陈忠卫、李晶：《内部创业型企业文化的构建研究》，《研究与发展管理》2006 年第 2 期。

绩效标准的依赖性。

3. 加大创业宣传力度以弘扬创业文化

创业需要有一种崇尚创新、宽容失败、合作共赢、鼓励冒尖的文化氛围和制度保障。

（1）我国应加强报纸杂志、广播电视、互联网等媒体的创业宣传，传播创业信息和成功的创业故事，提高大众的创业认识。通过这些宣传举措，将实施创业的职业选择植入人们心中，在社会上营造尊重创新创业人才、崇尚创业精神、支持创新产品、宽容创业创新失败的风气，使创业创新成为社会习惯，为中小企业创业创新提供文化支撑，增强创业意愿。

（2）要通过构建创业科研、创业实践等相关活动的奖励机制，鼓励创业研究，树立创业模范。如瑞典小企业研究基金会设立了"创业人才、创业型人才与中小企业研究奖"，其设立的依据是"获奖者的学术研究必须对创业、企业家精神和中小企业研究的理论构建做出过重大的贡献，有助于人们理解新企业建立的作用和重要性及中小企业在经济发展中的作用"。

（3）推进大学与产业界在创业和创新方面的互动，培育产学研合作文化。在我国高校与产业紧密联系的创新创业文化氛围尚未形成，需要构筑一种"大学－产业"的互动机制以形成双赢格局。一方面要积极促进大学与企业开展创新项目合作，使大学的科学研究面向市场、企业。另一方面要通过大学的创业活动促进与工业界的交流，支持师生从事技术转化与创业活动，通过创业将大学的技术转化为生产力。除此之外，还要营造产学研合作的文化，重视大学的知识、科技优势和企业创新需求的对接，使大学的知识创造和技术扩散能主动配合企业在技术创新体系中的主体地位，在产学研一体化的实践中发挥更积极的支撑和引领作用。[①]

（二）完善创业扶持政策

1. 丰富创业融资制度

企业从初创到成熟，处于不同创业阶段的企业适用不同的融资策略，需要多样化的融资制度安排以满足其融资需求。表2显示了在不同的创业发展阶段企业的不同融资模式。

[①] 辜胜阻、李俊杰、郑凌云：《推进"大学－产业"互动，重构创新文化价值体系》，《中国软科学》2007年第2期。

表 2　创业企业不同发展阶段的融资方式

阶段	融资方式	资金来源
种子期	以内源性融资为主	本人、亲属和朋友出资 合伙人出资 政府和大学资助 捐赠与基金会 非正规金融
初创期	外源性融资比重上升	亲属和朋友出资 政府和大学资助 捐赠与基金会 非正规金融 银行贷款
成长期	以外源性融资为主	银行贷款 非正规金融
成熟期	上市融资	上市融资 银行贷款

资料来源：辜胜阻、肖鼎光：《完善中小企业创业创新政策的战略思考》，《经济管理》2007 年第 7 期。

（1）建立面向中小企业的金融机构体系，提高新创企业的外源性债权融资水平。破除我国新创企业外源性债权融资遭受的"规模歧视"与"所有制歧视"，需要通过调整金融结构，建立面向中小企业的金融机构。具体可采取以下对策：①建立面向中小企业的政策性银行。一些经济发达国家专门设有面向中小企业、提供创业创新融资服务的金融机构，它们为促进中小企业、初创企业的成长发挥了巨大作用，其运作模式值得我们借鉴。②大力发展小型社区银行（community bank）。社区银行或中小银行与中小企业具有相似的草根特质，在体制上具有对称性；并且由于区域的临近性，社区银行在为本社区中小企业融资方面具有较强的信息优势，信息对称性高。③完善金融服务。要推进多层次的信用担保体系建设，并丰富金融服务的形式和手段。

（2）大力发展创业投资，完善多层次资本市场，切实解决企业创业创新的外源性股权融资难问题。不同发展阶段的创业企业具有不同的融资需求，需要多层次的金融市场体系提供融资支持。①要大力推进创业投资的发展。不仅要为创业投资企业提供税收优惠，吸引更多的投资者开展创业投资，还需要通过建立创业投资的母基金等方式，吸引更多的社会资金共同参与，甚至可考虑让保险资金、银行资金都参与创业投资基金的设立，以扩大资本规模。其次要促进天使投资的发展，以优化创业投资结构。②要完善为创业融资服务的多层次资本市场。首先，要积极发展创业板市场。其次，要在成功试点的基础上，加大代办股份转让系统的覆盖面，提高市场活跃程度和交易效率，为将代办股份转让系统建设成未来的"三板"市场打下基础。最后，要以现有产权交易市场为依托，构建全国性市场管理机构，使技术产权交易更加规范化和标准化，使技术产权交易市场成为提供科技成果、科技企业调整资本运行的重要平台。

2. 培育创业集群

政府营造一种让大、中、小企业共存共荣的生态环境，加快企业在产业链和价值链支配下形成的产业集群发展，这也是重塑区域创新创业文化的关键。这个生态环境包括：中小企业衍生的良好空间、高效的服务体系和健全的生产要素市场体系，这些都是"大企业长大"和"小企业快生"的保障。

创业成败的关键在于创业者是否拥有创业信息、知识和社会资本。而在这些方面，创业集群系统能够为创业者提供帮助。经过多年的发展和政府的大力扶持，以高新区为主要形式的科技创业集群取得了一定的成绩，但中国对于以市场力量推动的一般产业的创新创业活动却缺乏专门的支持政策。要加大对一般创业活动的扶持，可以考虑将有限的资源集中到以创业基地为主要形式的"中低技术"创业集群中，实现资源的优化配置，提高进入创业基地中的创业企业的成功率。

3. 强化知识产权保护制度

美国前总统林肯称赞专利制度是"为天才之火添加利益之油"。包括专利制度在内的知识产权保护制度为美国创新和创业活动提供了利润驱动力。当今世界上大多数国家都有专利法，但是许多外国公民愿意向美国申请专利。原因之一在于美国的保护较为合理有效，专利的实施对于激励美国人的创造热情的影响是巨大的。

健全我国知识产权保护制度，首先要完善我国知识产权法律保障机制，尽快解决现行法律体系内部的冲突问题，加强相关法律环境配套建设，同时及时调整和补充现行法规条款以满足保护新的知识产权形式的需要。其次要完善知识产权行政管理协调机制。通过对管理部门组织体系的整合，建立更有效的部门横向协调机制和纵向层级管理；要把提高审查能力和质量作为长期不懈的努力目标，建立部门内部审查质量评价制度和社会评价监督机制；要在建设国家创新体系的过程中注重知识产权管理，建立更加科学的科技管理绩效评价机制和评价办法。

4. 配套创业服务制度体系

中国的创业服务网络应向多层次、全方位、网络化的方向发展，要覆盖从高技术到低技术全行业的创业活动，应针对种子期、初创期和成长期创业企业的不同需要提供专门服务。

（1）要加强政府管理的规范化程度，提高服务效率。这里关键是要降低进入门槛和创业成本，具体可考虑减少审批环节以缩短企业注册时间；减轻初创企业的税费负担，尤其要杜绝乱收费、乱罚款和乱摊派等现象。

（2）要进一步将富有创业实践经验的成功创业人才与创业型人才（包括离退休人员）及熟悉创业政策的管理、咨询、财税、法律等专业服务的人员组织起来，组建高素质的创业辅导队伍，为创业者提供信息、咨询、指导、培训等创业服务。区域化的创业辅导团队熟知本地特色和市场需求，能够切实帮助创业者发现创业机会，鼓励其开展创业行动。

（3）要为要素流动特别是人的流动消除制度障碍。经济发展的实践表明，人才流能够带动资金流、商品流、技术流、信息流等要素流动，形成经济发展的开放性特征，而移民文化本身也有利于创新创业和经济发展。政府应该为要素的合理流动和优化配置提供良好的制度环境和支持平台，通过鼓励要素自由流动与支持创业创新的政策制度导向对区域创业经济的发展产生潜移默化的积极正面影响。

5. 完善企业破产与社会保障制度

破产制度是市场经济的一种内在调节机制，它为整个经济运行提供了一种优胜劣汰的途径，以保证市场经济的活力和竞争的效率。市场化的破产制度不仅能够优化资源的配置，还能形成一种市场监督机制和产权转换机制。我国目前的企业破产机制带有浓厚的计划经济色彩，是以国有企业为主要对象的政府主导型破产机制[1]，尤其在体现市场主体平等与公平竞争特性的个人破产制度层面建设滞后。要推动我国创业型经济的发展，有必要进行破产制度创新，首先要将我国破产制度的重心由国有转向民间，出于稳定市场、维护经济秩序的需要加快个人层面的破产制度建设，赋予市场个体破产能力。其次要放宽对创业失败者（即破产者）的限制，尤其要消除他们重新创业的制度障碍。同时进行社会保障制度创新，以保障创业失败者的基本生活，从而减小创业失败的风险，减少预备创业者的失败恐惧感，提高创业水平。

---

[1] 马胜：《企业破产制度重构：一个基于相机治理分析的研究框架》，西南财经大学出版社，2006。

参考文献

陈忠卫、李晶，2006，《内部创业型企业文化的构建研究》，《研究与发展管理》第 1 期。
辜胜阻、李俊杰、郑凌云，2007，《推进"大学－产业"互动，重构创新文化价值体系》，《中国软科学》第 2 期。
辜胜阻、肖鼎光，2007，《完善中小企业创业创新政策的战略思考》，《经济管理》第 7 期。
辜胜阻、肖鼎光、洪群联，2008，《完善中国创业政策体系的对策研究》，《中国人口科学》第 1 期。
辜胜阻、张昭华，2006，《家族企业治理模式及其路径选择》，《中国人口科学》第 1 期。
李乾文、张玉利，2004，《外国学者论我国创业活动的特征与创业研究趋势》，《外国经济与管理》第 7 期。
马胜，2006，《企业破产制度重构：一个基于相机治理分析的研究框架》，成都：西南财经大学出版社。
汪少华、佳蕾，2003，《新创企业及浙江新创企业的创业基础与成长特征》，《南开管理评论》第 6 期。
吴淑琨、席酉民，1999，《公司治理模式探讨》，《经济学动态》第 1 期。
许之春，2007，《公司创业精神与企业可持续发展》，《科技信息》（学术研究）第 7 期。
薛红志、张玉利，2003，《公司创业研究评述——国外创业研究新进展》，《外国经济与管理》第 11 期。
张玉利等，2003，《"首届创业学与企业家精神教育研讨会"会议综述》，《南开管理评论》第 5 期。
周天勇，2006，《个体户为何减少了 810 万》，《人民日报》8 月 21 日，第 13 版。
Bosma, Niels & Rebecca Harding. 2006. "Global Entrepreneurship Monitor 2006 Results." http://www.gemconsortium.org.

作者简介

汤伶俐　女
现工作单位：重庆理工大学经贸学院
联系方式：tanglingli@ cqut. edu. cn

肖鼎光　男
现工作单位：中共重庆市委研究室
联系方式：soyee2009@ 126. com

城乡一体化理论与实践

统筹城乡背景下农村实用人才队伍建设研究

——以重庆市潼南县为例

马文斌

摘　要：改革开放以来，农村实用人才在示范农业技术、引导农业结构调整、安置农村劳动力就业、带动农民增收致富、活跃农村市场、丰富农村文化生活等方面发挥出极其重要的作用，成为农民脱贫致富、建设农村小康社会不可或缺的骨干力量。加强农村实用人才队伍建设，是提高农村生产力水平、加快现代农业发展的重要举措，是缩小"三个差距"（收入差距、财产差距、生活水平差距）、推动城乡统筹发展的重要途径，是推动新农村建设、全面建设小康社会的客观要求。本研究在探讨加强农村实用人才队伍建设对经济社会发展的推动作用的基础上，以重庆市潼南县为例，深入调研并分析了农村实用人才发展的现状以及存在的问题，在分析这些问题产生的原因后，提出了加强农村实用人才队伍建设的对策与建议。

关键词：统筹城乡　农村实用人才　重庆市

改革开放以来，农村实用人才在示范农业技术、引导农业结构调整、安置农村劳动力就业、带动农民增收致富、活跃农村市场、丰富农村文化生活等方面发挥出极其重要的作用，成为农民脱贫致富、建设农村小康社会不可或缺的骨干力量。加强农村实用人才队伍建设，是提高农村生产力水平、加快现代农业发展的重要举措，是缩小"三个差距"、推动城乡统筹发展的重要途径，是推动新农村建设、全面建设小康社会的客观要求，是巩固党在农村执政的组织基础、加强党的执政能力建设和先进性建设的必然选择。

为了在 2010 年全国人才会议之后深入了解我国农村实用人才的发展现状与存在的问题，中国社会科学院农村发展研究所于 2011 年 1 月成立了调研小组，采取普查和定点调查相结合的方法，通过填写调查表、进行问卷调查、召开座谈会等形式，对重庆市潼南县 22 个乡镇、281 个行政村的农村实用人才进行了深入的调查。

一 加强农村实用人才队伍建设对经济社会发展的推动作用

（一）农村实用人才界定

农村实用人才，是指在农村经济社会发展中具有一定影响力的，为农村文明建设和实现农村全面、协调、可持续发展做出贡献的，在服务农民、发展农业、建设农村等方面发挥不可替代作用的各类劳动者。主要由生产能手、经营能人、能工巧匠和以乡村科技人员为主体的农村社会服务型人才等各类农村从业人员组成。

（二）加强农村实用人才队伍建设对经济社会发展的推动作用

加强农村实用人才队伍建设是人才工作的一个重要组成部分，对于统筹城乡发展、夯实农业农村发展基础具有重要的推动作用，是关系到现代农业发展、关系到农业现代化和国家现代化道路的一个重要战略部署。这是因为，农村实用人才是实现农业科技成果转化、农业增长方式和农业生产经营组织形式转变等方面的骨干力量，是社会主义新农村建设中推动农业生产力发展、实现农民收入增长和农村可持续发展的带头人，他们为农村和谐、城乡协调和区域发展发挥着无可替代的作用。

当前，农业农村经济工作中最为重要和紧迫的是加快农村实用人才，尤其是创业型、创新型农民的教育和培养，着力提高农民的科技素质、文化素质，造就一支农民创业大军，为现代农业发展和新农村建设提供重要的智力支撑。

1. 加强农村实用人才队伍建设有利于经济社会协调发展

工业化和现代化是经济社会发展的必然趋势，实现城乡一体化是农村改革发展的最终目标。加强农村实用人才队伍建设是实现这一改革发展目标的重要途径，引导农民开展创业实践是各级党委、政府和部门的重要责任，把握农业发展方式转变的大好机遇，鼓励有条件的农民创业发展，意义重大，影响深远。

2. 加强农村实用人才队伍建设有利于逐步打破城乡二元结构

加强农村实用人才队伍建设有利于破解城乡二元结构难题，实现资源在城乡之间的有效配置。长期以来，我国资源要素的配置在城市与农村、发达地区与不发达地区之间处于分割状态，城市和发达地区源源不断地吸引农村和不发达地区的资源，并且实现高效配置，从而推动城市和发达地区经济更加快速地发展，而农村和不发达地区的资源要素却处于低效率的配置状态，不能发挥其对当地经济发展应有的促进作用。长期的二元结构分割，导致城乡居民收入差距、财产差距、生活水平差距巨大。加强农村实用人才队伍建设将在三个层面上产生资源要素重组后的经济效应，化解二元结构。一是市场资源，即利用本土资源、外地市场，以独资或合资、联营式、引进式等多种方式，发展农村经济。二是劳动力资源，利用当地丰富的劳动力替代稀缺的资本，不仅可以带来经济收入，也可以为当地创造就业机会，以就业推动创业，以创业拉动就业，促进农民收入增加。三是人才资源，企业的创立和发展离不开具有开拓精神的企业家资源和人才资源，创业过程中必将吸引和培养一批专业人才，以加快地区人才资源的本土化进程。

3. 基于农村实用人才建设的农业产业化经营是推动农村城镇化成本降低的重要形式

我国城市化进程的具体模式是多样化的、具有地方特色的。农村人口进入城市的形式，也应是多种多样的。当前，最主要的任务是借鉴发达国家和先进省份的做法，迅速培养农村科技和致富带头人，培植他们围绕各省的主导农业产业开展创业，通过创业促就业，通过就业促发展，最后通过资源配置，走向三个集中，一是农民向农村社区集中，逐渐形成具有中国特色和地方特色的"小城镇"；二是土地向创业领军人物集中，形成农业生产规模化和标准化；三是产业向集群集中，在"一村一品，一乡一品"的基础上逐步形成农业一、二、三产业分工明晰的产业集群体系。通过"三个集中"，逐渐形成一条农村社区和小城镇带动下的梯次化的农村城镇化发展道路，只有通过梯次原理坚持多年推进，吸收农村剩余人口，倡导城市文化，农民才能适应城镇生活，创造城镇生活，实现真正意义上的城市化。

4. 加强农村实用人才队伍建设是转变农业发展方式的重要措施

当前，农村"村庄空心化、农业兼业化、村民老龄化"的现象较突出。

当务之急是要大力培养农民创业创新型人才,建立"金字塔"式的农村实用人才模型,"培养一个创业带头人,培植一支创业大军,带动一片产业基地",重点围绕农产品加工园区、龙头企业和农业板块基地,在突出"一袋米、一壶油、一只虾蟹、一头猪、一只鸡、一提茶、一条鱼"的基础上,围绕知名品牌和地方特色产业,引导农民开展自主创业,通过创业转变农业发展方式。

二 农村实用人才队伍的基本现状分析

(一) 农村实用人才总量

重庆市潼南县现有各类农村实用人才5.5万名,占全县农村人口(81.9万)的6.7%,平均每个行政村20名。

(二) 农村实用人才结构

1. 从业结构

潼南县农村实用人才队伍中,生产能手比例最大,共有26849名,占实用人才总量的48.8%,其中种植能手11374名、农机作业能手5162名、养殖能手3368名、加工能手6945名,分别占生产能手的42.4%、19.2%、12.5%和25.9%。其中,潼南县共有经营能人24491名,占实用人才总量的44.5%,其中农村经营人才8541名、农村产品经纪人13267名、农民专业合作经济组织带头人2683名,分别占经营能人的34.9%、54.2%和11.0%。潼南县共有能工巧匠1920名,占实用人才总量的3.5%,其中技能带动型人才1683名、文体艺术类人才237名,分别占能工巧匠的87.7%和12.3%。农民技术人员比例最小,共有1801名,占实用人才总量的3.3%,其中农民高级技师、农民技师、农民助理技师还是空白,全部为农民技术员(见图1)。

2. 年龄结构

重庆市潼南县的农村实用人才中以41~50岁的最多,共有22038名,占实用人才总量的40.1%;31~40岁的次之,共有16493名,占总量的30.0%;30岁以下的排第三位,共有11044名,占总量的20.0%;51岁以上的最少,共有5486名,占总量的10.0%(见图2)。

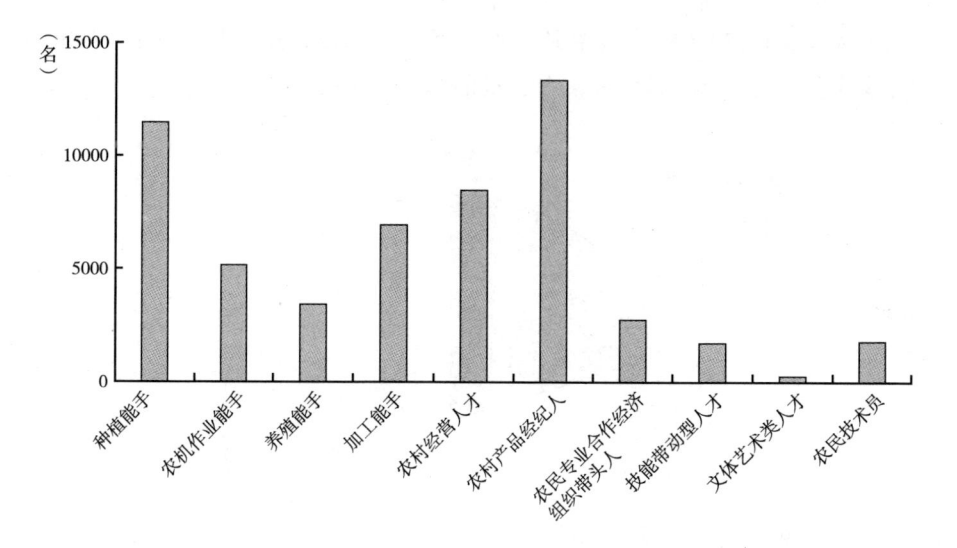

图 1 重庆市潼南县的农村实用人才从业结构

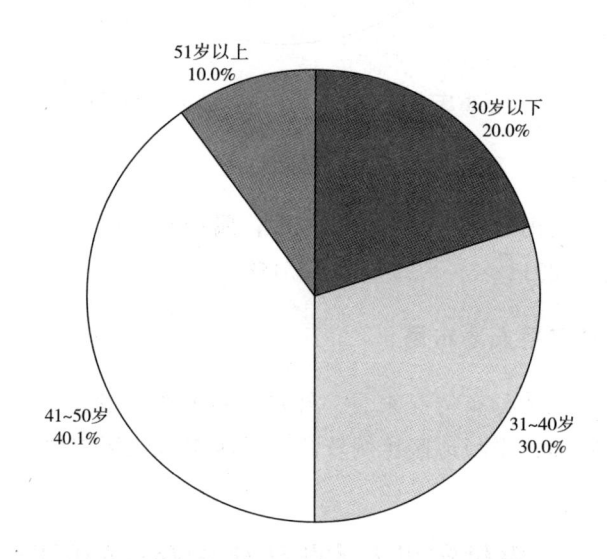

图 2 重庆市潼南县的农村实用人才年龄结构

3. 性别结构

重庆市潼南县农村实用人才中女性占的比例较小,共有女性人才 10976 名,占实用人才总量的 20.0%;女性人才中以生产能手为主。

4. 学历结构

重庆市潼南县的农村实用人才当中,初中及以下人才共有 43987 名,占实用人才总量的 80.0%；高中及中专人才共有 8254 名，占总量的 15.0%；大专及本科人才共有 2820 名，占总量的 5.1%（见图 3）。

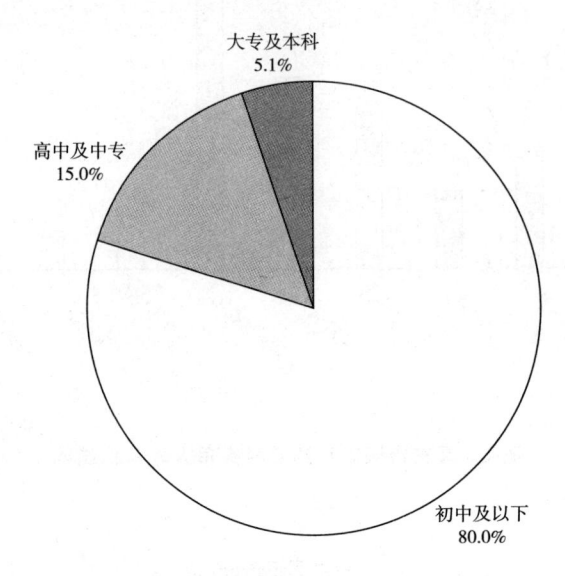

图 3　重庆市潼南县的农村实用人才学历结构

5. 籍贯结构

重庆市潼南县内的农村实用人才当中，属于本县户籍的 46750 名，占总量的 85%；县外 8311 名，占总量的 15.1%。

（三）农村实用人才布局

从农村实用人才分布情况来看，经济基础较好、交通条件便利的乡村，实用人才比例较高；平坝地区比例较高；丘陵山区比例较低。

三　农村实用人才队伍建设存在的问题

（一）人才总量偏少

从调查数据来看，1000 个农村劳动力中，只拥有实用人才 67 名，农村急需的技术人才，包括农民高级技师、农民技师、农民助理技师还是空白，农民技术员总数为 1801 人，占实用人才的 3.3%。较大的人才总量缺口，严重影响了农村新技术、新产品的开发和推广，延缓了农村经济建设的步伐。

（二）文化程度偏低

在统计出来的5.5万名实用人才中，具有中专以上学历的，仅有11074人，占总量的20.1%；受过技术培训的共16046人，占总数的29.2%，多数是经过多年的经验积累自学成才的。农村实用人才整体文化素质不高、专业培训较少的情况，既影响了农民对新知识、新技术的学习，也影响了实用人才示范作用的发挥，制约着现代农业的深度发展。

（三）人才流失严重

相对于城市来说，农村属于经济社会发展相对滞后的区域，农村教育培养人才，从根本上讲，是在为城市培训高素质的人才，即使这些人才经过更高等的教育之后愿意到农村基层，也往往会因为工作条件较差、待遇偏低、社会地位不高等诸多因素而"下不去，留不住"，致使农村发展进一步恶性循环。

（四）人才结构失衡

一是行业结构失衡。从农村实用人才现状来看，生产技能型人才最多，而有利于提高农业生产质量、促进农村快速发展、提升农民素质的经营人才和能工巧匠所占比例较小。二是性别结构失衡。女性实用人才仅占总数的20.0%，女性潜在的创造力未能得到充分体现。三是年龄结构尚待优化。全县40岁以上的实用人才总数为27524人，占总量的50.0%，偏大的年龄构成，影响了实用人才作用的持续发挥，也不利于对其进行再培训、再提高。

（五）社会重视不够

一方面，各级政府没有对农村实用人才的作用给予充分重视，对农村实用人才的培训、组织、经费保障不力，在人才开发上缺乏长远规划。基层党委、政府对培养农村实用人才认识不到位。部分干部认为这项工作是"软任务"，没有"硬指标"，因而通常表现为说起来重要，做起来次要，忙起来不要。另一方面，农民对待人才，特别是那些稀缺的技术人才，缺乏风险共担意识，有利则皆大欢喜，失败则要科技人员独担风险，缺乏培养本土实用人才的土壤，致使实用人才的积极性不断减弱。

（六）资金投入不足

一是各级政府用于农村实用人才开发培养的经费有限。目前，由于以政府为导向、社会力量多方参与的人才培训开发多元化投入格局尚未形成，农村实用人才培训方面所需设备、教材、教师授课补助、参观学习资金难以落实，直接影响农村实用人才开发的顺利进行，影响实用技术的应用和普及。例如，乡镇文化站、农民文化学校虽已建成，但是由于配套设备短缺而没有发挥其应有的作用。二是对农村实用人才的开发缺乏配套的政策扶持，许多前景很好的项目因缺乏资金而搁浅。

（七）人才机制滞后

一是人才管理机制滞后。由于地理因素的影响，农村实用人才分布比较分散，他们有各自的经济利益诉求，既是合作主体又是竞争对手，人员思想相对比较保守，观念比较落后，组织协调难度较大。而目前对其管理的思路、方法和方式严重滞后，需要进一步探索新的、具有针对性的农村实用人才管理机制。二是激励机制滞后。从调查结果来看，农村居民对农村实用人才资源开发工作参与积极性不高。虽然农村实用人才是农村经济发展、科技创新、新的技术推广应用及农业产业化调整工作的主要载体和主力军，但因缺乏配套的资金、技术、信息等方面的激励机制，无法调动其积极性和能动性。

四 造成上述问题的原因探讨

（一）观念陈旧，对人才内涵理解狭窄

一些地方政府的党政领导及部分相关部门工作人员认为，只有高学历、高职称的人才是人才，只有那些在行业领域领先的才是人才，认为农村是有人无才，忽视了对农村人才的教育培训，致使农村需要的对农村情况熟悉、掌握农村实践技术的人才严重缺乏。

（二）组织不力，对人才政策缺乏创新

多年来，中央、省市、区县对农村人才出台了诸多优惠政策，相关部门也制定了不少农村人才发展规划，但多只停留在宏观引导上，没有根据各地

的实际情况，形成具体的、可操作的管理模式，导致人才政策力度不够、作用不强，没有起到发展农村实用人才的积极作用。

（三）渠道狭窄，对农村人才培训不力

目前，在农村实用人才的成长途径中，通过上学、参加各类培训成才的只占少数，多数人是依靠自学成才。并且，农村居民上学、参加培训的成本较高，相关数据表明，一个农民如果参加15~90天的培训，各项费用支出将达到2000元以上。这对于尚处在温饱阶段的农民来说，是没有太大吸引力的。

（四）宣传不足，对农村人才尊重不够

对农村实用人才和人才工作的先进典型缺少相应的表彰与奖励，在表彰与奖励过程中也缺乏有效的宣传；同时，对人才工作的理论和实践探索不够，致使农村社会还没有形成浓厚的尊重知识、尊重人才、尊重劳动、尊重创造的氛围。

五 加强农村实用人才队伍建设的对策建议

（一）转变观念，提高思想认识

人才问题已成为农业、农村改革与发展的关键问题，谁拥有了各类优秀人才，谁就在竞争中占有优势，谁就能把握主动权。因此，必须要有紧迫感和危机感，把加强农业和农村的人才队伍建设作为当前农村工作的永恒主题，围绕人才资源开发这根主线去开展工作。对人才要有一个清醒的认识，不能认为只有高学历、高职称的才是人才，要善于从农村中发现人才、培养人才，这就要求各级地方政府能够看高一点、看远一点，不断更新观念，打破传统人才的开发理念，既要立足本土、激活现有人才，又要面向外界、吸引外来人才，切实把开发农村实用人才资源作为人才工作及农村经济服务的切入点和突破口，围绕农业和农村经济发展目标，加大农村人才资源开发力度，培养造就"永久性"农村实用人才，为农业和农村经济发展提供人才保障，促进农村集体经济的发展壮大。

（二）加强宣传，营造良好氛围

农村实用人才是农村人力资源中的先进分子，是农村先进生产力的代表，对农村经济的发展起着重要作用，是带领农民科技致富奔小康，发展农

业和农村经济的主要力量。因此,各级地方政府要动员社会各层面全面支持农村实用人才队伍的建设,积极营造尊重农村人才、爱护农村人才、帮助农村人才、向农村人才学习的良好氛围;同时要切实加强农村实用人才的宣传力度,要通过电视、广播、报纸、网络等媒体广泛宣传在农村经济发展中起带头作用的先进人物,宣传实用人才在促进农业开发、农村经济发展和带动农民致富奔小康中的巨大作用;通过宣传使人们更加认识到人才对发展农村经济的重要作用,让人才真正感受到党和政府对他们的关心、爱护和重视,从而使他们扎下根来,尽展其能,为当地的农业发展和经济建设再创佳绩。

(三)政策引导,创造良好环境

一是要确保国家、省市、区县各项政策的落实。要因地制宜,在职称评定、农业科技项目开发、农业科技项目推广、扶贫资金或优惠贷款等方面给予倾斜扶持。对在农业经济发展中做出重大贡献、取得突出成绩的优秀本土人才要在个人发展上给荣誉,经济上给奖励。特别是取得技术职称的本土人才,在土地承包上应享受优先、优惠和扶持,对于这些人才在工商登记、税务减免、资金贷款、农药化肥、优质良种、畜禽防病、新技术推广等方面应提供政策倾斜,使农业实用人才的作用得到充分发挥,真正起到开发一批能人、带动一方百姓、搞活一片经济的带动效应。

(四)增加投入,促进人才成业

实用人才的培养成长,离不开政府的资金扶持。一是要整合中央和地方财政对农村经济发展的扶持资金,形成合力,培养一批带动效应明显的龙头企业。二是加大信贷支持力度。对于那些在经营中遇到资金困难而又前景看好的经营项目,银行部门要加大对农村实用人才贷款的倾斜,放大贷款额度,简化申贷手续。政府部门也要积极帮助那些掌握先进技术的外出人员筹集资金,解决困难,兴办经济实体,为他们创造出经济效益和社会效益提供服务。

(五)加强管理,开发人才资源

农村实用人才分布在乡村,素质水平普遍不高,管理比较松散,放任其自身发展存在诸多问题。政府应采取行之有效的措施,加大对农村实用人才的管理力度，使农村实用人才为本地农村经济的发展做出积极的贡献。一是要以区县人才市场为主干和依托，以乡镇人才服务站与村人才服务信息点为补充，建立健全农村人才市场网络体系。以组织部、人力资源和社会保障局为主体，加大对农村人才的服务力度，建立县、乡、村三级农村人才信息库，对农村人才实行跟踪管理和服务。二是建立和发展人才智力信息网络。农村人才市场要与城市人才市场相连通，加强与高等院校、科研院所、商贸企业、农技部门的协作，利用报刊、广播和电视等新闻媒体，特别是利用互联网等计算机信息网络技术，建立农村人才信息库，组建起面向市场、灵敏高效的智力信息网络，开展城乡一体化人才服务。三是建立和完善选拔标准和管理办法，村有村级人才标准、乡镇有乡镇级人才标准、县有县级人才标准，按照农村实用人才的不同类型，建立健全县级农村实用人才信息库，颁发县级农村实用人才证书，真正把农村的"土专家"、"田秀才"、种养能手等人才纳入政府工作的管理和服务对象，便于对农村实用人才进行开发和利用。四是做好职称的评定工作，在农村实用人才中评选农民技术职称和农业技术职称，加大培养农民专业技术人员队伍和科技兴农带头人的力度。

（六）加强培训，提高人才素质

一是开展农民技术职称评定工作，充实农村人才数量。继续做好"绿色证书"工程实施工作，在发展特色经济、优势产业结构中培养人才，优化当地人才队伍结构。在全县建立起一支来源于农村、成长于农村、服务于农村经济的"土专家""田秀才"队伍。二是要依托有关学校和培训机构，多方培训各类农村急需实用人才。有组织地把本地区的农村实用人才送到农业发达地区进行交流学习。积极鼓励农村有志青年自学成才，优先为业绩明显、群众公认的能人和尖子评定农业技术职称。三是加强培训基地建设，加强各级农业广播电视学校、劳务输出中心、职校等培训基地的建设，改进办学条件，完善培训设施，提高教育培训水平，把培训基地真正建成农民技术教育培训、开发的重要基地。

（七）落实待遇，完善激励机制

一是评选优秀人才。将实用人才的评选工作纳入"社会主义新农村建设"，在荣誉上给予奖励。通过开展"农村优秀实用人才""农村致富带头人"等创评活动，大力宣传实用人才的先进事迹和成功经验，加大对优秀实用人才的奖励和表彰力度，扩大农村实用人才的影响力，增强其荣誉感。二是争取建立职称制度。将农村实用人才的选拔工作纳入人才选拔工作，待遇上给予激励。通过教育、农业、人事、科技等部门的共同努力，建立农村实用人才专业技术职称评定制度，把农村实用人才的选拔同其职称评定相结合，使有一定技术专长并发挥作用的农村实用人才享受相应的待遇，增强其责任感。三是搞好人才使用。对年纪轻、技术素质较高的实用人才，要进行重点培养，符合条件的及时吸收加入党组织，并优先选拔，充实到乡镇、村组干部队伍之中，加强锻炼，使其由个人带头致富向带领群众共同致富转变。

六 结语

工业化和现代化是经济社会发展的必然趋势，破解城乡二元结构难题，实现城乡一体化是农村改革发展的最终目标。在这一过程中，农村实用人才的开发与培养是实现这一改革发展目标的重要途径。要把大力培养使用农村实用人才作为推进新农村建设，促进城镇化、工业化、城乡一体化的重要抓手，作为实现统筹城乡发展在农村人才问题上的一个重大突破，也作为户籍制度改革中实现农村人才技能提升、增强就业能力的主要措施，更要作为党在新时期新形势下加强工农联盟的重要措施。

因此，要紧紧围绕这一农业和农村经济社会发展目标，把农村人才资源开发作为农村全面发展的第一要素，大力加强农村实用人才队伍建设，这不仅是当前和今后一个时期我国的一项十分重要而紧迫的任务，还是充分认识加强农村实用人才队伍建设的重要性和紧迫性，深刻理解农村实用人才在统筹城乡经济、缩小"三个差距"、促进社会进步、建设现代化农村方面的地位和作用的重要基础。

注：本研究中，农村实用人才的具体评定标准（重庆市）为：在农村从事种、养、加工、流通等行业或有一技之长，取得良好的经济效益和社会效益，户年收入在3万元及以上的农民或外来人员。同时符合以下条件之一，可认定为生产能手、经营能人、能工巧匠和社会服务型人才。

1. 生产能手。包括种植能手、农机作业能手、养殖能手和加工能手。种植能手要求是在农村种植某一种或多种植物（作物）达到较大规模（面积），或在同等土地条件和物质投入条件下，单产明显超过本村平均水平，或单位面积土地收益明显高于其他农户，并有一定示范带动效应、帮助其他农民增收致富的业主或技术骨干人员。农机作业能手要求是在农村主要从事农田机械作业且达到一定规模，对农业增效、劳动力转移具有一定促进作用的农机大户。养殖能手要求是在农村养殖一种或多种畜禽、水生动植物达到较大规模（数量），或在同等市场条件下养殖收益明显高于其他养殖户，并有一定示范带动效应、帮助其他农民增收致富的业主或技术骨干人员。加工能手要求是在农村专门从事农产品加工且达到一定规模，对本地农业产业化经营具有一定示范带动效应，并帮助其他农民增收致富的业主。

2. 经营能人。主要包括农民专业合作经济组织带头人、农村经营人才和农村产品经纪人。农民专业合作经济组织带头人主要是指农民专业合作社领办人或创办人。农村经营人才主要是指以自有或合伙拥有生产资料或资金，从事工业、建筑业、运输业、商业、饮食业以及其他服务业等非农产业经营，有一定规模并有一定经济收入、有一定示范带动效应或能解决一定数量的劳动力就业的农村劳动者。包括个体或合伙企业所有者及主要经营者，也包括规模较大但尚未达到企业标准的个体工商业者。农村产品经纪人主要是指专门从事农产品收购、储运、销售和销售代理，供求信息传递，使用技术引进，科技信息传播等对本地农业和农村经济发展有益的各项中介服务活动，并获得一定经济收入的农村劳动者。

3. 能工巧匠。主要包括技能带动型人才和文体类人才。技能带动型人才要求在制造业、加工业、建筑业等方面具有较高水平的技能或特长，能带动其他农民掌握该技术或进入该行业，在自身获得一定经济收入的同时，为当地的农村经济发展做出贡献的人员。文体类人才主要是具有鲜明的本地特色并能代表当地最高水准的民间艺术家、手工艺人，以及从事民间体育活动的人员和国家级、省级（自治区级、直辖市级）非物质文化遗产主要传承人等。

4. 社会服务型人才。包括村级农民技术员或农村各类协会中的技术人员，以及按照国家关于农民技术人员职称评定相关规定，获得农民技师职称以上称号的人员；有发明专利或获市级以上科技推广类奖项的人员；有一定的科技创新能力，能在实践中开展探索性的实验，分析解决技术中的某些难题，能根据实际有针对性地引进、推广新品种和先进技术的人员。适应社会主义新农村建设要求、从事农村基础教育或专业技术培训成绩显著的农村教育工作者；在农村医疗卫生一线治病救人，业绩突出、医术较高、具有专长的乡村医疗卫生人员。

致谢：感谢在调研过程中给予大力支持的重庆市政府研究室、重庆市潼南县农业局。

参考文献

黄春燕，2010，《农村实用人才队伍建设的制约因素及对策》，《农民日报》7月14日，http：//www.moa.gov.cn/fwllm/jjps/201007/t20100715_1600059.htm。
潘晨光，2005，《中国人才发展报告》，北京：社会科学文献出版社。
中共中央办公厅 国务院办公厅，2007，《关于加强农村实用人才队伍建设和农村人力资源开发的意见》，11月8日。
——，2010，《国家中长期人才发展规划纲要（2010~2020年）》，6月6日。
中华人民共和国国务院，2010，《国家中长期教育改革和发展规划纲要（2010~2020年）》，7月29日。

作者简介

马文斌　男

所属博士后流动站：中国社会科学院农村发展研究所

合作导师：张晓山

在站时间：2011年1月至2013年12月

现工作单位：重庆师范大学经济与管理学院

联系方式：mwenbin@sina.com

基础教育的城乡倾斜与整合

吕庆春

摘　要：实现教育公平就是要将教育机会和资源毫无歧视地提供给受教育者。现在，原有的基础教育投入、户籍等方面的制度还在扭曲着教育的发展，在一定程度上仍造成基础教育的排斥、倾斜与失衡现象。促进城乡基础教育整合，必须在基础教育的财政投入机制、资源配置机制和户籍制度改革等方面大胆创新，尽快形成统筹城乡教育发展的新机制。

关键词：制度安排　基础教育　城乡整合

教育公平是社会公平的重要基础，城乡统筹的一项重要基础工作就是整合城乡教育。党的十七大报告指出，统筹城乡发展，建立以工促农、以城带乡长效机制，形成城乡经济社会发展一体化的新格局。实现基础教育的城乡统筹，必须改变目前城乡教育发展不对称的状态和农民工子女受教育艰难的局面，在教育的投入机制、资源配置机制和户籍制度改革等方面大胆创新，促进城乡基础教育整合。

一　城乡基础教育资源配置缺乏公平的制度安排

马克斯·韦伯在对法律制度的研究中指出："制度应该是任何一定圈子

里的行为准则,所以要研究人们服从它的事实以及服从它的方式。"① 制度既有规范性,又有约束力,还具有强制性。帕森斯在对整个社会体系的研究中,将制度化看作既是一个过程又是一种结构。起初他将制度化看成是一个过程,在后来的研究中,他才把制度化归结为一种结构。制度化作为一个过程,可以通过以下方面进行描述:一是不同取向的行动者进入他们必然要相互交往的情景中去;二是行动者取向的方式反映了他们的需求结构,也反映了这个需求结构怎样被文化模式的内化替换掉;三是通过具体的互动过程形成规范,行动者据此相互调整他们的取向;四是这种规范是作为调整行动者相互之间取向的一种方式,但同时,行动者又受到总的文化模式的制约;五是这些规范规定了随后的互动,使之稳定进行。通过这一过程,制度化的形式就产生、维持或者改变了。② 中国的二元经济与社会结构是制度化过程长期作用的结果,对社会的影响很深刻,它突出地表现在经济分离的基础上城市与农村的严重阻隔或者对立,通过户籍制度形式把整个社会成员人为地划分为城镇户口与农村户口,从而把城市与农村严格地隔离开来,不同户籍身份的人无法流动。因此,它不仅体现在经济的二元性,还体现在制度设置的双重性,具有鲜明的行政安排特征,形成了明显的社会二元结构。教育也在这种二元结构的制度化分割中表现出巨大的城乡差距。

(一) 城乡基础教育财政投入缺乏公平的制度安排

在国家的层面,中国是一个典型的城乡"二元结构"社会,社会政策和制度安排的城乡"二元"导致了城乡严重分割,使得城乡之间在享受社会资源配置等多个领域"一国两策",或者一个国家两种制度安排,导致了城乡的巨大差异性。

从历史的视角看,在工业化和现代化的初始阶段到初现繁荣阶段,城乡二元结构日渐突出,这是现代化进程中的必经阶段。在这个阶段,政府的投入集中于工业以及城市。为了加快国家工业化的进程,政府把优先发展工业、增强工业在国民经济中的地位放在首位;同时,随着城市化的扩张,加大了对城市基础设施、城市人口生活及社会保障的投入,使得城乡在投资、产业和教育等方面存在不同的政策和制度,使居民生活水平、生活质量等方

---

① 〔德〕马克斯·韦伯:《经济与社会》(上卷),林荣远译,商务印书馆,1997,第345页。
② 〔美〕乔纳森·H.特纳:《现代西方社会学理论》,范伟达等译,天津人民出版社,1988,第86页。

面的差距拉大。"一个国家的经济越是落后,特殊的制度因素在增加对新生工业的资金供给,以及向它们提供较为集中和较为高深的企业指导方面所起的作用就越大;国家越是落后,这些因素的强制性和广泛性就越是显著。"① 因此,从世界范围考察,一些国家转型的经验表明,"它以牺牲乡村为代价,加深了城乡的分裂。这不仅无助于社会凝聚力或者财富的共享,还会加深乡村生活的疏离与复归"②。

1. 义务教育阶段城乡财政投入差距

2004 年,中国义务教育财政预算内支出占义务教育总支出的 69.85%,这个比例明显偏小,包括世界上很多发展中国家在内的大部分国家的比例在 20 世纪 90 年代都达到了 85%~90%。2004 年,义务教育财政预算内拨款占财政预算内教育拨款的比例为 54.47%,其中农村义务教育财政预算内拨款所占比例为 32.92%。③ 这个拨款比例总体偏低,农村所占比例更低,与义务教育的重要性和实际需求相比很不相称。目前,多数地区政府对义务教育公立学校,不是按学生人数,而是按重点校和非重点校拨款,造成同一级政府管理的公立学校之间差距巨大。④ 城市的重点学校多,加上地缘优势、人际关系协调等多方面因素,得到的财政拨款远远多于农村学校。

2. 教育投入城乡差距明显

在城乡分治的社会里,城乡教育经费投入差距巨大。一是城乡教育投入差距明显。有关数据表明,2002 年全社会的各项教育投入是 5800 多亿元,其中用在城市的占 77%;占总人口 60% 的农村人口只获得 23% 的教育投资。二是农村义务教育的基础设施投入城乡差距明显。2003 年《中国教育绿皮书——中国教育政策年度分析报告》显示,2001 年占全国人口大多数的农村,只享受全国义务教育经费的 31.2%。农村初中、小学基建基金支出仅占全国财政预算内教育基建支出的 1.9% 和 3.6%。农村义务教育生均预算内公共经费仅为城市平均水平的 30%。三是义务教育阶段的生均投入与高等教育差距很大。从生均教育经费角度来看,2004 年,预算内初中生均经费与大学生均经费之比为 1:4.3,预算内小学生均经费与大学生均经费

---

① 〔以〕S.N. 艾森斯塔德:《现代化:抗拒与变迁》,张旅平、沈原、陈育国等译,中国人民大学出版社,1998,第 54 页。
② 〔日〕猪口孝等:《变动中的民主》,林猛等译,吉林人民出版社,1999,第 10 页。
③ 王信川:《保障教育发展权促进人全面发展》,《中国社会科学院院报》2008 年 9 月 18 日。
④ 王善迈、曹夕多:《重构我国公共财政体制下的义务教育财政体制》,《北京大学教育评论》2005 年第 4 期。

之比为1:4.8。城市中小学多数已是"锦衣玉食",一些重点中小学仅靠财政上的亿元拨款就"富得流油"。尤其是教师的再教育工作,农村教师进城听几堂培训课,不仅要精打细算,而且要自付费用,而城市中小学一些教师却能拿着支票,享受公费的"旅游考察"。[①]

(二) 城乡基础教育资源配置缺乏公平的制度安排

有人曾经形象地比喻中国城市的学校像西欧,农村的学校像非洲。导致这种现象的原因是基础教育资源配置的城乡"二元"结构明显。

1. 城乡办学条件差距很大

城市学校有宽敞明亮的教室、现代化的各类实验室、齐全的电教设备,运动场、图书馆、会议室、演播厅等,还有各种文艺会演、夏令营等课外活动。农村学校的很多设施,比如教室、教学设备、运动设施等都较差。由于经费不足,相当多的农村地区不具备义务教育的基本办学条件。一是农村地区危房比例偏高。2004年,全国小学和初中共有4542.3万平方米的危房,此外,每年自然新增危房约1750万平方米。小学和初中校舍危房率分别为5.6%和3.7%。2008年汶川大地震中那么多的中小学生遇难,学校房屋质量差、危房较多是其因素之一。二是农村初中校舍严重不足。农村学校大班现象十分普遍,一半以上的班级在56人以上,个别地方甚至超过了100人。三是中小学仪器设备的达标率也较低。2004年,小学仪器设备达标率为50.91%,初中为70.57%,而在农村地区,该比例更低。在一些贫困地区,甚至缺乏黑板、粉笔等最基本的教学用具,正常的教学活动无法开展。[②]

2. 城乡师资力量差距明显

城市有一流的师资,频繁的文化、教学、学术交流等。在农村,不仅这些谈不上,连教师人数都不够。其一,师资学历与城市相比偏低。据统计,2002年,农村和县镇小学教师专科以上学历者分别占25.07%和40.03%,远远低于城市57.15%的比例;初中教师本科以上学历者分别占11.36%和17.58%,远低于城市47.03%的比例。[③] 其二,师资较缺。据调查,有一个乡初级中学只有两名英语教师,要承担全校三个年级九个班的英语课,其工

---

① 周大平:《义务教育欠缺公平的制度安排》,《瞭望新闻周刊》2005年第19期。
② 王善迈、曹夕多:《重构我国公共财政体制下的义务教育财政体制》,《北京大学教育评论》2005年第4期。
③ 中国社会科学院公共政策研究中心、香港城市大学亚洲管治研究中心编《中国公共政策分析》(2005年卷),社会科学文献出版社,2005,第162页。

作的繁重程度可想而知。城市学生从幼儿园开始就在接受汉、英双语教育，而很多地方的农村连初中、高中英语教师都缺乏。其三，观念较落后。由于农村较闭塞，缺乏与外界的交流，其教育思想、教学方法等很多方面无法与城市相比。

（三）农民工子女占有公共教育资源有限

户口制度和人们的计划经济体制思维像高墙一样阻隔着农民工子女受教育。在2006年以前，城市中小学对没有户籍的农民工子女是排斥的，只有极少数孩子能到城市的条件较差、生源很少的学校读书，绝大多数农民工子女只能到教学条件、质量等都很差的农民工子弟学校读书。这就是城市里的"当代私塾"，学生自备桌椅和课本读书，学校的教师都是临时拼凑的，没有接受过专业教育，无证上岗情况较普遍，且师资队伍很不稳定，教学质量堪忧。但就是这样的学校，却接受了当地70%以上流动人口的子女就读。[①] 即使一些农民工含辛茹苦让子女在城里上完高中，由于户籍限制，考大学时这些子女还得回原籍参加考试。

这种私塾式的学校在计划经济的思维方式支配下是不被允许的。在这种制度条件下，教育资源配置成为政府的专利，学校的开办、学科的设置、招生的计划、学费的收取、学生毕业文凭的发放和学位的授予等都是教育行政部门的事，其他部门和人士无法插手。这些学校还经常遭到封杀，招收农民工子女的"当代私塾"也不例外。学者盛洪指出："在大量直接干预经济的政府部门撤销的背景下，教育管理部门反而认为他有权力规定谁可以进入教育领域。他们认为自己有权关闭他们认为不合格的学校，前些年大量的农民工学校被关闭，北京关闭了37所；上海2007年关闭了建英学校，遣散了1600名学生；还有著名的'孟母堂事件'……教育部门认为没有经过他们允许的就没有存在的理由。"[②]

（四）城乡的阻隔难以消除

有人说孩子不能输在起跑线上，而农民工子女恰好就输在了起跑线上。尽管农民工子女很小就来到城市，有的就出生在城市，尽管政府及教育行政主管部门要求农民工子女同有城市户口的人享有同等的接受义务教育的权利，但是

---

① 隋晓明：《中国民工调查》，群言出版社，2005，第282页。
② 盛洪：《中国教育仍停留在计划经济时代》，《羊城晚报》2010年5月21日。

由于户籍的限制或者影响,他们到公办学校读书仍然较难。现在城市学校虽然逐步放开招收农民工子女就读,但是只限于城市中声望较次或者一般的学校,不能像有城市户口或者家里条件好的孩子那样到资源好、条件优越、社会声望和教学质量高的学校读书。其一,农民工的子女入学要按成绩择优录取。在中国的教育体制里,应试教育是教育的重要取向,虽然很多人和教育主管部门都在声讨应试教育,但受到社会的压力、学校竞争、考评机制等多方面的影响,素质教育在很大程度上只是一种形式。于是,对前来报名的外来打工人员子女,学校将进行考试,优秀的学生可以留下来读书。其二,学校容量有限。中国是一个人口众多的国家,学校的发展与城市化的快速成长有一定差距,学校容量确实有限。学校容量有限导致大多数的公办学校难以敞开接受前来报名的农民工子女。但是,城市的教育资源是丰厚的,有的学校不去积极开拓资源,反而以此为名,将一些农民工子女挡在门外。其三,如果要到城市一流或者各方面条件较好的学校读书,根据这些学校的办学条件、教学质量和社会声望等因素,从小学开始,每年学生必须缴纳数额从几百元到几万元不等的借读费,学校以赞助费的名义收下。西部某特大城市的最好的小学之一,其赞助费已经上涨到8万元以上,尽管如此,外地学生还是难以入学。

即使条件和声望不是一流的学校也存在教育阻隔现象,使教育对象较长时间地隔离而难以走向融合。据《南方都市报》报道,东部某特大城市H中学在将农民工子弟学校并入公立学校之后,有的学校搞一校两区,实行身份区隔或者隔离。一所农民工子弟学校有小学和初中共650多人,在这所学校被关停并转以后,其中的小学六年级和初中部的300多人被并入了H中学。这个H中学在这个城市与一流的重点中学相比,只算三流学校,可就是这样一所三流学校,仍然要实行学生身份隔离,学校把不同的生源地或者不同身份的学生安排在不同的教学楼里学习,东楼为主楼,是本地生源的学生,西楼为附楼,是农民工子弟,用有形的界线在同一学校把不同的生源地或者不同身份的学生隔开。[1]

二 基础教育亟须城乡统筹发展与整合

教育是维系社会发展的纽带,是民族振兴的基石。教育也是塑造人的第一变量,教育是维系社会精英循环的纽带。教育作为培育人的摇篮,是推动

---

[1] 吴珊:《上海一所公立中学将农民工子弟与本地生隔离》,《南方都市报》2010年6月9日。

社会发展的前提条件。涂尔干高扬教育的作用，在对社会的研究中，他把主要关注点放在了教育方面，这成为他的持久关注焦点。他认为教育、宗教和经济代表了各个社会中主要的制度形式，这些方面的制度为社会提供了指导的法则和准则，它们的区别在于它们在社会中所承担的任务不同、所发挥的作用不一样。其中，教育具有核心地位，因为在一个特定的社会中，以某种方式和准则教育人，为孩子们的成才奠定了早期的基础。[1] 有人说孩子不能输在起跑线上，而农村的孩子由于受到条件的限制，享受到的教育资源非常有限，恰好输在了起跑线上。教育作为社会建设的基础性工程，在社会发展到一定阶段之后，就必须着力改变城乡非均衡、非对称状态，在统筹城乡实践中努力实现城乡一体化。

（一）乡村基础教育亟须大力发展

乡村基础教育是现代化的重要推手。现代化的快速发展和稳步推进离不开主体的人，它是以工业化为标志，以农村人口的大量流动和迁移到城市为一个重要条件的。在帕森斯看来，社会生产所包含的土地、劳动、资本和"组织"诸要素中，"最易流动的要素是经济意义上的劳动和资本"[2]。这种最易流动的生产要素在中国急进的工业化进程中表现得非常明显。中国在改革开放后30多年的历程中，随着工业化的急剧推进，这些劳动生产力又迅速地向工业化方向转移，使得这个时期乡镇企业异军突起。劳动力的这种转移与职业变迁是没有停止的，而是在不断地深化，进入20世纪90年代就以每年几百万人的规模向工业化迅速发展的沿海地区和工业化城市转移，实现由职业农民向产业工人的转变。然而，高素质的劳动者需要高素质的教育，这就对为社会培养合格建设者的学校和教育提出了新的要求，因此，必须高度重视和大力发展乡村教育。

新中国成立以来，教育事业得到了较大的发展，人们的文化知识和政治知识都得到了普及。但是，要想使整个乡村的孩子都接受良好的教育还有一个过程。在迈入21世纪门槛的时候，国民的文化素质总体上仍然不高，文盲、半文盲还占一定的比例，其中绝大部分出自农村。农村地区的孩子由于家庭的经济状况，以及农村学校所处的地理位置、交通状况、师资水平、教

---

[1] 〔美〕安东尼·奥罗姆：《政治社会学导论》，张华青、何俊志、孙嘉明等译，上海世纪出版集团，2006，第72页。
[2] 〔美〕帕森斯：《现代社会的结构与过程》，梁向阳译，光明日报出版社，1988，第21页。

学条件等多方面的原因，接受教育的机会少于城市孩子，农村与城市的较大差距，导致城乡教育质量差距较为明显。在×省×县的调查数据表明：该县每年的初中毕业生在11000人左右，这个县的高一招生规模为3200人左右，还有职业技术学校、市里（地级市以上）的高级中学、其他地方（包括随父母到外地读书）的就读人数大约800人，能继续学业的总共为4000人左右，这就意味着这个县的初中毕业生中有60%以上不能再继续接受教育。这些人中有一部分人在农村待一段时间，等到有机会就出去打工了，有的就直接随父母、亲戚和朋友出去打工。这两部分人中最终有90%以上外出打工，成为农民工的接续者。对不同的农民工群体的调查显示，具有初中以下文化程度的占8.1%，具有初中文化程度的占40.7%，高中或者中等专业技术学校（包括技工学校）毕业的占45.9%，大学专科及以上学历者占5.3%。还要提出的是，根据对一些年轻的农民工访谈，有一部分农民工的初中、高中毕业证不是正规的教育部门颁发的，而是学校为了创收而自主颁发的。此外，还有一些打工者的文凭是通过各种渠道和关系搞来的，如非法办证机构。在很多城市街道的地上、墙壁上、过道上，总之，有人流和人群居住的地方都可以看到提供办理各种证件的人留下的电话号码，一些打工者的文凭就是从这些地方制造出来的。一些用人单位也不管文凭是从哪儿来的，只要有就认可。

　　以义务教育为例，全国地区间义务教育发展非常不平衡。国家教育行政部门根据各省区市义务教育发展的不同水平，将全国划分为一片、二片、三片地区。1998年统计的"普及九年义务教育"人口覆盖率表明，"一片地区"包括京、津、沪等沿海省市，九年义务教育人口覆盖率达到96.4%；"二片地区"包括晋、冀、豫等中部及川、陕、渝等部分西部省市，达到81.87%；"三片地区"包括蒙、贵、滇、藏等西部省区，仅达到42.26%。[①]

　　不仅如此，农村中小学建校债务负担沉重。在20世纪90年代末期，为了实现"普九"目标，不少农村地区举债进行学校建设，使农村学校除了拖欠教师工资外，还承受着巨大的建校债务负担。据了解，至2003年全国农村中小学"普九"欠债约为500亿元，由于债主追索债务而影响农村中小学正常教学秩序的事件屡有发生。[②] 现在，这笔债务很难化解。

[①] 转引自郝铁川《权利实现的差序格局》，《中国社会科学》2002年第5期，第123页。
[②] 王善迈、曹夕多：《重构我国公共财政体制下的义务教育财政体制》，《北京大学教育评论》2005年第4期。

中国社会逐步进入工业化阶段，但户籍制度仍然在发挥着较为重要的作用。农民离开土地进入城市投入第二、三产业中去，不仅开始了空间与职业角色的转移，也开始了生活、人际关系、对社会的认知、价值取向、争取与行使权利等多方面的转移或者转变。"不像在那些比较传统的社会中那样，会与任何以家庭、血缘和地缘关系为基础的另外种类的群体相融合。"① 但是，由于户籍区隔所导致的身份分割使农民难以从身份制转变成职业制，农民无法从农民工转变成名正言顺的产业工人，同是一国的国民，却背着不同的身份标签，享受着不同的社会资源，这在社会转型期衍生出了较多的社会问题。

（二）留守儿童问题的凸显更需要整合城乡教育

由于制度供给的滞后性和城乡隔离的深度性，农民工只能在经济上被城市有限地接纳，在其他方面被排斥，包括他们的子女无法跟随他们到城里学习和生活，被迫留在农村。在农民工的背后站立着 2000 万个左右日思夜盼着自己父母的农村留守儿童。这给他们的成长造成了很大缺陷和影响。由于长期的分离，对于需要母爱、父爱，在社会化过程中需要接受父母培养、教育的年幼子女来说，他们成了一定意义上的"孤儿"或"单亲孩子"，他们的成长环境恶化、安全感丧失、亲情感缺乏，这些成长因素的缺失导致他们在与其他人的社会交往中缺乏勇气和尊严，给他们的心理造成严重伤害，这种心理上的伤害是难以愈合的，有些孩子的心理甚至扭曲了。

1. 留守儿童的规模巨大

农民工子女是一个庞大的群体，农村留守儿童的数量是相对的，但是数量仍然较大。在西部某特大城市一个区的调研中，一位主管教育的领导说，父母两人均在外的留守儿童占 60%，父亲或母亲一人在外的比例为 70%。最近几年，由于城市接纳农民工子女接受义务教育，大多数农民工子女都随自己的父母到城里去生活和读书。可是在以前是不行的，农民工必须把孩子留在家里。据学者项继权在 2004 年对湖北及全国的调查测算，湖北省进城务工农民工子女总量达到 275 万人以上，全国进城务工农民工子女至少有 7000 万人以上。② 近年的调查表明，全国的农民工中有近 60% 的人不能带

---

① 〔以〕S. N. 艾森斯塔德：《现代化：抗拒与变迁》，张旅平、沈原、陈育国等译，中国人民大学出版社，1988，第 3～4 页。
② 项继权：《关于农民工子女教育问题的调查分析及政策建议》，《新华文摘》2005 年第 16 期。

孩子去打工，全国有 2000 多万名留守儿童。据中央电视台 12 频道（法制频道）报道，在安徽某一初级中学的 1780 名学生中，有 1450 多名留守儿童，占学生总人数的 85%；河南省有留守儿童 250 万人，一个村就有 40 个。

2. 爱与安全感缺失

孩子的健全成长需要父母的关爱，这种关爱是其他方面难以替代的。在社会调研中笔者对一些留守儿童进行了考察，年龄较小的留守儿童，一般 4 岁以下的留守儿童对父母的记忆较少，有祖父母的照顾就能较好地生活和成长。但是，生活中不能有比较，一比较就产生了痛苦，也对心灵产生伤害。随着年龄的增长，这种由于缺少关爱而产生的痛苦就越严重，由此出现心理上的孤独、寂寞、胆怯而自我排斥等。

对于那些寄养在别人家的孩子来说这种伤害更大。有人披露了这样一件事：一个 5 岁的小女孩，由于父母外出打工，就被寄养在姨妈家，她的姨妈家有比她小 2 岁的妹妹。而她姨妈全家都在家，她看到姨妈一家非常亲热，一家人睡在一张床上，而自己却缺少关爱与温暖，一个人孤单地睡在一张床上，于是，她常常在晚上睡不着觉的时候躲在被子里面偷偷地哭，这种寂寞与孤单对于幼小心灵的伤害是很大的。而对她伤害更大的是她的外祖母对她的疏离。不知是妹妹小的原因，还是外祖母偏爱妹妹的原因，一回到她的外祖母家，外祖母见到妹妹就叫她宝贝，而对她不这样叫，这使得她更伤心。这件事被她的父母知道后，她父母伤心地哭了。

此外，留守儿童与父母团聚少，缺少父母的关爱，这反而加深了他们对父母的思念，每天都希望见到父母，都希望父母快乐、平安。长时间的担惊受怕对处于成长阶段的他们来说，身心健康会受到较大的影响。一个年仅 11 岁的农村女孩不仅要自己做饭、洗衣服，还要照顾 6 岁的妹妹和 70 岁的年老体弱的奶奶。"我觉得很孤独，也很害怕。家里所有的事都要自己做，还要经常担心爸爸妈妈。怕他们出事，怕他们不能送钱回来。"[①] 这个女孩一边洗着衣服，一边流着眼泪说。

3. 不能承受的学习之"重"与"轻"

留守儿童的教育主要是在家庭和学校，父母的远离使留守儿童在受教育期间缺少家庭的监督与关爱。在中国广大农村，像爷爷、奶奶辈的人很多是文盲或半文盲，对现代教育比较陌生，更无法去辅导孩子的学习。留守儿童学习上有困难只能靠老师，而学生的个体差异较大，老师没有精力也不可能

---

① 文赤华：《2000 万农村留守儿童面临心理困扰》，《瞭望新闻周刊》2005 年第 47 期。

解决学生的所有学习问题，这样，孩子只能独自背负着困难前进。一些有毅力、坚强的留守儿童战胜了困难，成为生活和学习的强者；一些留守儿童被重重困难压得喘不过气来，学习跟不上，逐渐产生厌学情绪，最终加入文盲或半文盲的行列，延续着社会弱势群体的代际传承。还有的没有长辈的监督、管教，任其自我发展，把学习看成可有可无的事，在学校周围林立的游戏厅、网吧、歌舞厅的诱惑下，沉溺其中，染上不良习气，造成行为的失范，这对于他们来说简直就是一个深渊。

最近，陕西蓝田发生了一起小学生自杀事件。一名叫小南的小学生父母都在外面打工，小南跟着年近八旬的爷爷奶奶生活。因为作业没写完怕被老师打，就不想上学，于是喝了差不多半斤敌敌畏。小南喝了药之后，还叫他哥哥闻他，表明他喝了药，并清楚地告诉他哥哥，他不用读书了，他已经喝了农药。小南的书包里有个破旧的笔记本，是他专门用来记作业的。小南最后一次的作业一共有七项，可小南只完成了一项，无疑要受到老师惩罚。

4. 孤独与寂寞导致性格扭曲

人的童年应该是充满关爱与幸福的；孩子的天性是天真、活泼，童年应是充满欢笑与幻想的。但是，留守儿童爱与幸福的缺失，导致他们失去了应有的天真、活泼，在孤单与寂寞的环境中缺少人与人之间交流，心理变得压抑，久而久之就变得沉默寡言，很木讷，这样，人的聪明与睿智就很难形成。在与留守儿童的交流中，他们最想的是和父母生活在一起，哪怕是受到父母的打骂，他们也认为这种打骂是幸福的。把打骂与幸福并列可以折射出留守儿童的寂寞与渴望。

社会转型期特有的留守儿童现象在心理学上叫亲情疏离。这种现象导致的孤独与寂寞会带来严重的心理健康问题，导致性格的扭曲，使小孩变得孤僻，不善结交和交流，易怒，常常为一些小事大为光火，甚至大打出手。留守儿童常常是引发校园安全问题的主要群体，如打架致伤、溺水身亡等，很让人揪心。监管好这部分学生，给予他们心理支持、精神支持，使他们得以健康成长已经成为一个突出的社会问题，也给农村中小学教育提出了新的课题。

现在校园里接连不断的打架斗殴事件就反映出这一点。笔者在一个中学的调研中，发现中学生中恶性打架事件在不断增多。只要一发生冲突，就升级为打架，只要一打架，就可能动刀、动棍，造成流血事件，甚至造成严重的伤害。造成这种现象的原因是多方面的，一是与中学生正处在青春发育阶段易怒、易暴有关；二是与当今独生子女的家庭教育与成长环境有关；三是与留守儿童长期在孤独与寂寞中所形成的不健全人格与性格紧密相关。当打架造成伤害之后，其家长就出面或者委托亲友出面出钱将被打伤的人治好，由于大多数是未成年人，造成他人伤害之后没法用法律惩罚，只能以教育为主。当学校给予这些学生严重的记过处分时，这些学生往往就不读书了，于是流浪社会，多数成为新生代农民工。现在学校也怕承担由于处分学生带来的其他后果，像学生自杀、出走等。加上爱打架或者招惹是非的学生一般成绩不是很好，教育起来也艰难，在中考、高考时还影响升学率，于是学校往往在这些学生出事之后就以劝其退学的方式把他们赶出校门，使他们成为新生代农民工。

（三）统筹城乡发展亟须加强基础教育整合

进入 21 世纪以来，随着国家财富的快速增长，综合国力的增强，人们的政治视角也发生了变化。主导中国改革开放的领导人以科学发展观为指导，着力破解城乡二元结构，积极改善民生，提出了统筹城乡发展的战略举措，关注农民和农村教育，逐步缩小城乡差距，建立一个人人享有改革开放和社会发展成果的社会。党的十七大把加快以改善民生为重点的社会建设作为党的工作重点之一，指出，必须在经济发展的基础上，更加注重社会建设，着力保障和改善民生，推进社会体制改革，扩大公共服务，完善社会治理，促进社会公平正义，努力使全体人民学有所教、劳有所得、病有所医、老有所养、住有所居，推动建设和谐社会。国家把工业反哺农业、城市带动农村、关注民生作为经济社会发展到一定阶段之后的重要工作，加大了社会整合力度。

社会要体现竞争的公平与平等，首要的是竞争的起点要平等。这就要求营造一个全体国民平等受教育的环境，使受教育的机会平等，对教育资源的占有平等。"20 世纪的大部分时间里，美国人都在吹嘘他们公立学校的质量。事实上，获得受教育的权利很长一段时间以来一直被认为是美国人进行向上社会流动的基础。"[①] 中国深受城乡二元结构影响，城乡分割，教育对象严格限定，教育资源向城市严重倾斜，造成社会转型期城乡居民教育机会不均、教育环境反差很大。因此，在统筹城乡改革试验中必须加强基础教育的城乡整合。

现在，一些地区也在加大对城乡基础教育整合的力度，但是情况很不乐

---

① 〔美〕戴维·波普诺：《社会学》（第十版），李强等译，中国人民大学出版社，1999，第 436 页。

观，需要继续探索。笔者在一个区的调研结果充分说明了这一问题。在计划经济时代，农村人口占全部人口的 80% 以上，为了使大部分儿童获得最基本的受小学教育的机会，几乎每个村都设有小学，但是随着改革开放的深入和城市化进程的加快，很多农村人口涌入城市，其子女也跟着他们的父母到了城市，于是，小学入学人数急剧下降，政府对小学进行了布局调整和资源整合。笔者在西部某特大城市一个区的调研发现，原来该区有 1000 余所村小学，政府的教育行政部门按照学生入学人数、学校办学条件、交通和教师的工作意向等，将这些学校通过撤销、合并和整合等方式变为 280 所。这样，教育资源整合了，而新的问题产生了，又出现了农村儿童入学难问题。具体表现为：一是小学教育资源的远距离分布给农村儿童带来上学难问题。由原来几乎每个村都有小学变为现在几个村才有一个小学，学校距离家庭太远，有的孩子上学甚至至少要走一个半小时的路程。试想，这些从 7 岁到十二三岁不等的小孩天天走这么远的路去上学该有多么艰难，尤其是遇到刮大风、下暴雨等恶劣天气时，下雨天那种泥泞的路对于小孩来说也是难以应对的，况且南方在秋冬季节一下雨就是十天半月的。二是现在都实行计划生育，农村的孩子也少，家长对孩子的关心和呵护程度加大，很多家长甚至祖父母等长辈对小孩独自一人走这么远的路去上学是不放心的，于是，对年幼的小孩上学来回接送，这势必会增加家庭的劳务负担。久而久之，家长难以坚持天天接送孩子上学，学生也难以天天坚持上学。三是乘车上学的交通费用问题。总体上，这个区的交通畅通，一些儿童上学远的困难问题可以通过乘交通工具得以解决。但是接受小学、初中教育是完成义务教育，从小学入学到初中毕业的九年义务教育中又要面临交通费用高的问题。

教育改革总的趋势是越改越好，但是，面对以上问题，很多农村儿童连小学教育都没有顺利完成，更不用说接受初中教育了，这给农村的义务教育提出了新的课题。

三 整合城乡基础教育的路径

在社会转型期，城乡教育"非对称"发展现象较为突出，导致了维系社会公平竞争起点的教育失衡，直接挑战社会公平，影响社会和谐发展。现代国家在教育方面的准则和政策取向应当是：不管是富人、城里人还是穷人、乡下人，都有平等权利共同享用这种公共品，在其资源配置、经费保障等多方面必须实现城乡大致公平，这就必须改变原有的制度排斥，实现城乡教育公平的制度安排。一是遵循教育的无差序性原则，保证每个适龄儿童和少年不受地域、城乡、性别、民族、经济背景、阶层等各种条件的限制都能接受并完成义务教育。二是教育的制度安排和政策尽可能向农村和贫困地区倾斜，即遵循社会发展的差序性原则，政策向社会贫困弱势群体倾斜，这就需要在统筹城乡改革实验中采取切实有效的措施整合城乡基础教育。

（一）义务教育阶段财政投入的城乡整合

1. 保证义务教育经费投入的城乡统筹

一是逐步缩小城乡教育投入差距。如果按照以前这种城乡巨额差距的方式继续下去，城市的学校办得越漂亮，越拉大城乡差距，很难较快提高整体国民教育水平，经济发展与教育发展总体失衡。二是加大对农村义务教育的基础设施建设的投入。很多贫困地区不具备义务教育的基本办学条件，学校校舍简陋，实验设备奇缺，运动场地和设施都缺乏。三是增加义务教育阶段的生均投入。让所有或者绝对多数适龄公民接受基本教育，没有充足的财政投入，难以提高教育质量。

2. 加大对义务教育尤其是贫困地区义务教育的财政转移支付力度

在农村农业税取消之后，应加大对农村义务教育的财政转移支付力度。一是保障农村（尤其是边缘农村地区）中小学教师工资按时足额发放，再不能出现工资拖欠现象。二是改善农村中小学的基本办学条件。由于义务教育经费不足，很多学校达不到基本的办学条件。三是切实解决农村中小学校的债务问题。据统计，现在全国农村中小学"普九"欠债还有 500 亿元，这严重影响了农村教育的发展。

3. 加大对义务教育阶段学生的补偿力度

现在中国已经做到了免除中小学义务教育阶段学生的学杂费，给农村寄宿学生补贴，还应做以下尝试：一是对农村贫困地区的义务教育阶段学生提供交通补贴，给他们提供免费医疗；二是尝试对贫困家庭每月发放子女上学的补贴。

（二）基础教育资源配置的城乡整合

农村中小学师资紧缺、办学条件差等现实依然困扰着农村教育，并且城乡教育差距越来越大。同是一国公民，应享受基本的国民待遇，这才符合国民待遇原则。一个国家连国民待遇原则都不能坚守，就无法体现宪法所倡导的"公民一律平等"精神。

1. 努力缩小城乡办学条件差距

现在城市里的学校条件越来越好，尤其是一些重点学校，其办学条件不仅在中国属于一流，和发达国家相比也已经差不多了，而农村学校，尤其是偏远地区的学校的校舍和其他办学条件多少年来没有得到多少改善，有的甚至越来越差。为保证政府向所有适龄儿童和少年提供满足一定质量的、基本的、相对均衡的义务教育，政府应制定义务教育最低保障线或者基本办学条件标准。一是义务教育教职工编制标准以及工资标准；二是义务教育学校基本建设标准（场地、校舍、建筑物、教学仪器设备、图书资料等具体标准）；三是保持学校正常运转的生均公用经费标准。[①] 改善农村学校的办学条件已经成为国家以及地方政府发展教育应首先关注的问题。

2. 努力缩小城乡师资差距

应采取措施改变农村教师紧缺、学历较低、待遇偏低的局面。一是将新增的一部分财政转移支付专项用于引进新教师，增加合格教师的数量，尤其要吸引受过高等教育的青年人才到农村，特别是到偏远山区和落后地区任教。二是借鉴高校引进人才的经验，引进那些教学经验丰富、教学成绩突出的优秀教师和高学历教师到农村任教，采取给安家费、给专项补贴、提供住房、解决配偶和子女居住和工作问题等方式。

3. 保障义务教育阶段财政拨款的公平与公正性

在同一行政区内，对于实施义务教育的学校，以学生数为标准，实行均等化拨款制度。义务教育经费是纳税人贡献的资源，在公立学校之间进行分配时，必须客观公正。同一级政府管理的公立学校，原则上每个学生应获得相同的教育资源。同时，为解决同区内不同学校间财政资源不均衡的问题，以及义务教育阶段严重的择校问题，应取消重点校、非重点校的划分，对所有的学校一视同仁，以学生数为标准，实行均等化拨款制度。在当前，财政资源分配应向薄弱学校倾斜，缩小学校间财政资源配置的差距。[②]

（三）农民工子女在城市求学机会均等

阿尔蒙德和维伯在对五国公民的调查后清楚地指出："在所有国家中，个人所获得的教育越多，就越可能认为自己有能力影响地方政府；也就成为

[①] 王善迈、曹夕多：《重构我国公共财政体制下的义务教育财政体制》，《北京大学教育评论》2005 年第 4 期。

[②] 王善迈、曹夕多：《重构我国公共财政体制下的义务教育财政体制》，《北京大学教育评论》2005 年第 4 期。

我们所说的地方能力者。"[①]《中华人民共和国宪法》明确规定：公民有受教育的权利；中华人民共和国公民一律平等。公民平等的首要条件是机会的平等。"高度的机会平等可以通过教育系统来获得：如果所有的孩子都进入一个在所有方面都很好的学校，而不管他们家庭的财源，那么，毕业生们就能够在一个相当公平的基础上进行竞争。"[②] 但是，在城乡二元结构体制下，农民工的身份是代际传承的。根据现行户籍管理制度，农民工子女的户口只能在农村，他们成为城市边缘人的接续者。

现代化的发展也在要求加强社会建设，整合各种资源共同推进。教育对象在较长时间的隔离后必定走向整合，农民工子弟学校不是社会发展的结果。于是，经过较长时间的努力，在城市中，包括最发达的东部直辖市 S 市终于废除了教育对象隔离制，实现了教育对象一校制。但是，一校制是一个大的框架，一校两制应运而生。在 2006 年，经过政府对农民工子弟学校的关停并转，除了一部分学生回农村之外，绝大部分留在了城市，这样一些学校将有本地户籍的学生与农民工子女分隔开来，这就形成了由户籍所导致的城乡疏离与隔离。

1. 受教育机会基本平等

城市义务教育阶段的学生无论有没有户籍，都有同等享受义务教育的机会，不能因为没有户籍而将他们隔离开来。要逐步推动教育体制改革，逐渐去除附加在户籍上面的教育福利，实现受教育机会的基本平等。

2. 优势教育资源开放

在城市中，无论是一流的学校还是一般学校都要面向社会招生，尤其是优质教育资源逐步向社会大众开放，不要把它沦为摇钱树，不要以此排斥社会中的弱势者。要通过教育资源开放减少受教育的社会排斥，实现社会成员的基本平等。

3. 不能横断高中求学路

在现有的政策框架下，城市只负责农民工子女义务教育阶段的教育，高中则不属于义务教育之列。这对于很多生在城市、长在城市，又被城市户籍隔离着的农民工子女来说，初中毕业，也就意味着他们学习生活的终结。这些人对城市的认同度很高，对自己的户籍所在地的农村非常陌生，

---

① 〔美〕加不里埃尔·A. 阿尔蒙德、西德尼·维伯：《公民文化——五个国家的政治态度和民主制》，徐湘林译，华夏出版社，1989，第 232 页。

② 〔美〕丹尼斯·吉尔伯特：《美国阶级结构》，彭华民等译，中国社会科学出版社，1992，第 202 页。

是无论如何也不愿意再回到相比之下落后得多的农村去的。再说，他们在城里打工的父母不可能送他们返回原籍读书，这样他们就无学可上、无业可就，成为新的失业群体。虽然很多孩子初中学习成绩优秀，但是城市户籍无情地横在他们上高中的路上，阻断了他们的求学梦。如果他们考上大学，命运就会改变。但是，无法上高中，又怎么能进大学呢？这对他们的前程产生重大影响，可是，这在现有的体制下是无法逾越的。据2007年上海市教育事业统计，截止到2007年9月，上海接受义务教育的外来流动人口子女近38万人，其中初中阶段8万多人[①]，高中阶段就很难在城市读书了。政府在加大户籍制度改革的同时，应该向社会及农民工子女开放高中教育，不能因为户籍制度阻隔而剥夺农民工及外来人口子女受教育的机会和权利。

（四）实行教育下乡活动

1. 扎实开展好支教活动

城市重点学校要定期选派一部分优秀教师到偏远和贫困地区任教。要像中国在20世纪60年代派遣医疗队援助非洲贫困国家和地区一样，两年一换。一是选派重点学校的教师到贫困地区支教至少一年一换，要不间断，不能搞形式；二是将支教经历作为评聘职称、晋升职务的重要考核指标，没有这样的经历不行，就像世界上一些国家和地区的成年男性必须服兵役一样，没有这个经历任何人都不行。

2. 结对帮扶与资源开放

城市设施较好的学校要对口帮扶农村贫困学校，或者免费向农村学校开放。因为城里重点学校的设施非常好，获得政府拨款、社会赞助的项目和经费又很多，有能力帮助农村的贫困学校。一是将一些教学设施或者用过了的教学设施赠送给贫困地区的学校；二是学校领导、教师和学生与贫困地区的学生通过结对子的方式进行帮扶；三是将体育场地、实验室、演播室等设施向农村学生开放，让农村孩子体验现代化教育。

3. 面向农村偏远地区招生

城市学校不带功利性地面向农村招收一部分学生。现在城市的重点学校也在向农村招收学生，但其目的是追求升学率，招收的是农村学校中的尖子生，为的是提高自身的升学率。在城乡教育统筹的过程中，应该有一部分生

---

① 肖春飞、王蔚、刘丹：《农民工子女的高中在哪里？》，新华网，2008年2月18日。

源来自农村偏远地区,既要招收成绩好的学生,又要招收成绩差一些的学生。

(五) 增强学生的城乡认同

城乡阻隔是社会制度安排的产物。长期的城乡二元结构导致中国城乡分治,一个国家两种体制、两种政策,政策的价值取向严重地偏向城市,对农村只是重视农业的贡献,而忽视对农村的社会补偿、社会福利与保障,导致城乡差距越来越大,也导致了城里人对农村人的歧视。

1. 加强对学生的教育

家长、老师与社会要共同承担起教育的责任。社会歧视本身是一种病态,从某种意义上说是一种社会与个人的心理问题。在国外的发达国家,虽然也不同程度地存在诸如种族歧视等方面的问题,但是对农民的歧视已经不存在了。中国农民的贫穷与其他方面的社会问题,有其自身原因,也有着深刻的社会原因。因此,要教育下一代正确认识农村、农民工及其子女,学会尊重他人、关爱他人。再也不能出现这种情况:城里人的地位高,农村人的地位低;农村小孩穷、脏、较粗野、不太文明,于是在城里人的意识深处形成傲慢、偏见与歧视。

2. 通过多种途径加强交流与了解

学校领导、教师和学生与贫困地区的学生通过结对子的方式进行认识和了解。通过假期组织学生到农村偏远地区体验生活,加强学生之间的交流和理解,让学生真正了解农村和农村学生,增进友谊,减少隔阂与歧视。

(六) 关爱农村留守儿童

根据中国少年儿童新闻出版总社和联合国儿童基金联合开展的一项调查,父母关爱的缺失和学习的压力,是留守儿童面临的两个最大而又往往被成人忽略的困境。[①] 对于孩子来说,最需要的是爱与关怀。爱与安全感的缺失,使孩子生活在孤独与惶恐之中,生活的稳定感丧失,对孩子的成长非常不利。

1. 教育资源不能太集中

应该根据农村的特点,在整合农村基础教育资源的时候不能一味地追求规模化,只要有一定数量的学生就学,就应保留学校,让孩子不用走十里八

---

① 文赤华:《2000万农村留守儿童面临心理困扰》,《瞭望新闻周刊》2005年第47期。

里的山路上学。政府对在这些地方工作的教师给予特殊的津贴和关照的同时，加大对这些学校的基础设施投入，改善办学条件，缩小这些学校和城里学校在办学条件上的差距。

2. 关爱这些留守学生

学校要切实肩负起关爱留守儿童的责任，一是要给留守儿童找到就近的监护人，没有家里人监护的，老师要承担起义不容辞的责任；二是加大建立寄宿制学校力度，让学生有一个较好的成长和学习环境，政府给寄宿学生提供一般水平的生活费；三是学校不仅要配备师德高尚、热爱教育的教师，也要配备生活和心理导师，关心他们的生活和成长。

3. 改进教育方式和方法

一是不能只注重学生的学习成绩，教师不能以学生成绩来评判学生的优秀与否，要尊重学生的个体差异，因材施教；二是不能给学生太重的学业负担，不能每天让学生苦于学习和做课后作业，要让学生快乐地学习和成长；三是关心留守儿童的思想、心理和道德等多方面的情况，确保他们健康成长。

导致社会阶层分化的一个持久性的因素是社会的教育制度。但是，中国教育的畸形发展给未来社会提出了严峻的课题。如果未来城市里的孩子在资源和权力的掌控上都占了优势，如果没有很好的制度保障农村孩子在社会中攀爬的机会均等，对中国的整体发展来说，潜在的危险不小。因为在城市里长大的孩子，不知道农村到底是怎么一回事，也就很难从平等的角度去为他们的农民兄弟制定政策，不能从农民的角度考虑社会问题。①

参考文献

〔德〕马克斯·韦伯，1997，《经济与社会》（上卷），林荣远译，北京：商务印书馆。
〔美〕安东尼·奥罗姆，2006，《政治社会学导论》，张华青、何俊志、孙嘉明等译，上海：上海世纪出版集团。
〔美〕戴维·波普诺，1999，《社会学》（第十版），李强等译，北京：中国人民大学出版社。
〔美〕戴维·伊斯顿，1999，《政治生活的系统分析》，王浦劬译，北京：华夏出版社。
〔美〕丹尼斯·吉尔伯特，1992，《美国阶级结构》，彭华民等译，北京：中国社会科学

---

① 〔新加坡〕李慧玲：《9000万个自我》，《参考消息》2005年11月23日。

出版社。

〔美〕加不里埃尔·A. 阿尔蒙德、西德尼·维伯，1989，《公民文化——五个国家的政治态度和民主制》，徐湘林译，北京：华夏出版社。

〔美〕帕森斯，1988，《现代社会的结构与过程》，梁向阳译，北京：光明日报出版社。

〔美〕乔纳森·H. 特纳，1988，《现代西方社会学理论》，范伟达等译，天津：天津人民出版社。

〔日〕猪口孝等，1999，《变动中的民主》，林猛等译，长春：吉林人民出版社。

盛洪，2010，《中国教育仍停留在计划经济时代》，《羊城晚报》5 月 21 日。

隋晓明，2005，《中国民工调查》，北京：群言出版社。

王善迈、曹夕多，2005，《重构我国公共财政体制下的义务教育财政体制》，《北京大学教育评论》第 4 期。

王信川，2008，《保障教育发展权促进人全面发展》，《中国社会科学院院报》9 月 18 日。

文赤华，2005，《2000 万农村留守儿童面临心理困扰》，《瞭望新闻周刊》第 47 期。

项继权，2005，《关于农民工子女教育问题的调查分析及政策建议》，《新华文摘》第 16 期。

〔以〕S. N. 艾森斯塔德，1988，《现代化：抗拒与变迁》，张旅平、沈原、陈育国等译，北京：中国人民大学出版社。

中国社会科学院公共政策研究中心、香港城市大学亚洲管治研究中心，2005，《中国公共政策分析》（2005 年卷），北京：社会科学文献出版社。

周大平，2005，《义务教育欠缺公平的制度安排》，《瞭望新闻周刊》第 19 期。

【注：该文已于修改后正式发表。见：吕庆春，2011，《统筹城乡改革试验中的基础教育整合》，《重庆科技学院学报》（社会科学版）第 10 期。】

作者简介

吕庆春　男

所属博士后流动站：中国社会科学院社会学研究所

合作导师：景天魁

在站时间：2008 年 7 月至 2011 年 7 月

现工作单位：重庆科技学院法政与经贸学院

联系方式：lqchun2006@sina.com

统筹城乡发展背景下的重庆农村土地制度创新[*]

梅哲 陈霄

摘 要：设立农村土地交易所、地票试验、户籍制度改革下的农村土地使用权退出，是统筹城乡发展背景下重庆农村土地制度创新的三大亮点。这些措施有力地提高了农村土地的集约、节约利用水平，优化了城乡土地资源的空间配置，促进了城镇化、工业化和农业现代化的协调发展。同时，通过对重庆实施的农村土地利用及管理制度创新展开系统分析，笔者认为存在行政分摊成本过高、驱动力机制不完善等不足，阻碍了促进土地"资源"向"资产"转化，阻碍了农民土地的"实物"退出和土地"权益"的集中流转。因此，在借鉴国内外土地银行的实践基础上，笔者分析了重庆建设农村土地银行的条件、内容、形式和运作机制，主张以农村土地交易所、土地储备整治机构和土地银行为核心，以配合解决统筹城乡发展中土地、住房、就业及社会保障体系建设中的诸多难题。

关键词：重庆 统筹城乡发展 土地交易所 地票 土地使用权退出 农村土地银行

2007年6月，重庆成立全国城乡统筹综合配套改革先行试验区，承担

---

[*] 基金项目：教育部人文社会科学研究规划基金项目"构建和谐社会过程中的老年收入保障问题研究"（10YJA710044）；国家社会科学基金项目"土地资本化在中国经济发展中的作用及转型研究"（10XJY0016）。

率先在西部破除城乡二元经济社会结构、实现经济发展方式转型的国家战略任务。重庆是全国面积最大的直辖市,地区发展差异明显,大城市、大农村、大山区与大库区并存,属于典型的"小马拉大车"的城乡二元经济结构。① 据不完全统计,目前有超过60%的人口在农村,而以农业为主的第一产业产值在全市产业结构比例中的占比远远低于第二产业和第三产业,因此,重庆实施城乡统筹发展的本质就是推动农村改革发展进程,逐步缩小城乡差距。从资源利用、环境保护、城镇化进程的关系角度来看,呈现三大特点。一是重庆农村土地利用率低下。全市绝大部分地区农业的生产过程尚处于相对落后的自然经济状态,农产品多为初级产品,附加值不高,农产品深加工体系和流通体系尚不发达,这使得农村土地产出率难以提高,另外,农业比较效益低下,目前约有三分之一的农民外出务工,这使农村人口和农业直接从业人口减少,土地撂荒现象和浪费现象严重。二是环境的承载力已逼近临界值。因重庆市域的具体地貌特征,多数农用土地坡度在15度以上,面临严峻的退耕还林、维护农村生态环境安全的现实压力。三是城镇化进程加速发展中,日益增长的用地需求与农村土地征地供给之间的矛盾逐渐加剧,既要保护耕地安全,又要满足城镇化发展对新增建设用地的有效需求,这是摆在重庆市统筹城乡发展进程中的一个两难问题。为此,必须对现行农村土地制度进行创新,这不但是重庆建立以土地集约节约利用为标志的现代农业体系的要求,更是引领重庆率先走出城乡二元经济结构迷局、实现城乡统筹发展的"破题"之举。在以推动农村改革发展为工作重心的思路指引下,自2007年至今,重庆市大胆尝试、先行先试,通过实施农村土地制度改革创新的一系列举措,取得了某些阶段性的成果,同时,针对其中存在的一些问题、困难和不足,本文将立足于土地经济理论,以一己之见,尝试为解决这些困难和瓶颈提供一些理论上的参考。

一 重庆市农村土地制度创新点

自重庆市设立全国统筹城乡综合配套改革试验区以来,以对重庆改革具

---

① 2007年重庆首设全国统筹城乡综合配套改革试验区时,时任中共重庆市委书记的汪洋称:"从某种意义上说,重庆是中国的一个缩影。如果重庆在探索城乡统筹发展中闯出一条新路,对整个中西部地区都将有示范作用。"而后,根据重庆市规划,重庆将从公共财政体制、户籍制度、土地管理和使用制度、社会保障制度、农村市场体制、行政体制六个方面推进统筹城乡综合配套改革。

有重大影响的《国务院关于推进重庆市统筹城乡改革和发展的若干意见》(国发〔2009〕3号)作为划分标准,重庆市农村土地制度创新大致可分为两个阶段。

第一个阶段是调研、筹备和启动阶段。从2007年至2008年底,通过意见征集、综合调研和多方面论证分析,逐渐确立了统筹城乡土地利用制度改革的总体框架和基本思路,明确了建立"同权、同价、同市"的城乡土地使用权改革制度的基本方向,并建立了全国第一家农村土地交易所,并首次提出了"地票"交易的思想。

第二个阶段是农村土地制度创新的全面实施阶段。国务院3号文件为重庆改革发展提供了导航的作用,并郑重赋予了重庆建立土地交易所和进行包括"地票"交易等一系列城乡土地利用体制机制综合创新的政策效力,在坚持以民生导向为改革发展原则的前提下,重庆市政府主导了一系列农村土地制度创新试验,包括农村土地交易所和地票交易机制的不断完善、对农村土地产权确权的登记、集体林权制度改革进程的加速、农村生产要素(包括农房、土地、大牲畜)等抵(质)押市场的激活[1],并于2010年中期,进行了自上而下的城乡户籍制度改革,并将农村土地使用权退出作为其中一项重要内容,这在全国范围内尚属首次,目前,这项政策正在继续深入实施。总之,自2007年设立全国统筹城乡综合配套改革试验区至今,在农村土地利用制度创新方面,重庆进行了一些大胆的设计和改革,取得了一些经验,但还有待于在实践中进一步检验和完善。

1. 设立农村土地交易所

(1) 政策框架

成立于2008年底的重庆农村土地交易所历时一年左右的准备,成为农民土地"实物"资产权利和土地指标资产权利集中流转的交易平台。从政策体系上来说,包括《重庆农村土地流转暂行条例(办法)》《重庆农村土地流转程序》和《重庆农村土地交易所章程》三个文件。其中,《重庆农村土地流转暂行条例(办法)》是规范农村土地流转行为、支撑土地交易所顺利运行的制度性文件。《重庆农村土地流转程序》和《重庆农村土地交易所章程》是保证土地交易有序进行、交易所健康运转的操作性文件。以上三个文件对农村土地流转的范围、资格条件、储备整理、权益保障等各个环节,都做了尽可能周密的设计。这一套制度设计的目的在于优化土地资源配

---

[1] 详见2010年《重庆市政府工作报告》。

置、盘活存量、用好增量、控制总量,切实保障农民权益,推动农村土地规范流转,促进新农村建设和农业产业化。

(2) 交易内容

交易所涉及的土地流转模式包括"四个实盘"和"一个虚盘"。"四个实盘",即四种类型的实物使用权流转。一是耕地等农业生产用地承包经营权流转;二是林业用地使用权或承包经营权流转;三是农民宅基地、乡镇企业用地、公共设施和基础设施用地等农村集体建设用地的使用权流转;四是荒山、荒沟、荒丘、荒滩等农村未利用地使用权或承包经营权流转。"一个虚盘"是用地指标,或者称为地票。指标主要有三个来源:一是宅基地;二是公用设施、乡镇企业等其他农村集体建设用地;三是"四荒地"。这三种地,经过复垦整治并严格验收后,方才产生指标或者地票,通过交易所公开公平交易。之所以设计指标或者地票这个形态,是因为零星散布在广大农村的土地特别是宅基地,要实现有效流转是很困难的,只有把"农民自愿申请的、经过整理整治的、按照统一标准验收合格的"土地用途属性转化为指标形态,才真正能够推动它实现远距离、大范围的流转。

(3) 实施意义

第一,最严格地保护土地特别是耕地,切实保障农用地特别是耕地面积不减少、质量不降低。土地交易所这个平台,可以推进城乡建设用地增减挂钩和耕地占补平衡,使更多的农村建设用地特别是宅基地通过开发整理,成为后备耕地资源。据统计,目前重庆农村人均生活用地250平方米以上,城市人均用地只有80多平方米[①],一个农村人口转化为城市人口就可节约170平方米左右用地。重庆现有农村户籍人口2300万人,如果有1000万人进入城镇,就可节约17亿多平方米建设用地,等于增加250多万亩耕地。农村建设用地绝大部分是良田沃土,阳光、土质等农作物种植的基础条件都比较好,通过专业化整理和严格验收把关,可以确保农用地质量不会下降。

第二,在总面积不增加的前提下,优化土地资源配置,实现城乡建设用地优化布局,提高集约利用水平。土地交易所这一制度设计,能够实现土地流转的零存整取和远距离、大范围的流转;能够在保证农用地特别是耕地不减少甚至增加的前提下,增加城镇建设用地;能够在提高集体建设用地集约利用水平的同时,提高农村基础设施、公益设施利用效率。

---

① 重庆市统计局、国家统计局重庆调查总队编《重庆统计年鉴2010》,中国统计出版社,2010,第8页。

第三，推动农村土地资产化进程。土地权利上市交易，能够凸显农村土地作为资产的属性，在土地权利流转中提高农村土地的增值收益，能够达到城市资源反哺农村、促进农村要素市场建设、提高农民财产性收入等效果。

第四，为财政增收开辟了新的渠道。土地流转过程必然伴随着相应的税费收入。虽然当前的农村土地流转还不够活跃，但从长远看，农村土地流转市场前景广阔。等农村土地流转市场进一步成熟后，交易额必将越来越大，会给国家创造大量税费收入。

2. "地票"交易

（1）背景

建立"地票"交易[①]的一个背景是重庆市城镇化发展进程加快，对农村新增建设用地的"需求"极度旺盛，但基于国内最严厉的耕地保护制度，城市扩展的用地需求与难以逾越的耕地保护红线构成了一个刚性矛盾。[②] 另外，宅基地闲置、浪费的现象与宅基地隐形流转的现象并存。第一，由于工业化、城市化的发展，农村外出务工的农民越来越多，但同时保留其在农村的土地、住房和户籍，因此，"空心户"和"空心村"是当代重庆农村一个普遍存在的现象，重庆市近十年来城镇化率提高了25%，但农村居民点用地减少率不到1%。以农业大区江津区为例，全区近40万农户中约有23%已经完全放弃了农地耕作，闲置或半闲置的建设用地粗估可达近3万亩，不少农民进城镇生活后，农村老宅无法处置变现只能任其闲置。另外，重庆市农村宅基地侵占耕地、宅基地占地面积超标、人均拥有宅基地数量超标等现象严重，对土地资源造成极大浪费。第二，城市化进程导致的对周边农村地区巨大的用地需求，特别是城市激增人口对住房的需求，使得纵然在不允许宅基地及房屋向非农用途流转的制度环境下，必然形成一个日趋活跃的宅基地隐形流转市场，这种现象在靠近城市的农村郊区尤为明显。因此，根据2005年国土资源部发布的《关于规范城镇建设用地增加与农村建设用地减少相挂钩试点工作的意见》，通过大胆的制度创新，走出建设用地"县域"

---

① 地票交易源自"耕地总量动态平衡"思路下的城镇建设用地增加和农村建设用地减少的挂钩试验。这一思想可能最早由北京大学周其仁教授提出，在成都等地曾进行过零散的城乡建设用地挂钩流转等试验，但"地票"交易进一步创新了城乡建设用地挂钩流转的做法，一是土地资源指标远距离的空间转换；二是"指标"成为一种资产得以在特别的市场（土地交易所）上交易。

② 严金明：《中国土地利用总体规划：理论、方法、战略》，经济管理出版社，2001，第69页。

挂钩流转的范畴，实现了农村集体建设用地和城市建设用地指标在重庆市市域内远距离、大范围置换，并以创新农村建设用地使用和管理制度为突破口，以城乡建设用地指标流转的形式，有效化解了城镇化进程用地需求与耕地保护红线的刚性矛盾，既有效增加了耕地，又增加了土地利用总体规划约束下的弹性城镇建设用地指标，逐渐催生了统一的建设用地市场，有效破解了城乡二元用地矛盾。

（2）内容及程序

所谓地票交易，是指包括农村宅基地及其附属设施用地、乡镇企业用地、农村公共设施和农村公益事业用地等在内的农村集体建设用地，经过复垦并经土地管理部门严格审核产生的指标。所购得的地票可以纳入新增加建设用地计划，增加等量城镇建设用地。其基本原理在于，通过对土地利用总体规划确定的城镇建设用地范围以外的农村宅基地和其他建设用地的复垦、整理，产生经有关部门验收合格的用地指标，并在农村土地交易所中公开交易，买家竞拍成功后，可以获得对土地利用总体规划确定的城镇建设用地范围的农村进行等量新增建设用地征购的权利，通过市场公开的招、拍、挂程序，该买家支付的地票费用可以冲抵新增建设用地土地有偿使用费和耕地开垦费。

重庆"地票"交易运作共有四道程序。首先是将闲置的农村宅基地及其附属设施用地、乡镇企业用地、农村公共设施和农村公益事业用地等农村建设用地进行专业复垦，经土地管理部门严格验收后，按增加的耕地面积由市土地行政主管部门向土地使用权人发给相应面积的"地票"，实际上是"先补后占"。"地票"实际上就是建设用地指标，并不指某一个具体的地块。对于地票交易的主体没有严格限制，但交易活动必须在土地交易所内进行，购得的"地票"可以纳入新增建设用地计划，增加等量城镇建设用地；在城市落地使用时，则必须符合土地利用总体规划和城乡总体规划，办理征收转用手续，完成对农民的补偿安置；对"地票"交易总量，市政府根据年度用地计划、经营性用地需求情况等合理确定。

（3）实施意义

第一，激活要素市场。首先，"地票"交易制度是"先造地后用地"，农村闲置土地资源依法有序退出，先把农村建设用地转化成耕地之后，再在城市新增建设用地，对耕地的保护力度更大、保护效果更好。其次，能够降低拆迁成本，减少了拆迁矛盾。"地票"模式实现了在远郊区县偏远地区进行拆迁安置，在近郊区县用地，因为在远郊偏远地区，农户对集体建设用地的增值收益预期不高，降低了拆迁难度。最后，有利于实现土地从资源向资产转化。土地交易所成立后，远距离、大范围的土地资源优化配置，使固化的土地资源转化为可以流动的资本，这必然带动农村要素市场的发育，有力地促进资本、产权、技术等其他要素市场建设。

第二，以土地增值收益反哺"三农"。一是提高农民财产性收入。农民宅基地复垦所得的"地票"交易成功后，农民可得到三笔收益：农民的房屋及其构（附）着物按当地征地拆迁补偿标准进行补偿；按复垦区县100平方米乡镇房屋市场价的20%给予农民购房补助；复垦增加的耕地仍由该农户承包耕种。二是为农业和农村发展提供了资金支持。对于属于集体经济组织的"地票"（比如乡村公用设施用地或乡镇企业废弃的建设用地），首先按照乡镇国有土地出让金标准给予所有权补偿，主要用于村民的社会保障；其次，在地票收益中还将拨付给复垦区县一笔耕地保护基金或用于农村基础设施建设的专项基金。此外，"地票"落户区县还将获得约占"地票"交易总额10%的新增建设用地有偿使用费，用于改善当地农村发展条件。

第三，助推户籍制度改革。试行"地票"交易制度，是对中国农村集体建设用地制度改革的一次有益探索。如果由政府出资，结合户籍制度改革，统一购买进城落户农民的宅基地，通过"地票"的形式出让给用地的城镇，并把其中一部分收益补偿给原农村集体经济组织和进城落户的农民、农民落户的城镇政府，这对于推进农民进城落户，使之彻底脱离农村土地的束缚，对于实现资源节约集约利用视角下中国未来城镇化发展的转型具有重要意义。

3. 户籍制度改革下的农村土地退出

（1）政策体系构建

农民土地使用权退出是近期重庆实施"农转城"工程，统筹城乡户籍制度改革的核心内容。从政策体系构建来讲，主要由4个文件构成，即"1+3"政策体系[①]，具体来讲，重庆对农民转户进城建立了一套完整的政策实施机制，概括起来就是"335"，即3年过渡、3项保留和5项纳入。第

---

① 包括《重庆市人民政府关于统筹城乡户籍制度改革的意见》（渝府发〔2010〕78号）、《重庆市人民政府办公厅关于印发重庆市统筹城乡户籍制度改革社会保障实施办法（试行）的通知》（渝办发〔2010〕202号）、《重庆市人民政府办公厅关于印发重庆市户籍制度改革农村土地退出与利用办法（试行）的通知》（渝办发〔2010〕203号）及《重庆市人民政府办公厅关于印发重庆市统筹城乡户籍制度改革农村居民转户实施办法（试行）的通知》（渝办发〔2010〕204号）。

一,"3年过渡",是指对农村居民转户后承包地、宅基地的处置,设定了3年过渡期,允许转户农民最长3年内继续保留宅基地、承包地的使用权及收益权,避免农民转户急转身,使转户居民能尽快地适应城镇生活。第二,"3项保留",一是农村居民转户后,可以继续保留林地的使用权;二是保留计划生育政策,农转非人员在享受城镇居民社会保障和福利待遇后5年内,继续执行原户籍地生育政策,享受农村计生奖励扶助及特别扶助政策;三是保留农村各项补贴,农民目前享受的农村种粮直补、农机具补贴等与土地相结合的惠农政策,在农民自愿退出承包地经营权之前继续保留。第三,"5项纳入",是指农村居民转户后,可享受城镇的就业、社保、住房、教育、医疗政策,实现转户进城后"五件衣服"一步到位,与城镇居民享有同等待遇,真正体现"学有所教、劳有所得、病有所医、老有所养、住有所居"。

(2) 进程及作用

重庆市政府推行农村土地使用权退出政策以来,迄今累计转户农民已超过100万户,取得了初步的效果,但基于户籍制度改革的艰巨性和农村土地产权的复杂性,此项政策在后续期间的执行效力还有待于在实践中进一步检验。就其制度设计的初衷而言,该制度对于完善重庆以民生为导向的改革体系十分重要。其作用表现为三个方面。一是提升重庆城镇化率。重庆改革的一项重要内容是建立科学、完善的城镇发展体系。重庆城镇体系分布呈现"一头大、两头小"的特征,即都市发达经济圈人口规模过大,但次级区域中心城市和中心小城镇的人口规模偏小,不足以形成人口聚集的规模效应,难以有效释放"人口红利",因此,完全有必要加速农村剩余劳动力的转移,形成"三级"分布的合理城镇化体系,打破城乡人口分布的静态二元分布格局,为实现重庆经济社会发展方式的转变奠定好基础。二是有利于社会主义新农村建设的整体推进。以农民转户、退地的方式,实现农村土地资源的节约集约利用,有效整合农村的土地资源,并促进集中流转,有利于现代农业体系和现代农村发展体系的建立。三是使农民得到实惠,推进农民市民化转变。农民根据自主愿望,若选择退地,则在退地补偿上,至少可得到四笔补偿资金(包括土地承包权剩余年限补偿资金、农村住房及构(附)着物补偿资金、宅基地使用权补偿资金和购房补偿资金),除此之外,还能够在住房、养老、低保、医疗、教育和就业等方面享受同等的城镇社会保障待遇,有利于解除农民传统的恋地情结,实现农民自我认知和发展价值的转变。

二 重庆市农村土地制度创新的内在逻辑与机理

重庆推进农村土地制度创新的系列政策和措施始终是服务于以民生为导向的改革之路的。经济发展的出发点和归宿归结为一点，就是提高人民的生活水平，保证人民过上幸福的生活。重庆最大的问题就是广大的"两翼"农村地区经济落后、农民收入偏低、农业发展缓慢。一个重要的原因在于，家庭经营模式下形成的生产资源分散与农业产出绩效低下的矛盾仍然突出，尤其是在比较利益的机制作用下，造成了大量剩余农村劳动力难以有效转移和农业有效劳动力缺乏的"悖论"现象，这是因为，一方面大量青壮年劳动力外出务工，但"离乡不离土"，而自有土地又难以实现有效流转，导致大量土地资源撂荒；另一方面，留守农村的往往是老人、妇女、儿童，难以对土地进行规模化的耕作，因此，这就导致了农村空心化、农业绩效低下、农地浪费等问题的产生。从城镇化发展的角度来讲，城市扩展对农村土地的需求与日俱增，但农村土地资源，尤其是耕地保护的刚性红线，又使重庆的城镇化进程面临一个资源制约的瓶颈。这样就形成了城镇发展用地紧缺与农村土地资源大量闲置、浪费的"两难"局面。因此，如何寻求一条科学、合理的路径，解决城乡二元经济社会结构下的城镇发展资源约束与农村资源利用低效的难题，成为重庆市实施一系列农村土地利用制度创新举措的直接动因。从制度创新的形式上来讲，无论是土地流转、地票交易还是土地退出，都着眼于将农村土地经营和利用形式从分散、粗放转变为集约、节约，并通过市域范围内的资源权益置换，实现城乡统筹发展用地资源的科学配置和最优规模，以更好地推进城镇化进程和农村改革发展进程，这就构成了当前重庆实施农村利用制度创新举措的内在逻辑。

从运行机制来看，重庆的系列举措，包括对农村土地产权确权登记、建设土地流转平台、创新土地流转及指标交易内容以及城乡户籍制度改革等，绝非孤立、静态的，而是统一、循序渐进的。总的来说，重庆土地利用制度创新机制包括激励机制创新、运行机制创新和保障机制创新三个部分。第一，激励机制创新是指为推动农村剩余劳动力转移、实现农村土地使用权有序退出等目的，政府制定的一系列相关激励政策及措施，包括农村土地退出补偿政策、转户农民城镇安置和发展政策等；第二，运行机制创新是指为实现城乡土地资源的统筹节约、集约利用而设计的具有重庆特色的具体制度，包括农村土地交易所、地票交易制度等；第三，保障机制创新是指在实施民生导向的改革前提下，针对转户农民的社会保障问题实施的一系列"民生工程"，包括公租房建设以及涵盖就业、医疗、教育等社会保障体系领域的建设。具体内在关系如图1所示。

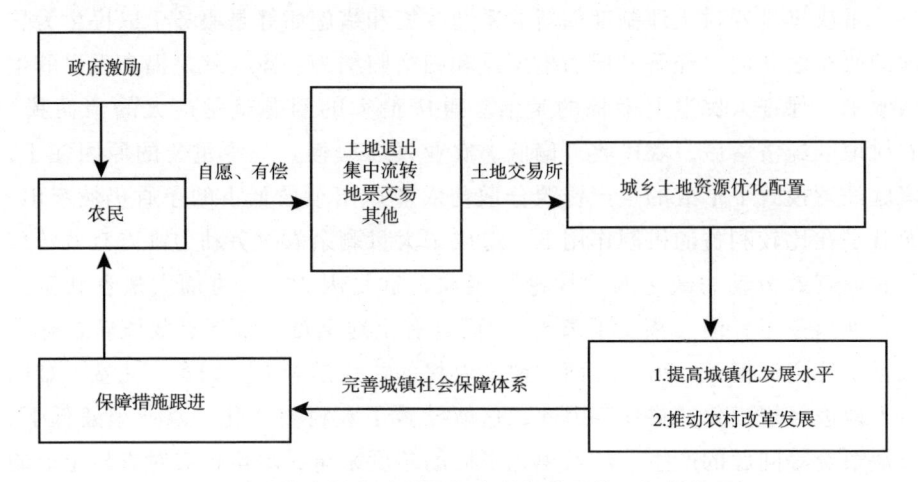

图 1　重庆农村土地利用制度创新的目的、机制作用

从目前重庆农村土地利用制度创新的进展来看，积累了一些经验，该政策也逐渐为广大的农民所接纳，以实施户籍制度改革背景下的农村土地使用权退出政策来讲，截至目前，已转户约160万人，政策实施取得了预期的效果。当然，任何一项制度创新都必将面临较大的风险和成本，继续推进农村土地利用制度创新的进展，也必然面临更为艰巨的挑战，例如，农村土地抵押的合法性问题、地票交易中如何完善和保护农民对土地增值收益分配权益问题以及农民土地退出的时机和形式问题等，对于这些问题都有必要进行研究和探讨。总的来说，重庆农村土地利用制度创新是一场自上而下的强制性制度变迁，政府敢为人先、大胆尝试，在推进这项改革中起到了决定性的作用，很多创新性的举措都带有一定的行政计划色彩，而市场在这项迄今为止的改革中还未发挥更大的作用，因此，如何有效地结合"行政"和"市场"两种手段，尤其是充分发挥市场在配置城乡土地资源集约节约利用中的基础性和主体性作用，或许是下一步推进这项创新不断走向完善、成熟的关键。

三　农村土地利用制度创新的高级形态——土地银行

重庆土地利用制度创新的一个显著特征在于：实施动态、连续的政策、机制和保障措施，重新统筹土地资源在城乡之间的优化配置。总的来说，制度创新的重点在于土地"资源"，而非土地"资产"。因此，农民本身的土地权利，尤其是关于如何看待农民对于土地收益的权利，还未引起足够的重视。而土地"资源"向"资产"转化，尤其是实现土地和金融的"两极"对话[1]，建立农村土地资本化的运作机制，是在中国经济发展方式转型时期，提升农村、农民和农业内生性资本积累的客观需求，因此，若能在适当的时机，建立农村土地银行，以信用、货币和资本市场的媒介作用，全方位提升农村土地的"资产"价值，凸显其"资本"属性，将对进一步完善重庆土地利用制度创新试验的体制和机制起到突破性的作用。

（一）土地银行的国内外实践

1. 国外实践

近两个世纪以来，西方国家为解决普遍面临的统筹利用城乡土地问题、提高土地资源利用效率，设立土地银行，取得了良好效果。按不同"服务标的物"，土地银行可分为以下两种类型。

第一类：专门为农村土地开发利用提供金融服务。如德国土地抵押信用合作社（1770年）、美国联邦土地银行（1916年）、我国台湾地区土地银行（1946年）等。这类土地银行有三个特征。一是服务标的物主要是农村土地。二是主要为农业、农民服务。为农民提供长期信用，帮助农民购买耕地、改良土地或兴建农业设施等（美国联邦土地银行）。协助当局推行土地政策，进行农地改革，发展农林渔牧等事业（台湾地区土地银行）。[2] 三是从事与土地有关的长期信用业务。发行农地抵押债券并负责还本付息，贷放以农地作为第一抵押品的长期贷款。发行农地债券和长期低息贷款。

第二类：代表城市政府集中进行土地征购、整理、储备、供应和开发。[3] 如瑞典土地银行、新加坡土地银行（1960年）、韩国土地开发公社（1978年）等。服务标的物主要是城市土地，以政府信用为基础，土地所有者在自愿和服从国家总体安排的前提下，将自有土地卖（或租）给土地银行。经过整理和适度开发后，土地银行将这些土地用于社会公共设施建设或

---

[1] 陈方正、高向军：《土地与金融"两极对话"的实践与理论思考》，《中国软科学》2004年第3期，第22页。
[2] 周诚：《土地经济学原理》，商务印书馆，2003，第96页。
[3] 欧阳安蛟主编《中国城市土地收购储备制度：理论与实践》，经济管理出版社，2002，第110页。

卖（或租）给土地需求者。

2. 国内实践

国内对建立土地银行的探索一直没有停止。早在1940~1948年，为了适应战时需要，发展粮食生产、增加军粮供给，国民党曾短暂地推行土地资金化政策，已经形成了比较成熟的土地银行实施纲要，计划发行土地债券以筹集农业、工业生产的资金。但由于战争以及政权更迭等，土地银行并未真正得以在实践中推行。[①] 然而，国民党退到台湾地区后，推行平均地权、耕者有其田等土地政策的配套产物，台湾地区土地银行应运而生，以发展不动产及农业金融长期融通资金业务为主，至今运行良好。

从大陆的实践情况来看，早在20世纪80年代，贵州省湄潭县作为农村土地制度建设试点，为解决当时积极开发非耕地资源的巨大资金来源问题，曾建立过专业的农村土地金融开发公司，但由于资金来源不足、组织形式不合理、资金经营和管理有偏差等一系列的制度安排失误问题，加之最初的土地证券化方案未能顺利实施，整个土地金融运行的绩效很低，最终试验失败。[②] 2005年，为提高柑橘产量和柑橘专业合作社经营和管理水平，重庆江津区在国家开发银行重庆分行的支持下，开展农村土地承包经营权抵押贷款试点，社员以自己的土地使用权折资入股，一方面，合作社"化零为整"，提高了柑橘生产的集约化和规模化水平，另一方面，为外出务工农民解除了土地的束缚，同时以分享红股权利的方式，提高了农民的财产性收入，推动了城镇化的进程。但由于与湄潭土地金融试验一样，试点都采取了股份制的形式，随着生产和经营规模扩大导致交易费用成本过高，这一模式能否健康运行，还值得深入探讨。成都市在探索"土地银行"方面也做出过积极的尝试。2008年，为适应灾后重建和农民居住方式的变化，加快农业生产方式转变，2008年12月，成都彭州市首家农业资源经营合作社（土地银行）——磁峰镇皇城农业资源经营专业合作社正式挂牌运行，主要从事农民土地使用权存贷业务，一定程度上有效解决了灾后重建农民集中居住占地后权属调整的问题，同时促进了土地资源的集约节约利用，增加了农民的财产性收入。[③]

[①] 黄贤金：《国统区土地资金化的历史考察及本质分析》，《中国农史》1994年第3期，第75~82页。

[②] 罗剑朝、聂强等：《博弈与均衡：农地金融制度绩效分析——贵州省湄潭县农地金融制度个案研究与一般政策结论》，《中国农村观察》2003年第3期，第45页。

[③] 陈家泽、周灵：《成都探索"土地银行"》，《决策》2009年第9期，第44页。

(二) 重庆建立土地银行的条件分析

改革开放以来,学术界对建立土地银行的讨论一直并未平息,在实践中也进行过积极、有益的尝试,但由于农村土地产权制度的残缺性和配套实施环境的不完善,推行土地银行面临重重困难。当前,重庆作为全国统筹城乡综合改革配套试验区,其推行的以民生为导向的发展改革措施,特别是农村土地利用制度的系列创新,为下一步建立土地银行奠定了良好的基础,建立并逐渐推广农村土地银行制度面临着新中国成立以来最好的历史机遇。具体来说,重庆具备了全面建立土地银行的三大条件。

第一,农民土地产权制度逐渐完善。首先,近年来,重庆启动全市范围内的农村土地确权登记,承包地、宅基地、林地确权到户,农村土地及房屋权属登记制度不断完善,在法律上明晰了农民产权的权利边界。其次,农民的土地产权的功能逐步完整化。按现行法规定,农民土地使用权一般只具备占有、使用和收益的权能,一般不具备处分权能,而处分权是实现不动产价值和使用价值分离的关键。经调查发现,重庆大部分农户具有将宅基地使用权等财产权设定抵押向金融机构融资的意愿[1],而在2010年初重庆规定了包括土地在内的农村等生产要素具有抵(质)押的权利,实际上就是重新赋予了农民土地的处分权,为建立以抵押为核心的农村土地银行提供了依据。

第二,土地产权处分的保障机制逐渐完善。在实践中推行土地银行最大的顾虑在于若农民因抵押土地无法清偿债务而失去土地,将会对社会稳定造成不利影响。[2] 重庆一方面推进户籍制度改革和农民土地使用权退出工程,同时启动大规模的公租房建设,且加强对转户农民的就业、医疗、教育等社会公共领域的投入,力图将转户农民纳入城镇社会保障体系范畴,这就使农民不会因失去土地而流离失所,因此,只要通过一系列有效的制度安排,对农民因失去土地而可能造成社会不稳定因素的顾虑将不复存在。

第三,土地权利流通市场逐渐完善。农村土地交易所的建立为各类土地权利实现自由流通提供了媒介。承包地、林地等土地实物资产可依据权利人意志实现自由的转让、转包、租赁等,促进了土地的集中流转;"地票"交

---

[1] 陈霄、鲍家伟:《农村宅基地抵押问题调查研究》,《经济纵横》2010年第8期,第88~91页。
[2] 孟勤国:《物权法开禁农村宅基地交易之辩》,《法学评论》2005年第4期,第25~30页。

易为权利人实现城乡建设用地增减挂钩,保障非农业用途土地的价值增值;另外,各类乡镇和村级土地专业合作社、土地交易市场和各类农村土地中介组织正逐渐形成规模,这些为农村土地权利的自由流通创造了良好的条件。

(三) 重庆建立农村土地银行的内容、机制分析

1. 重庆建立土地银行的组织及内容

根据土地集约节约利用和切实保护农民合法的土地权益原则,在农村土地分类、分用途管理的指导原则下,可尝试建立政府主导下的农村土地银行,其业务主要包括经营农村土地实物资产业务和农村土地权益资产业务。

(1) 组织

①由重庆市农村商业银行、重庆市主要土地储备机构和其他合法的金融机构作为共同发起人,设立股份制重庆农村土地银行。②组建重庆市农村土地银行监督管理委员会,委员由市国资委、市国土房管局、市城乡建委、市农委、市林业局等相关部门人员构成。委员会下设办公室,负责日常工作,办公室设在市国资委。农村土地银行是直属于重庆市政府领导的政策性土地金融机构。其资本金主要部分由市财政拨付,另对市属主要土地储备机构和金融机构进行股权投资。收益来源主要是农村土地使用权存贷利差、土地租赁、信托等收益及发行土地债券收入。

对于具体的组织机构设置形式,可按照"1+3"原则,设立一个总行和三个分行,即重庆市农村土地银行总行,重庆市农村土地银行合川分行、重庆市农村土地银行万州分行和重庆市农村土地银行涪陵(或黔江)分行。重庆市农村土地银行总行主要统筹全市范围内的土地信贷业务的综合平衡管理、制订重大发展战略规划、制订土地银行债券发行计划及具体负责主城区范围内的农村土地使用权存贷、抵(质)押、租赁、信托等业务。其余三个分行主要负责各自区域范围内土地使用权存贷、抵(质)押、租赁、信托等业务。另外,可按照"就近申请、统一审核、委托办理"原则,建立与农村商业银行的合作机制。重庆市农村土地银行总行委托主城区乡镇的农村商业银行网点代理接受农村土地使用权存贷、抵(质)押、租赁、信托等申请业务;总行统一审核主城区农村土地使用权存贷、抵(质)押、租赁、信托等申请,对符合条件的给予批准,并委托农村商业银行办理相关事宜。其余三个分行委托本区域内乡镇的农村商业银行网点接受农村土地使用权存贷、抵(质)押、租赁、信托等申请业务;分行统一审核本区域内农村土地使用权存贷、抵(质)押、租赁、信托等申请,对符合条件的给予

批准，并委托农村商业银行办理相关事宜。

(2) 内容

一是经营农村土地使用权存贷业务。农村土地使用权存贷是指申请人将一定年限的土地承包经营权存入土地银行，土地银行统一组织土地使用权的借贷，定期收取借贷利息，同时给付申请人存地利息。①申请人向农村土地银行申请存地业务的，相关土地权属证明一并移转，土地银行发放统一制作的存地证明，存地人以此定期收取存地利息。②参照同期银行存款利率水平，土地银行根据土地实际存入年限，从各区（县）经济社会发展实际水平出发，具体研究制定存地利息政策。③存地人成功申请土地使用权存地业务的，不得再将之用于抵（质）押、入股、租赁、托管等流转用途。④农村集体经济组织、农村种养大户、农业龙头企业、农业专业合作社等，向土地银行申请承包经营权贷地业务的，土地银行按照"零存整贷"的原则，向合格的申请人发放统一制作的贷地证，并向贷地人定期收取贷地利息。⑤参照同期银行贷款利率水平，根据各区（县）经济社会发展实际水平，具体研究制定贷地利息政策。⑥贷地人必须规模经营土地，增加农业产出，对于土地承包经营权进行"存贷"经营，严禁将土地用于非农业生产以外的用途。

二是经营农村土地使用权抵押业务。土地使用权抵押是指申请人将法定存续年限的土地使用权抵押给土地银行，获取融资的行为。①抵押人包括未转户农民、国有土地储备机构和农村土地整治机构以及其他合法的土地权利主体。②明确资金用途，加强贷后管理。首先，按照"提高土地经营集约节约利用水平、提高土地产出"的原则，抵押贷款必须用于农业生产或农村基础设施建设，严禁用于一切非农性质的领域。其次，土地银行要对贷款实施积极的跟踪管理，要求贷款人定期报告贷款使用的情况、效益等，同时建立健全农村征信体系，探索建立行之有效的抵押贷款风险规避机制。③建立科学、合理、因地制宜的抵押物处置制度。首先，逾期不能清偿债务的，参照《担保法》及相关法律法规规定，进入抵押物处置程序。其次，坚持"土地利用用途不改变"的原则，土地银行对抵押物面积、质量、区位进行重新评估，以贷地、租赁经营的方式，交付其他土地经营者使用，在对持续、稳定的贷地收益或租金收益折现后，土地银行有权对抵押贷款本息部分优先受偿，若有剩余，为土地抵押人或其他权利人所有。最后，抵押人为未转户农民的，若因无力偿还债务而处置土地，土地银行会同有关部门，研究将之纳入"农转城"体系，享受除承包地自愿退出外的其他相关户籍制度配套政策。

三是经营土地使用权信托业务。这是指土地权利人（委托人）为有效利用土地，提高农村土地的开发与经营效率，而将土地剩余年限的使用权委托给受托人（土地银行），由受托人管理、运营，将开发经营的利润作为信托受益分配金交付给受益人。①权利主体。首先，若土地权利人为未转户农民的，可以自愿将剩余年限的土地承包经营权以委托转包或委托租赁的形式交付给土地银行，土地银行在扣除其合理报酬和其他费用后，支付委托人对等转包价金或定期给付委托人信托收益。以委托转包方式流转的，参照参加户籍制度改革农民农村土地退出补偿办法，研究制定转包价金基准价格；以委托租赁方式流转的，按照折现后租金总量与转包价金总体平衡的原则，研究制定土地信托收益。其次，若土地权利人为农村土地整理机构或国有土地储备机构的，可以自愿将剩余年限的土地使用权以实物信托的方式交付给土地银行，土地银行在扣除其合理报酬和其他费用后，定期给付委托人信托收益。②发行土地长期信托计划。首先，土地银行对委托人的土地资产进行集中经营。可采用租赁和发行土地信托计划并举的方式，合理促进土地适度规模经营，提高土地经营和流转效益。土地经营者要定期向土地银行支付土地租金。其次，土地银行可按照土地租赁年限，对不同期限结构的土地租赁收益进行合理测算，面向金融机构、机构投资者等，发行基于土地未来经营收益之上的土地信托计划，以信托募集的资金，积极推进田、水、路、林、村的综合整治或支付委托人信托收益，同时以增值的土地规模或流转收益，支付信托计划投资人投资收益。③土地银行必须将自身资产与土地信托资产分割运行、单独管理，且由农村商业银行作为土地信托资产的实际托管人，并适时提供必要的现金流和结算服务。

四是研究开展发行土地银行债券业务。遵循自愿、互利、有偿的原则，土地银行可以以自有主营业务收入作为担保，发行企业债券，发行企业债券的主体、程序、内容、管理适用相关法律法规规定。①主营业务收入构成。一是土地使用权存贷利差。主要指各类土地承包经营权、林地使用权及其他土地实物资产的存贷利差。二是土地使用权抵押贷款收益及处置收益。主要指承包经营权、宅基地使用权和林地使用权抵押贷款的利息收入或因无力清偿贷款的，处置上述各类土地权利后土地银行优先受偿的收益。三是土地使用权信托的管理者收益。主要指土地银行以受托人身份收取的一定的承包经营权、林地使用权信托管理费用。四是其他合法的业务收入来源。②发行方式。一是制定债券发行章程。章程应详细说明债券发行的对象、时间和期限，明确债券的种类、利率和还本付息方式；二是建议组成土地银行债券承销团，采取银团委托销售的方式，主要面向公众发行各种利率期限结构的土地银行债券，若有剩余，由各主要证券承销机构负责收购。③资金用途。通过发行土地银行债券募集的资金必须用于土地银行自身业务经营，即为各类土地使用权存贷、抵（质）押、信托，为农村基础设施建设、土地整治复垦提供资金来源，另外，可将适当投资部分用于国债购买。

2. 重庆建立农村土地银行的机制分析

土地银行、农村土地整理机构和农村土地交易所是实现农村土地银行有机运作的三个核心平台（见图2）。首先，农民将各类分散的土地使用权以存贷、托管、抵（质）押等形式交付土地银行，土地银行通过农村土地整治复垦机构将之"化零为整"，形成可集中规模经营或地票交易的条件，然后将重新组合的土地"资产"在土地交易所上市交易，最后形成土地使用权或土地收益权转让收入，并按照"地利共享、涨价归农"的原则，对于增值收益在各个环节的主体间进行公平、合理的分配。

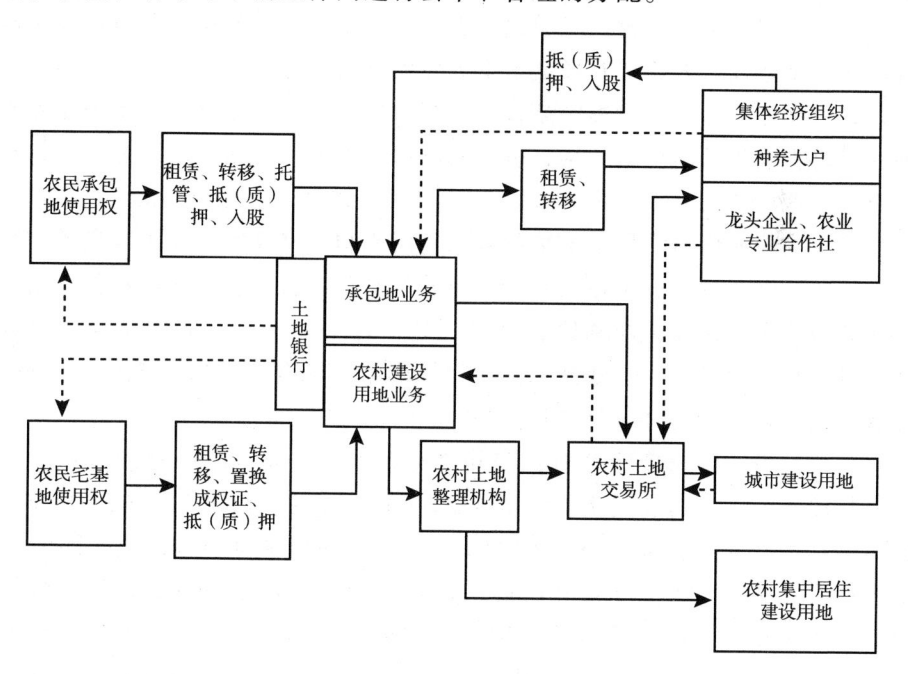

图2 农村土地银行运行机制

说明：──▶土地使用权流向；----▶资金与收益、宅基地权证流向

四 结论

以上对重庆自设立全国统筹城乡综合配套改革试验区以来，在农村土地利用制度方面的创新进行了必要的梳理和阐述。笔者认为农村土地交易所、地票交易和户籍制度改革视角下的农村土地使用权退出，是近年来重庆在实施以民生为导向的改革进程中重要的三大制度创新，促进了农村土地的节约集约利用、提高了农村土地流转绩效、助推了城镇化发展进程。但同时，其着力点在于优化城乡土地"资源"的空间配置，带有较为强烈的行政主导色彩，"市场"这只看不见的手发挥的作用还比较有限，为此，在促进土地由"资源"向"资产"转化的思维下，为进一步深化重庆农村土地制度创新的内容、形式和机制，笔者尝试提出了设立"农村土地银行"的设想，以土地收益流动为导向，逐步建立农村土地资本化积累机制，提高农民财产性收入，缩小城乡二元结构差距，更好地推动重庆改革发展。因此，笔者有如下建议。

第一，在推进城镇化、工业化和农村改革协调发展进程中更要注重保护好农民的土地权益。建议农民退出土地使用权的同时，保留其一定的土地收益权，使之能够参与土地集中流转、置换、指标交易后增值的收益分配，解除农民对土地实物的依赖情结，引导农民向市民转变，更好地推进户籍制度改革。

第二，深入创新农村土地集约节约利用机制。以政府、市场为主导，建立土地实物资产流转和土地权益资产流转的平台和机制，进一步完善土地交易所和地票交易制度，加紧建设以"土地银行"为核心的农村土地权益资产流通平台，促进农村土地资源流转的集约化、节约化，以及农村土地资产流转的有序化、合理化和公平化。

第三，进一步完善覆盖城乡的均质社会保障体系。进一步完善城乡就业、住房、医疗、教育等社会保障体系建设，建议在坚持以"就业为导向、住房为基本保障"的前提下，以政府为引导，着重提高农民的就业能力，以企业为主体，形成多样化的就业供给；同时，按照"主城+次级区域中心城市+小城镇"的三级城镇结构，形成科学的公租房及保障性住房分布体系，鼓励农民就近择业、就近居住，使之逐渐脱离土地社保的束缚，实现自身"市民"身份的转变。

参考文献

陈方正、高向军，2004，《土地与金融"两极对话"的实践与理论思考》，《中国软科学》第3期。

陈家泽、周灵，2009，《成都探索"土地银行"》，《决策》第9期。

陈霄、鲍家伟，2010，《农村宅基地抵押问题调查研究》，《经济纵横》第8期。

重庆市统计局、国家统计局重庆调查总队编，2010，《重庆统计年鉴2010》，北京：中国统计出版社。

重庆市政府，2010，《重庆市政府工作报告》。

黄贤金，1994，《国统区土地资金化的历史考察及本质分析》，《中国农史》第3期。

罗剑朝、聂强等，2003，《博弈与均衡：农地金融制度绩效分析——贵州省湄潭县农地金融制度个案研究与一般政策结论》，《中国农村观察》第3期。

孟勤国，2005，《物权法开禁农村宅基地交易之辩》，《法学评论》第4期。

欧阳安蛟主编，2002，《中国城市土地收购储备制度：理论与实践》，北京：经济管理出版社。

严金明，2001，《中国土地利用总体规划：理论、方法、战略》，北京：经济管理出版社。

周诚，2003，《土地经济学原理》，北京：商务印书馆。

作者简介

梅哲　男

所属博士后流动站：中国社会科学院社会学研究所

合作导师：景天魁

在站时间：2006年9月至2009年4月

现工作单位：重庆市人民政府研究室社会处

联系方式：15998904500@163.com

陈霄　男

现工作单位：重庆市委党校

联系方式：shaw_6251@163.com

黑龙江省巴彦县土地规模经营调查

李道刚

摘　要：巴彦是农业大县、全国粮食生产先进县、全国农业科技先进县。近年来，巴彦县的土地规模经营发展逐步加快，推进了传统农业向以标准化、科技化、产业化为特征的现代农业的转变。笔者通过深刻分析提出土地规模经营的内在规律性，即农民的主体地位、产权改革的制度基础、机械化的物质基础、农民合作社的桥梁作用以及社会资本的支撑作用，为发展土地规模经营提供了理论基础。

关键词：巴彦县　农业　耕地　规模经营

生产力和生产关系的辩证统一是历史唯物主义的基本原理。马克思指出："各个人借以进行生产的社会关系，即社会生产关系，是随着物质生产资料、生产力的变化和发展而变化和改变的。"[①] 生产力决定生产关系，有什么样的生产力，归根到底便会有什么样的生产关系。随着生产力的发展，原来由它所建立并同它相适应的生产关系，变得越来越不能适应，以致不能继续保持其稳定不变的状态。在这种情况下，对于生产关系就不得不进行部分的变革以继续维持它的存在。

20世纪80年代初，以家庭为经营主体、以土地分散经营为基本特征的

---

① 《马克思恩格斯选集》第一卷，人民出版社，1995，第345页。

家庭联产承包责任制在全国推行，调动了广大农民的积极性，解放了生产关系，发展了生产力。时隔30年，农业生产的形势发生了很大的变化。随着农机、科技、资本等生产要素日益渗透到农业生产的各个环节，土地分散经营的生产关系格局不再适应生产力发展的新需要和新要求。推动土地流转，发展适度规模经营，成为新形势下完善农村基本经营制度、实现农业现代化的必然选择。

党的十七届三中全会通过的《中共中央关于推进农村改革发展若干重大问题的决定》指出："加强土地承包经营权流转管理和服务，建立健全土地承包经营权流转市场，按照依法自愿有偿原则，允许农民以转包、出租、互换、转让、股份合作等形式流转土地承包经营权，发展多种形式的适度规模经营。"本文从一个农业大县的视角，思考土地规模经营的制度设计和发展路径，为现代农业的发展探求理论依据。

一　巴彦县土地规模经营的现状

巴彦是农业大县、全国粮食生产先进县、全国农业科技先进县，有耕地340万亩，2009年粮食总产量达到20亿公斤，位居全省前五名，农业综合机械化率达到90%以上，农作物良种覆盖率达到98%以上，粮食标准化率达到90%以上，农业生产科技贡献率达到50%以上。全县总人口70.2万人，其中农业人口56.5万人，农业生产经营户14.4万户。

土地流转是规模经营的前提和基础，规模经营是土地流转的目的和归宿。巴彦县土地流转始于20世纪末，发展于近几年。初期以自发为主，后在政府的引导和推动下，土地流转速度日渐加快，流转规模日渐加大，土地规模经营渐成趋势。目前，全县约有52万亩以上的土地流转规模，约占全县土地总数的15%。其中100亩以下的土地流转约为20万亩，100亩以上的土地流转约32万亩。形成百亩以上的规模经营户超过2500户，涌现出一批上千亩甚至上万亩规模的经营户，最大的经营户经营土地超过3万亩。

土地规模经营主要表现为四种形式。一是种植大户经营模式。种植户之间流转，呈现初级、自发、单向、零散的特征，催生出一大批种植大户。这是前期农村土地规模经营的主要形式。二是农机合作社经营模式。部分农民或者公司组建大型农机合作社，拥有千万规模的、相互配套的大型农业机械，以此为依托对流转土地进行规模经营。这是目前巴彦县最主要的土地规模经营模式。三是股份制实体经营模式。按自愿互利原则，耕作区域内部分农民以土地作为股份建立股份制实体,将耕地集中起来进行规模经营。这是目前政府积极倡导的具有现代经营特点的土地规模经营形式。四是域外社会资本介入,通过资本的力量,实现土地的整合、聚集,发展土地规模经营。随着农业原料重要性的提升和市场稀缺性导致的竞争加剧,资本对于农业的投入力度将越来越大。这种形式处于深入酝酿并积极推动中,初露曙光,极具生命力,相信这将是今后土地规模经营的主导形式。

二 巴彦县土地规模经营的成效

巴彦县的土地规模经营,推进了传统农业向以标准化、科技化、产业化为特征的现代农业的转变,具体表现为以下三个方面。

一是有利于标准化生产。土地的规模经营激发了土地的潜在生产能力,农业科技得以推广,先进种植技术得以实施,现代化的经营手段得以普及,在土地规模经营的组织内,基本实现了统一播种、统一深翻、统一施肥、统一管理、统一销售,确保了土地经营成本的明显下降以及土地产出的稳定上升。以深翻为例,标准的深翻面积是35厘米,有利于土壤的蓄水通气、抗旱防涝,能增产粮食约20%。家庭承包经营农户因为受制于观念、大机械等因素,或者不深翻或者深翻不达标,但是经营大户拥有大机械,深翻能力就会增强,增收效果就比较明显。

二是有利于产业化经营。现代农业是包括农业产前、产中、产后环节在内的整个产业链,是农业产业链和产业支撑服务体系的有机结合。提升农业竞争力,关键是要将农业产业链条的各个环节不断延伸、完善、升级。从农业产出结构看,目前发达国家农业总产值中,一般产前占20%,产中占10%,产后占70%。美国早在1980年三大环节的比例关系即为48∶10∶42。目前,美国直接种地的劳动力约占全国的2%,但为农业提供配套服务的劳动力约占15%。从巴彦县来看,以家庭经营为基础的农户绝大多数停留在农业的产中环节,上下游链条很少涉及。据调查,13%的巴彦农民尝试在流通环节增收,其他农民都放弃了流通环节的利润空间。与此形成对照的是规模经营的农户对上下游链条的关注度明显提高。西集镇一户农民经营2000亩土地,同时经营农药、化肥等生产资料,向上游延伸产业链条,仅此一项就降低经营成本25元/亩,提升了整体经济效益。

三是有利于增加农民收入。实行土地规模经营的农民借助农业生产的规模经济和规模效益,实现了农业收入的稳定上升,据调查,每亩增收在150

元左右；从土地解放出来的农民除了从流转土地得到一部分稳定收益之外，还进行多种方式的创收增收，有的进城市、进工厂打工，有的搞养殖业，有的自主创业。初步统计，全县外出务工人员 12 万人，年增收 8.8 亿元；全县养猪专业户 2.4 万户，养猪 280 万头，产值 30 亿元；一大批农民已经脱掉布鞋换上皮鞋成了小老板。

三　巴彦县土地规模经营的障碍

巴彦县土地规模经营初具规模，但是要实现更高层次的发展还需要克服两道障碍。

一是正式制度尚需进一步完善。正式制度主要由市场和产权两个层面构成。从市场的角度看，由于农村经济的封闭和要素市场的不完善，形成了不完全的市场，表现为尚未形成有效的市场竞争机制，未能聚合足够数量的市场主体。从产权的角度看，巴彦县进行的产权制度改革基本完成了产权清晰化阶段，已经步入产权交易这一改革深水区，但产权交易机制尚不完善，表现为产权交易平台缺乏、交易对象较少、交易成本偏高。通过对 200 户农民的随机问卷调查发现，农民对以规模经营为目标的土地流转持有过高的价格期待，预期交易价格比农民自发相互流转的市场价格高出近一倍，属于典型的交易机制不完善导致的价格畸形。这对土地规模经营无疑将构成阻碍。

二是非正式制度亟须改进。黑格尔说过，历史是由两条经纬线构成的，"第一是那个观念，第二是人类的热情，这两者交织成为世界历史的经纬线"①。巴彦县的多数农民，观念守旧，思想保守，满足于自给自足的田园生活，不愿意离开土地自主谋生冒风险。另外，从客观上讲，流转土地的替代性选择就是农民有更好的素质以适应变化的时代和更富挑战性的工作，就是有健全的农村社会保障体系以巩固自己的生存基础。在这些方面，还需要进一步改进。

四　巴彦县土地规模经营的启示

巴彦县推行土地规模经营，成绩不错，势头很好，问题尚有，前景乐观。经验值得总结，问题需要反思，结合正反两个方面，我们有如下启示。

---

① 黑格尔：《历史哲学》，王造时译，三联书店，1956，第 62 页。

一是要始终把农民作为推动土地规模经营的主体。农民是农业的主人，是农业的希望，也是农业实现变革的主导力量。历史已经反复证明，只要充分关注农民的呼声、顺从农民的需要、满足农民的利益，改革就大有前途，否则，改革就会走入死胡同。巴彦县在推进土地规模经营过程中，通过舆论宣传、政策让利、示范带动促进农民观念的更新，通过务工培训、创业培训等促进农民素质的提高，通过普及农村合作医疗保险、农村养老保险，建立健全的社会保障体系，为农民解除后顾之忧。千方百计维护了农民的利益，保证了农民的增收，形成了土地规模经营和农民增收的良性循环。

二是把产权制度改革作为推动土地规模经营的制度基础。制度结构与生产力效率有着密切的关系。新制度经济学认为，对经济活动和社会活动产生最根本影响的因素，不是价格，也不是技术，而是制度。格莱尔德·斯库利在研究中发现："制度结构的选择对经济效率和增长有深远的影响。与法律条例、个人财产、资源市场配置相结合的开放社会，与那些自由被限制和剥夺的社会相比，其增长率是后者的3倍，其效率是后者的2.5倍。"[1] 有关研究表明，我国持续多年的经济高速增长约有30%直接来自制度创新的贡献，或在某种程度上说，制度变迁的成败与否直接决定了地区经济的发展。产权制度改革为土地规模经营提供了制度基础。巴彦县在全省率先推行了农村土地产权制度改革，对农村集体和农户的资产资源确权颁证工作基本结束，分别办理了农村宅基地、房屋所有权、林权及土地承包经营权证，农民利用证照融资达1.99亿元。农村产权制度改革，使得农村资源的产权明晰化，资源转化为资本，在此基础上，建立产权交易平台，推动产权交易，实现了农村土地资源和社会投资资本的良性互动。

三是把提高机械化水平作为推行土地规模经营的物质基础。农业机械是生产工具的革新，是生产力中的重要因素。机械化使得土地的规模经营成为可能，使得大面积耕作成为可能，使得农民从土地解放出来成为可能。政府采取了宣传引导、让利激励、组织推动、财政补贴等方式，引导农民走规模经营的道路。2010年政府的农机补助达到10915万元，对拥有大型机械的农户补贴30%，对大型农机合作社补贴60%。目前全

---

[1] 〔美〕詹姆斯·A.道等：《发展经济学的革命》，黄祖辉、蒋文华主译，上海人民出版社、三联书店上海分店，2000，第120页。

县有大型农机合作社 19 个,中小型农机合作社 15 个,全部实行股份制经营,按照现代化企业管理制度运营。全县有各类农机 28660 台,其中 80 马力大型农机 900 台,50 马力小型农机 4000 台,播种机 7000 台,农具 900 台。农民将土地有偿流转,租赁给农机合作社统一经营,加速了土地规模化经营的步伐。

四是把农民合作社作为推行土地规模经营的重要桥梁。巴彦县农民合作社发展到了 190 个,入社社员 5947 户,带动农户 10206 户。农民合作社对农民而言,集中了农民的意志,整合了农民的意愿,克服了农民的素质短板,提高了参与市场的能力和对接社会资本的能力。对外来投资者而言,解决了与千家万户谈判时谈判对象多、谈判成本高、谈判成功率低的问题。合作社使得土地规模经营加快了速度、提高了效率、壮大了规模。在推进土地规模经营中,合作社的作用不容忽视,需要备加重视、努力培育、重点发展。

五是把城市资本和社会资本作为推动土地规模经营的重要支撑。农业的封闭导致了农业的落后,农业的希望在于开放,在于实现农业生产要素和农业土地资源的优化配置。巴彦县通过改革,使得土地从资源变成资本;通过开放,努力打通农村与城市、农业与工业的资本融通渠道,把城市资本、工业资本、社会资本引入农业,力争实现土地资本的流动和增值。巴彦县正在积极洽谈引入台湾地区资本、美国资本,力争在维护农民利益、确保粮食安全的基础上,用资本的力量推动土地规模经营。在实现规模经营的土地上,聚集了资本,也聚集了人力、技术、管理和市场,更聚集了巴彦县从传统农业向现代农业快速转型的美好希望。

参考文献

黑格尔,1956,《历史哲学》,王造时译,北京:三联书店。
马克思,1972(1849),《雇佣劳动与资本》,《马克思恩格斯选集》第 1 卷,北京:人民出版社。
〔美〕詹姆斯·A. 道等,2000,《发展经济学的革命》,黄祖辉、蒋文华主译,上海:上海人民出版社、三联书店上海分店。

作者简介

李道刚　男

所属博士后流动站：中国社会科学院社会学研究所

合作导师：王春光

在站时间：2010年11月至今

现工作单位：黑龙江省巴彦县政府

联系方式：lidaogang@sina.com

农民利益表达的国际借鉴

袁金辉

摘　要： 发达国家农民大多有自己的利益表达组织，同时有比较完善的利益表达渠道。学习借鉴发达国家农民利益表达的经验和做法，要求我们应该建立多元开放的民主决策制度，从体制上鼓励农民进行利益表达；加强弱势利益集团的利益表达，特别是要支持农民建立自己的综合性政治经济组织；拓宽规范农民利益表达渠道，以便农民和农民组织表达利益诉求。

关键词： 农民　利益表达　借鉴

在发达国家，农业人口所占的比例虽然非常低，但农民却可以较为充分地表达自己的利益，他们在国家的政治生活中，尤其是在有关农业政策制定的过程中起到了非常重要的作用，成为一股不可小觑的政治力量。学习借鉴其他国家尤其是发达国家的农民利益表达，对于完善我国农民利益表达机制具有十分重要的意义。

一　发达国家农民的利益表达组织

在发达国家，农民的组织化水平都比较高，农民可以通过各种自己的组织，进行较为有效的利益表达。

在美国，农民的组织化水平高，政治影响力大。美国农民组织名目繁多，大体可分为两类：一类是综合性农业组织，如美国农场局联盟（American Farm Bureau Federation）、全国农场主联盟（National Farmers Union）、美国农业运动（American Agricultural Movement）等；另一类是专业性农民组织，它是以某种农产品为中心组织起来的农民组织，其成员在这些问题上的利益关系较为一致。其中影响较大的有：全国小麦生产者协会（National Association of Wheat Growers）、全国牧场主协会（National Cattle-men's Association）和美国大豆协会（American Soybean Association）等。[①] 美国的农民组织主要作用是维护自身利益，对国会和政府施加影响，促使有利于农牧场主的农业立法和政策被通过并执行。同时为农业生产者提供信息咨询、限产护价、协调关系、市场销售、法律维权、制定产品标准、集体定价、沟通政府关系、技术咨询、争取政策支持等各项服务，通过各种组织，农民可以进行有效的利益表述。目前，美国有超过80%的农场主自发组织和自愿参加合作社。美国农业合作社是实行按劳分配、民主管理和平等合作的集体所有制组织，对美国农业发展的作用巨大，农业合作社是美国农民的强大组织载体，是为农业服务的有效渠道，是农工商一体化的实施主体，是农业投入的重要来源。[②] 同时，政府也鼓励农民参加各类行业协会，参加协会的农民可以得到优先和更多的补贴。

　　法国农会（CGA）成立于1924年，如今在全国设有116个分支机构，其性质和法国工商会及法国行会一样，都是公共的职业联合机构，它兼有两项主要职能。一是代表农民和农业界的利益。农会是农民和农业界向法国政府及欧盟讨价还价的代言人，在法国政府及欧盟制定各项有关农业政策时表明各自的立场。二是向农民提供各项服务。在法国，农户可以不参加合作社，但必须参加农会。国家立法规定从农业税中拿出一部分（2~3欧元/公顷，包括森林）作为农会的经费（约占农会经费的90%）。在法国的116家农会机构中，有94个省级农会和22个大区级农会，另外还有由全国省级和大区级农会主席组成的国家级农会常设委员会（APCA）。它主要通过干预政府（主要是农业部）、议会及其他行政机构的各种行为来保护法国农民的利益。在法国，农会是政府与农民沟通的主要渠道，政府在出台新的农业政策前要通过各级农会广泛征求农民的意见，农民的具体要求也通过农会向政

---

　　① 涂勇、宋作海：《西方发达国家农民利益表达及其对中国的借鉴意义》，《上饶师范学院学报》（社会科学版）2006年第2期。
　　② 屈四喜、徐玉波：《不断发展变化的美国农业合作社》，《世界农业》2009年第1期。

府反映。另外，法国还制定总理与协会定期磋商的制度。作为主要的农业利益集团，农会成立的全国农户联合会在反映农民政治意愿和代表农民经济利益方面做出了重要贡献。农民组织在法国政治生活和决定农业政策方面一直发挥着巨大的作用，农民组织给政府决策带来了巨大的政治压力。1965 年，戴高乐就是由于缺少农民的支持而在首轮选举中未获得半数选票（44.6%，竞争对手密特朗为 32.7%）。因为他拒绝英国加入欧洲市场，这使得渴望扩大出口量的法国农民大为失望，法国农民在共同市场的马拉松式的谈判过程中，掀起了暴力示威活动。在 1995 年法国总统选举前夕，候选人巴拉迪尔总理前往北部里尔地区游说拉票，遭到当地农民的强烈抗议，农民不满意农产品收购价过低，在当地政府办公楼前焚烧车轮等物以示抗议，结果在大选首轮投票中巴拉迪尔就名落孙山。[①]

在爱尔兰，农民协会是爱尔兰目前人数最多、影响最大的农民组织，爱尔兰农民协会现有成员 8.5 万人，爱尔兰农民协会是全体爱尔兰农民的代言人。为了实现这一目标，爱尔兰农民协会建立了从基层支部、县委员会、地区发展委员会到全国委员会的完整的组织系统。依靠这一组织体系，农民协会得以组织和动员农民，集中农民的意见，在国内外政治舞台上以一个声音说话，最大限度地维护农民的整体利益。

在日本，农业领域也存在各种各样的团体，例如全国农民总同盟、中央畜产会、全国农业会议所等。根据 1948 年的《农业协同组合法》建立的日本农业协同组合（简称农协）是日本最大的农业和农民团体。日本农协分为全国农协、地方（都道府县级）农协和基层（市町村级）农协三级组织。基层农协是农户自由组织的，负责与农业生产有关的农产品收购、生产及生活资料供应、农业生产指导等业务。除地方农协中央会外，还有负责农业经济、信用、保险、卫生保健等业务的四个联合会。全国农协由农协中央会和负责不同业务的全国各联合会——管理农产品及农业生产、生活资料贩卖业务的"全国农业协同组合联合会"，负责农协成员储蓄和信贷工作的"农林中央金库"，经营农协成员保险业务的"全国保险农业协同组合联合会"以及"全国卫生保健农业协同组合联合会"组成，地方农协与全国各联合会均属于农协中央会成员组织。日本农协通过覆盖全国的组织体系，垄断了全日本的农村市场，有效地阻止了其他产业资本对农业和农民的恶性吸吮，对保护农民利益发挥了举足轻重的作用。日本农协不仅是农民经济利益的代

---

① 史菁：《法国农业科技研究和推广措施》，《全球科技经济瞭望》2004 年第 10 期。

表,也是政治利益的代表。作为重要的农民组织和政治力量,农协长期被视为自民党一些党派的票仓,对政党选举及日本政治产生重大影响。全日农协联盟是世界最大的农会。该组织拥有成员 800 万名,成员的数量超过日本任何利益集团组织。全日农协联盟强大,使它在政治上也具有相当重的分量,因此政府的农业政策在很大程度上受到农协的制约,任何损害农民利益的行为都很可能导致执政联盟的崩塌。比如,日本国会中有许多跨党派农林议员集团,由这些议员组成的"农林族"议员在国会中的势力很大,甚至一度被称作无敌的"农林族"。[①]

韩国的农村是自治的,政府鼓励尊重与农民相关的各类组织。韩国农民协会在农业生产和经营中起着举足轻重的作用,政府的许多有关农业的政策和措施都要通过农民协会(简称农协)来贯彻实施。韩国农协是一个半官方机构,是韩国政府与农民之间沟通的重要桥梁,拥有资本 1.4 万亿韩元,设有 1 个中央总部、15 个地区分部、156 个支部、477 个支店、232 个办事处,全国约 97% 的农民加入了农协。[②] 韩国农协是一个高度集权的庞大体系,对于韩国农业和农村发展而言是一个非常重要的机构,因为它垄断了全国化肥销售权,还向农户出售农药、农机具及其他农业投入品和农民的日常消费品。韩国政府在政策、资金等方面对农协进行支持,组建由农协和地方农协组成的农协体系,允许农协从事相关的经营性活动,并通过农协实施政府的农业政策、计划并对农民给予支持。韩国的农业政策基本上是通过农协实施,通过农协向农户发放低息贷款,与市场利息的差额由政府进行补贴。韩国政府还依靠农协来贯彻其制订的有关农业计划,如贯彻实施农业结构调整方案、农业技术推广计划、农产品收购计划等。[③] 韩国政府与农协的这种积极的沟通和交流,很好地维护了农民的利益,对维护农业稳定发展起到了积极作用。

二 发达国家相对通畅的农民利益表达渠道

农民的利益诉求需要通过一定的渠道才能传达到政府从而影响政府的相

[①] 王新生:《日本的利益集团》,《日本学刊》1993 年第 1 期。
[②] 孙力:《中日韩现代农业发展与政策调整比较研究》,硕士学位论文,东北师范大学,2007。
[③] 石磊:《建构国家与农民关系的"第二纵队"——韩国农协的变革及其启示》,《国家行政学院学报》2005 年第 4 期。

关决策。发达国家的农民利益表达主要有政党选举、院外活动、游说政府、游行示威、听证会等渠道。发达国家农民通过政党选举,参与政党或影响政党决策及政党领导人,从而实现其利益诉求与表达。

一是政党选举。现代各国政治的显著特征是政党政治,政党通过向政府和议会推荐本党成员,参与和组织政府并提出政策主张形成现代国家政治的动力并维系着政权的运转。尤其是执政党通过执掌政权,控制政府或议会,参与立法并制定国家的公共决策。发达国家农民通过政党选举,参与政党或影响政党决策及政党领导人,从而实现其利益诉求与表达。比如在日本,拥有800万名成员的"农协"能在国会议员选举中协调农村选民的政治资源(选票),将支持"农协"利益的候选人选进国会。爱尔兰农民协会为了实现自己的主张和维护农民的利益,在选举中努力支持与自己主张一致的政党上台执政,并游说政党向政府推荐自己期望的政府人选或制定符合自己愿望的政策。

二是院外活动。院外活动是西方国家利益集团和压力集团影响议会立法而进行的游说议员的活动,这也是农民协会参与和影响议会立法的重要方式。在美国,农民利益集团会通过"院外活动"维持其在农业立法过程中的作用。它们在华盛顿设立一批办事处,雇用一批院外活动人士,代表它们的利益。它们活跃在政府决策的各个层次,积极设法影响对农业政策制定起重要作用的国会工作人员,影响国会的研究和情报部门的报告,并最后影响议员的态度,使他们制定出有利于自己的法律等。爱尔兰农民协会一方面通过支持或阻止某些人员竞选下议院议员,以保证代表农民利益的人员进入下议院;另一方面也通过自己的代表直接进入上议院,从而直接参与和影响议会的立法工作。在议会安置和寻找自己利益代表的同时,爱尔兰农民协会始终关注议会的立法活动。一旦有涉及农民利益的立法,农民协会就积极活动,通过对议员的个别劝说、为议员提供信息资料、参加议会的听证会、发动各地农民或地方议员等多种方式向议会施加压力,以期通过或阻止某一立法。[①]

三是游说政府。游说政府及有关部门的领导人一直是爱尔兰农民协会影响政府决策的重要和直接途径。其中,政府总理及农业部是农民协会影响的重点。这是因为,爱尔兰是内阁制国家,政府总理握有重要政策决策的实权,农业部则是直接提出、决定和执行有关农业政策的部门。爱尔兰农民协

---

① 项继权:《农民协会组织的功能和作用——爱尔兰农民协会(IFA)的调查与思考》,《华中师范大学学报》(人文社会科学版)1999年第5期。

会经常派代表拜访总理和农业部部长及有关政府官员，通报农业和农村的有关情况，反映农民的要求和诉愿，提出自己的建议和主张。另外，也邀请政府有关人员参与农民协会的活动，解释和回答农民关心的政策和问题。爱尔兰农民协会还有自己的研究机构和研究人员，专门从事农业发展和农村政策问题的研究，向政府部门和有关人员提供相关的资料信息、研究和咨询报告。此外，爱尔兰农民协会对农业部部长的人选拥有相当大的影响力，一位不受农民协会欢迎的人是不可能担当农业部部长职务的，而一位农业部门的负责人首先就必须获得农民和农民协会的支持。

四是游行示威。在西方民主国家，游行示威是一种非常有效的合法的利益表达方式。在直接游说政府成员或议员的同时，西方国家的农民有时也采取游行示威的方式以显示农民群众对某一问题的高度关切和立场，并表达农民的意愿。美国"农业运动"作为美国最年轻的一个全国性农民政治组织，它的许多领导人都是年轻的农场主，他们在1972～1975年农业相对繁荣时期成倍地扩大了他们的农场，从而大大地增加了他们的债务。在20世纪70年代中期成本压力加大的时候，他们转向华盛顿求援。他们曾于1980年2月组织其成员把拖拉机开到华盛顿，在国会前广场上安营扎寨达几个星期之久，直到国会把支持价格提高到1977年农业法规定的水平线以上。2008年初，墨西哥农民在墨西哥城举行盛大集会，反对美国全面开放农产品贸易，即反对《北美自由贸易协议》。抗议的车队封锁了国际大桥40分钟，使数百辆车不能从美国进入胡亚雷斯市。农民的这一举动对当局造成了巨大的压力，使他们不得不考虑农民的呼声。

三 借鉴和启示

发达国家的农民，尽管人数在总人口中所占比例不大，但由于其自身的高度组织性以及国家为他们提供了广泛的利益表达渠道，他们在利益博弈中能够获取对自己有利的政策和补贴。而中国农民，作为人数最多的群体，力量却显得相对弱小，其利益的表达难以实现。当农民利益受到损害时，难以获得有效的保护。其主要原因就在于农民缺乏一个能够有效代表和整合农民利益的组织，在政策制定的过程中、在利益集团的利益博弈中、在与国际农业资本的激烈竞争中，产生不了一致的声音和合力，而弱小的个人诉求在政策制定中是不能引起注意的。当自己的利益受到侵害的时候，个体只能向政府各级机关求助，这种利益表达的经济成本和社会成本对农民个体来说是极其高昂的，而且现有的政府机构和司法机构对农民的利益诉求解决无力乃至推诿打击，造成农民上访和集体抗争事件持续增加，严重影响社会的稳定与和谐发展。同时，农民利益表达的渠道不够顺畅。从现实来看，虽然有人大代表、政治协商、社会团体、大众传媒、领导接待日、便民热线等多种利益表达渠道，但在上述利益表达渠道中，渠道被空置、被堵截的现象比较普遍，真正与农民利益表达相关的少之又少。因此，学习借鉴美国、法国、日本、爱尔兰等国家在农民利益表达方面的经验和做法，对完善我国农民的利益表达机制具有一定的现实意义。

一是政府要转变观念，建立多元的、开放的民主决策制度，从体制上鼓励农民进行利益表达。开放的、多元的决策体系能够使各利益集团充分参与决策过程，使多元化社会中的多种利益诉求能够通过多种、正当、规范的渠道聚合，流入政府的决策过程中，供决策者调控、整合、吸取，从而能制定得到社会普遍认可的公共政策。

二是政府应当加强弱势利益集团的利益表达，特别是要支持农民建立自己的综合性政治经济组织，如农协和各种专业化组织，使农民拥有合法的自组织资源。特别是农民合作经济组织的培育和发展，不仅能够帮助农民进入市场、增加农民收入，促进社会主义新农村和谐社会的建设，而且有助于形成新型的农民文化，提高农民素质，促进政府转变职能，形成新型的乡村治理机制。

三是要拓宽规范农民利益表达渠道，以便农民和农民组织表达利益诉求。要在完善现有的基层选举、协商式民主的同时，创新农民诉求表达、利益协商调整的机制和平台，注重在现有的法律制度下积极拓展新的农民利益表达渠道。

此外，还应该不断提高农民利益表达意识，支持农民群众的利益表达。但同时我们也应该认识到，西方国家农民利益表达的实践虽然对中国农民利益表达机制的构建具有一定的参考价值和借鉴意义，但对其农民利益表达的负面影响和制度环境也应该有比较清醒的认识。

参考文献

屈四喜、徐玉波，2009，《不断发展变化的美国农业合作社》，《世界农业》第 1 期。

石磊，2005，《建构国家与农民关系的"第二纵队"——韩国农协的变革及其启示》，

《国家行政学院学报》第 4 期。
史菁，2004，《法国农业科技研究和推广措施》，《全球科技经济瞭望》第 10 期。
孙力，2007，《中日韩现代农业发展与政策调整比较研究》，硕士学位论文，东北师范大学。
涂勇、宋作海，2006，《西方发达国家农民利益表达及其对中国的借鉴意义》，《上饶师范学院学报》（社会科学版）第 2 期。
王新生，1993，《日本的利益集团》，《日本学刊》第 1 期。
项继权，1999，《农民协会组织的功能和作用——爱尔兰农民协会（IFA）的调查与思考》，《华中师范大学学报》（人文社会科学版）第 5 期。

作者简介

袁金辉　男

所属博士后流动站：中国社会科学院社会学研究所

合作导师：李培林

在站时间：2008 年 8 月至 2011 年 8 月

现工作单位：国家行政学院

联系方式：yjinhui@163.com

劳动力与城乡社会

农村劳动力转移与二元经济结构转变的关系研究

——以河北省为例

蔡笑腾

摘　要：笔者根据1995～2008年的数据对河北省农村劳动力转移与二元经济结构转化的关系进行实证分析，发现二者之间缺乏明显的因果关系。原因在于河北省的产业结构不合理、乡镇企业发展落后以及城镇失业率较高等。在分析结论的基础上，笔者提出了强化农村劳动力转移对二元经济结构转化的作用、尽快实现工业反哺农业的战略性转变、转变内生性经济增长模式及优化产业结构等建议。

关键词：二元经济　劳动力转移　城镇化　第一产业

一　引言及文献回顾

二元的经济结构在发展中国家普遍存在，二元经济结构即以传统的方式进行生产、劳动生产率低下、收入微薄的农业部门和以现代的生产方式进行生产、劳动生产率高、收入高的工业部门并存的状态。土地资源的稀缺和土地质量的下降，造成传统农业部门边际生产率低下，出现了劳动力大量过剩，现代工业的资本存量增加的情况，工业规模的扩张和社会经济结构的变革也需要不断地吸纳农村劳动力。因此，随着经济活动从传统的农业向现代化的非农产业转移，社会的整体生产力水平将不断得到提高，二元经济逐步向现代经济转化。在二元经济条件下，农村劳动力向非农产业转移是不以人的意志为转移的客观规律，是促使二元经济向现代经济转变的必然选择。

刘易斯（1954）首次提出了关于二元经济的发展模型①，他认为发展中国家在经济发展过程中，必然会出现传统农业部门与工业部门并存的状况，这会诱使剩余劳动力向高工资的现代部门转移。这种转移一方面会推动现代服务部门的扩张；另一方面会促使农业、工业部门的劳动边际生产率的提高，长期来看二元经济就转化成一元经济。

托达罗（1970）从对拉美国家 20 世纪六七十年代农村劳动力流动和城市就业的分析基础出发，提出了新的劳动力迁移理论。② 托达罗模型的出发点是：农村劳动力向城市迁移的决策，符合自身效用最大化的原则。托达罗理论主张农村的发展，不是像前面的理论更多地强调劳动力由农村流向城市来解决其就业不足的问题，而是主张通过农村各项事业的发展实现劳动力的就地转移。农业的发展、农村的发展加快农村城市化进程，逐步缩小城乡差距，从而实现二元经济向一元经济的转变。

国内很多学者也在这些方面做了大量研究，史清华等指出，农村劳动力转移是实现我国工业化必须面对的重大课题之一，也是解决我国"三农"问题的根本途径。③

张军果等首先回顾了我国二元经济结构形成与演化的历史，然后分析了我国二元经济结构转化的根源：我国二元经济结构转换的非城市化道路所造成的城市化发展滞后，直接影响了第三产业发展，阻碍了农村剩余劳动力的有效转移。④ 高帆构建了一个新兴古典经济学模型，证明随着分工组织的演进和分工水平的提高，二元经济结构转型体现为服务业兴起、工业化不断加速、城市化不断深入的过程。⑤ 侯风云等指出，经济发展导致二元特征更加明显的深层次原因是城乡人力资本投资的机会不均等和劳动力迁移中城乡人力资本的不公平、非对称的溢出效应，从而得出要缩小城乡差距、打破经济

---

① 〔美〕阿瑟·刘易斯：《二元经济论》，施炜等译，北京经济学院出版社，1989，第 1~47 页。
② 〔美〕托达罗：《第三世界的经济发展》，于同申等译，中国人民大学出版社，1991，第 20~58 页。
③ 史清华、林坚、顾海英：《农民进镇意愿、动因及期望的调查与分析》，《中州学刊》2005 年第 1 期，第 45~50 页。
④ 张军果、秦松寿：《我国二元经济结构的固化与转化》，《中央财经大学学报》2005 年第 4 期，第 48~56 页。
⑤ 高帆：《论二元经济结构的转化趋向》，《经济研究》2005 年第 9 期，第 91~100 页。

的二元结构，就要加大政府对农村的人力资本投资的重要结论。①

此外，关于二元经济判断，本文将采用二元收入差异值的指标对产业结构升级进行衡量。

从国内外学者的大量研究可以看出，农村大量存在的剩余劳动力是形成二元经济结构的重要影响因素，这些研究给出了农村剩余劳动力转移的一系列对策建议。然而农村剩余劳动力转移的现状如何？其对二元经济结构转变的效果又如何？这些将是本文探析的重点。

二 农村劳动力转移对二元经济结构转变的影响机制分析

（一）河北省二元经济结构现状分析

河北省长期以来依托丰富的自然资源和较早的国家投资，在经济战略选择上形成了不同于江苏、浙江等沿海地区的以资源型产业为核心的经济发展模式，以资源密集型和劳动密集型产业发展为主；在政策选择上则倾向于城市优先发展。这些战略举措使得河北省各项经济指标逐年上升，其中，2007年国内生产总值达13709.50亿元，居全国第6位，但发展的同时也带来了严重的二元经济结构问题。我们用二元收入差异值指标（二元收入差异值即传统农业部门的人均收入与现代工业部门的人均收入的比值）来表示河北省二元经济的异质性，该值一直为14.9%~20%，远远低于国际上23%~33%的水平。除1995年和1996年达到最大值24.3%外，自2000年以来，二元收入差异值一直下降并趋于稳定，在19%上下波动，这说明河北省的二元经济差异发展比较严重。

在城镇化建设方面，城镇化水平从1978年的12.65%提高到了2007年的40.26%，虽然有了大幅度的提高，但是，把它放到全国的背景下来考察，城镇化水平仍处于低层次水平，不仅低于山东、江苏等发达省份，而且比全国平均水平（44.94%）还低近5个百分点。

从劳动力构成来看，自1985年以来，第一产业的劳动力比重逐年下降，但一直是最高的，其收入比重却是最低的；而第二产业的劳动力比重虽然较

---

① 侯风云、张凤兵：《从人力资本看中国二元经济中的城乡差距问题》，《山东大学学报》（哲学社会科学版）2006年第4期，第133~138页。

低，但其收入较高，且有上升趋势，第一、第二产业收入差异很大，这些都说明产业结构存在严重的不协调，表现出二元经济的异质性。1985 年、2008 年，第一产业构成分别为 62.74% 和 39.76%，年平均下降约 1.0%。该数据表明河北省劳动力从第一产业转移速度不够。

(二) 影响机制分析

劳动力转移是指农村剩余劳动力向城市现代部门和农村内部非农产业转移的过程。按照转移的去向不同，我们将其划分为三类：向农村非农行业转移；城镇化进程中转变为城镇人口；进城务工（包括进入第二产业务工和进入第三产业务工）。

第一类是向农村非农行业转移，这种方式是在我国特殊的社会经济条件下产生并发展起来的，且这种转移方式在农业劳动力转移中占有较大的比重。它保留了农民在农村的基本生存条件——土地，以及相应地保留了作为农民的身份。[①] 这种转移的地域范围较小、转移方式简单，符合农民素质偏低、缺乏专业技能的现实状况。这样既缓解了剩余劳动力的就业压力，又保持了社会的相对稳定，还在一定程度上间接地降低了我国工业化、城镇化的社会成本。

一方面，这种方式的转移使得大量的农村劳动力从第一产业中解脱出来，缓解了第一产业劳动力供给过剩的问题。由于第一产业就业人数下降，从而第一产业人均产值得到一定程度的提高。另一方面，从第一产业中解脱出来的劳动力进入农村非农行业，收入得到提高。由于在农村消费较低，农民将剩余的收入用于农业生产中的设备更新、农用资料的购买等，从而在一定程度上第一产业的劳动生产率得到提高。

第二类是城镇化进程中大量农村人口转变为城镇人口，主要方式是农村劳动力向大中城市转移集聚，现有城市不断扩大，它是实现农村劳动力转移的重要渠道。

通过城镇化，农村人口从第一产业中转移出去变成非农业人口，这部分人口的增加将提高日用品等相关产品的消费需求水平，刺激第二产业的发展；同时，人口数量增加，服务业扩大，第三产业也将得到发展，从而反过来推动城镇化进程。而且城镇化后的区域将成为连接城市和农村的一条纽带，从而加强二者之间的经济交往，在一定程度上缓和二元

---

① 吴敬琏：《二元经济与农村剩余劳动力转移》，《教学与研究》1995 年第 6 期，第 27~28 页。

经济的差异。

第三类是进城务工,这种转移方式是具有中国特色的劳动力就业方式,也是我国廉价劳动力供给的主要方式。它是指剩余劳动力跨地区流入城市第二、第三产业进行务工的一种迁移方式。

通过这种转移方式,劳动力进入城市的第二、第三产业,减少了第一产业的就业人数,此外,这些劳动者获得了更高的经济收益并掌握了一定的劳动技能,为城镇化进程提供了便利;同时,随着国家出台鼓励和保护农村劳动力外出务工的政策,以及户籍制度、土地承包制度的进一步完善,农民可以将土地转包给他人耕种,打破了以前土地被无限分割、难以集中耕作的束缚,为实现农业机械化生产创造了可能,从而有利于实现农业的现代化,这样就会使得第一产业的劳动生产率得到很大提高。

农村劳动力通过这些方式的转移,一方面,减少了第一产业的就业人数;另一方面,使得第一产业劳动生产率得到提高,产值增加。这样第一产业的人均产值就会增加,从而使得二元经济差异缩小,促进二元经济向一元经济方向发展。

三 农村劳动力转移与二元经济结构转变关系的实证研究

(一) 指标选取和数据说明

在上述三种农村劳动力转移去向的基础上,结合文章的研究目的,笔者选取以下六个指标进行实证分析。

SCID:二元收入差异值,用来表示二元经济结构,为模型的被解释变量。用传统农业部门的人均收入与现代工业部门的人均收入的比值来表示,以此来反映两种不同的经济发展差异。二元收入差异值越大,表明二元经济越弱;反之,则越强。

NCGP:农村非农行业总产值,用来表示向农村非农行业转移指标。由于农村非农行业总产值在一定程度上不仅可以反映向农村非农行业转移的就业人数,还可以反映出农村非农行业的发展效率,所以选择该值表示向农村非农行业转移指标。

CIT:城镇化率,用来表示通过城镇化转变为城镇人口的指标。用城镇人口与总人口的比值表示。

SIN：第二产业就业人数，用来表示进城务工指标。用各年份第二产业的就业人数来表示。

TIN：第三产业就业人数，用来表示进城务工指标。用各年份第三产业的就业人数来表示。

CLJ：城镇登记失业率，表示城镇失业对农村向城镇转移人口的挤出效应指标。用城镇登记失业人数与城镇登记失业人数加就业人数之和的比值来表示。

以上指标数据来自 1995～2009 年的《河北省经济年鉴》以及《中国统计年鉴》。根据分析需要，本文建立如下计量经济模型分析农村劳动力转移对二元经济结构转换的影响：

$$SCID = \alpha + \beta_1 NCGP + \beta_2 CIT + \beta_3 SIN + \beta_4 TIN + \beta_5 CLJ + \mu$$

其中 μ 为随机误差项。

（二）实证分析

由于所选择的指标的量纲不一致，在建立经济计量模型之前，先对这些指标进行无量纲化处理，以消除量纲不同对模型准确性的影响。然后，运用 Eviews 3.0 软件建立以二元收入差异值为被解释变量的计量模型，通过对所建模型进行偏相关系数检验发现存在二阶自相关性，下面使用广义差分法来重建模型：

$$\begin{aligned}SCID &= 0.4027 - 0.2431 NCGP + 0.1461 CIT + 1.8496 SIN \\ &\quad - 1.3001 TIN - 0.0964 CLJ [AR(1) = -1.0489, AR(2) \\ &= -0.8176] (-2.3271)(2.8542)(11.1993)(-6.4174)(-5.6567) \\ R &= 0.9824 \ \bar{R} = 0.9517 \ D-W = 2.5377 \ F = 31.9618\end{aligned}$$

该模型在 10% 的显著性水平下通过检验，回归结果表明模型整体拟合度较好。由上式可以看出，城镇化和向第二产业转移与二元收入差异值呈正相关关系，即城镇化程度越高、向第二产业转移人数越多，二元收入差异值就越大，说明二元经济越弱，经济发展越协调；反之，则越强，二元经济发展差异变大。农村非农行业总产值、向第三产业转移和城镇登记失业率与二元收入差异值呈负相关关系，即向农村非农行业转移人数越多，向第三产业转移人数越多和城镇失业人口越多，二元收入差异值就越小，说明二元经济越强，二元经济发展的差异变大；反之，则越弱，经济发展越协调。

(三) 格兰杰因果关系检验

运用 Eviews3.0 软件对各个变量和二元收入差异值进行格兰杰（Granger）因果关系检验，并记录检验结果的 F 统计量及相伴概率，其检验结果如表 1 所示。表 1 中数字显示，在格兰杰因果关系上，可以得出如下结论：在最优滞后期时，在 10% 的置信水平下，第二产业就业人数是二元收入差异值的格兰杰原因；在 5% 的置信水平下，二元收入差异值是城镇登记失业率的格兰杰原因；其他变量与二元收入差异值的格兰杰原因不显著。

表 1　因素变量与二元收入差异值之间格兰杰因果关系检验

变量	原假设	滞后期	F 统计量	P 值	因果关系
NCGP	NCGP 不是 SCID 的 Granger 原因	2	0.07098	0.93214	不存在
	SCID 不是 NCGP 的 Granger 原因		0.81439	0.48086	不存在
CIT	CIT 不是 SCID 的 Granger 原因	2	0.46142	0.64828	不存在
	SCID 不是 CIT 的 Granger 原因		1.66283	0.25653	不存在
SIN	SIN 不是 SCID 的 Granger 原因	3	6.00846	0.05796	存在
	SCID 不是 SIN 的 Granger 原因		3.50705	0.12845	不存在
TIN	TIN 不是 SCID 的 Granger 原因	2	1.12519	0.37695	不存在
	SCID 不是 TIN 的 Granger 原因		0.00608	0.99394	不存在
CLJ	CLJ 不是 SCID 的 Granger 原因	2	0.48167	0.63681	不存在
	SCID 不是 CLJ 的 Granger 原因		11.0431	0.00684	存在

四　结论与政策建议

总体而言，河北省农村劳动力转移的大部分指标与二元经济结构转化之间缺乏显著因果关系，并且有些指标与二元经济结构间的变化关系明显与理论分析不符。农村非农行业总产值、向第三产业转移和城镇登记失业率与二元收入差异值呈负相关关系，城镇化和向第二产业转移与二元收入差异值呈正相关关系。这说明在河北省的经济发展中,通过城镇化和劳动力进入第二产业就业对减弱二元经济差异的发展起到了较好的作用;而向农村非农行业转移以及向第三产业转移对二元经济差异的改善基本没有作用,这与理论分析的出入较大,说明河北省在这些方面存在一定的问题;此外,城镇失业对农村劳动力转移存在一定的挤出效应。

农村非农行业总产值、向第三产业转移与二元收入差异值呈负相关关系,这说明乡镇企业的发展会加剧二元经济的差异,这与理论分析明显不符,造成这种情况的原因:一是乡镇企业吸纳农村劳动力的能力下降。近年来,受国家产业政策(自1996年国务院要求关闭乡镇企业中容易造成污染的企业和淘汰相应产品以来,许多企业被强制关闭)、技术进步和集约经营等因素的影响(一些较好的企业,出于追求技术进步和集约经营等原因,缩减了劳动力使用规模),以及相当一部分乡镇企业经营实绩不佳,不少企业濒临倒闭,乡镇企业的吸纳能力明显下降。二是河北省实施资源型产业的发展战略,第三产业发展明显滞后,导致第三产业对农村劳动力的吸纳能力明显不足。

城镇化和向第二产业转移与二元收入差异值呈正相关关系,这说明随着城镇化进程和劳动力向第二产业转移的加快,二元收入差异值将变大,即二元经济的差异性减弱。出现这种情况的原因:一是河北省城镇化增长率较高,保持在每年平均7.4%的水平上,从而对二元经济差异的缓和贡献较大;二是河北省的经济发展是以资源型和劳动密集型产业为主,所以这些第二产业对劳动力的吸纳能力较强,在模型中也表现出对二元经济差异的减弱起到较大作用。

城镇登记失业率与二元收入差异值呈负相关关系,这说明随着城镇失业人数的增加,二元收入差异值将变小,即二元经济的差异性更显著。这反映了城镇失业对农村劳动力转移存在一个挤出效应,城镇登记失业率每增加1个单位,就使得二元经济的差异值减少0.09639个单位。

因此,要发挥劳动力转移在缩小二元差距上的作用,应该从如下方面进行调整。

第一,从战略上转变农业哺育工业、农村支持城市的战略,实施工业反哺农业、城市支持农村的战略。政府应该制定促进农村劳动力就业或创业的优惠政策,加大农村教育支出,加强农村基础设施投资力度,尽快缩小公共产品和公共服务的城乡差距,引导要素向农业和农村流动。

第二,加快乡镇企业二次创业步伐,提高乡镇企业吸纳劳动力的能力。

乡镇企业的发展必须跳出小农经济的思维方式和大量耗费资源、不计成本和污染的粗放型生产经营方式，遵循社会化大生产规律，积极参加与城市大工业的分工与协作，以科技为支撑，以质量为中心，以资源和市场为导向，拓宽产业领域，发挥自己的比较经济优势，建立现代企业制度，走可持续发展道路。

第三，继续推进城镇化进程。加快城镇化步伐，提高城镇化水平，进一步完善城镇功能，充分发挥城镇的集聚效应，为农村劳动力转移拓展更为广阔的空间。采取有规划地进行小城镇建设、建设配套的基础设施、优化城镇产业结构等措施，促进城镇吸纳农村劳动力效力的发挥。

第四，转变经济增长模式。改变经济发展的内向型模式，提高外向型经济的比重。提高劳动力的需求，减少失业，提高对农村劳动力的吸纳能力。

第五，进行产业结构调整。改变以资源型产业为主的经济发展战略，大力发展第三产业，优化产业结构。

参考文献

阿瑟·刘易斯，1989，《二元经济论》，施炜等译，北京：北京经济学院出版社。
蔡笑腾、张成虎，2007，《二元经济判断标准的再思考及与我国二元经济的判断分析》，《财政研究》第3期。
高帆，2005，《论二元经济结构的转化趋向》，《经济研究》第9期。
侯风云、张凤兵，2006，《从人力资本看中国二元经济中的城乡差距问题》，《山东大学学报》（哲学社会科学版）第4期。
柯美录，2002，《二元经济条件下农村劳动力转移的对策研究》，《湖北大学学报》（哲学社会科学版）第5期。
史清华、林坚、顾海英，2005，《农民进镇意愿、动因及期望的调查与分析》，《中州学刊》第1期。
〔美〕托达罗，1991，《第三世界的经济发展》，于同申等译，北京：中国人民大学出版社。
吴敬琏，1995，《二元经济与农村剩余劳动力转移》，《教学与研究》第6期。
徐德云，2008，《产业结构升级形态决定、测度的一个理论解释及验证》，《财政研究》第1期。
张军果、秦松寿，2005，《我国二元经济结构的固化与转化》，《中央财经大学学报》第4期。

作者简介

蔡笑腾　女

所属博士后流动站：中国社会科学院财政与贸易经济研究所

合作导师：李茂生

在站时间：2009年1月至2011年10月

现工作单位：新兴发展集团有限公司

联系方式：caixiaoteng@sina.com

先赋性社会资本对大学生职业获得的影响分析*

汤兆云

摘　要：目前大众传媒关于先赋性社会资本对大学生职业获得作用的描述形成了"发挥关键性作用"的媒介现实；但学界研究却发现"作用有限"。通过对557份调查问卷数据的分析发现，先赋性社会资本对大学生职业获得的解释力不强；在所有的先赋性社会资本的变量中，母亲学历、母亲职业对大学生职业获得的解释力要强于其他变量；如果以努力程度作为控制变量，先赋性社会资本对大学生职业获得的解释力更强一些。

关键词：先赋性社会资本　职业获得　媒介现实　解释力

社会资本（social capital）是个人拥有的表现为社会结构资源的资本财产，它们由构成社会结构的要素组成，主要存在于人际关系和社会结构之中，并为结构内部的个人行动提供便利。① 从获得的方式看，社会资本可以分为先赋性社会资本和自致性社会资本。"先赋资源（社会资本）是与生俱来的，如性别和种族……是被继承限定的，如等级和宗教，还可以包括父母的资源。"② 社会资

---

* 本文得到第四十六批中国博士后科学基金面上项目（编号：20090450048）的资助，在此表示感谢。

① 〔美〕科尔曼：《社会理论的基础》，邓方译，社会科学文献出版社，1992，第330页。

② Lin, Nan, Walter M. Ensel & John C. Vaughn. 1981. "Social Resources and Strength of Ties: Parish William, L. 1984, Destratification in China." In Watson, J. L. (ed.), *Class and Social Stratification in Post - revolution China*, Cambridge: Cambridge University Press.

本是外在于个体的一种资本形态,是关系网络中的共有财产,它"借助于行动者所在网络或所在群体中的联系和资源而发生作用"。[1] 家庭背景是人们的社会网络基础,构成个人社会资本的一部分。当一个人的社会网络被运用于工具性行动[2]时,其职业获得在一定程度上取决于他的社会网络资源,而他的社会网络资源在很大程度上又取决于他的先赋性社会资本。[3] 也就是说,先赋性社会资本与职业获得之间存在一定的联系。那么,两者之间存在怎样的联系?联系的强度有多大?本文在大众传媒报道、学术研究文献综述的基础上,于 2009 年下半年在河北省 S 大学进行了 557 份问卷调查,定量地分析了它们两者之间的关系。

一 媒介现实：先赋性社会资本对职业获得发挥关键作用

职业获得是大学生的一种工具性行动,先赋性社会资本在此过程中产生的影响肯定不能被低估。但两者之间到底有着怎样的关系?我们先来看目前大众传媒关于大学生职业获得报道的描述。以下略举数例说明。

2007 年 5 月 31 日,《江南时报》发表以"六成研究生认为就业靠关系"为题的文章。[4] 文章引用 2007 年南京师范大学教育科学学院所做的一项为期一年的全国研究生学习、生活状态大型调研的数据（N = 7836）。文章的结论是：有 61% 的被调查者把"没有过硬的社会关系"作为自己就业难的主要原因。也就是说,有超过半数以上的被调查者认为,先赋性社会资本对他们的职业获得发挥重要作用。

2008 年 6 月 19 日,中国教育新闻网在发表的"大学生就业靠'关系'护驾"为题的文章中说：随着大学统招生逐年增加,就业的压力也不断增大,找工作要靠"关系"护驾的说法,在校园里得到不少学生的赞同。以前人们有句口头禅"学好数理化,走遍天下都不怕",现在已经变成了"学好数理化,不如有个好爸爸"。找工作要靠关系,尤其是靠父母家人,在大

---

[1] 周玉：《干部职业地位获得的社会资本分析》,社会科学文献出版社,2005,第 245 页。
[2] 工具性行动（又称目的性行动）是指在比较、权衡各种行动以后,行动者选择一种最理想的、获得资源的行动（如职业、职位获得）；与之对应的是表达性行动。
[3] Lin, Nan, Walter M. Ensel & John C. Vaughn. 1981. "Social Resources and Strength of Ties: Parish William, L. 1984, Destratification in China." In Watson, J. L. （ed.）, *Class and Social Stratification in Post - revolution China*, Cambridge: Cambridge University Press.
[4] 黄进、徐锐：《六成研究生认为就业靠关系》,《江南时报》2007 年 2 月 5 日,第 31 版。

学毕业生的意识里，这已经是一个常识。他们认为：父母社会地位越高，权力越大，社会关系越多，动员和利用这些资源为子女就业服务的能力就越强，"大学生就业就是比爹！"①

2007年7月，某网站在发布2007年共青团中央学校部、北京大学公共政策研究所联合进行的"2006年中国大学生就业状况调查"时，以"大学生就业：不靠关系你能找到工作吗？"为题进行报道。文章说：有41.61%的学生认为通过家庭和个人的社会关系、托熟人等是最有效的求职途径。在来自大城市的学生中，这一比例更是高达51.29%。父母的受教育程度和社会地位体现了一个家庭的资源。文章还专门列举了重庆市2007年大学生就业情况的调查数据：近半数大学生认为最有效的就业方式是靠家庭和个人的社会关系。在"你认为最有效的就业方式"的调查中，44.82%的被调查者认为最有效的就业方式是通过家庭、个人社会关系和找熟人；其次才是通过人才机构举办的招聘会、个人自荐、学校组织的就业推荐活动，其比例分别只有17.11%、15.18%、14.97%。②

2005年8月1日，《中国青年报》文章说：家庭背景越好，越容易找到好工作，这已成为众多大学毕业生的共识。父亲职业为行政管理人员、经理人员、专业技术人员，其子女工作的落实率和升学率均高于平均水平；而父亲职业为农民、个体工商人员、商业服务人员以及离退休、无业、失业、半失业人员，子女工作落实率和升学率均低于平均水平；而行政管理人员子女的工作落实率要比农民子女高出约14.0个百分点。因此，父母学历高、职业好，会让子女在教育和就业上更有利，这种"代际传递效益"非常明显；家长们甚至可以"直接通过关系和权力决定子女的就业""父母的社会地位越高，拥有的权力越大，社会关系越多，动员和利用这些资源为其子女求学和就业服务的能力越强"③。

2007年2月20日，《宝安日报》在《找工作靠父母，就业还有没有公平》一文中提出了"父亲就业时代到来了"的观点。文章说：家庭背景不同，导致子女找工作冷暖不均。父亲的能力决定了孩子的工作，现在不是孩子找工作，更多的是父亲在找工作，"父亲就业时代"到来了。④

在百度门户网站上，以"找工作靠关系"作为关键词搜索，出现约211万

---

① 资料来源：http://www.eol.cn/kuai_xun_4343/20080619/t20080619_303508.shtml。
② 资料来源：http://www.myxhw.com/content/2007-7/17/200671795120.htm。
③ 李斌：《家庭背景决定子女就业？》，《中国青年报》2005年8月1日，第8版。
④ 陈少东：《找工作靠父母，就业还有没有公平》，《宝安日报》2007年2月20日，第8版。

篇文章；在谷歌门户网站上，以"找工作靠关系"作为关键词搜索，出现约257万篇文章。这些文章通过对大学生或者相关专家的调查、采访，得出的结论都是有相当多数的人认为先赋性社会资本对职业获得有相当大的影响。

目前，大众传媒已成为现代社会生活中不可或缺的一部分。随着大众传媒对人们社会生活的渗透力、影响力越来越大，其对人们认识和观念形成的影响也越来越大。"媒介通过描述说明而提出的对现实的解释有着潜移默化其受众的作用。人们可以从所读到、看到和听到的内容发展出对物质现实和社会现实的主观及共认的意义构想。"[1] 随着人们对从大众传播媒介中获取信息的依赖性增强，其所建构的各种"社会现实"，即"媒介现实"，往往在不知不觉中演变成受众头脑中的社会现实。"'媒介现实'成了人们认识世界的主要来源"，人们"对事物的感知、判断及所采取的行动，大都以他们看到、听到的媒介现实为依据"[2]。目前大众传媒关于先赋性社会资本对大学生职业获得作用的报道形成了独有的"媒介现实"，在人们头脑中形成"先赋性社会资本对大学生职业获得发挥着关键性作用"这一影像。

先赋性社会资本对大学生职业获得是否真如大众传媒报道一样发挥了"关键性"的作用？我们再来看学术界关于这个问题的研究。

二 学界研究：先赋性社会资本对职业获得的作用有限

社会学对职业地位获得的经典研究当属布劳和邓肯在1967年出版的《美国职业结构》一书中所提出的"地位获得模式"。他们以"16岁时父亲的职业地位""父亲的受教育水平"为先赋性变量（继承性因素），以被访问者（年龄在20~64岁的男性，N = 20700）获得的"受教育水平""初职职业地位"和"目前职业地位"为自获性变量（后致性因素），用社会经济指数量化了父亲与被访问者本人的职业地位，以路径分析递归模型计算各个先赋性变量和自获性变量对个人"目前职业地位"的影响。文章的研究结论是：对于初职获得者而言，本人教育和家庭背景都有作用，其中本人教育作用更大；对于现职获得者而言，本人的教育和初职的作用较大，但本人的教育是最重要的。在此基础上，布劳、邓肯将他们的研究结论推广为：越是

---

[1] 梅尔文·德弗勒、桑德拉·鲍尔－洛基奇：《大众传播学诸论》，杜立平译，新华出版社，1990。

[2] 张国良：《新闻媒介与社会》，上海人民出版社，2001。

工业化社会，先赋性因素对个人社会地位获得的影响越小；越是传统型社会，先赋性因素对个人社会地位获得的影响越大。[1] 这一关于先赋性因素对个人社会地位获得研究的方法、路径和结论对后来的研究者产生了很大影响。

关于中国人社会地位获得影响因素的研究首推美国芝加哥大学的白威廉（William Parish）。白威廉通过对中国大陆1972~1978年迁居香港的132位移民的访谈，得到了他们的2865位邻居的数据。通过对数据的分析发现：对于那些在"文化大革命"前（1966年前）就年满20岁的同期群案例来说，父亲的"受教育水平"与"职业地位"对子女的受教育水平、父亲的"职业地位"与"阶级出身"对子女的"职业地位"获得等具有显著性的影响作用；但对于那些在"文化大革命"时期才年满20岁的同期群案例来说，两者之间的作用并不显著。[2]

林南和边燕杰1985年在天津的调查数据证实：父亲的职业地位既对人们的初职地位获得毫无影响，也对人们目前职业地位的获得缺少明显作用。[3]

蔡禾、冯华通过对广州市劳动人口职业（年龄为18~65岁，N=383，其中男性、女性分别占40.7%、59.3%；51岁及以上的占15.1%、36~50岁的占52.2%、35岁及以下的占32.6%；小学文化及以下的占9.2%、初中的占18.7%、高中的占45.5%和大学及以上的占26.6%）调查数据进行分析发现：本人教育程度对获取最初职业具有决定性的作用，而现职获得则是教育程度和初职共同作用的结果，其中初职起了主要作用。先赋性因素和制度性因素也对职业获得起一定的作用。教育获得受父亲的教育程度影响最大，是家庭文化资本传承的表现。[4]

范成杰根据对杭州市青年（年龄为17~35岁，N=698）的问卷调查，分析了城市青年初始职业的获得情况。发现：①杭州市青年的先赋性因素对其初始职业获得具有一定的影响，但不是决定性的因素；本人的文化程度对

---

[1] Beeghley, Leonard. 1996. *The Structure of Social Stratification in the United States.* Allyn and Bacon.
[2] Lin, Nan, Walter M. Ensel & John C. Vaughn. 1981. "Social Resources and Strength of Ties: Parish William, L. 1984, Destratification in China." In Watson, J. L. (ed.), *Class and Social Stratification in Post-revolution China*, Cambridge: Cambridge University Press.
[3] 林南、边燕杰：《中国城市中的就业与地位获得过程》，边燕杰主编《市场转型与社会分层——美国社会学者分析中国》，三联书店，2002。
[4] 蔡禾、冯华：《广州市劳动人口职业获得分析——兼析教育获得》，《中山大学学报》（社会科学版）2003年第2期。

获得初始职业具有决定性的影响作用;②先赋性因素对杭州市青年的教育获得的影响虽然还没有消失,但是其影响有限。①

虽然较多的学者研究发现先赋性社会资本对职业获得作用有限,但也有一些学者的研究发现先赋性社会资本对职业获得有一定的作用。这也成为一些大众传媒关于先赋性社会资本对职业获得发挥关键作用的佐证材料。张翼以阶级继承和代内流动为切入点,分析了中国人社会地位的获得。他发现:中国社会正在走向开放型社会,但"父亲职业地位"仍然具有影响力,即"先赋性因素具有显著性"②。有学者通过对大学生的个案访谈,探讨先赋性社会资本对大学生就业的影响机制。其结论为:社会资本是就业过程中的一个重要工具,起到了桥梁的作用,促进了信息的流通和新的关系网络的建立。先赋地位越好,学生越可能获取和使用好的社会资本。相对于自致性社会资本而言,先赋性社会资本在大学生就业中扮演了重要的角色:帮助大学生筛选就业信息;提高大学生就业概率和质量;有利于大学生节约求职成本。③

学界研究可以归纳为:先赋性社会资本对职业获得有一定的影响,但影响有限。社会研究(social research)是一种以经验的方式,对社会世界中人们的行为、态度、关系以及由此所形成的各种社会现象、社会产物所进行的科学探究活动。作为一种科学探究活动的社会研究,比起常识、传统、权威、个人经验以及其他一些知识来源,无疑具有更高的系统性、结构性、组织性及科学性;尽管它所产生的知识不可能达到完美无缺的境界,但其存在缺陷的可能性相对小一些,因而这种知识也更为可靠一些。④

三 先赋性社会资本对职业获得的经验研究

(一) 数据来源与变量介绍

作为一项经验研究,本文分析使用的数据来自2009年下半年对河北省S大学即将毕业的大四年级学生的职业获得情况所做的抽样调查。调查样本按照多阶段抽样的方法选取。先在S大学按照学科性质抽取文科、理科、工

---

① 范成杰:《城市青年初始职业获得及机制》,《社会》2004年第8期。
② 张翼:《中国人社会地位的获得——阶级继承和代内流动》,《社会学研究》2004年第4期。
③ 张少平:《先赋性社会资本在大学生就业中的作用及局限》,《高校辅导员学刊》2009第2期。
④ 风笑天:《社会学研究方法》,中国人民大学出版社,2005,第2页。

科学院，再从学院随机抽取班级，最后从班级中简单随机抽取样本（样本频数及百分比见表1）。

表1 样本频数及百分比

分类	子类型	频数	%
性别	男	467	84.0
	女	89	16.0
前途选择	就业	437	78.5
	深造	88	15.8
	不就业	32	5.7
期望就业单位	党政机关	97	17.4
	企业	314	56.4
	事业单位	99	17.8
	其他	47	8.4
期望月薪	1000元及以下	7	1.3
	1001~1500元	70	12.6
	1501~2000元	207	37.2
	2001~2500元	122	21.9
	2501~3000元	58	10.4
	3000元以上	93	16.7
母亲受教育程度	初中及以下	320	57.5
	高中	162	29.1
	大学	69	12.4
	研究生及以上	6	1.1
母亲职业阶层	无业/农民	312	56.0
	工人	69	12.4
	干部	43	7.7
	专业技术人员/军警	38	6.8
	个体户/商人/自由职业者	71	12.7
	企业家/企业者/其他	23	4.1
父母最高职务	无行政职务	200	35.9
	无法分类部门负责人	152	27.3
	企业/非公经济部门负责人	63	11.3
	事业单位负责人	63	11.3
	党群部门负责人	44	7.9
	国家机关部门负责人	35	6.3

续表

分类	子类型	频数	%
生源地	农村	145	26.0
	城镇	412	74.0
求职信心	有信心	333	59.8
	一般	204	36.6
	没有	17	3.1
父亲受教育程度	初中及以下	224	40.2
	高中	228	40.9
	大学	97	17.4
	研究生及以上	8	1.4
父亲职业阶层	无业/农民	237	42.5
	工人	92	16.5
	干部	82	14.7
	专业技术人员/军警	38	6.8
	个体户/商人/自由职业者	81	14.5
	企业家/企业者/其他	26	4.7
父母最高行政级别	无行政级别	424	76.1
	股级/科/局	97	17.4
	县处级	23	4.1
	地厅级及以上	13	2.3
家庭年总收入	5000元及以下	89	16.0
	5001~15000元	182	32.7
	15001~30000元	126	22.6
	30001~60000元	83	14.9
	60001~100000元	48	8.6
	100000元及以上	29	5.2
工作落实情况	未落实	261	46.9
	已落实	296	53.1
努力程度	不努力	59	10.6
	比较努力	348	62.5
	很努力		

注：因系统值缺失，故每项回答的人数不同。

本次调查共发放650份问卷，回收问卷587份，有效问卷为557份，分别为90.3%、85.7%。在557份样本中，男性占84%，女性占16%。

本次问卷调查中所设计的先赋性社会资本情况，即协变量包括以下几个。

1. 父母受教育程度。为了使不同被访问者有一个同样可以被社会接受的准则来度量其"受教育状况"，本文选择使用被访问者的"最高受教育程度"这个变量。本文将父母亲受教育程度设置为：初中及以下、高中、大学、研究生及以上。

2. 父母职业阶层。本文参考冈索普（J. H. Goldthorpe）关于职业分类框架而设定的职业阶层序列，将职业阶层由低到高依次定义为：无业/农民、工人、干部、专业技术人员/军警、个体户/商人/自由职业者、企业家/企业者/其他。

3. 父母最高职务。分别为：无行政职务、无法分类部门负责人、企业/非公经济部门负责人、事业单位负责人、党群部门负责人、国家机关部门负责人。

4. 父母最高行政级别。分别为：无行政级别、股级/科/局、县处级、地厅级及以上。

5. 家庭年总收入。分别为：5000元及以下、5001~15000元、15001~30000元、30001~60000元、60001~100000元、100000元及以上。

模型的因变量为工作落实情况，分别为未落实、已落实。

控制变量包括：性别、生源地、前途选择、期望就业单位、期望月薪、求职信心、努力程度以及求职费用。

求职费用为自填式内容，介于5~10000元之间，均值（Mean）为857.37，中位数（Median）为300.00，标准差（Std. Deviation）为1382.752。

为了测量先赋性社会资本对大学生职业获得的影响，本文使用SPSS17.0的二分逻蒂斯克回归方法对调查数据进行分析处理。

（二）主要研究结果

1. 变量间的相关系数

表2是大学生的职业获得与先赋性社会资本之间的相关系数。我们主要考察大学生职业获得与先赋性社会资本（包括：父母受教育程度、父母职业阶层、父母最高职务、父母最高行政级别、家庭年总收入）与工作落实情况之间的相关关系。

表2 大学生的职业获得与先赋性社会资本的相关系数矩阵

			父亲学历	父亲职业	母亲学历	母亲职业	父母最高职务	父母最高行政级别	家庭年总收入
Spearman's rho	工作落实情况	相关系数	-.019	.020	.023	.019	.014	.002	.038
		显著性（双尾）	.651	.630	.592	.663	.739	.955	.369
Kendall's tau_b	工作落实情况	相关系数	-.018	.019	.022	.017	.013	.002	.034
		显著性（双尾）	.651	.630	.591	.663	.739	.955	.368

注：相关在0.05的水平上显著（双尾）。

从表2中可以看出，大学生的工作落实情况与他们的父亲学历、父亲职业、母亲学历、母亲职业、父母最高职务、父母最高行政级别以及家庭年总收入之间的Spearman's rho等级相关系数分别为 -0.019、0.020、0.023、0.019、0.014、0.002、0.038；大学生的工作落实情况和他们的先赋性资本之间的 Kendall's tau_b 相关系数分别为 -0.018、0.019、0.022、0.017、0.013、0.002、0.034。这两种分析方法等级相关系数表明，大学生的工作落实情况和他们的先赋性社会资本没有呈现明显的正相关关系。

2. 变量间的二分逻蒂斯克回归模型

以求职大学生的先赋性社会资本（包括：父母受教育程度、父母职业阶层、父母最高职务、父母最高行政级别、家庭年总收入）为协变量，以工作落实情况为因变量进行变量间的二分逻蒂斯克回归分析。

表3给出了模型拟合优度评价结果的几个统计量。Cox & Snell R^2 统计量和Nagelkerke R^2 统计量分别为0.002、0.003，这意味着模型只能解释被解释量3.0%左右的变动。

表3 模型拟合优度评价结果

Step	对数似然	Cox & Snell R^2	Nagelkerke R^2
1	765.559[a]	.002	.003

a. 经过三次模型检验，R^2 都小于0.001，通过了显著性检验，两个变量之间有显著性意义。

表4是二分逻蒂斯克回归系数估计值及其显著性检验结果，包括各自变量的回归系数及其标准误、Wald值、自由度、Sig值以及OR值［即Exp（B）］。可以看出，大学生的职业获得与父亲学历、父亲职业、母亲学历、母亲职业、父母最高职务、父母最高行政级别、家庭年总收入等先赋性资本的β系数分

别为 -0.091、0.010、0.005、0.024、-0.023、-0.091、0.042，非常小。这说明先赋性社会资本对大学生职业获得虽然有一定的影响，但解释力不强。

表4　回归系数估计值及其显著性检验结果

		回归系数	标准误	Wald 值	自由度	Sig 值	OR 值
Step 1[a]	父亲学历	-.091	.163	.313	1	.576	.913
	父亲职业	.010	.071	.021	1	.884	1.011
	母亲学历	.005	.179	.001	1	.978	1.005
	母亲职业	.024	.076	.101	1	.750	1.024
	父母最高职务	-.023	.071	.107	1	.744	.977
	父母最高行政级别	-.091	.162	.313	1	.576	.913
	家庭年总收入	.042	.074	.332	1	.565	1.043
	常数项	.316	.570	.307	1	.579	1.371

a. 模型中的自变量：父亲学历、父亲职业、母亲学历、母亲职业、父母最高职务、父母最高行政级别、家庭年总收入。

由此建立的回归模型为：

（1）职业获得概率的指数 $Z = 0.316 - 0.091 *$ 父亲学历 $+ 0.010 *$ 父亲职业 $+ 0.005 *$ 母亲学历 $+ 0.024 *$ 母亲职业 $- 0.023 *$ 父母最高职务 $- 0.091 *$ 父母最高行政级别 $+ 0.042 *$ 家庭年总收入。

（2）职业获得的概率为：$\text{Prob}(Z) = 1/(1 + e^{-Z})$。

在通常情况下，$\text{Prob}(Z) < 0.5$ 时，可预测到某事件不发生；$\text{Prob}(Z) > 0.5$ 时，可预测到某事件可发生。

例一：一位大学生的先赋性社会资本情况为：①父母受教育程度为初中及以下；②父母职业为无业/农民；③父母最高职务为无行政职务；④父母最高行政级别为股级/科/局；⑤家庭年总收入为5000元及以下。

（1）职业获得概率的指数 $= 0.316 - 0.091 + 0.010 + 0.005 + 0.024 - 0.023 - 0.091 + 0.042 = 0.192$。

（2）职业获得的概率为：$\text{Prob}(Z) = 1/(1 + e^{-0.192}) = 0.284$。

上式 $\text{Prob}(Z) = 0.284 < 0.5$ 时，可预测到先赋性社会资本对大学生职业获得这一事件的影响不发生。

例二：另有一位大学生的先赋性社会资本情况为：①父母受教育程度为研究生及以上；②父母职业为企业家/企业者/其他；③父母最高职务为国家机关部门负责人；④父母最高行政级别为地厅级；⑤家庭年总收入为10万

元及以上。

(1) 职业获得概率的指数 $= 0.316 - 0.091 \times 4 + 0.010 \times 4 + 0.005 \times 4 + 0.024 \times 4 - 0.023 \times 6 - 0.091 \times 6 + 0.042 \times 6 = -0.324$。

(2) 职业获得的概率为：$\text{Prob}(Z) = 1/(1 + e^{-0.324}) = 0.425$。

上式 $\text{Prob}(Z) = 0.425 < 0.5$ 时，也可预测到先赋性社会资本对大学生职业获得影响这一事件不发生。

也就是说，我们可以预测到最好和最差的先赋性社会资本对大学生职业获得影响这一事件都不发生。

四 结论

(1) 本研究通过对557份关于大学生职业获得与他们先赋性社会资本的调查数据的分析，得出结论表明先赋性社会资本对大学生职业获得虽然有一定的影响，但解释力不强。这一结论与学术研究的结论基本一致，但与大众传媒关于先赋性社会资本对大学生职业获得作用报道所形成的独有的"媒介现实"相差较大。个中原因和大众传媒、学术研究的特点有很大的关联性。

商品经济时代，大众传媒不可避免地要打上鲜明的商品烙印。"商品的逻辑得到了普及，如今不仅仅支配着劳动进程和物质产品，而且支配着整个文化。"[①] 它的生产者要实现利益最大化，必须迎合消费者的要求，因此在形式上以夸张的手法制造卖点来吸引观众眼球。目前，大众传媒关于先赋性社会资本对大学生职业获得作用的报道形成了独有的"媒介现实"，很大程度上就是这样的原因。而作为具有更高的系统性、结构性、组织性及科学性的学术研究，它是基于对数据、事实分析的基础上所得出的结论，说服力更强一些。

(2) 虽然先赋性社会资本在大学生职业获得过程中的作用有限，但其作用还是存在的。研究发现在所有的先赋性社会资本的变量中，母亲学历、职业对大学生职业获得的解释力高于其他变量（见表4）。对此可能的解释是：中国文化强调个人对家庭的认同。而在家庭中，由于母亲与孩子相处的时间较多，对孩子影响较大。有调查显示，在半数以上的城市家庭中，母亲

---

① 〔法〕让·波德里亚：《消费社会》，刘成富、全志钢译，南京大学出版社，2001，第225页。

是子女在家庭中接触最多的人。子女在家庭中更经常与母亲交谈，他们与母亲的关系明显要强于他们与父亲的关系。[①]

（3）如果以努力程度作为控制变量，父亲受教育程度、父亲职业、母亲受教育程度、母亲职业、父母最高职务，父母最高行政级别、家庭年总收入等先赋性社会资本的回归系数分别为 -0.182、0.000、-0.365、0.089、-0.345、0.104、-0.079（见表5），也就是说，先赋性社会资本对大学生职业获得的解释力强一些。这也说明，在职业获得的过程中，自致性社会资本比先赋性社会资本发挥的作用要大一些。这与布劳、邓肯提出的"越是工业化社会，先赋性因素对个人社会地位获得的影响就越小；越是传统型社会，先赋性因素对个人社会地位获得的影响就越大"的结论是一致的（Beeghley，1996：70）。这一结论说明，在现代社会个人的成功主要还是靠后天的努力。

表5 回归系数估计值及其显著性检验结果（以努力程度为控制变量）

		回归系数	标准误	Wald 值	自由度	显著性	指数化的系数
Step 1[a]	父亲受教育程度	-.182	.350	.271	1	.602	.833
	父亲职业	.000	.163	.000	1	.999	1.000
	母亲受教育程度	-.365	.404	.817	1	.366	.694
	母亲职业	.089	.172	.271	1	.603	1.094
	父母最高职务	-.345	.146	5.601	1	.018	.709
	父母最高行政级别	.104	.319	.107	1	.744	1.110
	家庭年总收入	-.079	.148	.282	1	.595	.924
	常数项	2.868	1.163	6.083	1	.014	17.600

a. 模型中的自变量：父亲受教育程度、父亲职业、母亲受教育程度、母亲职业、父母最高职务、父母最高行政级别、家庭年总收入。

一个人的出身不能选择，但人生道路可以选择！目前，在职业获取过程中的大学生们，与其责怨自己先赋性社会资本不足，不如静下心来，踏踏实实夯实自己的后致性社会资本，同样也能创造灿烂的未来。著名教育学家陶行知有一句警言："自立就是滴自己的血，淌自己的汗，吃自己的饭；靠天靠地靠祖上，不算是好汉！"就以此句警言作为本文的结语。

---

① 风笑天：《城市中学生与父母的关系：不同视角中的图像》，《青年研究》2002年第8期。

参考文献

〔法〕让·波德里亚，2001，《消费社会》，刘成富、全志钢译，南京：南京大学出版社。
蔡禾、冯华，2003，《广州市劳动人口职业获得分析——兼析教育获得》，《中山大学学报》（社会科学版）第 2 期。
陈少东，2008，《找工作靠父母，就业还有没有公平》，《宝安日报》2 月 20 日，第 8 版。
范成杰，2004，《城市青年初始职业获得及机制》，《社会》第 8 期。
风笑天，2002，《城市中学生与父母的关系：不同视角中的图像》，《青年研究》第 8 期。
——，2005，《社会学研究方法》，北京：中国人民大学出版社。
黄进、徐锐，2007，《六成研究生认为就业靠关系》，《江南时报》5 月 31 日。
〔美〕科尔曼，1992，《社会理论的基础》，邓方译，北京：社会科学文献出版社。
李斌，2005，《家庭背景决定子女就业？》，《中国青年报》8 月 1 日，第 8 版。
林南、边燕杰，2002，《中国城市中的就业与地位获得过程》，边燕杰主编《市场转型与社会分层——美国社会学者分析中国》，北京：三联书店。
〔美〕梅尔文·德弗勒、桑德拉·鲍尔-洛基奇，1990，《大众传播学诸论》，杜力平译，北京：新华出版社。
张国良，2001，《新闻媒介与社会》，上海：上海人民出版社。
张少平，2009，《先赋性社会资本在大学生就业中的作用及局限》，《高校辅导员学刊》第 2 期。
张翼，2004，《中国人社会地位的获得——阶级继承和代内流动》，《社会学研究》第 4 期。
周玉，2005，《干部职业地位获得的社会资本分析》，北京：社会科学文献出版社。
Beeghley, Leonard. 1996. *The Structure of Social Stratification in the United States.* Allyn and Bacon.
Lin, Nan, Walter M. Ensel & John C. Vaughn. 1981. "Social Resources and Strength of Ties: Parish William, L. 1984, Destratification in China." In J. L. Watson (ed.), *Class and Social Stratification in Post-revolution China.* Cambridge: Cambridge University Press.

作者简介

汤兆云　男
所属博士后流动站：中国社会科学院社会学研究所
合作导师：李培林
在站时间：2009 年 9 月至 2011 年 9 月
现工作单位：华侨大学公共管理学院
联系方式：tzyun1971@163.com

多元生计模式下的移民生产安置[*]

王毅杰

摘　要：移民生产安置需要重视生计的恢复，对西部地区来说更是如此。我国现在实行的是以有土安置为主的移民生产安置模式，在执行过程中，往往将"土"简化为耕地面积、粮食产量，忽视了西部地区生计模式的多样性和复杂性，安置方式过于标准化、单一化，进而严重影响着移民生计的恢复。结合实地调查资料，本文提出需要考虑各地生计模式的差异，重视地方性知识，结合当地具体情况实行移民生产安置。

关键词：移民生产安置　生计模式　多元化　地方性知识

生计在移民安置中居于最基础位置，只有促进移民生计恢复和发展才能保证移民在移入地长久、稳定、和谐地生活。中央也经常强调移民生计问题。目前，有土安置是主要的模式。

基于西部地区水利水电工程移民安置区的实地调查，本文试图分析有土安置模式政策执行中的局限性，认为它将问题标准化、简单化了。在这些地区，各地生计模式存在差异，而且每种生计模式都是由多种生计来源组成的一个多元系统，耕地仅仅是特定生计系统的一部分。目前的有土安置模式虽

---

[*] 感谢施国庆教授、陈阿江教授提供的调研机会，感谢陈阿江教授、高燕副教授、顾金土副教授、胡亮讲师在课题调查与讨论中的诸多启发，感谢我的研究生李利浩帮我整理调查资料。另按照学术惯例，本文出现的地名、人名经过一定的技术处理。

然考虑到了耕地，但在一定程度上忽视了多元生计系统中的其他组成部分。在土地容量极为有限的西部地区（这正是水利水电工程集中的区域），这一问题尤其突出。

因此在移民安置过程中，应当根据当地生计模式的具体情况，进行合适的生产安置，这样才能降低移民贫困的风险，减少对移民生存与发展的影响。生产安置模式的选择要求必须了解当地具体的生计模式以及它背后的文化含义，即"地方性知识"。[1] 基于对地方性知识的理解、采取适合当地具体情况的生产安置模式，才是必由之路。

一 有土安置模式

移民政策的制定和审核者往往是距离实际项目区比较遥远的上级部门。这些部门为了管理方便，聚焦主观上认为的最主要问题，在决策过程中往往会忽略地方的多样性，忽略项目实施中复杂的细节。[2] 在农村实行有土安置的主要依据源于耕地是农村居民主要生计来源这一朴素认识。因而，政策制定和审核者主要关注耕地，而忽视了多元生计模式中其他的收入来源及其背后的文化意义。同时，很多政府在政绩和财政压力下，以 GDP 增长为导向，重视能拉动经济增长的基础设施以及工业建设，在（与业主、设计机构共同）制定移民安置具体实施细则的时候，以工程建设尽快"上马"为主要导向。尽管基层政府会考虑移民地区生计的多样性和复杂性以及政策在本地区的具体适用情况，但在面临上级政府、业主等多方的压力、缺乏更多讨价还价能力的情况下，也不得不被动地执行政策。另外，对移民安置工作的考核往往被简化为一些可操作的和可评估的简单指标，比如在什么时间期限内完成什么样的工作。为了在有限时间内完成这些指标，基层政府也不得不在安置政策与本地区实际情况之间进行有限的权衡与折中。以上诸多因素最终导致在解决生产安置的时候，或者还没有解决好这个问题的时候，又产生了更多的其他问题。

在《大中型水利水电工程建设征地补偿和移民安置条例》（国务院令第471号）（以下简称《条例》）中有几条移民生产安置应遵循的原则："应当

---

[1] 〔美〕克利福德·吉尔兹：《地方性知识：阐释人类学论文集》，王海龙、张家瑄译，中央编译出版社，2000，第20页。
[2] 〔美〕詹姆斯·C. 斯科特：《国家的视角：那些试图改善人类状况的项目是如何失败的》，王晓毅译，社会科学文献出版社，2004，第105页。

以资源环境承载能力为基础"（第十一条）；"对农村移民安置进行规划，应当坚持以农业生产安置为主……有条件的地方，可以结合小城镇建设进行……农村移民安置后，应当使移民拥有与移民安置区居民基本相当的土地等农业生产资料"（第十三条）。

从常规来讲，安置地资源环境承载能力（即环境容量），关系着移民搬迁后生产、生活水平能不能尽快恢复，涉及社会、经济、环境和自然资源等诸多领域，是一个多层次的复杂系统工程。但再加上《条例》第十三条的规定，对农村移民"应当坚持以农业生产安置为主"，其一种结果便是：在实际工作中，环境容量分析往往简化为"人均资源占用量"，进而简化为以"人均粮食产量"为基本出发点的"人均标准耕地占有面积"。我们认为，以粮食产量为主要标准，用同样数量的耕地来替换原有耕地，是不能体现工程项目对原生计模式造成破坏的原土地的多样性用途的，这些土地可以是农业耕作的耕地，也可以是非耕地/承包地，移民依靠这些非耕地（如山林草场的野生动植物资源）而获得可观的收益。

如果搬迁前后生计模式有很大差异，再加上移民的迁移与适应是一个在外力强制下而非自愿和自然而然的过程，产生的问题便更为突出。比如，当移民从先前以山地或高山为基本特征的生态环境，迁移到以水田稻作为基本特征的生态环境时，如果主要以单一的有土安置模式对其进行安置，就会因生态环境变化而产生诸多问题（如山林资源的消失、土壤性质变化等导致先前的劳动技能不再有效，移民需要重新学习新的劳动技能；如对气候的不适应导致的身体不舒适），这些就成为影响移民生计恢复乃至社会稳定的大问题。

在A项目安置点，一名中年男性告诉我们，搬迁前，全家现金收入是1.5万～2万元；现在每人每月长效补偿300元，这样一年有1.8万元，即使不劳动，也和以前现金收入差不多。但这边开支要大得多，以前除了孩子教育费用外，开支很少。在这里，可以养猪、种玉米和小麦等，但杂粮就不能种了。以前居住的地区位置偏僻，但吃的不愁，还有各种杂粮，现在过的几乎是城里人的生活，什么东西都得买，吃的只能是大米，想吃杂粮还得去买。现在也没事可做，就那么点地，种地一天就完了，收割一天也完了，"这边坐坐、那边坐坐"，无所事事。此外，安置地的海拔比迁出前海拔高六七百米，不适应气候。

在B项目安置点，我们发现尽管土地资源分配到位，农技人员也进行水稻栽培培训、发放种植节令表，但移民还是反映这些只是解决了吃饭问题，现金收入还是很缺乏。其深层原因就是耕地、林地所蕴含的意义对安置地和迁出地的居民来说是不相同的，进而他们的土地知识和利用方式也是有明显差别的。在迁出地，粮食作物的产量主要依赖施肥，而在安置地，如果给水稻施肥，那么水稻是只长苗不长穗的；同时，在早稻收割、晚稻插秧之间的农作时间很短，移民必须将田间水尽快排干，因为很快就要进入雨季。移民苦笑，"种了多少年地，但还是不会灌溉"。

同样的情况也存在于以水田为生态环境的移民安置中。由于海拔升高，耕地不适宜种植水稻以及需水量大的经济作物，因此，这些几百年来就熟悉种植水稻，并围绕水稻种植形成了一套规则、规范的移民，不得不改种旱季作物，不得不进行艰难的适应和转型。

我们必须承认，搬迁前的移民生计模式是一个粮食、林木、采集、牧业、运输等多种收入来源关联在一起而共同构成的复杂系统，耕地、林地、林下资源在整个生计模式中都是有多重意义的。就拿粮食来说，它不仅仅供人食用，还有多种用途。例如，小麦不仅仅可以磨成面粉用来做成面食，在磨成面粉的时候还会产生麸皮，而这可以用来喂养牲畜；青稞不仅可以炒后磨成面做成酥油茶拌着吃，还可以与豌豆掺和做成糌粑吃，在宗教节日中移民还要抛撒糌粑以示祝福，在举行盛大煨桑仪式时也要抛糌粑。

面对生计模式的复杂性，政策制定者和审核者收集到的信息存在不同程度的缺失、不准确，乃至歪曲，而且这些信息是非个人的，无法满足所有个体的不同需求。[①] 目前的移民安置，很少从移民在所处生态环境中形成的社会生产生活的多样性这一角度来考虑，从而产生一些消极的非预期后果。[②]

二 多元生计模式

复杂多样的生态环境造就了多元生计模式。自然环境和气候为各地区形成多元生计模式提供了条件。基于生态环境的根本性差异，林耀华将新中国成立初期的中国划分为三种经济文化类型：第一种是采集渔猎型，包括山林采集狩猎型和河谷采集渔捞型等；第二种是畜牧型，包括山林苔原畜牧型、高原戈壁草原游牧型、盆地草原游牧型和高山草场畜牧型等；第三种是农耕

[①] 水利部水库移民开发局：《大中型水利水电工程建设征地补偿和移民安置条例》，中国水利水电出版社，2007，第 104 页。

[②] 王毅杰：《场域视角下的项目社会：以某大坝建设项目为例》，毛振华主编《和谐社会与社会保障》，社会科学文献出版社，2010；宋良光：《国家大中型水库移民后期扶持政策的非预期后果讨论》，《水利经济》2010 年第 2 期。

型，包括山林游耕型、山地耕牧型、山地耕猎型、丘陵稻作型、绿洲耕牧型和平原集约农耕型等。①

生计模式不仅受生态环境的影响，也受社会环境的影响，并且这两大系统也是互为依存与影响，不能截然分开的。"任何一个民族对其所处的客观外部自然环境并非百分之百地加以利用，总是按照该民族自身的文化特点去有选择地利用其中的一部分。"② 即使是处在类似的生态环境之中，人们对它的适应不同，形成的生计模式也不同。同时，随着社会环境的变化，生计模式也会随着对生态环境利用方式的变化而变化。同样一片山，有的可能仅仅将其用作水源林或薪炭林，有的则会种上经济林木，这与人们对其认识不同有关。

不仅生计模式是多种多样的，而且每种生计模式都是各种生计来源相互关联、共同组成的系统。根据实地调查，我们可以将西部地区居民生计模式分为平坝/河谷耕作、山地耕作、高原/戈壁牧业、高山采集、乡村工商业五大类。在每一类生计模式中，耕地、山林、林下资源、工商业等生计来源都是相互关联在一起的。

（一）平坝/河谷耕作

以平坝/河谷耕作为生计模式的居民生活在海拔较低、地势较为平坦的地区。他们拥有良好的水田灌溉系统和精耕细作的水稻种植技术。水田灌溉是这一生态系统的核心，水稻是最主要的粮食作物。在粮食作物种植中，水稻是最耗费劳力的。围绕水田耕作这一核心，还有园圃（种类繁多的蔬菜、水果、香料等）、渔业（池塘、稻田养鱼、河流捕鱼等）、林业、手工业（制陶、榨糖、制银器和铁器等）、家畜饲养等活动。他们围绕山、水（含水源）、田、林形成了一个完整的生态系统。树林又分为水源林和人工种植的薪炭林、经济林，前者是有地方性规范予以严格保护的。20世纪五六十年代之后，橡胶、甘蔗成为重要的收入来源。

（二）山地耕作

习惯在海拔较低、气候比较凉爽的山地生活的居民，耕地主要以缓坡上

---

① 林耀华：《民族学通论》（修订本），中央民族大学出版社，1997，第88页。
② 罗康隆：《论民族生计方式与生存环境的关系》，《中央民族大学学报》（哲学社会科学版）2004年第5期，第45页。

的旱地为主,个别地区有少量水田,基本没有或仅有不完善的灌溉设施,农作物主要是"靠天吃饭"。在土壤、坡度、雨水、虫害等自然生态条件复杂多变的情况下,为保障粮食产量,往往有繁多的粮食品种,栽种作物更具有多样性特点。20世纪80年代,云南省景洪市勐罕镇的水稻有10余个品种,而紧邻的基诺山却有70余个陆稻品种。① 作物种类较多,但产量往往不高,仅够自用或者少量出售。囿于土壤肥力等因素,在土地利用中,居民往往会采用轮耕轮歇的方式,这是一种用养结合的土地利用方式,但需要以地广人稀为前提。有的地方可以种植经济作物,如枇杷、橡胶、芒果和脐橙,这些在现金收入中占很大比重。

在A项目安置点,移民是从先前拥有较多山地、少量坡地的江边,被安置到这一靠近市区的以平地、坡地为主的生态环境中,目前每人200平方米水田、133.33平方米旱地,1000平方米林地。一位农民告诉我们:搬迁前,他家有8000平方米耕地、13000多平方米林地;集体还有特别多的林地没有分包到户;房前屋后种的种类很多,如石榴、花椒、橘子、香蕉,还有黄豆、豌豆等20多种豆类;每年还能卖十来头猪、一两头牛,但从来不买饲料,饲料都是自家产的苞谷和山上的野草;每年4~8月还可以采菌子,他家采的菌子能卖700~800元,会采的人能有7000~8000元收入;山里还有黄芪等药材,若缺钱,就到山上去挖点、采点去卖钱。

在C项目安置点,移民每人水田、旱地、果园各333.33平方米,但"除了这1000平方米外,还有什么呢?"移民认为,搬迁前地处河滩地,土地肥沃,还有较多坡地、林地可以开垦。一中年男子家有5口人、4000平方米水田、12000平方米山坝地;作物种类比较多,如江边的芭蕉、香蕉,田边地头的油桐,山坡的剑麻、紫胶、攀枝花、橄榄等;耕地里,一季种水稻,每666.7平方米能收500多公斤,一年产量够全家吃两三年;另一季种玉米或蔬菜(主要是黄花),蔬菜可以运到5公里远的集镇市场,每666.7平方米的黄花晒干后能有40公斤(每公斤最低收购价大约40元),玉米还可以用来喂猪。

在商品经济的带动下,一些地区的经济作物种植面积越来越大,并且引发了一些让人始料未及的社会文化变迁。② 在云南省普洱市和西双版纳州,

---

① 尹绍亭:《远去的山火——人类学视野中的刀耕火种》,云南人民出版社,2008,第245页。
② 杨筑慧:《橡胶种植与西双版纳傣族社会文化的变迁——以景洪市勐罕镇为例》,《民族研究》2010年第5期。

橡胶、茶叶、水果、甘蔗、咖啡即是如此，尤其是橡胶。在保山市和怒江州，除了传统作物苦荞、玉米、稻谷外，还有核桃、油桐、花椒、漆树、草果等经济作物。而这些经济作物在平坝/河谷地带是没有或较少种植的。这样粮食作物和经济作物构成一个复杂的系统，耕地主要是用来种植粮食以满足自己食用，山地的经济作物则主要用于出售，满足生活中的现金需要。

在云南省普洱市和西双版纳州，目前很多地方的橡胶园，在10年前都是林地或轮歇地。橡胶对气温和水都有要求，它的生长需要大量水分，且雨水要均匀，湿度要高，不能有大风，绝对不能有霜冻，因而主要分布在云南省盈江县以南。胶农很辛苦，每年11月到次年3月才能休息，在劳动季节，凌晨3点就要起床割胶，11点之前必须卖给收胶点，然后由收胶点送到初加工店。1个劳动力能照顾2666.68平方米橡胶，每株占地19~24平方米；如果管理得好，每株能有160~180元收入，而管理差的，每株也就收入50~60元。在这些地方，围绕橡胶已形成一个产业链。

（三） 高原/戈壁牧业

生活在半干旱和高寒地区的居民，主要生计是以饲养牛、羊、马为主的畜牧业。这里一般有多个草场：一个草场较小，海拔低，气候湿润，水源等各方面条件好，多是人工种植的饲草，草的产量较高，一般为冬草场；另外一个草场面积大，但海拔也高，只有在夏天长出草后，才能供牲畜食用；还有一个草场面积最小，仅供另外两个草场没草时使用，进而形成了一套关于草场利用和保护的地方性知识。[①] 牛、马、羊除了肉、皮供使用外，还可以做运输工具。这种生计一般伴随少量的种植业，是牧为主、农为辅的模式。农业方面主要种植小麦、玉米、青稞等，用来满足日常食用，少量剩余喂养牲畜。整体来说，农业比较粗放，缺乏熟练的耕作技术和管理技术。

在D项目区，草场分为三类：第一类是天然草场，集体所有，面积最大，但草比较少，主要是在半山腰，对于放牧没有时间限制；第二类是冬季草场，属于各村民组，在沿河的两侧，水分较好，草相对茂盛，从2月初到5月中旬天然草场草少时对全组的牲畜开放；第三类是分到各家各户的，在每年8~9月，草被牧民割回家，留到冬季给自家牲畜吃。5月中旬牦牛上山之后，妇女们就要上山给牦牛挤奶，吃、住都在山上，一直到9

[①] 周涛：《牦牛、环境与"公有地"管理——以西藏林芝县秀巴村的个案研究为例》，《原生态民族文化学刊》2010年第2期。

月中旬。在这个时间里,妇女们在山上挤奶,男人们在山下进行农业生产,并打零工挣钱。

(四) 高山采集

采取这一模式的居民多生活在高山地区,以粗放农业、畜牧业/养殖业、采集和狩猎(在国家实施禁止捕猎政策之前)为主要生计来源,土地往往比较贫瘠,但他们拥有利用高山和森林的丰富知识。与其他模式相比,在这些居民的日常生活/记忆中,采集、狩猎所占比重大得多,这源于大面积的山林提供了无尽的"宝藏"。事实上,前述"山地耕作"居民的一个主要收入来源也是"高山采集"。云南省怒江州独龙江居民采集的食物有董棕、野山药、葛根、野芋、大百合、板栗、野蒜、各类竹笋、各类蘑菇、各种野蜂的蜂蜜和蜂雏等,并形成丰富的食物加工技术。① 在四川省阿坝州和甘孜州,随着中草药价格上涨,虫草等药材的采集在收入中所占比重也较大。在这里,山地耕作、高山采集、畜牧(主要是牦牛)等生计相互关联在一起。

在 E 项目区,居民收入来源中约有一半来自种植业和林果业。农作物主要是玉米和冬小麦。林果业收入来自花椒和核桃。在所调查的两个村,虫草是重要收入来源,据说一个好劳动力单此项收入每年能有 6000~7000 元;另外,矿石运输也是部分村民的主要收入来源。

在 F 项目区,当地居民的收入来源主要有:山上的虫草、党参、羌活、大黄、贝母,这些能占到收入的六成以上;高山上还有草场可以放养牦牛;耕地种玉米,玉米是用来喂猪的;而居民吃的大米,是从市场上购买的。

(五) 乡村工商业

水利水电项目影响所及地区,乡村工商业总体不甚发达。有限的工商业主要分布在集镇和交通要道上,其形态主要是小型加工场、旅店、餐馆等,个别地方有旅游业。在一些地方,还有依托该地区矿产资源的小型矿石加工业和零星的大型工矿企业,以及为这些行业提供服务的运输业。

在 G 库区有很多选矿厂。原矿一般在深山里,等挖掘后将矿石运到选矿厂,矿石经过筛选后再被运往外地。这些选矿厂一般建在交通要道旁。附近很多有眼光的村民便购买拖拉机,在从事农业之余将原矿运到选矿厂,每车矿石能挣 100 元左右,这是他们的重要现金收入来源。

---

① 尹绍亭:《远去的山火——人类学视野中的刀耕火种》,云南人民出版社,2008,第 253 页。

另外还须提及的是，如果说 30 年之前乃至半个世纪之前各种生计模式是具有很强的自给自足色彩的生态经济系统，那么如今的他们，越来越多地卷入远方的市场经济之中，日常劳作、收入和生活受市场变化的影响，而这一市场是他们难以驾驭的。

三　积极探索

在西部地区，在土地容量越来越有限的情况下，目前以有土安置为主的移民安置模式越来越困难，甚至在一些地方几乎不可能。这就需要政策制定者和审核者重新思考，寻求新的安置模式，比如根据生计模式的多样性，实行移民安置的多样化。实际上，这种生计模式是当地人基于各种不同的地方性知识，在适应自然环境的生活实践中形成的。[1]

在目前的移民政策下，应当全面准确地理解农业，把"农业"理解为包括种植业、林业、牧业与采集的"大农业"，生计模式的主要组成部分或者主要收入来源可能不是种植业，这有别于以往项目中的相对单一的种植业生计模式。

进而在移民安置中，要根据各地的实际情况，采取适合当地情况的安置办法，这应该基于地方性知识和各地生态特征与经济发展模式，而不是简单地基于行政区划。基于地方性知识的"具体情况具体分析"，就需要掌握地方性知识的当地居民的参与。其实，地方性知识恰恰是保证移民安置顺利实施的关键。政策制定者和审核者应根据国家移民政策进行深入调查，结合各地实际制订安置计划，具体做法上应充分尊重各地区移民生计模式的特殊性，尽量利用地方性知识中关于生计模式的安排，使移民适应安置后的生计模式；在安置时重视和鼓励移民的参与，建立各方参与的磋商机制。

一些地区已进行了积极的探索和思考，广西、云南等地实施的长效补偿机制是值得提及的，尽管它还没有上升到国家层面，还没有相关的国家政策出台。长效补偿变静态的一次性补偿为长期逐年补偿，其基本思路是：将项目涉及的农村生产安置人口作为长效补偿人口对待，遵循"淹多少、补多少"的原则，以移民被淹没法定承认的耕地前 3 年农作物平均产量为基础，依据对应年份省粮食部门公布的粮食交易价格确定耕地平均产值，按照

---

[1] 〔美〕克利福德·吉尔兹：《地方性知识：阐释人类学论文集》，王海龙、张家瑄译，中央编译出版社，2000，第 20 页。

《条例》规定的土地补偿补助标准，同时考虑土地的潜在收益和利用价值、土地对农民的生产资料和社会保障的双重功能以及土地市场的供需状况，以粮食或货币形式逐年补偿，费用逐年定量递增。移民死亡后，其农村家庭主要成员可以继承。

在《云南金沙江中游水电开发移民身份确定办法》中，长效补偿移民人口以村民小组为单位计算，实行"指标到组，名额到户"，按移民户实际确定的被征占法定承包耕地面积，除以所属村民小组人均承包耕地面积，将移民名额分解到户，计列到户主名下。具体移民名单由村民委员会按各户年龄大小依次落实。

云南省2008年针对怒江中下游移民安置的指导意见是：按照当地城镇居民最低生活保障标准，以货币形式逐月兑付给移民，实行长效补偿。长效补偿标准随当地城镇居民最低生活保障标准的调整而调整。被征收耕地的补偿补助费，用于支付移民长效补偿相关费用。形成农业生产安置，第二、第三产业安置，复合产业安置，自行安置，城镇化安置五种移民安置方式。

一些地区也开始探索养老保障安置的方式。其主要对象是年老或者丧失劳动能力的移民，基本做法是将安置费用于缴纳养老保险或社会养老保障费，移民通过领取养老金保障生活。

在H库区，从1994年就开始组织后靠移民参加养老保障。采取上月投保下月开始领取的办法，年龄在60周岁以上的每月领65元养老金，59周岁以下的每月领60元养老金。从2001年4月起，对原投保的移民适当增加养老保险金，对健在的每人增加3000元，对已故的每人增加1500元，将原来每月领取的60元和65元的标准提高到每月90元。H库区移民参加养老保险采用多种形式，主要有三种。①参加城镇职工基本养老保险制度。移民群体中有固定工作的移民，如机关事业单位、企业单位等，按照国家有关规定参与。②参加城镇灵活就业人员基本养老保险。移民中属于离任村干部、民办教师、自谋职业等特殊群体均可参加。③农村基本养老保险。参加的群体主要是以农业收入为主的农村移民群体。

在实践中，这两种探索都是基于用定期收益代替或补充先前的以有土安置为主的生产安置。这些实践在一定程度上减少了生产安置人口由于生产资料缺乏引起的搬迁，避免为寻求耕地这一生产资料而远迁，方便县内或乡镇内安置，也有助于他们长久稳定地生产生活。

特定地方的生计模式是一个复杂的系统。水利水电项目征用的可能仅仅是移民的部分土地，但随着这片土地移民失去的是一个包含各种生计来源的生产生活方式。由于水利水电移民多数具有"非自愿"性质，只有尊重其固有的生产生活方式，才能促使他们较快地适应新的环境，实现发展。进而，要想使移民能够恢复到或者超过以前的生活水平，就更需要对他们的生计模式进行深入了解，制定适合当地实际情况的生产安置策略。只有尊重村民的地方性知识，才能最大限度地缓解项目建设与移民安置间的矛盾。①

我们认为，不仅是在移民安置领域，在政策制定和执行的其他领域也会遇到多样性问题，而中国社会的最大特点正是多元文化共存。因而不仅要正视这种多样性，而且要促进各种文化之间的相互尊重，尊重其他文化所拥有或表征的地方性知识，实现费孝通所提倡的"各美其美、美美与共"②。

参考文献

陈阿江，2006，《非自愿移民的自愿安置——市场经济条件下农村水库移民安置策略研究》，《学海》第 1 期。
费孝通，1997，《反思、对话、文化自觉》，《北京大学学报》（哲学社会科学版）第 3 期。
〔美〕克利福德·吉尔兹，2000，《地方性知识：阐释人类学论文集》，王海龙、张家瑄译，北京：中央编译出版社。
林耀华，1997，《民族学通论》（修订本），北京：中央民族大学出版社。
罗康隆，2004，《论民族生计方式与生存环境的关系》，《中央民族大学学报》第 5 期。
水利部水库移民开发局，2007，《大中型水利水电工程建设征地补偿和移民安置条例》，北京：中国水利水电出版社。
宋良光，2010，《国家大中型水库移民后期扶持政策的非预期后果讨论》，《水利经济》第 2 期。
王毅杰，2010，《场域视角下的项目社会：以某大坝建设项目为例》，毛振华主编《和谐社会与社会保障》，北京：社会科学文献出版社。
杨筑慧，2010，《橡胶种植与西双版纳傣族社会文化的变迁——以景洪市勐罕镇为例》，《民族研究》第 5 期。
尹绍亭，2008，《远去的山火——人类学视野中的刀耕火种》，昆明：云南人民出版社。
〔美〕詹姆斯·C. 斯科特，2004，《国家的视角：那些试图改善人类状况的项目是如何

---

① 陈阿江：《非自愿移民的自愿安置——市场经济条件下农村水库移民安置策略研究》，《学海》2006 年第 1 期，第 113 页。
② 费孝通：《反思、对话、文化自觉》，《北京大学学报》（哲学社会科学版）1997 年第 3 期，第 22 页。

失败的》，王晓毅译，北京：社会科学文献出版社。

周涛，2010，《牦牛、环境与"公有地"管理——以西藏林芝县秀巴村的个案研究为例》，《原生态民族文化学刊》第2期。

作者简介

王毅杰　男

所属博士后流动站：中国社会科学院社会学研究所

合作导师：李汉林

在站时间：2004年7月至2007年4月

现工作单位：河海大学社会学系

联系方式：wangyj_73@163.com

Table of Contents & Abstracts

Social Governance Innovation

On the Relationship of the Intellectual and the Government from the Source of Eastern-Westernhistory　　　　　　　　　　　　　　　　　　　*Gao Yuyuan* / 3

Abstract: Either the east or the west has its history source. This forms different modes of relationship of the intellectual and the government. Because of the particularity of western spirit and the character of kingship separation, it forms two modes of relationship of the intellectual and the government from the tradition. One is from the absolute idea; by the means of logos law rules produce an idea society, to criticize the government. The other is on the base of the idea society; combine the fact to establish a practical political system and political function mode. Therefore these two kinds of intellectual form a promoting force. In Chinese society, people has little link with the politics. But the Confucian and the kingship have impartible cooperation and spiritual particularity. The relation between Confucian intellectual and kingship is criticism on the premise of cooperation. Now China has developed a kind of intellectual like the first kind in the west, and this kind intellectual must guard their development, guard their criticism on the government and the society has surpassed Chinese history and reality, which may bring about undesirable cost for Chinese people.
Keywords: The Confucian; Christian; kingship; spiritual particularity

Study on social governance system of coordination mechanism
　　　　　　　　　　　　　　　　　　　　　　　　Wang Bin, Huang Lei / 16

Abstract: Social governance system of coordination mechanism is important content of facing the new period of social governance requirements of building a harmonious society. Facing the current social governance system is in the presence of dispersed forces phenomenon. This study proposes the construction of social governance system coordination mechanism tentative plan. This paper constructs a social governance system, including four mechanisms, one model and a platform. The mechanism of operation is rely on the centralized management system, theoretical and professional training system, talent team construction, supervision and evaluation system of social governance system.

Keywords: social governance system; coordination mechanism; innovation

Innovation of grass-root social management system in the context of harmonious community construction *Li Min* / 28

Abstract: It is in the grass-root level that state power is directly confronted and associated with social power. It is the conjoint point of macro-management and micro-administration. Thus, the grass-root level is the foundation and breakthrough point of the entire social management. Urban grass-root social management system will become an important theme of China's reform and development in the future, not only directly related to the construction of harmonious community but also linked to the development of socialist harmonious society and China's social modernization to a great extent. The innovation of urban grass-root social management system essentially lies in organization, institution, technology and concept. All these factors are the key to proposing well targeted innovative management system ideas.

Keywords: harmonious community; grass-root social management system; innovation

On the social inclusive governance in China: Take the practice of social governance in Wuxi county of Chongqing municipality as an example *Zheng Xiangdong, Hou Zurong* / 38

Abstract: At present, China is in a transitional period from a traditional society to a modern society, an agricultural society to an industrial society, and a traditional planned economy to a socialist market economy. Its social structure, social organization forms, social values, and so on have been and are undergoing profound changes. The original social managements of concentration power, the government unified management have been unable to meet the practical requirements. Based on this logical starting point, this paper proposes a new concept of inclusive governance, in view of the "harmony, beyond the whole, moderate criticism, convergence and common feelings". And from the perspective of the county management, taking the social management innovation of social governance practices of Wuxi County as an example, this paper attempts to give a comprehensive study of the system design, the working system and methods, public space, and discourse systems etc.

Keywords: social transformation; social management innovation; social governance; inclusive governance; public space; discourse system

Theory of intergovernmental inertial cooperation mechanism and the Yangtze River Delta's practice   *Zhao Dingdong* / 57

Abstract: The regional intergovernmental inertial cooperation refers to the regional local governments take spontaneous cooperation according to the results of the unequal distribution of social resources, namely according to the regional comparative advantages, the objective regional division is naturally formed. It contains three aspects, namely the necessary resource allocation system for regional government cooperation, the relationship between central and local governments and local officials participating motivation. The study found that the Yangtze River Delta regional cooperation system exists some problems as followed, it is not perfect that inertia collaborative institutional operation level between governments at all levels, it is lack of central coordination mechanism in response to social events, it has not been systematic suppression that the authority of the local protectionism of various administrative areas within the region, civil industry association has not become common intermediate service platform for inertial coordination between the various levels of government and so on, including the development process of regional problems, but also some culture, historical and institutional problems.

Keywords: intergovernmental regional inertial cooperation; the Yangtze River Delta; the regional cooperation system

The exploration of the community governance mode on the fringe around mega cities: Peking's village-community-governance mode as example
Zhao Chunyan / 69

Abstract: With the rapid development of Urbanization, the problem of social management on the fringe around some mega cities has been brought into the focus. Since 2009, Daxing District of the city of Peking has begun to implement a village-community-governance mode, which could bring us some good experience. In practice, this mode has solved some critical social management problems, through the synthesized establishment of the manual defense system, physical defense system and technical defense system and the coordinated efforts among many government units. But its extend implements to more districts has to be given more consideration upon its prerequisites, such as the fund investment, the manual investment, the local source and the policy base, etc. Seen from the long term, this mode should also been programmed over a long period, under the frame of the city of Peking's or the whole state's institution and practice of community governance.

Keywords: community governance; the village-community-governance; the fringe; Da – Xing District

A study about the relation of enterprise system culture and enterprise social responsibility: Take enterprises of national technology development zone in X City as the investigating case   *Tang Minghui* / 80

Abstract: The study about the relation of enterprise culture and enterprise social responsibility is a case on Changsha Xingsha enterprises. We is from the position of system Institution. System is law, economic aim, community service, social Security, environmental protection and so on; We find a relation of enterprise culture and enterprise social responsibility.

Keywords: A case; the relation; enterprise system culture; enterprise social responsibility

The empirical research of enterprises innovative model: Shenyang machine tools SNRC system integrates innovative model   *Meng Xiangfei* / 92

Abstract: According to the comparative advantages, in different countries for the industry is a general rule the world economy. From the experience of the transfer of the developing countries, developing countries industrial was not spontaneous, the need for national key enterprises to take the industry. the shenyang machine tools shift (group) limited liability company as a large state-owned enterprises is the equipment manufacturing lines.

Keywords: comparative advantages; Shenyang machine tools; integrated innovation; mode

The orders and governance of virtual society: From the microblogging rumors
Hu Xianzhong / 123

Abstract: With the development of the Internet age, especially when microblog becomes a public opinion field, some of the inaccurate expressions often mislead the netizens, so that the virtual society has become more complex and difficult to grasp. The virtual society goes hand in hand with the realistic society and they are closely related. The problems that virtual networks reflect are the refraction of the realistic situation and the public mood. The instant, variety and chaos of the virtual society have put forward austere challenge for our traditional social governance in terms of theories, methods, and techniques. The governmental actions as regards ignoring any dissemination of new microblogging context and disregarding the public opinion from the networks are likely to increase the risk of self-marginalization and loss of credibility. It is thus incumbent upon the government to strength the governance of virtual society, and it is imperative to construct the appropriate elastic and the faithful interaction of the network orders.

Keywords: virtual society; microblogging; network orders; social governance

Social Insurance

Minimum standard of living of urban residents dynamic change research:
For the example of the Southern District *Cui Feng, Du Yao* / 135

Abstract: The subsistence allowances for urban resident one of the most important part of social security system of our country which also plays an eventful role in the social stability and the basic living. Minimum standard of living of urban residents could be the direct beneficiaries and foothold in the progress of the subsistence allowances for urban resident. It is a way of great value to carry out a research that could modify the subsistence allowances for urban resident. Especially the longitudinal study of its dynamic changes can indirectly reflect the development of our country's social and economic, as well as the operating result and problems of the subsistence allowances for urban resident. It is of great value to the further development of the subsistence allowances for urban resident.

Keywords: minimum standard of living of urban residents; dynamic change research; constitute; dynamic management

Rural essential living security system: Operating logic and effect of poverty reduction
—Research on benefiting farmers and social security policy based
   on coordinating urban-rural development perspective *Li Haijin* / 149

Abstract: Based on the adjustment of rural development strategy and improvement of national economic strength, most of China's benefiting farmers and social security policy has published in early twenty-first Century, this has greatly promoted the rural poverty reduction and rural economic and social development. At the same time, the policy also has accumulated many successful experiences in many aspects.

Keywords: social policy; coordinating urban-rural development; benefiting farmers policy; social security policy; rural essential living security system

The review of China's three pillar old-age insurance system and its reconstruction
Zhang Zuping / 164

Abstract: China's three pillars old-age insurance system has played an important role in improving State-owned enterprises' reform and protecting retiree's basic living standard. However, it meet many unexpected problems in the actual operation, such as viewing the volunteering enterprise annuity as a necessary part of the pension substitution rate, so as to making lots of worker's pension substitution rate is lower than the previous target. It adds the manage cost for individual accounts which were founded in the basic old-age insurance system and enterprise annuity system. It leads to the pension system scatted for building different pension systems in many areas by occupation. The problems that make basic old-age insurance for urban workers has not play a good role to state organs and institutions' pension system reform. Moreover, it enlarges the social stratification and leads to more new social risks for future society. The binary level old-age insurance system that composed of basic old-age pension and fund can solve these problems.

Keywords: old-age insurance; individual accounts; target substitution rate

The analysis of accidental insurance mechanism about children left at home
You Chun / 174

Abstract: Along with economic system of our country innovating deeply and urbanization evolving increasingly, the family quantity of floating population continuously increase. Because of many restraining factor, the mass of family under age left at home live and study. These children left at home without parent's nursing on accidental injuring feasibility is markedly higher than natural children. From the way of insurance management, I analyze accidental injuring risk of children left at home, calculating their additional risk insurance premium, designing a accidental insurance mechanism, i. e. government giving premium allowance, school, community and insurer taking action of resisting risk. so to evade accidental injuring risk, come into being a management mechanism of resisting risk making up of government, school, community, and insurer.

Keywords: children left at home; accidental injuring; insurance mechanism

"Housing" possible: The construction of low and middle-income groups housing security system in Jilin province *Huang Yihong, Zhou Yumei* / 186

Abstract: The construction of low and middle-income groups housing security system in Jilin province is not only the important content of social field reform, but also related to the goal of livelihood in Jilin can successfully achieve. Building middle-low income groups housing security system is the necessary requirement to guarantee and improve people's livelihood and promote social harmony and stability, is the effective ways to transform the economic development pattern and adjust the economic structure, and is the important manifestation of the people-oriented scientific outlook on development. Based on the double attribute and function of housing, housing problem solved completely by market supply or government security has shortcomings, thus it must require a "double track" system of housing supply to solve. Affordable housing projects mainly composed of public housing built by the government meet the housing needs of urban low-income groups, however, for the urban middle and upper income groups housing needs, commercial housing through the housing marketization reform to meet this.

Keywords: livelihood issues; low and middle-income groups; housing security; double-track system

Social Welfare Services

On the responsibility structure of Chinese social welfare system
Gao Herong / 199

Abstract: The construction and the implement of social welfare system are accompanied by the accountability of social welfare, redefinition and adjustment of the responsibility structure. Instead of abstract and absolute equality or efficiency, the responsibility foundation should be inline with seeking for the fairness in bottom line that can achieve homeostasis of equality and efficiency. As far as the responsibility structure is concerned, the longitudinal responsibilitystructure of social welfare system reveals the holistic basic and concrete social welfare system or the structural relations among policies. Meanwhile, the latitudinal responsibility structure shows the programs, contents and the relations of all programs involved in the social welfare system. Consider ting the responsibility requests and goals, we should accelerate the integration of social welfare system, nail down the proportion of the welfare cost and financial revenue and expenditure, and keep improving each welfare program. By doing so, the supply and collocation of welfare will be stick to satisfying the most fundamental demand of people, which can decrease the conflicts among social groups, enhance the blood-and-flesh contacts with the people and better promote a more stable and more harmonious society, contributing to a substantial cornerstone of our governance.

Keywords: social welfare system; responsibility structure; responsibility goals

Research on the payment model of basic public health service: A case study in A district in Chongqing　　　　　　　　　　　　　　　　　　*Li Zi* / 211

Abstracts: The equalization of basic public health service is one of the goals of the new health reform, to achieve this goal, one of the paths is to actively explore effective payment model of basic public health service. In this paper, based on the definition of the concept of public health and public goods, and the payment theory of "subsiding public heath service supplier" and "subsiding public health service demander" from home and abroad for reference, the empirical study on the payment model of "service vouchers/cards + project contract" for the basic public health service in a district in Chongqing is conducted, its practice, implementation and effects are also described and analyzed; moreover, its value and problems are discussed. Implementing payment model of "service voucher/card + project contract" of government purchasing public health service, the form of the issuance of government public health fund is changed; the government's public health function and competition among agencies are enhanced. So it is an innovation of public heath service supply model, which the residents truly become independent of public health service consumers and fundamentally promote equality of opportunity in public health enjoyed by the residents.

Keywords: basic public health service; service voucher; contract management; payment model

Operation condition and new discovery of rural community medical institutions: Based on investigation into Lushan county, Henan province

Zhang Kuili / 230

Abstract: Transforming rural community medical institutions is the linchpin of relieving "difficult and expensive for seeking medical services", and also is the first step forward "guaranteeing basic service, strengthening community'capability and establishing mechanism". We studied intensively operation condition of those rural community medical institutions through example survey. The survey reported that compensation mechanism for medical institutions by medicineselling has been roughly eliminated. However, the new operation mechanism of maintaining publicwelfare, stimulating enthusiasm and guaranteeing sustainability is not established yet. The issue of "difficult and expensive for seeking medical services" still exists in varying degrees. Rural community medical institutions reform is a comprehensive project, therefore, only carrying out comprehensive, systemic and complete reform, can new system and mechanism be established. Therefore, it has becoming an urgent mission to promote a series of comprehensive system and mechanism reform which is coordinated with national system for basic pharmaceutical.

Keywords: rural community medical institution; operation condition; operation mechanism transformation; comprehensive reform

Study on the countermeasures to promote Chinese talents to entrepreneur

Tang Lingli, Xiao Dingguang / 253

Abstract: At present promoting entrepreneurship of China's talent not only is the driving force for employment, but also is the inevitable requirement for China's social inclusive development and improving our international competitiveness. In this article we first summarize the characteristics of Chinese talent to entrepreneur from four aspects which are the entrepreneurial environment, business model, business level and the business organization structure, and then we find out the specific factors of constraining talents to entrepreneur, the last it is the countermeasures to promote Chinese talents to entrepreneur.

Keywords: talent entrepreneurship; entrepreneurial culture; entrepreneurship policy

The Theory and Practice of Urban-rural Integration

Research on the construction of rural practical talent under the context of balancing urban and rural development: A case in Tongnan county of Chongqing

Ma Wenbin / 269

Abstract: Since China adopted the reform and opening-up policy in late 1978, Rural talents play a very important role in the area of Agricultural technology demonstration, Adjustment of agricultural structure, Resettlement of rural labor forc, leading farmers to increase income, Active rural markets, Rich rural cultural life. Strengthening practical talents in rural areas, was to improve rural productivity levels, important measures for accelerating the development of modern agriculture, is to narrow "the three gaps", the important way to promote balanced urban and rural development, building a well-off society is to promote the new rural construction, the objective requirements. This study explores strengthening practical talents in rural areas to promote economic and social development on the basis of, in Tongnan County of Chongqing as an example, the in-depth investigation and analysis of the present situation and existing problems of practical talents for rural development, after the analysis of causes of these problems, proposed countermeasures and suggestion of strengthening practical talents in rural areas.

Keywords: the equal economic and social development in urban and rural areas; rural utility personnel; Chongqing city

On integration between town and country in elementary education

Lv Qingchun / 283

Abstract: Educational opportunities and resources must not be offered discriminatingly to the persons of accepting education. Nowadays the institutions of former elementary educational input and census register are distorting educational development. There appear some phenomena of elementary educational exclusion, inclination and imbalance. There must be some bold innovations in mechanism of elementary educational financial input, rational distributing resources and reform of census register system to form rapidly new mechanism of overall elementary educational the town and country development and accelerate elementary educational integration of town and country.

Keywords: design of educational institution; elementary educational; integration between town and country

Research on innovation of rural land system in urban and rural balancing development: Investigation on reform of Chongqing's rural land system

Mei Zhe, Chen Xiao / 303

Abstract: The establishment of Rural Land Exchange, the experiment of Land Quota as well as Disposition of Rural Land Usufruct in the Reform of Chongqing's Residence Registration System, are three main achievements since Chongqing's balancing urban and rural development. . The measures improve the intensive level of rural land use, and optimize the spatial allocation of urban and rural land resources, which are greatly enhance the level of coordinated development of industrialization, urbanization and agricultural modernization. Meanwhile, the essay formulates that, through the analysis of Chongqing's rural land use system, the cost of administrative involvement and inadequate dynamic mechanism of land market are two factor to block the transformation process of "land resources" to "land assets". Furthermore, based on the practice of rural land bank overseas, the dissertation discusses conditions, contents, forms and operations of the establishment of rural land bank in Chongqing. Finally, the dissertation draws a conclusion that a system which mainly includes rural land exchange, rural land rearrangement institutions as well as rural land bank should be put on agenda, to resolve series of difficulties in the fields of land, housing, employment as well as social welfare in the process of balancing urban and rural development.

Keywords: Chongqing; balance of urban and rural development; the land quota; disposition of rural land usufruct; rural land bank

The study on the management of land scale of Ba – Yan county,
Heilongjiang province   *Li Daogang* / 322

Abstract: Ba – Yan is a large agricultural county honored of National Grain Production County and Agricultural Technology Advanced County. In recent years, Bayan has gradually sped up the development on the management of land scale, promoted a traditional agriculture into a standardized, industrialized and scientific featured modern agriculture. Through an in-depth analysis, the author proposed the inherent laws: dominant position of peasants, regulation's basis of property reform, material basis for mechanizing, bridging role of agricultural cooperative and supporting role of social capital, respectively, which provide a theoretical basis for the development on the management of land scale.

Keywords: Ba – Yan county; agriculture; arable land; management of land scale

Supporting articulation of interests for Chinese farmers: Learning from
Western countries   *Yuan Jinhui* / 329

Abstract: Farmers in advanced Western countries have their own organizations for articulating their interests, and the articulation channels are well established. Learning from the Western way and experience, we should 1) build plural and open institutions for democratic decision-making, thus encouraging farmers to express their interests; 2) enhance the articulation channels for less-privileged groups, giving farmers institutional support to develop their own comprehensive political and economic organizations; 3) broaden and regulate farmers' ways of articulation of interests, so as to make it convenient for them to speak out their interests.

Keywords: farmers; articulation of interests; learning

Labour and the Urban-rural Society

Empirical study on the relation between rural area labour force transfer and dual economic structure changeover: A case on Hebei Province   *Cai Xiaoteng* / 339

Abstract: Based on the data in He-bei province from 1995 to 2006, the author analyzed the

Relation between Rural Area Labor Transfer and Dual Economic Structure Changeover. The outcome shows that there isn't obvious cause and effect among the two variables. According to the research, the paper brings forward some advices such as industrial structural adjustment of China, agricultural labour force transfer and the impact upon dual economic structure changeover, transforming economic growth with a structural model of China, sustaining the peasants' income growth.

Keywords: dual economic structure; labor transfer; town course; primary industry

Ascribed the effect of social capital on the analysis of college students' occupation
Tang Zhaoyun / 349

Abstract: The mass media about ascribed social capital to college students obtain occupation describing the formation of a "play a key role in" the media reality; but the academic research has found "limited". Through the discovery of 557 questionnaire data analysis: ascribed capital on College Students' occupation have explanatory power is not strong; in all ascribed social capital variables, mother's education, mother occupation on College Students' occupation have explanatory power than the other variables; if the effort as control variables, ascribed capital of College Students' occupation have explanatory power enhancement.

Keywords: ascribed social capital; occupation; media reality; explanation

Production resettlement in the multiple livelihood patterns
Wang Yijie / 363

Abstract: It needs to pay special attention to the rehabilitation of livelihood in the Production Resettlement of hydraulic and hydropower project, China policy is "giving priority to the land resettlement" in the Production Resettlement mode. In the production resettlement, "land" is often simplified as cultivated land and food production. Thus, the diversity and complexity of the livelihood patterns in western China are ignored, the Production Resettlement mode is too much standardization and simplification, and then all these destroy the rehabilitation of livelihood. Combining with the practice of resettlement experience, we propose that it's necessary to consider the differences among the rehabilitation of livelihood in different places, value the local knowledge and execute the Production Resettlement according to the concrete conditions.

Keywords: production resettlement; livelihoods pattern; multiple; local knowledge

图书在版编目(CIP)数据

社会治理与城乡一体化/张翼主编.—北京:社会科学文献出版社,2015.5
(中国社会科学院社会学研究所博士后文集)
ISBN 978 - 7 - 5097 - 7057 - 3

Ⅰ.①社… Ⅱ.①张… Ⅲ.①社会管理 - 中国 - 文集
②城乡一体化 - 中国 - 文集 Ⅳ.①D63 - 53 ②F299.2 - 53

中国版本图书馆 CIP 数据核字(2015)第 014287 号

中国社会科学院社会学研究所博士后文集
社会治理与城乡一体化

主　　编/张　翼
副 主 编/梅　哲　张文博　黄丽娜

出 版 人/谢寿光
项目统筹/谢蕊芬　童根兴
责任编辑/胡　亮

出　　版/社会科学文献出版社·社会政法分社(010)59367156
　　　　　地址:北京市北三环中路甲29号院华龙大厦　邮编:100029
　　　　　网址:www.ssap.com.cn
发　　行/市场营销中心(010)59367081　59367090
　　　　　读者服务中心(010)59367028
印　　装/北京季蜂印刷有限公司

规　　格/开　本:787mm×1092mm　1/16
　　　　　印　张:24.5　字　数:436千字
版　　次/2015年5月第1版　2015年5月第1次印刷
书　　号/ISBN 978 - 7 - 5097 - 7057 - 3
定　　价/99.00元

本书如有破损、缺页、装订错误,请与本社读者服务中心联系更换

▲ 版权所有 翻印必究